DIANWANG QIYE SHIDAITUZHI
GONGZUO SHOUCE

电网企业师带徒制
工作手册

国网金昌供电公司　组编

中国电力出版社
CHINA ELECTRIC POWER PRESS

内 容 提 要

本书旨在为电网企业中结构化师带徒制的建设、应用、培养、运营、展示提供理论支撑。

本书共包括四篇，第一篇主要对结构化师带徒制理论前沿进行了概述，包括师带徒制发展概述、结构化师带徒制理论基础、结构化师带徒制理论应用；第二篇介绍了结构化师带徒制在电网企业中的应用，包括结构化师带徒制发展现状及典型做法、结构化师带徒制度体系建设、结构化师带徒多维导师制度体系、师带徒培养体系信息化建设；第三篇从结构化师带徒制资源层进行分析，包括结构化师带徒制培养体系、培训管理者培养资源、工匠传承者（师傅）培养资源、技术学习者（徒弟）培养资源，并附二维码视频课件、技能测试题库内容等；第四篇阐述了结构化师带徒制在电网企业中应用的创新。

本书可供电网企业各级优秀人才、技能专家、青年员工及相关培训管理人员学习和参考。

图书在版编目（CIP）数据

电网企业师带徒制工作手册/国网金昌供电公司组编. --北京：中国电力出版社，2024.11. --ISBN 978-7-5198-9431-3

Ⅰ. F426.61-62

中国国家版本馆 CIP 数据核字第 2024GK2914 号

出版发行：中国电力出版社

地　　址：北京市东城区北京站西街 19 号（邮政编码 100005）

网　　址：http://www.cepp.sgcc.com.cn

责任编辑：孙建英（010-63412369）　董艳荣

责任校对：黄　蓓　王海南　常燕昆

装帧设计：郝晓燕

责任印制：吴　迪

印　　刷：三河市万龙印装有限公司

版　　次：2024 年 11 月第一版

印　　次：2024 年 11 月北京第一次印刷

开　　本：787 毫米×1092 毫米　16 开本

印　　张：30

字　　数：688 千字

印　　数：0001—1000 册

定　　价：135.00 元

编　委　会

随着时代不断进步和社会经济不断发展，为满足日益增长的电力需求，我国电力行业得到了飞速发展，这就使得电力行业需要更多的高技能人才。高技能人才培养是一个电网企业发展的内在动力，是推动电网企业技术创新和实现科技成果转化为现实生产力不可或缺的重要力量。近年来，电网企业改革逐步深入，"扁平化"管理模式推进电网高技能人才在企业发展中将扮演着越来越重要的角色。因此，电网企业想要持续性发展，就需要积极扩充人才储备，完善人才培养机制，强化建设并积极完善以企业职工的职业方向为基础的人才培训制度，推动企业的蓬勃发展。

为快速提升青年员工综合素质，除了加强日常学习外，"师带徒、传帮带"是帮助青年员工尽快掌握岗位技能的一项重要举措，也是拓宽青年员工成长的最直接通道。针对员工年龄不同、知识结构参差不齐的实际，让工作经验丰富、业务技能精湛的老员工率先当起了师傅，同时结合岗位需求及专业侧重要求，深入细致地制订培养计划。传授学习方法，将优良的工作作风、精湛的专业技能、丰富的安全生产经验传授给徒弟，加快促进青年员工传承老师傅们的"薪火"，成为技术骨干。

为适应电网行业人才培养新趋势，按照"三层一创新"的整体思路，从"理论层、应用层、资源层、创新应用"四个层面内容进行开发，深入浅出地介绍了结构化师带徒制理论及其在电网企业中的应用，其中以国网金昌供电公司为例展示为主，对结构化师带徒制在电网企业中的应用创新进行了展示，可以帮助读者更好地了解结构化师带徒制的理论、应用及创新成果，在传统师徒培训方式的基础上，引入现代培训理念和标准化管理方式及激励措施，使"师带徒"培训模式更加贴合供电企业。通过"师带徒"定点培养、技能竞赛等方式，培养一批理论知识扎实、专业技能过硬、业务素质优良的人才队伍，为电网企业高质量发展提供源源不断的原生动力。

希望本书的出版可以为电网企业技能、技术人才的发展提供有效帮助。

2024 年 8 月

　　新时代需要高技能人才，高质量发展呼唤大国工匠。随着我国经济步入由高速增长阶段转向高质量发展阶段，对高技能人才队伍提出了更高更迫切的需求。这要求我们必须坚持人才引领发展的战略，加快建设一支规模宏大、结构合理、素质优良、技术过硬的高技能人才队伍，推进新时代高技能人才队伍健康发展。高技能人才是熟练掌握专门知识技术，具备精湛的操作技能，并在工作实践中能够解决关键技术和工艺操作性难题的人员，主要包括技术技能劳动者中取得高级技工、技师和高级技师职业资格及相应职级的人员。高技能人才不仅是技术工人队伍中的核心骨干，是企业竞争力的核心体现之一，更是推动技术创新和现代科技成果向现实生产力转化的骨干力量，是国家竞争力的重要代表。

　　国家电网有限公司是关系国民经济命脉和国家能源安全的特大型国有重点骨干企业，是以投资、建设、运营电网为核心业务。公司的战略目标是建设具有中国特色国际领先的能源互联网企业，承担着保障安全、经济、清洁、可持续电力供应的基本使命。

　　国网金昌供电公司紧紧围绕"建设具有中国特色国际领先的能源互联网企业"的新时代公司战略目标，积极搭建青年员工成才发展平台，建立"师带徒"培养机制，充分发挥企业之中的老师傅、各级优秀人才及技能专家的"传、帮、带"作用，充分调动青年员工学业务、钻技术的积极性，推动青年员工在学中干、在干中学，加快青年员工业务技能水平与综合素质提升，推动青年人才从"雏雁"历练为"成雁"，建设一支思想品质优、专业技术精、创新能力强、综合素质高的优秀青年人才队伍，为公司高质量发展提供源源不断的原生动力。公司将不断优化"师带徒"人才培养机制，优化人才配置，真正聚天下英才而用之，让更多千里马竞相奔腾。

　　本书致力于结构化师带徒制在电网企业中的实际应用教材开发，主要采用"三层一创新"的整体思路，完成包含"理论层、应用层、资源层、创新应用"四个层面的教材开发，以国网金昌供电公司结构化师带徒制应用为基础，全方位进行结构化师带徒理论讲解、应用展示、资源辅助开发和创新应用展示。

在本书的编写过程中，参考了国内外众多学者的研究成果，在此表示衷心的感谢。由于编者能力所限，书中难免有遗漏和不妥之处，敬请各位读者批评指正。

编 者

2024 年 6 月

目录

序

前言

第一篇

结构化师带徒制理论篇

第一章　师带徒制发展概述

自古以来，师带徒制度就以"传、帮、带"的作用持续延续，例如西方有工匠收纳养子以传授技艺的记录，中国有手工业作坊中学徒制的传承。本章以时间顺序为逻辑、中外师带徒制度发展介绍为内容，从"传统学徒制度的内涵与发展模式、现代化师带徒制度"两节进行介绍。

第一节　传统学徒制的内涵与发展模式

一、传统学徒制的内涵

传统学徒制是一套古老的职业训练法，也称"学徒制"或"手工学徒制"，指的是在近代学校教育出现之前，通过师傅的传帮带形式，使徒弟获得职业技术和技能，在师傅的指导下习得知识或技能的传艺活动。这是一种高度情境性的学习方式，让学徒在真实的工作场所中观察师傅的实作，感知和捕捉师傅的知识和技艺，然后在师傅的指导下进行实作，逐渐学会师傅的技能。

传统学徒制曾是最普遍的学习方式，可以通过类似学徒制的方式进行非正式的学习并获得知识与技能，如从语言、绘画、雕刻、复杂的社会交往技能到某一专业领域的知识与技能等。至今，传统学徒制仍然存在，并在很多国家发挥着作用。

二、传统学徒制的历史

1. 西方传统学徒制发展史

传统学徒制最早记载于公元前 2100 年的古埃及，在汉穆拉比法典中提出的工匠收纳养子用以传授技艺。古希腊伟大的哲学家柏拉图，在其《理想国》等经典著作中也有关于学徒制的描述。

2. 中国古代传统学徒制发展史

传统学徒制在中国有悠久的历史，此项学习制度兴起于奴隶社会，发展并完善于封建社会的隋唐时期。在隋唐官营手工业作坊建设时期，从中央政府到地方政府机构中的官营手工业作坊均采用学徒制的教育形式。

三、传统学徒制的特点

传统学徒制作为一种特有的教育方式，在发展过程中具备如下特点：

1. 培养时间较长

传统学徒制培训属于个别教育，此类培训方式的学徒大多数在完全自然的工作过程中随机学习，无方向、非科学、不完整的培训，导致学徒周期长，教育效率低。

2. 全程式的教育

传统学徒制是一种全程式的教育方式。在培训徒弟的过程中，师傅负有全面教育、传授职业知识、技能的责任，且在教育时以读、写、算等文化知识教育和思想品德等为主。

3. 亲自动手操作

当徒弟熟悉现场的基本情况后，就可以协助师傅做一些简单的辅助工作。当徒弟能够胜任基本工序后，便可以在师傅的指导下进行系统的操作，最后顺利地过渡到独立工作阶段。

4. 师徒关系紧密

无论是在西方国家，还是在中国，传统学徒制在早期均是采用父子传授的形式，然后过渡到师傅收养子做徒弟。由此，师徒间的关系紧密，保留父子般的亲密感情在所难免。

5. 以职业实践为中心

师傅在教学时，不仅会让徒弟进行机械性的重复操作，还会重视对其技术经验的传授。在教学的过程中，一般会通过具体实例为徒弟说明行业规范。所以在传统学徒制的方式中，徒弟一般不重视学历，而是注重自身的就业价值。

四、传统学徒制的运行模式

学徒在跟着师傅干活时，首先应担任最简单的任务，然后在师傅的监管和帮助下，逐步过渡到更复杂的工作，提高工作能力的比重。学徒不能被动地坐在一边，而是需要拿着适当工器具积极地投入工作。而且在教学的过程中，师傅的手段大多具备以保密而不是技能传授特征，原因为当徒弟能够自立后，会与师傅竞争，成为师傅的对手。这种说法也不是绝对性的权威，因为历史上很多传统的传统学徒制是子承父业。亦师亦父的角色会对徒弟倾囊相授。

第二节 现代学徒制

近年来，在中国职业教育领域风靡一种现代学徒制，它是一种来自西方的职业人才的培养模式，是将传统学徒训练与现代学校教育相结合的新型职业教育制度。

现代学徒制职教模式起源于19世纪前后德国的"双元"职业培训，在20世纪20年代后得到了进一步的发展巩固，现已占据西方职教界的主导地位。中国是为数极少的没有建立"现代学徒制"的国家。

1. 尝试办学、调适成型与办学特色

自晚清时期后，发展实业教育成为朝野共识。例如，在考察日本学制后，破天荒出台的癸卯学制就对实业教育予以明确规定。此后，各地各类实业学堂相继兴起。在1907年4月，京师督学局在原顺天学政署旧址筹设初等工业学堂，是京师第一艺徒学校的前身。

初等工业学堂是督学局在参照实业补习普通学堂与艺徒学堂后开办的，共设立金工和木工两科，兼授普通科目和实习科目。对于入学资格，没有硬性要求。关于学期，设定为三年，且不收学费。该学堂以"施工业必须之知识技能，毕业后愿谋生计者能从事各项工业，及职工愿进取者升入中等工业学堂均有根底"为宗旨，兼顾就业与升学。此外，学堂很注重学员的实习，明确标记实习时间占总学时一半以上。其实习工场具备营业性，会给予习工津贴。应该说，这是伴随社会转型与教育革新而产生的一种新型教育形态，糅合了实业教育、普通教育、社会教育和学徒制度的某些元素，教育特征暂未成型。

由于初等工业学堂自开办后一直惨淡经营，所以在1912年5月25日，被京师学务局接收。经过双方的友好筹商，学务局将其改组为艺徒学校，改名为京师第一艺徒学校。然而，改组后的学校处境却未见改善。呈现出"开学以来招考学生，虽遍粘广告，恺切痛劝，仍不见踊跃"的现象。为解决当时窘境、增扩班额，京师第一艺徒学校一方面随时招补插班生，另一方面则不断寻找办学不足的痛点，致力于对症下药，并得出下列调试方案。

方案一：厘定学科。

1913年6月，将校内学科合并扩充为金工、木工和化妆品3科。其中，金工科的实习项目有机器、钣金电锁、铸造、锻冶；木工科的实习项目包括模型和指物；化妆品科学的实习项目是做胰皂、牙粉、香铅粉、香水、香油和生发油。在此基础上，各学科还需通习普通科目，包括修身、国文、英文、算学、理化、应用机器学（应用化学）、用器画、制图、体操等。

方案二：兼收工徒。

校方决定与学徒制结合，招纳贫寒子弟入校做学徒，不仅每月会给予津贴，还会分入各科酌以一定年限毕业。尽管没有得到学务局的支持，艺徒学校还是在1913年的新学期招收到了8名工徒，展现了"只在工场实习，不入教室上课"的景象。并特别说明"虽工徒、学生名目不同，而培植之目的则一"。

方案三：欲开夜班。

经过认真的反思，校方意识到学校既然旨在救济贫民生计，可不必局限于学校形式。呈请就原有工师教员添开夜班，兼办社会教育。学务局对此态度保守，以"学校设施究以昼班为重，绰有余裕，方以筹及夜班"为由婉拒。

方案四：附设工场。

在改组初期，艺徒学校对学生出路没有精细的筹划。《劝学浅说》在含糊其词中，曾承诺扩充本校工场留用工师。1914年3月，校方未雨绸缪，提请学务局每月加添经费银一百元，按月支领存局，作为附属工场预备本金。1914年底，校方曾要求提前试办工场，但未获批准。1915年暑假后，学校的附属工场如期开办。在办理方式上，校方考虑到学生"年幼者居多，缺乏阅历""独树标识集合资本创办实业"滞碍良多，决计"在学校范围以内设法办理"，即学校附近设立工场。学生留校限定一年，按等级给予月津贴，并根据工作勤惰分配红利。

经过一番调适，艺徒学校开始步入正轨，其教育特征也逐渐鲜明。同初等工业学堂一样，艺徒学校也不是政府的产物，而是在地方教育行政部门和基层教育工作者将外国经验与本国实践经验相结合，在摸索中不断成长起来的一种教育形态。在性质上，它是职业教育；在类别上，它是学校教育；在目标上，它与学徒制殊途同归。这意味着，艺徒学校以学校教育传授职业技能，是对传统学徒制的革新与超越。以当今的眼光看，我们可以大胆地说出，艺徒学校是现代学徒制的早期实践。

2. 存在问题、改善探索与被迫转型

作为"北平职业教育之开始"，京师学务局和教育部对艺徒学校非常重视，并开展定期视察工作。自1917年起，视察报告不再像往常一样单纯地描述教学过程，不再纠结学生人数多寡与精神状态是否良好，而是开始深入反思教学过程中存在的问题。

（1）是理论与实习相割裂。理论与实习并重本是艺徒学校的重要特色。但在实践中，"讲堂功课不能与工场实习相连串"。艺徒学校的理论教学在内容、方法以及课程设置上均存在不足，未能实现"在教室所学者即在工场所应习者也，在工场所应习者即在教室所已学者"的理想境地。

（2）是营业与实习冲突。艺徒学校附设工场，用以帮助学生在实际工作场所习得技能与经验。可是，由于自制品利薄、代制品利厚，无形中令工场在趋利中不自觉地"专意经营"。附属工场非但没有发挥其在技能传习中的应有价值，反而变成了实习的阻碍。

（3）是专业与社会脱节。艺徒学校开设了金工、木工和化妆品三科，但是这三个科目在实际教学中并未齐头并进，而是呈现主次之分。

（4）是学校存在一些其他不足和困难。比如，联络工商"只在售货一方面着想"，尚未在人才需求和培养模式等方面深度交流，毕业生很难获得工商界的接收。再比如，社会认可度低，学校的生源问题始终未能解决。由于入校者多为贫寒失学儿童，学校还需额外担负文化补习的责任。

借此，在1917年6月，学务局派艺徒学校的校长陈懋带领一众人员前往日本、朝鲜、大连湾等各地进行考察。在回京后，陈懋拟具了一份非常详细的兴革意见书，并于1917年8月10日上呈学务局。意见书共32条。主要内容如下：

将校名更改为职工学校，以免"艺徒"字样不合社会心理；迁移校址至工人聚集地，沟通社会；添加一年预科，为"资质中下者"预设普通学科；变通修业方式，每一学年即可修成一独立科目，便于"半途告退"者亦可受职业教育的部分知识；调查社会需求陆续添设学科，保证学科的设置兼顾本国实况与世界潮流；明确培养标准符合社会做事身份并具备自营能力，消解学生与学徒的身份界限；通过讲演、实地参观等途径联络社会工场，增进学生对实业界风俗习惯的切实了解；增设教室，增置仪器和应用机械，增加教员和经费，完善学校形态；添办面向有职业者的补习夜校。

意见书试图参考国外经验，针对实际办学中的种种不足提出力所能及的改善措施。对此，学务局虽承认其"颇多可采"，却更倾向于将其升级为正规工业学校，要求学校"如有改革自宜先尽此项学校设立为正格"。

随着职业补习教育的兴起，在1919年6月6日，艺徒学校再次上呈改革计划书，提出将学校"按补习学校学年制之性质办理"。计划书希望将学校办成类似西方偏重职业技能传授的继续教育，但又不得不面对初等教育远未普及的社会现实与轻视体力劳动的社会心理，导致本次改革计划书实施起来障碍重重。

最终，艺徒学校的三次计划书均停留在纸面上，未能付诸实践。但是，这些思考具有重要的历史价值，显示出在职业教育制度正式确立前，教育工作者对办理本国特色职业教育的早期探索。在探索的过程中包含了多重冲突与对抗，如国际化与本土化、正规化与社会化、学校化与工厂化（营业化）、学生化与艺徒化。

1919 年 10 月，在学务局的主持下，艺徒学校正式启动符合要求的改革。在经过教育部同意后，学校正式更名为京师公立职工学校。

改革后的新学校有两个重要改变：一是学校定位提高，"学制比拟中学"，入学资格相应提升；二是工场不再营业，"凡需材料皆自行购置，编制一定教程，俾学者得循序而进，由浅入深合于教育宗旨"。此番改组，与其说是对旧教育的除弊革新，不如说是对新教育的重新规划。"不谙于创造"意味着，艺徒学校现代学徒制实践未能充分施展，便被教育主管部门以行政手段强力打断。职工学校中止了工厂化与艺徒化的实践，走向了学校化与学生化。

但转型后的职工学校仍未有过多起色。

1923 年 8 月，当职业教育制度确立后，职工学校开展了进一步转型操作，不仅改名为京师公立职业学校，更是专以"造就中等工业实用人才"为宗旨。

第三节　国外现代学徒制人才培养模式发展的借鉴与思考

目前，国外的现代学徒制人才培养模式主要分为三类：第一类以政府为主导；第二类以企业为主导；第三类以全日制学校为主导。但各国的侧重点不同，如英国侧重以政府为主导的现代学徒制，德国、奥地利侧重以全日制学校为主导的"双元制"现代学徒制，而瑞士、丹麦同时存在着以企业为主导和以全日制学校为主导两种形式的学徒制。归纳起来，这几类学徒制都具有以下共同特点。

一、政策法规的强力推动是实施现代学徒制的重要基础

为推动学徒制教育和培训，多个国家以法律和法案的形式来推进。如加拿大阿尔伯塔省制定了《学徒制与产业培训法》规范举办学徒制培训；德国的联邦法律《职业教育法》《职业教育促进法》，明确鼓励企业参与职业教育，政府为企业参与职业教育创造条件，各个州政府也根据本地经济社会需求制定具有本国本地区特色的有关职业教育的法律法规；英国政府在 1890 年就通过《地方政府税收法》规定了职业教育的资金来源；1974 年，又通过制定《工业训练法》确定教育者、受教育者、组织管理、教育费用等细节；美国的《职业教育法》《职业合作训练法》《200 年目标法案》《由学校到就业法案》等，都对学校与企业的合作有所涉及；法国 1971 年制定《雇主分担基本职业技术培训费用》，1985 年制定《职业教育财政拨款法》，从而以法律形式确定了学徒制职业教育的资金来源。

二、政府提供资金支持是实施现代学徒制的基本保障

英国政府在 1993 年制订了现代学徒计划，是为了帮助青年人实现从学校到工作的

平稳过渡，改善熟练工的市场供给状况，该计划将培训经费列入政府预算，并把学徒培训与国家职业资格制度结合起来，这也成为学徒培训质量评价的可靠依据。德国则以私营企业与公共财政的双元经费投入，保障职业教育的经费需求，作为公共职业学校的经费，主要由其所在州的公共财政投入。美国联邦政府每年用于中职和高中后职教的经费为 16 亿美元，占职教所需费用的 10％，在《200 年目标法案》中决定五年内增加 50 亿美元用于职教改革。

三、强化管理是实施现代学徒制的必要条件

为推进现代学徒制人才培养模式的有效实施，各国都重视起管理体系的建设，从政府当局、中介服务机构、行业企业、学校以及学生多位一体的管理网络构架在多个国家形成，并有了具体的实施办法。如英国的现代学徒制开始由各地的地方培训与企业委员会管理，《200 年学习与技能法案》颁发后成立了学习与技能委员会，负责对 16 岁以上青年的学习和培训进行总体规划和资助，联合服务机构、地方学习和技能委员会和学校向申请参加学徒制培训的适龄青年提供职业指导。丹麦各职业技术学校都成立了由行业工会代表、雇主（企业）代表、学校代表参加的董事会，确定学校的办学体制和课程设置，研究学校的发展和帮助学校搞好建设，具体做法是各雇主把用工指标通过董事会交给学校，学校按照雇主的用人要求进行教学。教育部门对学校教学进行检查监督，行业工会对教学质量进行考核验收，合格者才许送给雇主使用。雇主每接收一个合格的职校毕业生，要付给学校 450 丹麦克朗。对于不能暂时接受的，可以安排在校办工厂、农场继续实习，所需经费由雇主补给。

瑞士也制定了有关学徒制度的规定，要求样样遵守，是为了保障培训质量。要求学徒与企业必须签订合同，学徒的师傅必须有师傅资格；获得师傅资格除了要有一定实践经验外，还必须接受 40 小时以上专业培训，并通过资格考试。

四、校企合作的教学计划和课程决定了现代学徒制的成效和水平

从教学计划来看，国内目前只有一个教学计划，包括理论和实践教学计划。而在德国有两个文件，一是《培训条例》，由联邦政府、州政府、企业家联合会、工会四方共同讨论制定，主要规范实践培训，适用于全国；二是《教育框架计划》，规范理论教学计划，由各州根据文化部长联席会议讨论制定。具体的教学计划是在系统的任务分析之上制定的，每个职业都有系统的任务分析，任务分析由联邦职教所的专家牵头，有行会、工会的代表参加，这对于专业设置和学生的职业训练以及和企业相结合方面就有了保障。

五、灵活的推进过程保证了现代学徒制实施的可持续性和发展性

英国现代学徒制是以政府为主导的，比较注重人的个别差异，在规定的学习内容以外，允许学得快者增加学习内容，这些额外增加的学习内容都会在文凭中加以记录，同时，也允许学得慢者在与雇主协商后适当延长培训时间，政府在学习延长期仍然给予资助。同时，英国现代学徒制还增加了关于试用期的规定，试用期为学徒培训开始后的 8

周以内，在此期间若合同未按规定遵守，任何一方都可以单方面终止合同。

对于企业积极性下降、学生名额减少等实际状况，瑞士提出了解决措施。主要是通过加强学校和企业的合作伙伴关系，积极探索改进和完善学徒制的途径，在很多行业组织设立专门的培训中心或实训车间，逐步形成由企业、学校和培训中心实训车间三条腿支撑的"三元制"。之后，德国开展了对"双元制"教学模式的大讨论，通过设立专科高中、职业完全中学，并对专业课程进行改革，形成了技术学科体系等措施引导现代学徒制的健康发展。这些改革措施，对现代学徒制人才培养的针对性更强，推动了现代学徒制的可持续发展。

第四节　我国现代学徒制人才培养模式的走向与对策

目前，我国推行现代学徒制已经具备了一定的理论基础、政策基础和实践基础，只要我们着力解决好面临的具体问题，现代学徒制必将发挥出其应有之义。

一、进一步明确现代学徒制实施的各方职责

（一）政府在学徒制人才培养模式中的主要职责

（1）提供专项资金支持。政府要为学校和企业间的联系活动、学校的学徒制课程发展、相关人员的培训以及培训项目的启动不断地提供专项资金支持。

（2）推进学制和制度改革。政府要鼓励学校打破学年制和学时制限制，采用并逐步完善弹性学制、学分制等制度的变革，使学校实现不以生存而是以培养合格人才的办学目标。

（3）制定严格的知识和技能标准。政府要支持教育部门与劳动部门、企业、教育者之间的合作，制订严格的知识和技能标准，为广泛的职业领域和企业界所服务。

（4）重新修订不利于面向工作学习的法律和政策。

（5）运用宣传媒体手段，使校企合作、工学结合的现代学徒制成为学校教育改革重要的一环。

（二）职业院校在学徒制人才培养模式中的主要职责

（1）明确学徒制实施的专业范围和领域，要对具体专业进行分析，充分认识所要达到的目标，分析所具备的条件，从而确定需要培养的具体内容，并做好学徒制教学的专业教学计划。

（2）鼓励教师和学校行政人员到企业进行在岗工作，并和企业的师傅进行交流，将得到的经验带回学校。

（3）进行专业与课程改革，一方面要取消只适合低工资、低技能职业，不能适应劳动力市场需求的课程，增加与企业需求相适应的新兴专业和课程；另一方面是改革实施学徒制专业的课程，使之适合学徒制教学。

（4）改革管理方式和手段，特别是要超越传统的记分方式、评价方式和学分积累方式，发展一种有意义的职业院校文凭证书。

（5）要重新分配教学时间，为教师在学校内外完成项目和合作以及为学生从事实习活动提供机会。

（三）企业在学徒制人才培养模式中的主要职责

（1）向学生、家长、教师准确传达企业的要求，包括现在及将来应具备的知识技能。

（2）依据学业成绩聘用毕业生就业。

（3）向教师和学生的在岗学习敞开大门。

（4）改革人事制度，赏识和奖励在监督管理、辅导、教学、生产实习中指导学生，与学校合作的职员。

（5）计算计划成本和利润，实现校企双赢，而不是把校企合作当作一种慈善捐赠。

（四）家长在学徒制人才培养模式中的主要职责

（1）负责限制孩子在学校工作的时间。

（2）坚持要求每个孩子都具有个性化发展方案，能够帮助他们选择合适的课程，思考就业和上学的事宜。

二、探索现代学徒制实施的途径与方法

（一）采用"三元制"的合作途径和方法

目前，学徒制实施的难点是学生要真正介入到企业的运行之中，必然要获得企业在人员、岗位、项目、任务、时间、场地等各方面的支持，这势必打乱企业正常的生产和运营，所以很多企业都缺乏积极性。

因此，有条件的地方，可以充分利用公共实训中心这一平台，聘请企业中的优秀骨干人员作为师傅，对学生进行实践实训，同时，学生可以通过到企业中参观、交流、实习及参加企业年会等各种形式接受企业理念和实践技巧的培训。

做好师傅的选拔和聘任程序及相关经费、评估等事项，要使学徒制真正发挥效用，承担师傅职责的人员必须是企业的业务骨干和资深人士，这些人往往都很忙、很累，因此，企业和学校应通过相关协议，对师傅的选聘、指导等给予相应的报酬和荣誉激励，并对师傅的工作教学业绩进行有效评价。

一方面可以由教育主管部门给师傅颁发职业院校"兼职教师"资格证书；另一方面可以进行优秀师傅评选，增强师傅的社会责任感和教育意识。

（二）深化课程改革，构建适合半工半读和现代学徒制的课程框架

学徒制人才培养模式下的课程与普通教学条件下的课程不同，必须是在人才培养目标的指导下，由校企双方、教师和师傅双方都积极参与并设计的课程体系。

（1）要在学校、企业、教师、师傅、职教研究专家等共同参与下，完成工作任务分析、教学标准开发等工作。

（2）必须要设计好校本教材，要符合学生理论学习及企业实践特点。

（3）要不断进行总结和完善。

（三）进行学校的教学制度和管理制度改革

（1）进行学校领导及管理干部的管理观念改革，要把学生的发展放在管理的首位，而不是难易程度。

（2）进行学校管理能力建设，其中包括与企业共同研制人才培养方案，确定相应的教学内容和合作方式；实行弹性学习制度和学分制，允许学生提前或推迟毕业；改革教学质量评价标准和学生考核办法，将学生工作业绩和师傅评价纳入学生评价标准，改变过去一元化的学业评价方式方法，构建新的适应于学徒制变化的评价方式方法；改革招生、学籍、教学及有关的学校管理制度。

（四）职业资格证书制度相应改革

目前，"双证融通"已经是职业教育发展的趋势，在学徒制模式下，职业资格证书的取得和学历证书的获得显得尤为重要，所以必须要做好证书的有效衔接，使职业资格证书制度能够真正体现学生的实践能力。

三、为学徒制实施提供条件和保障

（一）政策保障

建议国务院下发类似于《职业教育校企合作条例》方面的政策，阐明教育部门、职业院校、各行业企业主管部门、财政、税收等部门在校企合作方面的职责，对于校企合作的指导思想、目标、原则、方式，以及各自任务、考核评价、运行机制、经费来源等进行具体说明，并制定参与企业的鼓励措施以及监控和评价的措施。

同时，由省市相关职能部门，如经委、教委、劳动部门等牵头，联合对支持校企合作的企业进行评选和奖励，提高企业的责任感和社会服务意识。

（二）运行保障

校企之间需要有长期稳定的良好合作关系。

建议政府可以通过由教育部门、财政部门、劳动部门以及经济贸易部门等联合成立诸如"校企合作指导委员会"之类的服务部门，寻找相关职业院校与企业间的利益共同点，为学校和企业之间的合作提供指导和帮助；学校也可以成立诸如"校企合作工作小组"，专门负责学校的校企合作事务；同时，企业也要积极配合，由专人负责与学校和政府的沟通联系，要为学生提供岗位、项目和师傅等的全方位支持；学校的教学计划和课程安排需要企业的深度参与，特别是要与师傅进行良好的沟通；要保证优秀的企业技术人员能够真正参与到学徒制教学中来。学校要与不止一个公司合作，并设计给予学生一个行业中多种职业的培训。

（三）经费保障

经费保障共包括两个部分：企业经费保障，要有国家层面的税收优惠政策以及师傅的经费保障。

要使学徒制取得良好效果，师傅必须进行全力辅导，而且很多人不止带一个学徒，其培训和指导经费必不可少；另外，学生在企业的实习经费也要有一定补贴。

（四）宣传保障

要加大对学生的吸引和宣传力度，职业学校长期处于教育的薄弱环节，许多学生依旧想上大学。从这些问题出发，现代学徒制的实施必须把重点放在那些不需要大学教育的工种以及必须通过学徒制才能增强职业能力的专业岗位上。

同时，还要设计出包含众多内容的职业选修课程，职业学校就此可以吸引较多的学生。另外，还要加强对企业的宣传力度，一方面是向企业宣传，吸引企业参与校企合作；另一方面是向社会宣传做得较好的企业，推动企业不断加入校企合作中来。

第二章　结构化师带徒制理论基础

结构化师带徒制在发展的过程中不断演变，其中培训基础相关理论、行为科学理论及新衍生的新视角理论是推动结构化师带徒制的理论支撑，本章将从这三个层面进行理论讲述。

第一节　培训相关理论

一、结构化（S-OJT）在岗培训理论

（一）基本概念

S-OJT 运用结构化的方式来实施在岗培训，有经验的员工在工作场或者接近工作场所的地点训练新员工，是有计划地培训特定工作能力的过程。

结构化在岗培训理论是由雅各布斯博士在 1987 年首先提出来的，自此成为国外企业针对经理、工程师、销售人员以及一线员工等岗位实施培训的主要方式。

（二）基本特点

系统性，强调培训过程的计划性。通过事先设定的培训目标、确定培训方案、设定培训课程并按计划实施，保证培训的系统性、计划性，从而确保培训成效，避免了传统在岗培训随意性大、效果不可控等缺点。

培训场景与工作场景高度一致，培训效果更加明显。改善受训人员的工作质量，增加受训人员满意度与信心。

以任务为导向，有明确的培训目标。以能力为基础，以工作任务为导向，保证了培训有的放矢，学员将所学的知识迅速应用到工作，解决了提升能力效率不高的问题。

培训师由经验丰富的内部员工担任，这样不仅减少人员脱岗时间，还大大降低培训成本，减少人员流失带来的损失，同时还可以调动员工的积极性。

（三）S-OJT 的设计步骤

S-OJT 由 6 个步骤组成。各个步骤之间相互影响，而且在整个的培训过程中，某些步骤甚至是重复进行的。

1. 确定是否使用 S-OJT 形式

对于任何一个给定而且具体的培训需求而言，S-OJT 是否适用，取决于工作的性质、工作环境的限制以及受训个体的差别三个条件。

（1）工作性质涉及工作的紧迫性、重复性和工作难度。

1）工作的紧迫性：管理层通常认为工作的紧迫性是决定培训形式的最重要的因素，最好的培训方法就是让所有员工都停止工作，坐在一起接受培训。但更多的时候，由于人员配置或者时间安排的原因，员工无法离开工作岗位聚集在一起，这时候，S-OJT 就

是非常适用的方式。

2）工作的重复性：如果工作任务的重复性高，则 S-OJT 更适用一些。

3）工作的难度：S-OJT 更适用于难度很大的工作，原因为员工能从中获取更为具体和有用的信息。

（2）工作环境的限制。为了使培训能够真正与岗位作业结合起来但又不对正常作业造成干扰，需要一定的灵活性和创造性，必须考虑培训地点和工作的干扰因素。干扰因素包括环境噪声、与安全有关的风险、环境中周围其他人的活动、工作时间表，甚至还包括旁观的人等。如果这些干扰因素很突出，培训的效果将会大打折扣。

2. 通过工作任务分析确定学习内容

进行工作分析的目的是要弄清楚完成某项任务具体需要哪些行为，揭示出这些行为之间的关系，同时通过对工作行为的进一步分析就可以明确工作必需的知识水平、技能等级和态度，此外，还可以确定完成工作所需要的资源，包括专门的工具设备以及数据。工作分析完成之后，就可以利用这些信息来准备 S-OJT 目标、培训材料和方法。

3. 选择并训练指导教师

指导教师必须具备以下条件：

（1）接受过专业的培训和教育，了解公司现有及新拓展的业务及能力领域。

（2）愿意与人分享，性格开朗，乐于与他人分享自己的经验和能力。

（3）善于解决难题，能受到同事的尊敬。

（4）具有高超的沟通技巧，善于与人沟通，能在日常交流中向他人清楚而详尽地表达复杂的概念。

（5）关心公司发展，积极参与公司的绩效改革。指导教师可以利用岗位主管和 HR 部门提供的信息来准备培训方案。S-OJT 的培训方式综合考虑了各种培训形式的可利用性，分为 CR（教室学习）、SS（自学）、OL（现场学习）和 OP（操作学习）四种方式。

4. 准备 S-OJT 材料与方法

针对各个岗位工作要求的不同，每个工作岗位都需要设计和准备一份 S-OJT 课程方案，确定出完成该岗位的培训内容和员工必须执行的具体任务。每个课程方案包含工作任务清单，利用工作任务清单来评估和记录执行每项任务的能力。同时，在课程方案设计时要注重课程讲授顺序的安排，由简单到复杂，由一般工作流程到特殊工作故障解决。这种课程的顺序设计充分体现了培训的针对性和灵活性。企业可以根据生产的淡旺季、人员等为不同的员工设计不同的课程方案。

5. 培训项目的实施

培训师要按照培训需要调整个人的授课风格，要善于利用其高超的沟通技巧。从培训一开始，就要与受训人保持眼神的交流，讲解力求清晰，并利用肢体语言传达积极的信息。培训师都应该通过先前所接受的 S-OJT 指导项目而掌握这些技巧。

与受训人进行深入的探讨如何改进自我也是非常重要的，这有助于培训师了解受训人是否愿意改变现状，通过学习获得更好的工作绩效。

6. 培训过程的评估与改进

S-OJT 过程中，最后一步是针对培训流程和组织架构进行评估和改进。

二、岗位胜任模型

（一）基本概念

岗位胜任模型是能胜任特定岗位或工作所需要具备的个人特征组合。特定岗位胜任力模型中胜任力的数量和类型取决于工作本身的性质和复杂性，以及所在组织的文化和价值观特征。常用于员工选拔和晋升决策。

胜任力是一系列影响岗位工作绩效的个人特征要素组合。包括人格、动机、知识和技能水平等。是导致员工绩效差异的关键驱动因素，常用于工作分析、人员选拔和绩效考核等领域。高绩效行为的岗位胜任力的界定和发展已成为学术界和企业界共同关注的主题。

（二）作用

岗位胜任模型在人力资源管理活动中起着基础性的、决定性的作用。它分别为企业的工作分析、人员招聘、人员考核、人员培训以及人员激励提供了强有力的依据，是现代人力资源管理的新基点。

（三）工作分析

传统的工作岗位分析较为注重工作的组成要素，而基于胜任特征的分析，则研究工作绩效优异的员工，突出与优异表现相关联的特征及行为，结合这些人的特征和行为定义这一工作岗位的职责内容，具有更强的工作绩效预测性，能够更有效地为选拔、培训员工以及为员工的职业生涯规划、奖励、薪酬设计提供参考标准。

（四）人员选拔

传统的人员选拔一般比较重视考察人员的知识、技能等外显特征，而没有针对难以测量的核心的动机和特质来挑选员工。如果挑选的人员不具备该岗位所需要的深层次的胜任特征，要想改变该员工的深层特征却又不是简单的培训可以解决的问题，这对于企业来说是一个重大的失误与损失。

相反，基于胜任特征的选拔正是帮助企业找到具有核心的动机和特质的员工，既避免了由于人员挑选失误所带来的不良影响，也减少了企业的培训支出。

（五）绩效考核

岗位胜任模型的前提就是找到区分优秀与普通的指标，以它为基础而确立的绩效考核指标，是经过科学论证并且系统化的考核体系，体现了绩效考核的精髓，真实地反映员工的综合工作表现。让工作表现好的员工及时得到回报，提高员工的工作积极性。对于工作绩效不够理想的员工，根据考核标准以及岗位胜任模型通过培训或其他方式帮助员工改善工作绩效，达到企业对员工的期望。

（六）员工培训

帮助员工弥补不足，从而达到岗位的要求就是培训最终的目的。培训所遵循的原则是投入最小化、收益最大化。基于胜任特征分析，针对岗位要求结合现有人员的素质状况，为员工量身定制培训计划，帮助员工弥补自身"短木板"的不足，有的放矢突出培训的重点，省去分析培训需求的烦琐步骤，杜绝不合理的培训开支，提高培训的效用，取得更好的培训效果，进一步开发员工的潜力，为企业创造更多的效益。

（七）员工激励

通过建立岗位胜任模型能够帮助企业全面掌握员工的需求，有针对性地采取员工激励措施。从管理者的角度来说，胜任模型能为管理者提供管理并激励员工努力工作的依据；从企业激励管理者的角度来说，依据胜任模型可以找到激励管理层员工的有效途径与方法，提升企业的整体竞争实力。

三、设计步骤

（一）定义绩效标准

绩效标准的确定一般采用工作分析和专家小组讨论。采用工作分析的各种工具与方法明确工作的具体要求，提炼出鉴别员工工作优秀和一般的标准。专家小组讨论是优秀的领导者、人力资源管理层和研究人员组成的专家小组，就此岗位的任务、责任和绩效标准以及期望优秀领导表现的胜任特征行为和特点进行讨论，得出最终的结论。如果客观绩效指标不容易获得或经费不允许，可以采用"上级提名"的方法。这种由上级领导直接给出的工作绩效标准的方法虽然较为主观，但对于优秀的领导层也是一种简便可行的方法。企业应根据自身的规模、目标、资源等条件选择合适的绩效标准定义方法。

（二）选取分析效标样本

根据岗位要求，分别在从事该岗位工作的员工中随机抽取一定数量的绩效优秀和绩效普通的员工进行调查。

（三）获取效标样本有关胜任特征的数据资料

获取效标样本有关胜任特征数据可以采用行为事件访谈法、专家小组法、问卷调查法、全方位评价法、专家系统数据库和观察法等方法，但一般以行为事件访谈法为主。

行为事件访谈法是一种开放式的行为回顾式调查技术，类似于绩效考核中的关键事件法。它要求被访谈者列出他们在管理工作中发生的关键事例，包括成功事件、不成功事件或负面事件各三项，并且让被访者详尽地描述整个事件的起因、过程、结果、时间、相关人物、涉及的范围以及影响层面等。同时也要求被访者描述自己当时的想法或感想，例如，是什么原因使被访者产生类似的想法以及被访者是如何去达成自己的目标等，在行为事件访谈结束时最好让被访谈者自己总结一下事件成功或不成功的原因。

行为事件访谈一般采用问卷和面谈相结合的方式。访谈者会有一个提问的提纲以此把握面谈的方向与节奏。并且访谈者事先不知道访谈对象属于优秀组或一般组，避免造成先入为主的误差。访谈者在访谈时应尽量让访谈对象用自己的话详尽地描述他们成功或失败的工作经历，他们是如何做的、感想又如何等。由于访谈的时间较长，一般需要

1～3 小时，所以访谈者在征得被访者同意后应采用录音设备把内容记录下来，以便整理出详尽的有统一格式的访谈报告。

（四）建立岗位胜任模型

建立岗位胜任模型是通过行为访谈报告提炼胜任特征，对行为事件访谈报告进行内容分析，记录各种胜任特征在报告中出现的频次，然后对优秀组和普通组的要素指标发生频次和相关的程度统计指标进行比较，找出两组的共性与差异特征。根据不同的主题进行特征归类，并根据频次的集中程度，估计各类特征组的大致权重。

（五）验证岗位胜任模型

可以采用回归法或其他相关的验证方法验证岗位胜任模型，采用已有的优秀与一般的有关标准或数据进行检验，关键在于企业选取什么样的绩效标准来做验证。

四、培训需求调研

（一）Goldstein 三层次模型

20 世纪 80 年代，I・L・Goldstein、E・P・Braverman、H・Goldstein 三人经过长期的研究将培训需求评价方法系统化，构建了 Goldstein 三层次模型（见图 1-2-1）。

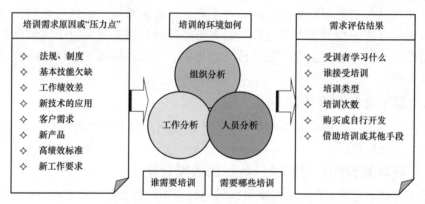

图 1-2-1　Goldstein 三层次模型图

Goldstein 三层次模型是培训需求分析的重要理论基础，它最大的特点就是将培训需求分析看成了一个系统，进行了层次上的分类，通过整合组织、任务、人员的需求，使得培训需求更加全面化，分析结果更加科学化。Goldstein 三层次模型将培训需求分析分成了组织分析、工作分析和人员分析三个部分。

1. 组织分析

组织层次的分析将组织的长期目标和短期目标作为一个整体来考察，同时考察那些可能对组织目标发生影响的因素。组织的需求分析由人力资源分析、效率指标分析和组织气氛分析三部分组成。

其中，人力资源分析将组织目标表现为人力资源的需求、技术的需求以及为满足这些需求而制定的计划。培训将在实现需求与供给之间的匹配方面发挥重要的作用。

效率指标分析是针对目前组织的效率状况。常用的效率指标包括工资成本、产出的数量和质量、设备利用情况等。首先确定这些指标的标准，然后评估实际的组织效率状况，就可以得到相应的培训需求。

组织气氛分析用于描述组织气氛是否适宜，员工各方面的工作感受如何。如果通过分析发现差距很大并且影响到大部分员工时，就有必要引进培训来解决。

2. 工作分析

组织分析旨在从全局上把握整个组织与工作群体的培训需求，属于较为全局性的层面，而针对每项具体工作的具体培训需求，必须通过工作层次的分析才能加以识别。

进行工作分析时，首先应掌握每项工作所包含的任务；完成这些任务所需要的知识、技能、经验、个人特质等；衡量该工作的可接受的绩效标准三方面的信息。

这些信息可以从国家有关部门制定的一些规范、标准中得到，也可以通过观察、记录分析、跟踪等手段从企业内部获得一手资料，从中识别和收集。

接着对工作岗位上的人员工作现状进行评价。评价手段包括资料调查、行为观察、表现记录分析、舆论调查、访谈、典型事件分析、技能考核等。

通过现状与标准的比较，识别差距、分析原因，就可以确认相应的培训需求。

3. 人员分析

个人层次的分析针对每一位员工个体进行，最终落实到"谁需要培训"以及"需要哪些培训"上。个人分析包括员工实际工作绩效与该工作可接受绩效标准的差距及其原因（当前培训需求）；员工对每项技术的熟练程度与该项技术所需熟练程度的差距及其原因（将来的培训需求）两部分内容。

可采用观察、记录分析、资料调查、技能考核等分析手段。此外，员工的自我评价也是收集个人需求信息的重要来源。

Goldstein 三层次模型在培训需求分析中的运用存在以下几个方面的不足：

（1）模型虽然考虑了企业战略、组织资源对培训需求的影响，但是忽略了行业政策、国家政策等外部环境的影响。

（2）模型对人员进行分析主要集中在员工绩效现状与理想水平的差距上，关注的是员工"必须学什么"以缩小差距，而没有重视"员工想学什么"。

（3）模型很难找到具体可操作的分析方法，缺乏简单有效的识别工具。

（二）培训需求差距分析模型

美国学者汤姆·W·戈特将"现实状态"与"理想状态"之间的"差距"称为缺口，并依据此缺口确定员工知识、技能和态度等培训内容，这就是培训需求差距分析模型。

培训需求差距分析模型有三个环节：

（1）发现问题所在。问题就是理想绩效与实际绩效之间的差距，问题存在的地方，就是需要通过培训加以改善的地方。

（2）进行预先分析。一般情况下，需要预先分析和初步判断问题。

（3）实施需求分析。这个环节主要是寻找绩效差距，分析的重点是员工目前的个体绩效与工作要求之间的差距。培训需求差距分析模型见图 1-2-2。

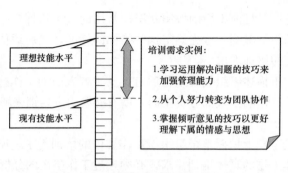

图 1-2-2 培训需求差距分析模型图

培训需求差距分析模型的优点在于：将培训需求的"差距分析"进行重点提炼，提高了培训需求分析的可行性，较好地弥补了 Goldstein 模型在任务分析和人员分析方面操作性不强的缺陷。

然而，培训需求差距分析模型也存在一定的缺陷，首先是该模型没有关注企业战略对培训需求的影响，另外，该模型的有效性依赖于一个假设前提，即"培训活动等同于绩效提高"，事实上，绩效问题产生的原因不只是缺乏知识与技能，而且仅靠培训是无法解决所有问题的。

尽管如此，培训需求差距分析模型关于"培训旨在缩小差距"的思想还是极有见地的。

（三）前瞻性培训需求分析模型

前瞻性培训需求分析模型是由美国学者 Terry·L·leap 和 MichaelD·Crino 提出的。该模型的精髓是将"前瞻性"思想运用在培训需求分析。他们认为随着技术的不断进步和员工的个人成长需要，即使员工目前的工作绩效是令人满意的，也可能会因为需要为工作调动做准备、为职位晋升做准备或者适应工作内容要求的变化等原因提出培训的要求。前瞻性培训需求分析模型为这些情况提供了良好的分析框架。前瞻性培训需求分析模型见图 1-2-3。

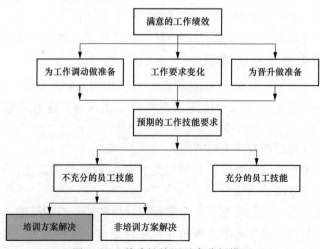

图 1-2-3 前瞻性培训需求分析模型

前瞻性培训需求分析模型是建立在未来需求的基点之上，具有一定的"前瞻性"。它能有效结合组织的发展前景、战略目标和个人职业生涯规划，为组织和个人的发展提供一个合理的结合点，同时可以达到激励员工的目的，使培训工作由被动变为主动。

但该模型也具有一定的局限性，因为它是以未来需求为导向，预测的准确度难免出现偏差，技术的前瞻性未必都与战略及业务发展要求相对应，存在着与企业战略目标相脱节的风险。

（四）以企业文化为基础的培训需求分析模型

企业文化是企业的灵魂，是推动企业发展的不竭动力。其核心是企业的精神和价值观。企业文化作为一种意识渗透到了企业的各个角落，甚至是每个员工的工作和生活当中。企业文化一旦形成，对企业的发展方向起决定作用，同时对企业员工培训起指导作用，使企业焕发出强大的生命力。

培训需求分析模型是以企业文化为基础，从梳理企业文化入手，明确企业目标，进而明确企业培训的目标。围绕企业文化实施员工培训能够使员工成功地融合到企业文化中去，将企业目标和员工的个人目标统一起来，对员工的工作动力和对企业价值观的认同有非常直接的影响。以企业文化为基础的培训需求分析模型见图 1-2-4。

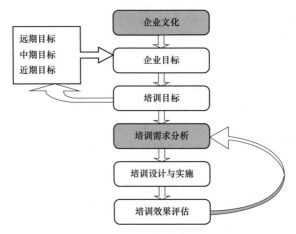

图 1-2-4　以企业文化为基础的培训需求分析模型

（五）基于胜任力的培训需求分析模型

1973 年，McClelland 首次提出胜任力的概念，胜任力是指能将工作中表现优异者与表现平庸者区分开来的个人的表层特征与深层特征，它包括知识、技能、社会角色、自我概念、特质和动机等个体特征。胜任力模型则是组织当中特定的工作岗位所要求的与高绩效相关的一系列胜任特征的总和。在培训需求分析中，胜任力模型的导入是十分必要的，胜任特征的可测量性可以使分析过程更加标准化，而且使培训需求更加具体化。

基于胜任力的培训需求分析模型，主要通过判断组织环境变化，识别企业的核心胜任力，并在这个基础上确定企业关键岗位的胜任素质模型，同时对比员工的能力水平现状，找出培训需求所在。

基于胜任力的培训需求分析模型见图1-2-5。

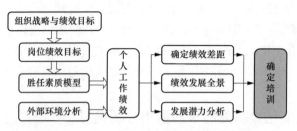

图1-2-5　基于胜任力的培训需求分析模型

基于胜任力的培训需求分析模型有助于描述工作所需的行为表现，以确定员工现有的素质特征，同时发现员工需要学习和发展哪些技能。同时，模型中明确的能力标准，也使组织的绩效评估更加方便。另外，胜任特征模型也使员工能容易理解组织对他的要求，建立行动导向的学习。

然而，与差距分析模型一样，该模型同样未能足够重视企业战略对培训需求的影响。企业经营战略的变化会产生新的胜任特征需求或改变原有的胜任特征要求，给企业员工培训需求带来变化。另外，由于胜任特征是个复杂的概念，胜任特征的确定需要长时间的资料积累以及丰富的专业经验，建立胜任特征模型要求相当专业的访谈技术和后期分析处理技巧，而且耗时费力成本高，因此该模型的运用对企业的人力资源管理水平提出了较高要求。

（六）以职业生涯为导向的培训需求分析模型

以职业生涯为导向的培训需求模型认为，企业与员工是两个平等的利益主体，它承认员工个人利益与企业组织利益的相关性，不存在谁的利益优先，企业发展应建立在员工的个人发展基础上，企业培训应与员工职业生涯规划结合。

以职业生涯为导向的培训需求分析模型呈现出了三个特点：

（1）将企业需求与员工职业生涯发展需求结合，尊重了员工的个体发展。

（2）不仅考虑现期需要，还考虑远期需要，这是对前瞻性培训需求分析模型的升华。

（3）员工真正参与到培训需求分析的过程中，使培训需求评价的主体得到拓展（见图1-2-6）。

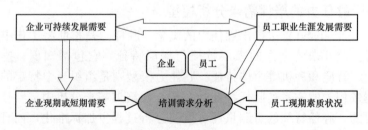

图1-2-6　以职业生涯为导向的培训需求分析模型

以职业生涯为导向的培训需求分析模型充分体现了以人为本的重要思想，只有把个人需求与职业生涯结合起来，才能有坚定的职业生涯目标，并通过不断地参与学习培训，实现自己的职业价值。

以职业生涯为导向的培训需求分析一般采用的方法有面谈和问卷调查，让员工进行自我评价，评价的内容主要包括思考自己目前的职业状况和理想中的状况、自己工作的优势和劣势、自己在哪方面取得了成功、近期计划或未来的发展计划、为实现目标计划付出怎样的努力、在实现目标过程中所需要的资源、需要怎样的培训与学习、自我总结与规划职业生涯等。

第二节 行为科学理论

一、班杜拉社会学习理论

（一）基本概念

社会学习理论是由美国心理学家阿尔伯特·班杜拉（Albert Bandura）于 1952 年提出的。它着眼于观察学习和自我调节在引发人的行为中的作用，重视人的行为和环境的相互作用。

班杜拉认为社会学习理论是探讨个人的认知、行为与环境因素三者及其交互作用对人类行为的影响。

班杜拉指出，行为主义的刺激—反应理论无法解释人类的观察学习现象。

因为刺激—反应理论无法解释为什么个体会表现出新的行为，以及为什么个体在观察榜样行为后，这种已获得的行为可能在数天、数周甚至数月之后才出现等现象。

所以，如果社会学习完全建立在奖励和惩罚之结果的基础上，那么大多数人都无法在社会化过程中生存下去（Bandura，1969）。

为了证明自己的观点，班杜拉进行了一系列的实验，并在科学的实验基础上建立起了属于他自己的社会学习理论。

（二）三种机制

社会学习理论认为个体的学习行为有三种机制，即联结、强化和观察学习。这三种机制为人们正确理解社会行为提供了独特的视角和方法。

1. 联结

社会学习理论中的联结概念，源于巴甫洛夫的经典条件反射学说。

根据该学说提出的联结理论认为，学习就是刺激—反应联结的形成。这一理论强调各种联结的作用，包括情境与行为的联结、一些行为与另一些行为的联结、一些知觉的联结，甚至一些情绪也是由联结而形成的。在社会心理学中，人们经常用联结的观点来解释社会态度、人际吸引、社会规范等现象。

2. 强化

强化理论认为，人们学习表现某个行为是因为随后会有一个令人愉快的，或者可以满足某种需要的东西出现，这是正强化；而人们避免表现出某种行为是因为随后会有一个不愉快的结果出现，这是负强化。

强化可以分为直接强化、替代强化与自我强化三种。

直接强化是指人们受到自己行为的直接后果的影响；替代强化是指人们还会观察他人做出行为后得到了什么后果，这种后果也会影响人们是否以及怎么样做出相同的行为；自我强化是指人们在行为之后，对自己的认知与评价会影响人们进一步的行为表现。

在行为强化过程中，强化物、强化频率、强化时间等都会对人们的行为产生影响。

3. 观察学习

观察理论是指人们仅通过观察他人或模仿榜样，就可以学习某种社会态度和行为。在观察学习中，环境中的他人是一个重要的信息来源。观察学习可以在没有任何其他外在强化的情况下出现。班杜拉认为，人的行为，特别是人的复杂行为主要是后天习得的。行为的习得既受遗传因素和生理因素的制约，又受后天经验环境的影响。生理因素及后天经验的影响在决定行为上微妙地交织在一起，很难将两者分开。

（三）社会学过程研究

班杜拉认为行为习得有两种不同的过程：一种是通过直接经验获得行为反应模式的过程，可以称之为"通过反应的结果所进行的学习"，即我们所说的直接经验的学习；另一种是通过观察示范者的行为而习得行为的过程，可以称之为"通过示范所进行的学习"，即我们所说的间接经验的学习。

班杜拉的社会学习理论所强调的是这种观察学习或模仿学习。观察学习又称替代学习，是指人们通过观察他人的行为，获得示范行为的象征性表象，并引导学习者做出与之相对应的行为的过程。观察学习的全过程由四个阶段（或四个子过程）构成。注意过程是观察学习的起始环节，在注意过程中，示范者行动本身的特征、观察者本人的认知特征以及观察者和示范者之间的关系等诸多因素影响着学习的效果。在观察学习的保持阶段，示范者虽然不再出现，但他的行为仍给观察者以影响。要使示范行为在记忆中保持，需要把示范行为以符号的形式表象化。通过符号这一媒介，短暂的榜样示范就能够被保持在长时记忆中。观察学习的第三个阶段是把记忆中的符号和表象转换成适当的行为，即再现以前所观察到的示范行为。这一过程涉及运动再生的认知组织和根据信息反馈对行为的调整等一系列认知的和行为的操作。能够再现示范行为之后，观察学习者（或模仿者）是否能够经常表现出示范行为要受到行为结果因素的影响。行为结果包括外部强化、自我强化和替代性强化。班杜拉把这三种强化作用看成是学习者再现示范行为的动机力量。

班杜拉对自我效能的形成条件及其对行为的影响进行了大量的研究，指出自我效能的形成主要受五种因素的影响，包括行为的成败经验、替代性经验、言语劝说、情绪的唤起以及情境条件。

（1）行为的成败经验指经由操作所获得的信息或直接经验。成功的经验可以提高自我效能感，使个体对自己的能力充满信心；反之，多次的失败会降低对自己能力的评估，使人丧失信心。

（2）替代性经验指个体能够通过观察他人的行为获得关于自我可能性的认识。

（3）言语劝说包括他人的暗示、说服性告诫、建议、劝告以及自我规劝。

（4）情绪和生理状态也影响自我效能的形成。在充满紧张、危险的场合或负荷较大的情况下，情绪易于唤起，高度的情绪唤起和紧张的生理状态会降低对成功的预期水准。

（5）情景条件对自我效能的形成也有一定的影响，某些情境比其他情境更难以适应与控制。当个体进入一个陌生而易引起焦虑的情境中时，会降低自我效能的水平与强度。

二、社会认同理论

（一）基本概念

社会认同理论是亨利·塔菲尔、约翰·特纳等人提出并加以完善的。

社会认同理论认为：社会认同由类化、认同和比较三个基本历程组成。

类化指人们将自己编入某一社群；认同是认为自己拥有该社群成员的普遍特征；比较是评价自己认同的社群相对于其他社群的优劣、地位和声誉。透过这三个历程，人们可以抬高自己的身价和自尊。

社会认同理论把个体对群体的认同摆在核心的位置，认为个体通过社会分类，对自己的群体产生认同，并产生内群体偏好和外群体偏见，个体通过实现或维持积极的社会认同来提高自尊，积极的自尊来源于在内群体与相关的外群体的有利比较。

社会认同理论首次把人际和群际行为进行了区分，并把认同在个体和群体层次上区分为个人认同和社会认同两种自我知觉水平。另外，社会认同理论还对人际比较与群际比较、个体自尊和集体自尊进行了区分。

（二）主要观点

社会认同理论的核心观点是：认为社会认同主要来自群体成员身份或资格，人们努力追求或保持一种积极的社会认同，以此来增强他们的自尊，而且这种积极的社会认同主要来自内群体与相关外群体之间进行的有利比较。如果没有获得满意的社会认同，人们就会试图离开他们所属的群体或想办法实现积极的区分。

人们会使用多种策略来实现积极区分的目标。

特纳和塔菲尔认为，有三类变量可能会影响群体间的区分：第一类，人们必须在主观上认同他们的内群体，他人的界定是不够的，个体必须将其成员身份内化为其自我概念的一部分；第二类，社会情境允许进行可评估的群体间比较，这种比较使选择和评价相关的关系品质成为可能，并不是所有的群际差异都有评价的显著意义，而这些差异在不同群体间变异极大；第三类，外群体必须是可充分比较的（例如相关的或近似的），而且这种区分的压力会随着可比性而增加。

（三）基本历程

社会认同理论认为，社会认同是由类化、认同、比较建立的，因此社会认同理论又被称作 CIC 理论（categorization-identity-comparison theory）。

1. 类化

个体通过对大量的环境刺激的组织和分类，简化知觉以适应社会现实。它对人有十分显著的影响。强化效应告诉我们，当刺激物一旦被分类后，对于类别成员间的相似性的知觉，会比其真正的相似性来得大，而对不同群体成员之间差异的知觉，也会比其真正的差异来得大。换言之，类别之内的相似性和类别之间的差异会被强化。

2. 认同

认同是社会认同理论的核心。在这里，认同一词包括两层含义：

其一是鉴别、辨别的意思，也就是把某人或某物从众多人或物中辨别出来。社会认同论采纳了这个含义，将认同定义为可以将个人与他人分辨开来的个人和社会特征，因此依据个人特征而建构的身份被称为个人身份，而依据社会群体成员资格即社会特征来建构的身份称为社会身份。

其二是等同。在社会认同论中，当人们采纳了某社会群体的成员身份资格来建立自己的社会身份时，会将符合内群体的特征赋予自我。因此，我们可以将认同定义为自我意象或自我概念。它是对作为客体的自我的态度，或是对于自我的评价，是自尊。

3. 比较

任何维度的自我评价都需要一种与他人的隐藏的社会比较。对自我进行评价时，更需要与其他社会类别的隐藏的比较。任何特定的社会类别的资格，只有在通过与组内人和某些相关组外人的社会比较，才能显现出其正向的社会认同。社会比较使分类过程的意义更为明显。

三、群体/组织认同理论

(一) 基本概念

西方组织理论学者对组织认同的正式研究大约开始于 20 世纪 80 年代前后。

最早较为完整和准确地提出组织认同概念的是阿尔伯特（S. Albert）和怀特（DA. Whetten），他们把组织认同定义为一个组织的核心的、有特色的和持久的特征，分别对应组织的本质问题、独特特点、跨时间的持久长度。

巴尔默（JohnM. T. Blamer）等人认为，组织认同实际上就是组织的各方面利害相关者群体处理与组织相关事务关系的心理与行为表现与过程，这是有助于使组织存活和发展的重要条件，使组织能够在与之相连的外部环境中获得一种显著的利益。

组织认同研究一般采用两个概念进行研究，一个是组织认同（organizational identity），另一个是组织认同感（organizational identification）。组织认同，多指一种较为完整的组织心理现象和过程；组织认同感，主要从组织认同主体对组织形成组织认同感受心理的角度理解。

而国内关于组织认同的定义，大多采用云南大学社会学教授王彦斌老师的定义，即组织认同一般是指组织成员在行为与观念诸多方面与其所加入的组织具有一致性，觉得自己在组织中既有理性的契约和责任感，也有非理性的归属和依赖感，以及在这种心理基础上表现出的对组织活动尽心尽力的行为结果。

(二) 组织认同等级

A-1 级：对于企业的价值观和企业文化认同度低，无法获得内心的共鸣；只关注自己的得失，并不在意企业未来的发展；使命感不强烈。

　　A－0级：较认同企业的价值观和企业文化，能获得共鸣；工作中有较好的自主性，有主人翁意识，对企业的未来有信心；能够较好地融入团队；有较强的使命感。

　　A＋1级：对企业的价值观和企业文化有高度认同感，为自己身为企业的一员而感到骄傲；对待组织，对待工作有主人翁精神；对企业的未来充满信心；迅速融入到团队之中，并能快速地展开工作；组织荣誉感强，积极地参加企业的活动，争得荣誉；有非常强烈的使命感。

　　A＋2级：非常强烈的归属感与使命感，企业价值观与企业文化的倡导者；对于组织有着强烈的感情，团队间配合默契。

四、社会交换理论

（一）基本概念

　　社会交换理论由霍曼斯创立，主要代表人物有布劳、埃默森等。社会交换论（socialexchange theory）是主张从经济学的投入与产出关系的视角研究社会行为的理论。将人际传播重新概念化为一种社会交换现象（asocial exchange phenomenon）。

　　它认为人际传播的推动力量是"自我利益"（self-interest），趋利避害是人类行为的基本原则，人们在互动中倾向于扩大收益，缩小代价或倾向于扩大满意度，减少不满意度。

　　它主张应尽量避免人们在利益冲突中的竞争，应通过相互的社会交换获得双赢或多赢。它是美国当代社会理论的主要流派之一，产生于20世纪50年代末期，70年代趋于衰退。

　　社会交换论主要是指人们在社会交换出现的基本心理过程及其与交换行为之间关系的理论，从本质上说，社会交换论源自社会学，为了理解和解释交换行为，一些社会学者力图将心理学的内容吸收进来。所以社会交换论在社会心理学中属于社会学取向的理论。

（二）理论意义

　　社会交换理论通过交换概念发现社会资源分布的不平等和由此产生的权力地位的分化，并从各个权力层次之间的对立和冲突中找到社会系统发展、变迁的动力。它更贴近研究社会现实，加强了社会学与社会运行之间的相互联系。

五、马斯洛的需求层次理论

（一）五阶马斯洛需求层次

　　马斯洛的需求层次结构是心理学中的激励理论，包括人类需求的五级模型，通常被描绘成金字塔内的等级。从层次结构的底部向上，分别是生理需求、安全需求、爱和归属、尊重需要以及自我实现。在五阶段模式中前四个级别通常称为缺陷需求，最高级别称为增长需求（见图1-2-7）。

图 1-2-7   五阶马斯洛需求层次图

1943 年马斯洛指出，人们需要动力实现某些需求，有些需求优先于其他需求。

（1）五种需要是最基本的，与生俱来的，构成不同的等级或水平，并成为激励和指引个体行为的力量。

（2）低级需要和高级需要的关系：马斯洛认为需要层次越低，力量越大，潜力越大。随着需要层次的上升，需要的力量相应减弱。高级需要出现之前，必须先满足低级需要。在从动物到人的进化中，高级需要出现得比较晚，婴儿有生理需要和安全需要，但自我实现需要在成人后出现。所有生物都需要食物和水分，但是只有人类才有自我实现的需要。

（3）低级需要直接关系个体的生存，也叫缺失需要（deficitor deficiency need），当这种需要得不到满足时直接危及生命；高级需要不是维持个体生存所绝对必须的，但是满足这种需要使人健康、长寿、精力旺盛，所以叫作生长需要（growth need）。高级需要比低级需要复杂，满足高级需要必须具备良好的外部条件，如社会条件、经济条件、政治条件等。

（4）马斯洛对于低级需要和高级需要的区别澄清地说道："满足需求不是全有或全无的现象"，他先前的陈述可能给人一种错误的印象，即在下一个需求出现之前，必须百分之百地满足需求。在人的高级需要产生以前，低级需要只要部分的满足就可以了。例如，为实现理想，不惜牺牲生命，不考虑生理需要和安全需要。

（5）个体对需要的追求有所不同，有的对自尊的需要超过对爱和归属的需要。

（二）八阶马斯洛需求层次

马斯洛的需求层次理论由五阶段扩大为八阶段模型，出现认知需求和审美需求以及超越需求（见图 1-2-8）。

认知需求包括知识和理解、好奇心、探索、意义和可预测性需求。

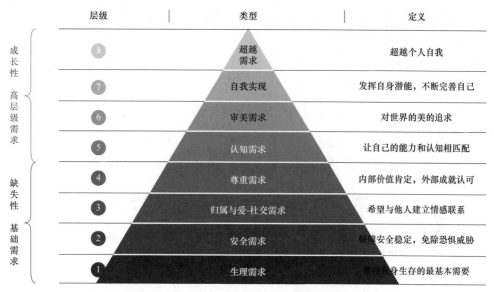

层级	类型	定义
8	超越需求	超越个人自我
7	自我实现	发挥自身潜能，不断完善自己
6	审美需求	对世界的美的追求
5	认知需求	让自己的能力和认知相匹配
4	尊重需求	内部价值肯定，外部成就认可
3	归属与爱-社交需求	希望与他人建立情感联系
2	安全需求	保障安全稳定，免除恐惧威胁
1	生理需求	维持自身生存的最基本需要

图 1-2-8　八阶马斯洛需求层次图

审美需求包括欣赏和寻找美、平衡形式等。

超越需求包括一个人的动机是超越个人自我的价值观。

六、职业生涯管理理论

（一）基本概念

职业生涯管理理论起源于美国，最早是以"职业指导"形式出现的。职业指导是指由专业的机构帮助择业者确定职业方向、进行职业选择，并谋求职业发展的咨询指导过程。

（二）历史演进

美国波士顿大学教授帕森斯（Parsons）是职业生涯管理理论的奠基人，他于 1908 年 1 月 13 日创立了"波士顿职业局"，并于 1909 年 5 月出版了《选择职业》著作。随后，职业生涯管理理论受到苏联、日本、德国等国家的重视和推崇。20 世纪 60 年代以来，职业生涯管理理论和实践获得蓬勃发展。20 世纪 90 年代中期职业生涯管理理论由欧美国家传入中国，广为人们接受。综合具有代表性的职业生涯管理理论，其历史的演进大致可划分为四个阶段。

职业选择理论是指通过了解人自身的"个性特质"和不同职业的需求和"类型特征"，依照自己的职业期望和兴趣选择人的职业。该理论又分为以下两种：

1. 职业-人匹配理论

职业-人匹配理论由"职业辅导之父"帕森斯（Parsons）创立，也称特质因素理论。帕森斯在其所著《选择职业》（1909）一书中认为，一个人的职业选择要考察三个方面的因素：自我的爱好、价值观、能力、资源、限制条件等；不同行业工作性质、要求、成功要素、优缺点、薪酬水平、发展前景和机会；两者的协调和匹配。从此"人职匹配"成为职业指导中永远不变的核心理念，广泛应用于人们的职业选择。

2. 职业性向理论

美国霍普金斯大学心理学教授霍兰德（John Holland）于1971年提出了具有广泛社会影响的职业性向理论（career orientation）。他认为，职业性向即人的价值观、动机和需要等是决定一个人选择何种职业的重要因素。霍兰德经测试研究发现六种基本的职业性向并对应于六种职业类型，即"调研型、艺术型、社会型、专业型、表现型、常规型。"他认为，某种人格类型的劳动者应与其相同类型的职业相结合，即做到"人格-职业配"。劳动者也因此能充分调动自己的积极性，发挥自己的才智。

第三节 新视角理论研究

一、烙印理论

（一）来源

烙印理论来源于生物学领域。是诺贝尔生理学奖获得者之一、奥地利动物学家康拉德·洛伦茨提出的。洛伦茨在一次实验中，把母灰雁所产的蛋分为两组，一组由母灰雁孵化，结果符合大家的预见，雏雁都追随着自己的母亲；另一组是在人工孵化箱里孵化，雏雁出壳后见到的第一个动物就是洛伦茨，这些小东西本能地把洛伦茨当成"亲生母亲"，便追随着洛伦茨，而且这种追随现象会持续，养成习惯。

由于这种持续跟随的自然反应所呈现出来的依附性是不可逆转的和立即发生的，因此洛伦茨将这种结果定义为印记（imprinting），形象地描述初生动物在首次遇见一个活动着的物体时，便在它的神经系统中将这个物体的特征留下深刻印象，不易消失。

（二）三大要素

印记是一种学习，但此种学习不同于行为主义学习理论中的"刺激反应"，不需要强化。此后，洛伦茨的这一发现被其他研究者证实，并分析、补充、总结、拓展成烙印理论。烙印理论主要是指个体会在环境变更的敏感期内，形成与环境变更相适应、相对稳定的印记特征，且这种印记将持续影响个体的未来行为。烙印理论有以下三大要素：

（1）核心而短暂的敏感期，即个体的转型阶段，此阶段个体易向环境开放，并表现出主动适应环境的特征；

（2）烙印的环境，即敏感期环境中的文化、制度、习惯等影响个体的特征和行为，并形成新的认知模式、行为规范等烙印印记；

（3）印记的持久作用，即印记如同早期人生经历，像胎记一样伴随一生，对个体影响持久。

（三）工匠精神

参照烙印理论，再结合工匠精神，可以得出学生工匠精神培育存在烙印机理。理由有三条：

（1）工匠精神存在可烙印性。工匠精神归根结底为从业者的职业行为表现和价值取向，这些行为表现和价值取向内隐认知在从业者的大脑，反映在日常生活和工作中，最终形成做事习惯和操作技能。对职业院校而言，认知和技能教育正是职业教育的重要内容和基本目的。

（2）学生处在敏感期。职业院校在校学生正处于职业生涯的萌芽期，嗷嗷待哺，因此，该阶段对工匠精神的认知和学习尤为敏感。

（3）工匠精神可以分层面培育。工匠精神培育既要注重传统工匠精神的历史传承，更要契合当代经济和社会发展的现实需要，工匠精神涉及思想、认知、技能等方面，不是通过几次培训或少数老师就能一蹴而就的，而是要根据学生个体特质，依托实际环境，对工匠精神分阶段、分步骤、分层面地进行培育，以便在弥足珍贵的敏感期内，每次烙印都能形成印记，并持久影响学生的职业生涯。

二、情绪理论

在近百年来的情绪心理学发展史中，诸多学派的代表人物都从各自的立场和侧重面建立假设，形成了各学派林立、多种理论并存的局面。也出现了三位贡献卓越的伟大学者，达尔文、詹姆士和弗洛伊德，他们分别是生物学、心理学和精神病学的开创者，也是情绪心理学的创始者。

（一）达尔文学说

达尔文的进化论观点认为，情绪作为人类种族进化的证据，可能是人类行为得以延续的机制。他在阐述物种起源和人类进化是适应与遗传相互作用的结果时指出："感情、智慧等心理官能是通过进化阶梯获得的。"

达尔文在其著作之一《人类的由来及性选择》一书中指出："尽管人类和高等动物之间的心理差异是巨大的，然而这种差异只是程序上的，并非种类上的。人类所夸耀的感觉和直觉，感情和心理能力，如爱、记忆、注意、好奇、模仿、推理等，在低于人类的动物中都有其萌芽状态，有时还处于一种相当发达的状态。"

情绪心理学一直发展到如今，就足以证明达尔文关于情绪发生的见解是正确的。直到 20 世纪 70 年代情绪心理学被重视起来，使情绪的适应功能和信号传递作用得到了进一步的研究。

（二）詹姆斯—兰格情绪理论

基于达尔文进化论的影响和生物科学的发展，美国心理学家威廉·詹姆斯（W.James）和丹麦生理学家卡尔·兰格（C.Lange）分别于 1884 年和 1885 年提出了相同的情绪理论，后来该理论被称为詹姆斯-兰格情绪理论。詹姆斯指出："按照常识的说法，对外部事件的知觉使人产生情感，随着情感的产生可引起一系列的身体变化"，詹姆斯的理论虽然遭到了人们的质疑，但却流传至今，而且被看作第一个真正的情绪学说。这是因为，詹姆斯首先提出了情绪的发生与身体变化相联系的论点，这是构成情绪理论的重要和必要的成分，且迄今任何情绪理论都不能抹杀身体变化与情绪发生的联系。实际上，詹姆斯理论包含着深刻的内涵。

（1）詹姆斯指出，他的理论是指那些所谓"粗糙的情绪"，而不是指那些像理智感、审美感那样的"精细的情绪"。

（2）在詹姆斯的情绪发生论中并非只提到自主神经系统的内脏反馈，事实上，詹姆斯曾注意到达尔文关于躯体骨骼肌系统的活动对情绪发生的作用。

（3）詹姆斯理论在情绪的发生问题上提出了重要的假设线索。

三、社会影响理论

社会影响是一种非常普遍的社会心理现象，是指由于社会压力而发生的个人行为与态度朝社会占优势的方向变化的过程。具体包括从众、服从、社会助长与社会惰化、群体极化与群体思维等。

一般来说，在他人的作用下，个体或多或少会产生这样或那样的变化。他人在场很可能对个体行为产生抑制作用，那些受助者本来是想感恩的，然而由于他人在场，他的这一行动便受到抑制。从这些受助者的个体特征来说，他们的年龄还比较小，经历的事情和场面也比较少，出生在比较贫苦的家庭使他们更倾向顺应困难，听天由命，这些个体特征都使他们对他人在场反应强烈。

从众现象是社会影响的另一现象，或者每一个受助者都有感恩的心，然而没有一个人率先打破沉默，于是所有的受助者都保持沉默，与群体保持一致，这也是个体在群体中的去个性化现象。这也可以用群体心理理论来解释，一般来说群体会有自己的规范，而且群体会借助规范的力量，对其成员心理形成一种群体压力，使其成员与群体保持一致。

第三章　结构化师带徒制理论应用

基于供电企业人才培养现状，结构化师带徒制在电网企业中的作用越来越突出，本章以师带徒基本理论为依据，重点展示部分行业供电企业典型应用。

第一节　结构化师带徒制概述

一、基本概念

1. 结构化在岗培训简介

在岗培训（onthe job training，OJT）发生在工作场所，通过老员工向新员工传授技能达到培训的目的，培训场所和工作场所高度一致，因此 OJT 的培训转化效果远远优于课堂培训，是员工获得工作能力的主要途径。但由于其流程本身的随意性、不可控性，事先有计划，缺乏管理层的参与等，常会存在很多无法避免的问题，遭到了很多学者和实践者的批判。

在 19 世纪 80 年代，俄亥俄州立大学杰克波斯（Jacbos）教授提出了结构化在岗培训（S-OJT），相比较于传统 OJT，结构化在岗培训运用系统化的方式来实施培训，指在工作场所或者接近工作场所的地点由有经验的雇员训练新雇员，有计划地培训特定工作能力的过程。SOJT 有具有系统性，以任务为导向，在实际工作场所或者接近工作的场所进行以及要求培训者是有经验的员工四大特点，使得结构化在岗培训在美国取得了丰硕的成就。

2. 结构化师带徒简介

结构化师带徒培养体系建设基于结构化在岗培训理论，以在岗培训理论模式为基本依据，设计完成特定岗位师带徒各个阶段培养内容、辅导形式，并有步骤地配置相应的考核、激励等相关机制，以此实现结构优化培养、结构化能力提升。

二、结构化师带徒制特点

因为结构化导师制的过程是刻意的，所以需要任命一个协调人员和委员会来协调、组织和实施导师制项目。结构化导师制有如下特征：

1. 设立明确、可计量的发展目标

结构化导师制与传统"师带徒"的区别在于设立和完成导师制项目。学员的培训是有目标有步骤有依据的，导师对学员进行指导和考核主要依据标准的培训计划，且每一个模块都达到既定目标，工作时间和技能水平也都达到量化标准，才能进入下一个模块。传统的"为了凑满时间而带徒弟"理念，被结构化导师制转变为"为了帮徒弟达到技能水平和发展要求而带徒弟"的理念。

2. 明确安排合作关系

在结构化导师制项目中，协调人将公开导师的工作经历、技能特长、擅长模块、性格特点等资料，供有希望与之建立在岗培训关系的学员了解并填报，然后进行导师对学员的面试筛选，最后将双方联系起来。最初学员可以在自己所在岗培训项目中，按模块选择多个导师；在项目进行过程中，师徒双方也有调整的机会。

3. 导师关系是暂时的

传统"师带徒"由于没有培训计划，仅凭师傅的心情和经验随意传授知识，师徒关系可延续至数十年，所以培训效率普遍偏低。而正式的导师关系只延续很短时间，每一配对完成特定的目标，然后结束或者转换成另一种同事或朋友关系。在每一项目中，学员可以针对不同工作任务选取不同导师，所以师徒关系通常持续几个月，不会超过一年。

4. 学员有目的性地接受更多的帮助

在师徒关系延续的过程中，重点在于学员的目标和发展，而不是导师的。因此，在《在岗培训指导手册》中为学员列出了个人学习目录，为其指明方向，这样学员就会更积极主动、想方设法地"将手册填满"。在这个过程中，学员既能学到专业知识，更能学到与人沟通交往、获取和整合资源的技巧，这在青年员工职业发展中，也是不可或缺的一课。当然，导师制是双向的，导师也可以从经验中获得很大利益，例如：个人能力的提升、培训奖金、参与部门管理、建立更广阔的人脉等。

5. 配对成员中可能"来电"，也有可能"不来电"

导师关系与偶然发生的关系不同，这种关系是由于特殊的目的形成的。因此，一个配对的成员可能一开始会感到"不来电"。

研究表明在正式导师制关系中，"来电"较好，但不是必要的条件。更多需要的是导师的专业知识、互相尊重以及由衷地分享的意愿。在很多的正式关系中，最终都会出现友谊和"来电"。这样职业化的关系，就在很大程度上避免了传统"师带徒"的个人因素干扰。

6. 合作关系被监督和支持

通常培训管理者作为协调人非正式地参与到在岗培训中，监督和跟踪所有的关系。他们经常通过给参与者打电话或发邮件或者见面访谈的形式，来了解伙伴之间是否会面、他们对安排的意见以及过程中的困难等，并提供适当的资源协助师徒解决问题，还会及时纠正不合理安排和态度等。

7. 导师和学员可能参与一些专门为他们设计的活动

项目实施过程中，协调人可借助一些特殊节日，如劳动节、教师节、青年节等节日，牵头组织师徒联谊活动，营造更为和谐的师徒关系，通过外界气氛渲染让学员更懂得感恩和努力，为后续的学习活动奠定良好的情感和态度基础。

三、结构化师带徒的发展意义

通过开展新员工导师带徒及老员工拜师学艺活动，将师傅的综合优势发挥出来，引导青年员工在岗位上学习，在公司形成比、学、赶、帮、超的良好氛围，帮助青年员工在岗位上早日成才，提高青年员工的整体素质，培养和造就一大批具有良好职业道德和职业技能娴熟以及能创造出一流工作业绩的骨干员工，为公司的跨越式发展和可持续发展提供有力的人才保障。

第二节　电网企业师带徒制应用概述

一、供电企业人才管理现状

（一）供电企业概述

供电企业是依据国家有关法律法规，从事电能传输、变换，电网经营管理，电能分配、销售和用电服务的综合企业，其业务范围涵盖了除发电、电力设备制造、电力设施建设以外的电力生产所有环节。供电企业分为三个层次，各级电力、供电企业按行政区划和层次实行垂直领导体制，形成金字塔结构（见图 1-3-1）。

图 1-3-1　供电企业的金字塔结构

（二）管理模式多元化

基于供电企业的基本形式和特点，其管理模式也具有多元化的特点。由于所有制形式的多元化，产生了管理模式的多元化。区域电网公司为国家电网有限公司的分公司；省级、地区级电力公司为子公司；最为复杂的管理模式在县级供电企业，既有中央直属供电企业（原直供直管），又存在趸售代管、股份制和独立经营等管理模式；农村供电所则为县公司的派出机构。我国地域广阔，各地经济发展差异较大，供电企业管理模式的多元化，符合了国情和供电企业发展生存的需求。通过近几年"两改一同价"工作的顺利实施，供电企业多元化的管理模式，在构建坚强的电网、提高供电质量、推广优质服务、增强企业的竞争力和建立企业专业化管理等方面起到了良好的作用。

（三）电网企业人力资源发展现状

电网企业本身的人才需求能够得到一定的满足，而且相对而言电网企业人才具有相当的专业性，流动的可能性比较小。电网企业有一套相对完整的人力资源管理方式，能够对制度和管理方式作出相对有效的规制。

在人力资源制度和规范上，由于电网企业多数都是大企业，且拥有一定的历史，因而管理制度和经验比较丰富。由于发展的需要以及形势的变化，有些地方也需要加以改革，但因为惯性和牵涉面比较大的原因，所以没有及时进行整改，这给企业效率带来了一些负面的影响。事实上，人力资源管理的缺陷已经制约了电网企业人才素质的提高，而人才本身的质量，对企业发展有着至关重要的作用。这方面如果没有有效的改善，则必将制约企业的发展。"师带徒"作为技术技能类企业的技术传承，新员工上岗作业的人才培养形式，发挥着"传，帮、带"的作用。

二、供电企业师带徒应用形式概述

现阶段，各个供电企业在延续原有师带徒体制机制前提下，对师带徒培养机制进行完善，从"师徒匹配—师徒培养—师徒激励—出徒考核"等多个阶段，多方位进行实践，以下为某些供电公司的主要做法，供大家参考。

（一）国网延津县供电公司

为进一步优化营商环境，提高供电服务水平，该公司组织各基层供电所开展供电服务师带徒活动。裴××、张××等24名公司职工两两结成师徒关系，通过制定培养目标、签订师徒协议，促使裴金盾在日常工作中发挥老师傅"传、帮、带"的作用，带领新员工张××熟悉辖区内线路走向和重要客户分布，走近客户密切交流工作，促进新生力量在供电服务中提质增效，得到客户更高的评价。

李××拜同事赵晨为师，形成"小师傅、大徒弟"组合。李学涛工作20年，装表接电、线路抢修方面都是技术能手，但是推广线上服务成了他的短板。小师傅赵×手把手指导他网上国网下载、注册，演示常用业务全流程，还把操作步骤进行录屏，以便他后续温习，为他一点点补齐短板，就这样李学涛十几年的"电管家"称号更加实至名归！

通过系列"师带徒"活动，该公司切实把人才培养、队伍建设落实到工作实际需求中，老师傅分享工作经验，业务能手传授精湛技术，师傅与徒弟皆在帮带中成长，公司员工思想素质与业务水平整体提升，为该公司进一步赶超争优、为客户提供更优电力服务打下坚实基础。

（二）国网邵阳供电公司

为贯彻落实人才强企战略，进一步加强队伍建设，国网邵阳供电公司充分发挥党建引领作用，组织各部门、各专业业务能力强、作风纪律优的62名党员骨干与青年员工"一带一"结对子，签订《师带徒培养协议书》，从生活、工作上进行"传、帮、带"，全面提升青年员工的专业技能，养成吃苦耐劳、扎实肯干的良好品质，实现身份和角色的顺利转换。经过一段时间的培养，青年员工收获累累硕果。

下一步，国网邵阳供电公司将根据"师带徒"工作方案，进一步做好情况跟踪，并定期召开青年员工座谈会、开展技能竞赛，建立健全党员"师带徒"青年员工成长机制，锻造一批爱岗敬业、技艺精湛、作风优良的技能人才队伍，为公司高质量发展提供强有力的人才支撑。

（三）国网辽宁抚顺供电公司

为进一步规范公司"师带徒"工作，国网辽宁抚顺供电公司教育和引导广大青年职工立足岗位，敬业爱岗，熟练掌握专业技能和理论知识，加快公司青年技术人才的培养，全面提升青年员工的整体素质，多维度打造公司人才培养体系，特制定"2+1"结构化师带徒实施方案，成立公司"2+1"结构化师带徒工作办公室（以下简称"师带徒"办公室）。"师带徒"办公室设在人力资源部（党委组织部），其成员由公司相关专业部门组成。同时制定标准的师傅聘任条件、聘任流程、聘期管理，并对师傅和徒弟的培养、考核及激励进行管理。

第二篇

结构化师带徒制应用篇

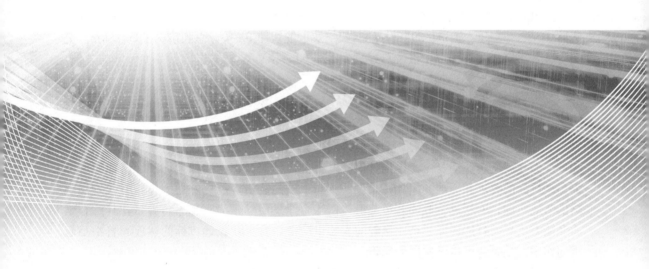

第一章　结构化师带徒制发展现状及典型做法

以国网金昌供电公司为试点，以"标准构建＋工具开发＋落地实施"为实施思路，构建供电企业结构化师带徒培养体系通过对国网金昌供电公司现有培训管理者、师带徒、新员工、转岗员工共 350 余人调研访谈，深入了解师带徒管理现状和期望，剖析师带徒培训培养问题，结合国网制度，完成本手册编写，完善师带徒管理制度；结合现有师带徒标准，以"思想师傅＋技能师傅"双师傅为亮点，完备师带徒全流程结构化管理内容；同时开发基于 PHP＋MySQL 技术的 PC 端及小程序端的师带徒管理工具，形成多角色综合使用的简单易用的管理系统，为结构化师带徒制管理制度落地提供保证；坚持落地为本，形成闭环培养。

国网金昌供电公司成立于 1980 年 10 月，主要承担着金昌市国民经济发展电力供应和对武威、张掖两地的部分转供电任务，是国网甘肃省电力公司所属大型二级供电企业。目前，全公司管辖变电站 20 座；其中，220kV 变电站 1 座、110kV 变电站 10 座、35kV 变电站 9 座。共有主变压器 38 台，变电总容量为 968.05MVA。35kV 及以上输电线路 37 条，总长度为 554.89km，配网架空及电缆线路 95 条，总长度为 685.78km。公司管辖各类客户 51335 户，报装总容量为 172.09 万 kVA。

第一节　发　展　现　状

立足新起点，踏上新征程。为响应落实国家电网有限公司建设具有中国特色国际领先的能源互联网企业动员令，国网甘肃省电力公司针对员工的职业素养和综合能力培养提出了更高的要求和标准。因此，建设一支高素质的队伍，能更好地服务新时代发展战略的落地实施，而新进企业的新员工群体作为企业发展的生力军和后备力量，其综合素质和能力水平的打造保证了企业稳健的人才供应链，对企业长远目标的达成起着举足轻重的作用，是企业可持续发展的保障。

国网金昌供电公司期望通过开展"师带徒"标准化管理落地手册及辅助小工具开发项目，既适用于管理类专业人员的培训，又适用于专业技术技能类专业人员的培养，通过整合为标准化、可持续的经验传授方法。持续加强新员工梯队培养和成长规划，构建企业稳健的人才梯队，成为电网企业目前乃至未来发展的一项重要工作；更为及时且有针对性地提升员工的现场学习效果，充分满足学员的培训需求以及当前战略转型的要求。

第二节 典型做法

一、基本内涵

为解决系统性、全面性的新员工成长管理问题，国网金昌供电公司对师带徒管理过程进行标准化和规范化，明确人才培养任务和阶段设计，通过系统的经验梳理，搭建相应的标准化管理手册，并通过相应的微信端应用开发，实现师带徒的成长管理，以支撑企业师带徒制度的规范化开展，支撑企业战略目标的实现（见图 2-1-1）。

图 2-1-1 供电企业"结构化"师带徒培养体系构建

二、主要做法

（一）明晰标准：构建"结构化"师带徒标准化管理手册

1. 深度调研培训难点，明确培养体系构建方向

采用资料分析法、一对一访谈调研和线上问卷调研相结合的方式，充分了解国网金昌供电公司师带徒制度体系及执行情况、岗位工种设置、师傅选拔体系、师傅带徒弟的意愿、师带徒培养手册建议、师徒协议内容、师带徒时间周期、出徒评定及考核、师带徒激励方式、网络环境和安全要求、技术路线、服务端实现方式和部署流程、用户设置等情况。选取党委组织部教育培训负责人、各分公司机构培训负责人、师徒对子、互联网专业技术人员，共计一对一访谈 31 人，其中：公司党委组织部 5 人、各分公司机构培训负责人 5 人、师傅 8 人、徒弟 10 人、互联网部 3 人。通过线上问卷面向国网金昌供电公司本部职能部门党委组织部（人力资源部门）、党建部、互联网部（数据中心）、电力调度中心，业务机构变电运检中心、输电运检中心、城区供电分公司、计量中心、客户服务中配网调控中心以及全资县供电企业发放共回收问卷 313 份。面向培训管理者，回

收问卷 54 份，占近培训管理人员的 98％；面向师傅，回收问卷 122 份，占近师傅总数的 99％；面向徒弟，回收问卷 122 份，占近 3 年新员工的 99％；面向公司互联网部，回收问卷 15 份，占互联网部总人数的 70％。

在资料分析、访谈调研和线上问卷调研结束之后，针对访谈信息和问卷数据进行梳理和汇总，采取图表相结合的形式对数据进行归纳和整理。

通过与党委组织部教育培训负责人、各分公司机构培训负责人、师徒对子、互联网专业技术人员的交流，基于访谈和调研信息的分析，剖析存在的问题，提出相关建议，为培养体系构建提供了依据和标准，具体见表 2-1-1。

表 2-1-1 　　　　　　　　　　访 谈 信 息 汇 总 表

序号	访谈反馈问题项	问题描述	改善建议
1	师带徒制度体系缺乏、师徒合同内容不够明确具体	因为公司原有《师带徒管理办法》不符合实际需要，所以并未普遍推广，执行人知之甚少。目前主要是以《师徒合同书》作为管理依据，但因合同并未规定具体的培训期间管理要求，不利于执行和监管，故而并未实际落实	订立"师带徒"标准化管理落地手册，包含师徒的师带徒管理制度，设置具体的培训要求和培训内容，同时加强对制度的推广和宣传，从制度层面规范师带徒期间的师傅的职责和义务，师带徒的具体实施方法，提升培训质量
2	师傅选拔无固定要求，较为随意；师徒匹配一般由上级领导直接指定	一般由徒弟所在机构/分公司直接指定，由优秀老员工担任师傅。部门直接指定师傅，师徒无提前交流过程；师徒合同为一带一，但实际培训中也存在非签约师傅带徒的情况	从技术、经验、意愿三方面综合考量，设定师傅选拔标准，建立师傅资格；师徒先提前了解，再签订师徒合同，固定一个师傅按照培训手册要求完成培训任务，增加责任感和熟悉度
3	培训计划粗略，培训内容缺乏规范	部分师带徒无计划，少部分有粗略计划，以季为单位，分阶段设定计划；根据师徒合同、岗位职责、技能要求开展培训，但没有固定的可追踪的培训内容，培训完整性欠缺，对师傅责任心和能力有较大依赖	在小程序中设置"培训计划""培训内容"模块，根据岗位职责制订培训内容，以及每项培训内容对应的培训时间，以此指导师带徒的开展，避免内容缺失，减少师傅能力对师带徒质量的影响
4	考核方式不统一	目前各分公司机构考核方式和考核周期都不尽相同，多以师傅对徒弟的口头和笔试为主，实操安排困难	在开发工具中设置"考核记录"模块，建立明确统一的考核周期，例如，以月或季为单位，考核形式：理论＋实操，系统会提醒师傅安排考核并记录考核结果
5	缺少激励，师傅积极性不高	大部分部门无激励，少部分与绩效挂钩，但有惩无奖，师傅积极性不高。受访者对于是否采取激励各持己见，一部分认为对师徒双方可开展正激励，另一部分认为无需激励，分内之事	为尊重师傅辛苦付出，促使徒弟重视培训，应采取综合激励方式：荣誉称号（优秀师傅、优秀徒弟）、绩效奖惩（奖优惩劣）、经验萃取成果奖励（师傅辅导徒弟编写技术萃取报告，评奖并给予物质奖励）。尤其是经验成果奖励，除了激励作用，更重要的是积累可形成技术智库
6	将分为两个师傅进行新员工培养	现阶段，新员工的成长需要两个方面的导师引领，推动新员工技能和思想同步提升	将制度体系完善，将师傅分为思想教育导师和技能导师，全面系统化管理

2. 深研培养重点，完善师带徒管理制度，构建标准化管理手册

完善师带徒制度和体系，制度包括师傅选拔和资格管理方式、师徒匹配方式、师徒合同签署、质量监督机制、考核规范、激励方式等。在师带徒的制度制订阶段广泛征求意见，大力宣传推广，并将师带徒制度与员工上岗制度进行有效结合。尤其是把建立绩效激励和荣誉称号写进制度，增强师傅荣誉感和使命感，提升徒弟主动性和进取心，加强对培训质量和培训结果的关注。

将师带徒的过程标准化、模块化，梳理规定师带徒的每个步骤及其时间节点和任务要求，形成规范的程序规范手册。在全公司订立统一规范手册的同时，在每个岗位针对不同的岗位职责和考核要求，将本岗位的岗位职责和考核项目填入手册中，形成本岗位的特色手册（见图 2-1-2）。

图 2-1-2 特色手册

该手册包括师徒合同、培训行为规范、培训目标、培训项目及计划、培训笔记、操作项目、考核项目、培训总结、考核成绩记录、质量监督结果记录等。

（二）配置信息化管理工具：完成师带徒管理工具开发

开发基于 PHP＋MySQL 技术的 PC 端及小程序端的师带徒管理工具，部署于外网环境。这套管理工具，分为用户层核心数据层、后台管理层。用户应用层将设置用户登录、资格中心、记录中心、考核中心、评优中心；核心数据层将包含名单数据库、师徒匹配数据库、手册数据库、考题数据库、成绩数据库、历史数据库；后台管理层设置数据中心、发布中心、后台系统、源系统。师带徒管理工具见图 2-1-3。

40　电网企业师带徒制工作手册

图 2-1-3　师带徒管理工具

系统将设置四个角色：系统管理者、培训管理者、师傅、徒弟。系统管理者负责系统维护和数据监测；培训负责人可作报名选拔、资格管理、师徒互选、质量监督和考核安排发布、统计报表使用；师傅可作选徒弟签合同、计划内容制订、进度提醒、笔记检查、考核记录、徒弟评价使用；徒弟可作选师傅签合同、培训计划查阅、笔记提交、培训总结、师傅评价使用，形成多角色综合使用的简单易用的管理系统，作为师徒和培训负责人的日常工具。

（三）落地实施：完成师带徒全流程培养体系落地

选择 1～3 个班组进行制度体系试运行，根据具体情况选拔导师，并进行导师培训，利用小程序完成师徒匹配，通过制度宣贯、"结构化"师带徒流程讲解，完成 10 对师带徒的队伍匹配，举行拜师仪式，签署师徒合同，完成培训计划制订、培训总结和考核。

本次选取 10 对师徒对子，完成师带徒培养体系结构试运行，国网金昌供电公司人资部根据前后期问卷对比分析，结构化师带徒培养有效提升了师带徒的管理效率（见图 2-1-4）。

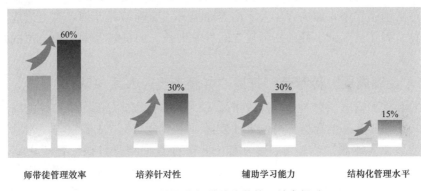

图 2-1-4　结构化师带徒培养管理效率提升

第三节　实　施　成　效

一、形成系统的国网金昌供电公司结构化师带徒制培养体系

国网金昌供电公司以调研师带徒基础发展现状为基础，针对现有师带徒管理情况，完成全流程师带徒管理制度制定，配置师带徒管理标准和工具，这套培养体系系统性地融合师带徒的管理现状，帮助师带徒管理者、师傅和徒弟解决实际工作中的问题，具有很强的落地性和实用性，极大地提升师带徒落地培养的质量。

二、创新国网金昌供电公司师带徒培训方式

国网金昌供电公司师带徒培养抛除了传统式培训部分知识的传达作用，创新性地采用理论催化与实战演练相结合、案例转化和分享相结合的浸入式培养方式。该培养方式，以讲授理论知识为基础，为师傅带徒弟提供一系列的理论辅导与实战工具，辅导徒弟将所学方法和工具用于实际工作。情境式培训、跟踪式管理摒弃了复杂的结构化理

论，直指实际操作，在实干中验证学习效果，形成知识和实践相结合的成果。通过浸入式的教学和演练，加快新员工成长速度，切实提升师带徒管理水平，达到支撑国家电网有限公司新时代发展战略在国网金昌供电公司高效执行和深化落实的目的。

三、培养实际培训取得突出效果

为了检验国网金昌供电公司"结构化"师带徒培养体系的效果，开展试点运行，见证实践落地。通过在国网金昌供电公司和下属区县分公司的试点运行，让师傅和徒弟运用管理化工具，促进各种类型案例的交流传播，增强案例的示范效应。此外，优秀案例的增多，能够促使优秀师傅与一群有共同需求的人进行探讨，形成一种网状的学习环境，有效提升师傅和徒弟的自身能力。

四、党建引领强基础，"金雁"护航群雁飞

在国网金昌供电公司党委的正确领导下，以"导师带徒"为载体，发挥骨干精英在人才培养中的引领作用，加快青年人才培养和提升，明确培养计划，努力形成"业务骨干乐于带徒、青年员工勤于拜师、师徒之间教学助长"的良好氛围，为公司的发展做出贡献。

（一）"金雁成雁"传帮带，打造"群雁齐飞"人才梯队

为培养和挖掘输电优秀人才，打造作风硬、业务精、能力优、协作好的高素质输电员工队伍，中心党支部结合员工岗位工作实际，由"金雁""成雁"与"雏雁"结帮成对，签订"金雁、成雁"传、帮、带责任书，举办首期"月月谈"青年讲坛、手拉手"1＋1＋1＋N 传帮带"等一系列人才培养途径，结合输电运检中心工作实际，制定中心"感恩、忠诚、争先"主题实践活动。通过上述活动开展在中心形成了互帮互助、积极向上的良好学习氛围，打造出结构合理的人才培养梯队（见图 2-1-5）。

（二）"金雁"护航保通道，筑牢输电线路安全通道

进入春季以来，金昌地区各类工程建设进入开、复工高峰期，金昌电网输电线路进入外破故障易发期，输电线路防护区内吊车作业、建房、植树、修路、挖沙取土、开山放炮等安全隐患进入高发期，输电线路点多面广，防外破工作一直是输电线路运维工作的难点，也是输电运维工作的重中之重。党支部创新防外破宣传模式，以党员先锋队为主体，以"金雁护航构筑输电线路安全通道"为主题，组织中心党员在金昌市区大型车辆聚集区开展了一次宣传活动，起到了良好的效果（见图 2-1-6）。

图 2-1-5 "群雁齐飞"人才梯队　　　　图 2-1-6 "金雁"护航保通道

（三）"金雁"带头无违章，亮旗争光守好安全阵地

党支部结合春检现场开展党员安全生产活动，现场开展"我要安全、亮旗争先""春检现场大讲堂"及"安全生产、青年当先"主题活动，通过"我当一天安全员"身份互换体验活动，在现场开展违章查纠和动态监管，值班安全员运用扩音器通过"喊"的方式及时纠正违章作业，转变提高员工对安全生产的认识和安全责任心，营造人人保安全的良好氛围。党员在生产现场"亮身份、亮职责、亮承诺"，主动接受党员群众监督，增强了职工安全意识、责任意识，切实提高本质安全水平（见图2-1-7）。

（四）首届"金雁"故事会，传承输电优良传统作风

在公司党群部的大力指导和支持下，举办了公司首届输电"金雁"故事会，以"献身结硕果，传承放光芒"为主题，深入挖掘和讲述身边人、身边事的感人故事，生动展现新时代共产党人把理想信念化为行动力量的政治品格和先锋形象，引导员工继续传承和发扬输电吃苦耐劳、团结协作的精、气、神，树立起员工与中心发展共同体的意识。通过创办"金雁"故事会，激发了中心员工学习榜样，汲取力量，以更加强烈的使命担当，把个人的奋斗融入公司高质量发展进程（见图2-1-8）。

图 2-1-7 "金雁"带头无违章　　　　　　　图 2-1-8 "金雁"故事会

第二章   结构化师带徒制度体系建设

第一节   师带徒制度建设

一、概述

师带徒制度可以规范师傅选拔和培养机制,根据师带徒制度成立专业的师傅队伍,制订标准的实施流程,进行有效的监督考评,推进师带徒培训标准化管理系统,保证师带徒培训的质量,为新员工的业务水平提升和个人成长提供支撑。

师带徒制度适用于国网金昌供电公司本部各职能部门及业务机构,以及国网永昌供电公司、国网金川区供电工区的新员工及转岗人群。

二、各方职责

(一)人资部及党建部

负责师带徒培训制度的编写和修订;师傅选拔标准的制订、师带徒管理系统的开发和推广;师傅辅导新员工期间的管理、考核;师徒评优及奖惩工作统筹。

(二)各分公司机构培训负责人

负责在单位内积极推广师带徒培训管理制度、师傅选聘的组织实施、师傅培养、师傅资格管理、师带徒匹配签约组织、师带徒质量监督、师徒考核的组织实施、师徒评优及奖惩工作组织实施。

(三)班组负责人

负责师傅的推荐、师带徒培训的实施组织及指导、师带徒质量的监督、考题内容的审核、师徒考核、师徒评优评奖的申报。

(四)师傅

负责积极对师带徒管理方式提出意见建议、接受徒弟的拜师申请,为徒弟制订培训目标及培训计划,根据《师带徒管理手册》指导和培养徒弟,为徒弟准备足够的培训资料,对徒弟进行考核,关注徒弟的安全,重视徒弟的想法,充分关注徒弟。

(五)徒弟

负责积极对师带徒管理方式提出意见建议,发起拜师申请,与师傅沟通确认培训目标和计划,按照《师带徒管理手册》的要求参与师带徒培训,努力学习岗位知识技能,按时完成师傅布置的培训任务,按要求参加培训考核。

第二节   师带徒标准化培养流程

师带徒培训包括师傅选聘培养、师傅资格管理、师徒匹配签约、培训计划及目标设定、师带徒培训实施、培训质量监督、出徒考核、评价评优八个步骤（见图 2-2-1）。

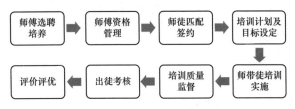

图 2-2-1 师带徒标准化培养流程

一、师傅选聘培养

师傅的选拔培训工作由党建部及人力资源部负责组织，由各分公司机构培训负责人实施，包括制定标准、宣传报名、选拔入库、培训考核四个步骤。

（1）制定标准：原则上每两年组织一次师傅选拔，由党建部及人力资源部与各分公司机构培训负责人沟通确认后，制订当年的《师傅选拔标准》。

（2）宣传报名：党建部及人力资源部在师带徒管理系统中发布选拔通知。各分公司机构培训负责人鼓励符合要求的员工自荐或部门推荐，在系统中填写"我要报名"或"我要推荐"。

（3）选拔入库：由各分公司机构培训负责人比照选拔标准进行初选；对通过初选的员工发起"意愿确认"。员工如确认有意愿担任师傅，则进入"师傅人才库"候选人名单。

（4）培训考核：由各分公司机构培训负责人对入库候选人进行不少于 2 小时的培训，培训内容包括且不限于师带徒制度、师带徒管理手册及系统使用、师带徒培训技巧。培训结束后，进行笔试和系统操作考试。参加培训并且考试通过的候选人，正式取得师傅资格。

二、师傅资格管理

取得师傅资格的员工，将纳入师带徒管理系统"师傅人才库"管理，并获得师带徒标准管理系统的"师傅"权限。

（1）资格获取：各分公司机构培训负责人，为取得师傅资格的员工录入"师傅人才库"，并开设"师傅"权限。首次获取，资格有效期为 2 年。

（2）资格延续：在资格有效期内，完成一名徒弟的师带徒培训，系统可为延续资格2 年。

（3）资格取消：以下情况，师傅将失去师傅资格，并失去师带徒管理系统的"师傅"权限。该师傅超过 2 年未带徒弟，资格到期，系统自动废除其资格；资格有效期内，该师傅出现 1 次徒弟出徒考核结果为"不达标"，且经部门培训负责人质量监督判定为师傅带徒态度或能力原因造成的，部门培训负责人在系统中取消其资格；资格有效期内，该师傅出现 1 次违法或违纪行为，或培训质量监督结果为 60 分及以下，相关单位的培训负责人将在系统中取消其资格；资格有效期内，该师傅因个人原因（如长期休假、轮岗借调、个人意愿等原因）不适宜带徒弟，相关单位的培训负责人将在系统中取消其资格。

三、师徒匹配签约

师徒匹配签约流程见图 2-2-2。

图 2-2-2　师徒匹配签约流程

（1）拜师申请：徒弟在"师傅人才库"选择与自己工作岗位、工作地点、带教模块相匹配的师傅，发起"拜师申请"。每个徒弟可以选择思想政治教育、岗位知识技能两个模块各 1 名师傅。

（2）师傅确认：师傅查看徒弟信息和培训需求，选择"接受"或"拒绝"。每个师傅在同一时间段内，可带不超过 2 名徒弟。

（3）协调安排：如徒弟被师傅拒绝，可向另一位师傅发起"拜师申请"，或选择"帮我安排师傅"由培训负责人协助安排师傅。

（4）签署师徒合同：徒弟需要与思想政治教育、岗位知识技能两个模块的师傅分别在系统中签署《师徒合同》。签署日期不得晚于培训模块的培训开始日期。《师徒合同》中需要明确培训总时长，其中思想政治教育培训模块不少于 5 天，岗位知识技能培训模块不少于 12 个月。

（5）师徒变更：在培训过程中，如需变更培训计划或变更师傅，需要在系统中签署《师徒合同变更》。变更完成日期不得晚于培训开始日期。如变更师傅，可根据实际情况适当延长培训周期。

四、培训计划及目标设定

师徒签约后，师傅需要与徒弟沟通确认培训计划及目标，并在系统中填写《培训计划及目标》。徒弟在系统中查看并确认。部门培训负责人审核确认。培训进行中，师徒及培训负责人均可发起"培训计划调整"建议，得到培训负责人确认后调整生效。

五、师带徒培训实施

（1）培训内容：师带徒培训需根据《师带徒培训计划及目标》开展，培训完成的项目，师傅双方均需在系统中确认。师傅需要保证合同结束时，培训计划中的所有项目均已确认完成。

（2）培训形式：师傅需要对每个培训项目进行讲授和示范，为徒弟安排足够的实操项目练习机会，并提供指导和纠正，每个阶段需要安排总结和考核环节。师带徒期间，师傅每周安排不少于 5 小时的时间与徒弟面对面培训指导，其他时间可以通过布置任务、提供资料自学、线上答疑等形式指导徒弟。

六、培训质量监督

部门培训负责人需要对本部门所有的师带徒培训进度和质量进行监督。监督形式包括且不限于现场观察、师傅访谈、阶段考核、系统检查等。培训负责人需要对每对师傅进行不少于 2 次的质量监督，并在系统中填写《师带徒培训质量监督报告》。

七、出徒考核

师带徒培训最后一周，应进行出徒考核。出徒考核由部门培训负责人出题库，班组负责人从题库中选题进行考核。考试形式包括系统笔试答题、实操考核、口试考核、任务考核。考核结束后，培训负责人须在系统中填写《出徒考核成绩单》。考核结果为优秀、良好、达标、不达标四个等级。

如考核成绩为"不达标"，可适当延长培训时长（不超过 2 周），并安排补考。如补考仍未达标，则交由党建部及人力资源部重新安排岗位。

八、评价评优

（1）评价方式：出徒考核结束后 1 个月内，培训质量监督得分、部门负责人及徒弟分别在系统中对师傅进行评价得分，以 30%、30%、40% 比例加权后的综合成绩填入《师傅评价表》，作为师傅评优的一部分参考。

（2）评优时间：每年 8 月底，党建部及人力资源部对 1 年内所有完成的师带徒培训进行评优，并于 9 月初开展表彰活动。

（3）奖项设置：优秀师傅、优秀徒弟、优秀培训负责人。

（4）评优条件：

1）优秀师傅：取得师傅资格满 1 年，年度内所带徒弟出徒考核结果均为"优秀"。

2）优秀徒弟：思想政治教育培训模块和岗位知识技能模块考核结果均为"优秀"。

3）优秀培训负责人：年度内负责的师徒对子不少于 10 对，且徒弟考核结果"优秀"率不低于 50%。

第三章　结构化师带徒多维导师制度体系

第一节　岗位技能类导师制度体系

岗位技能类导师制度体系的目的在于为岗位知识技能师带徒项目的组织者和参与者提供规范完整的流程指导、工具模板、信息提醒等一系列方法论支持，从而为新员工适应岗位工作环境、提升业务熟练度和专业技术水平、师傅专业经验萃取、工匠精神的传承提供有力保障。

一、岗位知识技能培训项目师徒合同书

（1）目的：使师徒双方知道培训时间、目标、内容、考核以及彼此的职责和行为规范。同时，培训负责人和班组负责人应对岗位知识技能师徒合同书进行审核和签署，以便安排后续监督和考核工作。

（2）内容：合同书分为《岗位知识技能师徒合同》和《岗位知识技能师徒合同变更》两部分，均包括师徒基本信息、培训周期、师傅职责、徒弟职责、培训内容、考核方式、参与方签署7个内容。

（3）使用方法：师傅与徒弟见面沟通，确定培训计划后，师傅在系统中填写空格处的部门信息、师徒姓名、培训起止日期、培训内容，选择考核方式并在签署栏签字。徒弟收到签署提醒后，线上查看该合同，确认无误后在签署栏签字。培训负责人和班组负责人也需要查看确认该合同，确认无误，在签署栏签字。如任何一方提出修改建议，则退回上一步修改，直至签署栏里所有人均签字完毕。各方主要确认的信息为培训起止日期、培训内容和考核安排。

（4）修订权限：合同书内容条款相对固定，师傅和培训负责人可以在线上对模板中部分内容进行订制修改；人力资源部也可对模板中的内容进行修改。

（5）模板样例：以下是《岗位知识技能师徒合同》及《岗位知识技能师徒合同变更》模板文字内容。

岗位知识技能师徒合同

根据_____公司/机构_____部门生产实际和人才培养需要，本着双方自愿的原则，_____同志自愿拜_____同志为师傅，_____同志愿意接收_____同志为徒弟。

自_____年____月____日至_____年____月____日，两人确定为师徒关系。为提高徒弟的专业理论知识和实际操作水平，充分发挥师傅的"传、帮、带"作用，双方愿意明确各自的职责和培训内容，并承诺认真履行。

一、师傅的职责

1. 以身作则，毫无保留地向徒弟传授自己的技术和实践经验；

2. 传授技术攻关和高难度生产任务所需的绝招绝技；

3. 展现优良的职业道德和工作作风；

4. 传授安全知识，在培训过程中保证徒弟的人身安全和设备安全；

5. 关心爱护徒弟，培养徒弟的爱岗敬业精神，对徒弟的错误、缺点应耐心教育和纠正；

6. 定期将徒弟的思想、学习、工作等情况向班组负责人汇报；

7. 其他应尽的职责。

二、徒弟的职责

1. 尊重师傅，积极主动配合师傅的工作；

2. 虚心向师傅学习，勤奋学习专业理论知识，刻苦钻研实际操作技能；

3. 在学习过程中，保证自身和师傅的人身安全；

4. 积极完成师傅指定的学习、工作等各项任务，及时向师傅汇报自己的学习和思想情况；

5. 在师傅指导帮助下，主动承担生产任务，积极参加各种竞赛，使自己在实践中不断提高处理问题的能力；

6. 其他应尽的职责。

三、培训内容（按实际工作内容填写）

1.

2.

3.

四、考核安排

计划于×年×月安排出徒考核，考核形式为（   ）A 系统笔试、B 实操考试、C 口试考试、D 任务考试。

师傅签字：　　　　　　　　年　　　月　　　日

徒弟签字：　　　　　　　　年　　　月　　　日

培训负责人签字：　　　　　年　　　月　　　日

班组负责人签字：　　　　　年　　　月　　　日

岗位知识技能师徒合同变更

根据_____公司/机构_____部门生产实际和人才培养需要，本着双方自愿的原则，_____同志解除与原导师_____同志的师徒关系，改为拜_____同志为导师，_____同志愿意接收_____同志为徒弟。

自_____年____月____日至_____年____月____日，两人确定为师徒关系。为提高徒弟的专业理论知识和实际操作水平，充分发挥师傅的"传、帮、带"作用，双方愿意明确各自的职责和培训内容，并承诺认真履行。

一、师傅的职责

1. 与原师傅交接培训进度，掌握徒弟前期学习情况；

2. 以身作则，毫无保留地向徒弟传授自己的技术和实践经验；

3. 在学习过程中，保证自身和师傅的人身安全。

4. 展现优良的职业道德和工作作风；

5. 传授安全知识，在培训过程中保证自身和徒弟的人身安全；

6. 关心爱护徒弟，培养徒弟的爱岗敬业精神，对徒弟的错误、缺点应耐心教育和纠正；

7. 定期将徒弟的思想、学习、工作等情况向班组负责人汇报；

8. 其他应尽的职责。

二、徒弟的职责

1. 尊重师傅，积极主动配合师傅的工作，主动告知师傅培训进度；

2. 虚心向师傅学习，勤奋学习专业理论知识，刻苦钻研实际操作技能；

3. 在学习过程中，保证自身和师傅的人身安全；

4. 积极完成师傅指定的学习、工作等各项任务，及时向师傅汇报自己的学习和思想情况；

5. 在师傅指导帮助下，主动承担生产任务，积极参加各种竞赛，使自己在实践中不断提高处理问题的能力；

6. 其他应尽的职责。

三、培训内容（按实际培训进度填写）

1.

2.

3.

四、考核安排

计划于×年×月安排出徒考核，考核形式为（　　）A系统笔试、B实操考试、C口试考试、D任务考试。

原师傅签字：　　　　　　　　年　　　月　　　日

师傅签字：　　　　　　　　　年　　　月　　　日

徒弟签字：　　　　　　　　　年　　　月　　　日

培训负责人签字：　　　　　　年　　　月　　　日

班组负责人签字：　　　　　　年　　　月　　　日

二、岗位知识技能培训项目计划

1. 师带徒培训计划及完成情况记录

（1）目的：使师徒双方清晰地知道培训阶段划分方式、各阶段培训目标和内容、各阶段培训考核安排，并指导师徒及时记录培训过程和结果，并在线上填写《师带徒培训计划及目标》。

（2）内容：包括阶段名称、起止日期、培训项目、任务设定、培训目标、阶段考核、培训完成情况记录，共7个部分。

（3）使用方法：培训负责人需根据工种岗位的实际需要，在线上填写培训项目、任务设定。每个工种培训目标是固定统一的。师傅需要填写培训起止日期、阶段考核项目。双方在每个阶段培训完成后需确认完成。

（4）修订权限：人力资源部可对模板中的"培训阶段"进行修改。

（5）模板样例：《师带徒培训计划及完成情况记录》模板见表2-3-1。

表 2-3-1　　　　　　　　　　师带徒培训计划及完成情况记录

培训阶段	起止日期 （师傅填写）	培训目标 （培训负责人填写）		阶段考核 （师傅填写）	完成确认
		培训项目	任务设定		
第一阶段 基础知识		1 2 3	1 2 3		完成师徒双方点"确认"
第二阶段 专业知识					
第三阶段 基础技能					
第四阶段 专业技能					
第五阶段 职业素养					

2. 各阶段质量监督记录

（1）目的：质量监督的目的在于持续跟进师带徒培训的进展和质量，发现师徒闪光点，及时提醒师徒双方纠正不足。同时也能给培训管理人员机会了解师带徒制度运行的情况。

（2）内容：质量监督报告包括培训记录、培训资料、师徒关系三个大项。其中培训记录包括培训进度、系统填写、培训师时长、考试记录四小项；培训资料包括技术资料、案例资料两小项；师徒关系包括师徒合同签署与执行、指导与关注两小项。

（3）使用方法：培训负责人需要对师带徒培训进度和质量进行监督。监督形式包括且不限于现场观察、师傅访谈、阶段考核、系统检查等。培训负责人需要对每对师傅进行不少于2次的质量监督，培训负责人在完成质量监督后，对比师傅的表现，在系统中点选与描述最接近的评估表现，系统自动出各项得分，并且会计算总分。如有模板项目未包括且需要记录的情况，请填写"其他情况补充"。

（4）修订权限：人力资源部可对评估项目和表现进行修改。

（5）模板样例：《师带徒培训质量监督报告》模板见表2-3-2。

表 2-3-2　　　　　　　　　　　　师带徒培训质量监督报告

师傅姓名：		徒弟姓名：	第（　）次监督
监督日期：		监督人：	得分：
监督项目		表现评估	
培训进度 20 分		师徒双方完全了解培训计划，培训进度与计划相符。（20 分） 师徒双方基本了解培训计划，实际培训进度与计划稍有差异。（10 分） 师傅了解培训计划，但徒弟不了解培训计划，实际培训进度与计划差异较大。（5 分） 师徒均不了解培训计划，无法看出培训进度（0 分）	点选评估表现， 自动出分数
培训时长 20 分		每周超过 5 小时师徒面对面培训。（20 分） 每周 3～4 小时师徒面对面培训。（10 分） 每周 1～2 小时师徒面对面培训（5 分） 每周不足 1 小时师徒面对面培训（0 分）	
培训资料 20 分		准备了完整的岗位技术材料及案例。（20 分） 准备了大部分岗位技术材料及案例。（10 分） 准备了少部分岗位技术材料及案例。（5 分） 未准备技术材料。（0 分）	
培训总结 和考核 10 分		有多种形式的阶段总结和考试，师傅有跟进。（10 分） 有阶段总结和考试，师傅未作跟进（5 分） 无阶段考试记录但有日常口试。（2 分） 未安排任何阶段考试。（0 分）	
师徒关系 30 分		师傅积极给予徒弟足够的指导，态度耐心热情，能及时准确解答徒弟疑问。（30 分） 师傅给予徒弟一定的指导，态度耐心，能正确解答徒弟疑问。（20 分） 师傅给予徒弟基本指导，态度端正，能解答徒弟问题但不保证正确。（10 分） 师傅对徒弟态度冷漠无交流，指导时长不够，缺少安全提醒（0 分）	
其他项目补充			设置填空，键入

三、岗位知识技能项目培训总结

（1）目的：使师徒双方能对培训的总体成果进行总结记录，既有利于师傅教学方法的自我归纳和提升，更有利于徒弟学习内容的回顾和总结。

（2）内容：主要包括师傅总结和徒弟总结两部分。师傅总结包括培训效果总结、教学心得。徒弟总结包括学习内容总结、学习心得。每部分总结设定最低字数，以保证总结详细程度。

（3）使用方法：师徒双方需要在培训结束一周内，在线上填写培训总结。

（4）修订权限：人力资源部可以修改总结项目和字数要求，培训负责人可对模板字数要求进行修改。

（5）模板样例：《师徒总结》模板见表 2-3-3。

表 2-3-3　　　　　　　　　　　师　徒　总　结

总结项目	教学效果总结 （不少于 200 字）	教学心得 （不少于 200 字）
师傅总结		
总结项目	学习内容总结 （不少于 500 字）	学习心得 （不少于 200 字）
徒弟总结		

四、岗位知识技能项目出徒考核

（1）目的：出徒考核目的在于判断培训效果，衡量徒弟是否达到培训目标，也作为师徒评价评优的依据。

（2）内容：出徒总结包括出徒考核项目及成绩记录、出徒考核补考两部分。

（3）使用方法：培训结束一周内，师傅需要在线上填写徒弟日常评价，部门培训负责人出题库，班组负责人从题库中选题进行考核，可在题库中选择笔试、口试、实操、任务四项考核的题目，最后记录徒弟答题情况。培训负责人须在线上填写《出徒考核成绩单》。考核结果分为优秀、良好、达标、不达标四个等级。

（4）修订权限：培训负责人可对模板考试方式进行删减。

（5）模板样例：《出徒考核成绩单》模板见表2-3-4。

表 2-3-4　　　　　　　　　出 徒 考 核 成 绩 单

被考核人		考核日期		年　月　日
考官		是否补考		是、否
考试方式	考试题目	答题情况		考核结果
师傅评价徒弟日常表现	设置填空，键入	设置空格，键入分数		设置优秀、良好、达标、不达标，点选
笔试	设置填空，键入	设置空格，键入分数		
口试	设置填空，键入	设置熟练应答、需提醒可应答、不能应答，点选		
实操	设置填空，键入	设置熟练应答、需提醒可应答、不能应答，点选		
任务	设置填空，键入	设置顺利完成、经指导完成、未完成，点选		

五、岗位知识技能项目评价

（1）目的：衡量师徒培训中的表现，为后续培训质量的提升打好基础，也作为师徒评优的依据。

（2）内容：评价包括基础信息、考评项目、评价标准、评分四个部分。其中，师带徒质量监督评分占比30%，部门培训负责人评分占比30%，徒弟评分占比30%，综合加权后的总分作为师傅的总评分。评分包括以下五个方面：培养计划制定、指导与沟通、总结反馈、指导态度、人员评估。

（3）使用方法：培训负责人和徒弟须在线上填写《师傅评价表》。培训负责人、徒弟需对比评价标准，对师傅的所有考核项目填写评分，最终根据三级评价分别得分，来计算加权总分。

（4）修订说明：培训负责人可对模板中的考核项目和评价标准进行修改。

（5）模板样例：《师傅评价表》模板见表2-3-5。

表 2-3-5　　　　　　　　师　傅　评　价　表

师傅姓名			徒弟姓名	
部门负责人姓名			评价日期	
考核项目	满分	评价标准	评分 优秀：20～17；良好：16～13；中：12～9； 稍差：8～5；很差：4～1	
			部门负责人评分	徒弟评分
培养计划制定	20	及时制定培养计划，使其内容完善、可操作性强，针对徒弟特点安排其工作、学习	设置 2 位数数字，点选	设置 2 位数数字，点选
指导与沟通	20	主动与徒弟进行交流，进行工作能力及工作方法、技能的指导	设置 2 位数数字，点选	设置 2 位数数字，点选
总结反馈	20	及时认真地对徒弟的总结进行反馈，指出其工作中的优点和不足，帮助其进步	设置 2 位数数字，点选	设置 2 位数数字，点选
指导态度	20	主动热情地对徒弟进行指导，认真解答其遇到的问题，大胆批评其不足	设置 2 位数数字，点选	设置 2 位数数字，点选
人员评估	20	在对徒弟的考核中认真负责，认真评估徒弟能力及表现，不掺杂个人因素	设置 2 位数数字，点选	设置 2 位数数字，点选
三级评价分别得分		师带徒培训质量监督得分 A	系统自动计算以上各项之和 B	系统自动计算以上各项之和 C
综合加权得分（加权后得分＝A×30％＋B×30％＋C×40％）				系统自动计算

第二节　思想导师制度体系

思想导师制度体系目的在于为思想政治教育师带徒项目的组织者和参与者提供规范完整的流程指导、工具模板、信息提醒等一系列方法论支撑，从而为培养新员工扎实的思想理论和优良的职业作风保驾护航。主要包括思想政治教育师徒合同书、思想政治教育项目的计划及记录、思想政治教育项目培训总结、思想政治教育项目出徒考核及思想政治教育项目评价等各环节模板。具体内容如下：

一、思想政治教育师徒合同书

（1）目的：使师徒双方清晰地了解培训时间、目标、内容、考核以及彼此的职责和行为规范，并在线上进行签署。同时，培训负责人和班组负责人也在线上对合同书进行审核和签署，以便安排后续监督和考核工作。

（2）内容：合同包括《思想政治教育师徒合同》和《思想政治教育师徒合同变更》两部分，均包括师徒基本信息、培训周期、师傅职责、徒弟职责、培训内容、考核方式、参与方签署，共 7 个部分。

（3）使用方法：师傅与徒弟见面沟通，确定培训计划后，师傅在线上填写空格处的部门信息、师徒姓名、培训起止日期、培训内容，并选择考核方式，师傅在签署栏签字。徒弟收到签署提醒后，线上查看该合同，确认无误，在签署栏签字。培训负责人和班组负责人也需要查看确认该合同，确认无误，在签署栏签字。如任何一方提出修改建议，则退回上一步修改，直至签署栏所有人均签署完毕。各方主要确认的信息为培训起止日期、培训内容和考核安排。

（4）修订权限：师傅和培训负责人以及人力资源部均可对模板中的内容进行修改。

（5）模板样例：以下是《思想政治教育师徒合同》及《思想政治教育师徒合同变更》模板文字内容。

思想政治理论师徒合同

根据＿＿＿＿＿＿公司/机构＿＿＿＿＿＿部门生产实际和人才培养需要，本着双方自愿的原则，＿＿＿＿＿＿同志自愿拜＿＿＿＿＿＿同志为师傅，＿＿＿＿＿＿同志愿意接收＿＿＿＿＿＿同志为徒弟。

自＿＿＿＿＿＿年＿＿月＿＿日至＿＿＿＿＿＿年＿＿月＿＿日，两人确定为师徒关系。为提高徒弟的思想政治理论修养和职业道德，充分发挥师傅的"传、帮、带"作用，双方愿意明确各自的职责和培训内容，并承诺认真履行。

一、师傅的职责

1. 以身作则，向徒弟传授党章党史理论等政治理论，增强徒弟的理论修养；

2. 积极宣传行业责任和企业使命；

3. 展现优良的职业道德和工作作风；

4. 普及安全理念，在培训过程中保证自身和徒弟的人身安全；

5. 关心爱护徒弟，培养徒弟的爱岗敬业精神，对徒弟的错误、缺点应耐心教育和纠正；

6. 定期将徒弟的思想、学习、工作等情况向班组负责人汇报；

7. 其他应尽的职责。

二、徒弟的职责

1. 尊重师傅，积极主动配合师傅的工作；

2. 虚心向师傅学习，勤奋学习专业理论知识，严格要求自己言行；

3. 在学习过程中，保证自身和师傅的人身安全；

4. 积极完成师傅指定的学习、工作等各项任务，及时向师傅汇报自己的学习和思想情况；

5. 在师傅指导帮助下，主动阅读党章党史等思想理论著作，努力践行行业使命，使自己在实践中不断增强理论修养；

6. 其他应尽的职责。

三、培训内容

1. 党章党史学习教育；

2. 党性修养及党风廉政教育；

3. 行业责任使命教育。

四、考核安排

计划于×年×月安排出徒考核，考核形式为（   ）、A 系统笔试、B 实操考试、C 口试考试、D 任务考试。

师傅签字：	年	月	日
徒弟签字：	年	月	日
培训负责人签字：	年	月	日
班组负责人签字：	年	月	日

思想政治理论师徒合同变更

根据_____公司/机构_____部门生产实际和人才培养需要，本着双方自愿的原则，_____同志解除与原导师_____同志的师徒关系，改为拜_____同志为导师，_____同志愿意接收_____同志为徒弟。

自_____年___月___日至_____年___月___日，两人确定为师徒关系。为提高徒弟的思想政治理论修养和职业道德，充分发挥师傅的"传、帮、带"作用，双方愿意明确各自的职责和工作内容，并承诺认真履行。

一、师傅的职责

1. 与原师傅交接培训进度，掌握徒弟前期学习情况；

2. 以身作则，向徒弟传授党章党史理论，提升徒弟的党性修养；

3. 积极宣传行业责任和企业使命；

4. 展现优良的职业道德和工作作风；

5. 普及安全理念，在培训过程中保证自身和徒弟的人身安全；

6. 关心爱护徒弟，培养徒弟的爱岗敬业精神，对徒弟的错误、缺点应耐心教育和纠正；

7. 定期将徒弟的思想、学习、工作等情况向班组负责人汇报；

8. 其他应尽的职责。

二、徒弟的职责

1. 尊重师傅，积极主动配合师傅的工作，主动告知师傅培训进度；

2. 虚心向师傅学习，勤奋学习专业理论知识，严格要求自己言行；

3. 在学习过程中，保证自身和师傅的人身安全；

4. 积极完成师傅指定的学习、工作等各项任务，及时向师傅汇报自己的学习和思想情况；

5. 在师傅指导帮助下，主动阅读党章党史等思想理论著作，努力践行行业使命，使自己在实践中不断增强理论修养；

6. 其他应尽的职责。

三、培训内容（按实际培训进度填写）

1. 党章党史学习教育；

2. 党性修养及党风廉政教育；

3. 行业责任使命教育。

四、考核安排：

计划于×年×月安排出徒考核，考核形式为（　　）A 系统笔试、B 实操考试、C 口试考试、D 任务考试。

原师傅签字：　　　　　　　　年　　　月　　　日

师傅签字：　　　　　　　　　年　　　月　　　日

徒弟签字：　　　　　　　　　年　　　月　　　日

培训负责人签字：　　　　　　年　　　月　　　日

班组负责人签字：　　　　　　年　　　月　　　日

二、思想政治教育培训项目计划及记录

1. 师带徒培训计划及完成情况记录

（1）目的：使师徒双方清晰地了解培训阶段划分方式、各阶段培训目标和内容、各

阶段培训考核安排，并指导师徒及时记录培训过程和结果，并在线上填写《师带徒培训计划及目标》。

（2）内容：包括阶段名称、起止日期、培训项目、任务设定、培训目标、阶段考核、培训完成情况记录，共 7 个部分。

（3）使用方法：培训负责人需根据工种岗位的实际需要，在线上填写培训项目、任务设定。每个工种培训目标是固定统一的。师傅需要填写培训起止日期、阶段考核项目，并在阶段培训完成后，双方确认完成。

（4）修订权限：人力资源部可对模板中的"培训阶段"进行修改。

（5）模板样例："师带徒培训计划及完成情况记录"模板见表 2-3-6。

表 2-3-6 师带徒培训计划及完成情况记录

培训阶段	起止日期 （师傅填写）	培训目标 （培训负责人填写）		阶段考核 （师傅填写）	完成确认
		培训项目	任务设定		
第一阶段 党章党史 学习教育		1. 2. 3.	1. 2. 3.		完成师徒双方 点"确认"
第二阶段 党性修养 及党风廉 政教育					
第三阶段 行业责任 使命教育					

2. 各阶段质量监督记录

（1）目的：持续跟进师带徒培训进展和质量，发现师徒闪光点，及时提醒师徒双方纠正不足。同时也能给培训管理人员机会了解师带徒制度运行的情况。

（2）内容：主要包括培训记录、培训资料、师徒关系三个大项。其中培训记录包括培训进度、系统填写、培训师时长、考试记录四小项；培训资料包括技术资料、案例资料两小项；师徒关系包括师徒合同签署与执行、指导与关注两小项。

（3）使用方法：培训负责人需要对师带徒培训进度和质量进行监督。监督形式包括且不限于现场观察、师傅访谈、阶段考核、系统检查等。培训负责人需要对每对师傅进行不少于 2 次的质量监督，培训负责人在完成质量监督后，对比师傅的表现，在线上进行点选与描述最接近的评估表现，最终自动得出各项分数并计算总分。如有模板项目未包括且需要记录的情况，请填写"其他情况补充"。

（4）修订权限：人力资源部可对评估项目和表现进行修改。

（5）模板样例：《师带徒培训计划及完成情况记录》模板见表 2-3-7。

表 2-3-7 《师带徒培训计划及完成情况记录》

师傅姓名：		徒弟姓名：		第（ ）次监督	
监督日期：		监督人：		得分：	
类别	项目	表现评估			得分
培训记录 40 分	培训进度 10 分	培训进度与计划相符。（10 分） 培训进度与计划稍有差异。（6 分） 无法看出培训进度（2 分）			点选评估表现，自动出分数
	系统填写 10 分	系统填写与实际进度相符。（10 分） 系统填写稍有缺失。（6 分） 系统填写缺失明显（2 分）			
	培训时长 10 分	每周超过 5 小时师徒面对面培训。（10 分） 每周 3～4 小时师徒面对面培训。（7 分） 每周不足 3 小时师徒面对面培训（2 分）			
	考试记录 10 分	有多种形式的阶段考试记录，师傅有跟进。（10 分） 有阶段考试记录，导师未作跟进。（6 分） 无阶段考试记录但有日常口试（2 分）			
培训资料 30 分	技术资料 15 分	准备了完整的岗位技术材料。（15 分） 准备了大部分岗位技术材料。（10 分） 准备了少部分岗位技术材料。（5 分） 未准备技术材料（0 分）			
	案例资料 15 分	准备了充分案例资料。（15 分） 准备了大部分案例资料。（10 分） 准备了少部分案例资料。（5 分） 未准备任何案例（0 分）			
师徒关系 30 分	师徒合同签署与执行 15 分	已完成师徒合同签署，双方彼此清楚地知道培训计划与目标。（20 分） 已完成师徒合同签署，双方基本了解培训计划与目标。（10 分） 未完成师徒合同签署，双方或一方不了解培训计划或目标（0 分）			
	指导与关注 15 分	师傅给予徒弟足够的指导，态度耐心热情，能及时准确解答徒弟疑问。（20 分） 师傅给予徒弟基本指导，态度端正，能回答徒弟问题。（10 分） 师傅对徒弟态度冷漠无交流，指导时长不够，缺少安全提醒（0 分）			
其他情况补充					满分：100 分 得分：____分

三、思想政治教育项目培训总结

（1）目的：使师徒双方能对培训的总体成果进行总结记录，既有利于师傅教学方法的自我归纳和提升，更有利于徒弟学习内容的回顾和总结。

（2）内容：主要包括师傅总结和徒弟总结两部分。师傅总结包括培训效果总结、教学心得。徒弟总结包括学习内容总结、学习心得。每部分总结设定最低字数，以保证总结详细程度。

（3）使用方法：师徒双方需要在培训结束一周内，在线上填写培训总结。

（4）修订权限：人力资源部可以修改总结项目和字数要求，培训负责人可对模板字数要求进行修改。

（5）模板样例："师徒总结"模板见表2-3-8。

表 2-3-8　　　　　　　　　　师　徒　总　结

总结项目	教学效果总结 （不少于200字）	教学心得 （不少于200字）
师傅总结		
总结项目	学习内容总结 （不少于500字）	学习心得 （不少于200字）
徒弟总结		

四、思想政治教育项目出徒考核

（1）目的：判断培训效果，衡量徒弟是否达到培训目标，作为师徒评价评优的依据。

（2）内容：主要包括出徒考核项目及成绩记录、出徒考核补考两部分。

（3）使用方法：培训结束一周内，师傅需要在线上填写徒弟日常评价，部门培训负责人出题库，班组负责人从题库中选题进行考核，在题库中可选择笔试、口试两项考核的题目，最后记录徒弟答题情况。培训负责人须在线上填写《出徒考核成绩单》。考核结果分为优秀、良好、达标、不达标四个等级。

（4）修订权限：培训负责人可对模板考试方式进行删减。

（5）模板样例：《出徒考核成绩单》模板见表2-3-9。

表 2-3-9　　　　　　　　　　出 徒 考 核 成 绩 单

被考核人		考核日期	年　月　日
考官		是否补考	是、否
考试方式	考试题目	答题情况	考核结果
师傅评价徒弟日常表现	设置填空，键入	设置空格，键入分数	设置优秀、良好、达标、不达标，点选
笔试	设置填空，键入	设置空格，键入分数	
口试	设置填空，键入	设置熟练应答、需提醒可应答、不能应答，点选	

五、思想政治教育项目评价

（1）目的：衡量师徒培训中的表现，为后续培训质量的提升打好基础，也作为师徒评优的依据。

（2）内容：主要包括基础信息、考评项目、评价标准、评分四个部分。其中，师带徒质量监督评分占30%、部门培训负责人评分占30%、徒弟评分占30%，综合加权后的总分作为师傅的总评分。评分包括以下五个方面：培养计划制定、指导与沟通、总结反馈、指导态度、人员评估。

（3）使用方法：培训负责人和徒弟须在线上填写《师傅评价表》。培训负责人、徒弟需对比评价标准，将对师傅的所有考核项目，在线上填写评分。

（4）修订说明：培训负责人可对模板中的考核项目和评价标准进行修改。

（5）模板样例：《师傅评价表》模板见表 2-3-10。

表 2-3-10　　　　　　　　　　师 傅 评 价 表

师傅姓名			徒弟姓名	
部门负责人姓名			评价日期	
考核项目	满分	评价标准	评分 优秀：20～17；良好：16～13；中：12～9； 稍差：8～5；很差：4～1	
			部门负责人评分	徒弟评分
培养计划制定	20	及时制定培养计划，使其内容完善、可操作性强，针对徒弟特点安排其工作、学习	设置 2 位数数字，点选	设置 2 位数数字，点选
指导与沟通	20	主动与徒弟进行交流，进行工作能力及工作方法、技能的指导		
总结反馈	20	及时认真地对徒弟的总结进行反馈，指出其工作中的优点和不足，帮助其进步		
指导态度	20	主动热情地对徒弟进行指导，认真解答其遇到的问题，大胆批评其不足		
人员评估	20	在对徒弟的考核中认真负责，认真评估徒弟能力及表现，不掺杂个人因素		
三级评价分别得分	师带徒培训质量监督得分 A		系统自动计算以上各项之和 B	系统自动计算以上各项之和 C
综合加权得分（加权后得分＝A×30％＋B×30％＋C×40％）			系统自动计算	

第四章 师带徒培养体系信息化建设

第一节 信息化设计框架

一、培训系统评估工具框架

培训系统评估工具框架包括小程序、总体架构、后台管理。功能模块包括国家电网师徒系统、系统总体架构及后台管控。

其中，国家电网师徒系统设计了资格中心、师徒匹配、培训中心、考核中心、知识中心、考试中心、评优中心、消息中心。系统总体架构包含后台管理层、核心数据层、用户应用层。后台管控设计了首页、系统管理、系统监控、系统工具、基础数据、业务管理。

在国家电网师徒系统中分出了八大板块，分别是资格中心、师徒匹配、培训中心、考核中心、知识中心、考试中心、评优中心、消息中心。

二、信息化管理平台的使用流程

信息化管理平台的使用流程见图 2-4-1。

图 2-4-1 信息化管理平台的使用流程

（一）徒弟拜师

拜师时，徒弟先进入小程序，选择"徒弟"角色进行登录，进入首页"国家电网师徒系统"后点击师徒匹配板块可进行拜师申请。

（二）师傅同意

接收徒弟时，师傅进入小程序，选择"师傅"角色，点击师徒匹配板块，同意徒弟的拜师申请即可。

（三）师傅布置考核任务、学员完成考核任务

师傅先通过培训中心进行学习并总结培训心得和考核中心编写并发布培训和考核任务；然后学员通过培训中心、考核中心进行学习和考核。

（四）师傅评优

学习和考核结束后，徒弟可在评优中心对师傅进行评价。评价结果师傅与负责人也可查看。

第二节 信息化推广使用准则

师带徒小程序的参与者包括师傅、徒弟、培训负责人三个角色，本节内容围绕这三

个角色向使用者介绍各项功能及详细的操作步骤。

一、你是徒弟

进入师带徒程序—点击【徒弟】按钮—进入徒弟页面（见图 2-4-2）。

（一）首页

1. 资格中心

点击首页资格中心模块［见图 2-4-3（a）］—展示师傅资格详情［见图 2-4-3（b），可查看所有获取资格的师傅］。

(a) 首页　　　　　　　　　　(b) 师傅资格页

图 2-4-2　师带徒程序　　　　　　图 2-4-3　资格中心模块

2. 师徒匹配

点击师徒匹配模块［见图 2-4-4（a）］—查找师傅［见图 2-4-4（b）］，并找到师傅［见图 2-4-4（c）］，拜师［见图 2-4-4（d），完成后等待师傅审核］。

3. 培训中心

点击培训中心模块［见图 2-4-5（a）］—你可以查看师傅制定的培训计划［见图 2-4-5（b）］。

4. 考核中心

点击考核中心模块［见图 2-4-6（a）］—可查看师傅对你的考核内容［见图 2-4-6（b）］。

图 2-4-4 师徒匹配模块

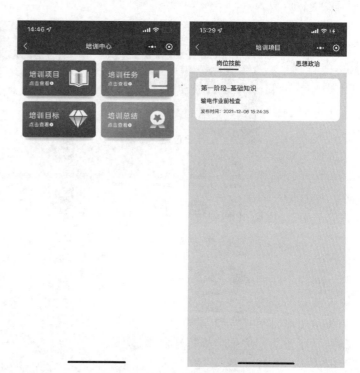

(a) 培训中心　　　　　　　　　(b) 查看师傅制定的培训计划

图 2-4-5　培训中心模块

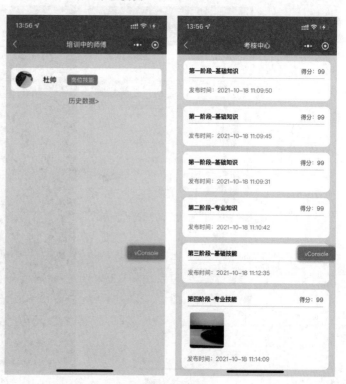

(a) 考核中心　　　　　　　　　(b) 师傅的考核内容

图 2-4-6　考核中心模块

5. 知识中心

点击知识中心模块［见图 2-4-7（a）］—你查看培训学习相关资料文件［见图 2-4-7（b）］。

(a) 知识中心　　　　　　　　　　　　　　(b) 查看培训学习相关资料

图 2-4-7　知识中心模块

6. 考试中心

点击考试中心模块［见图 2-4-8（a）］—进行培训考试答题［见图 2-4-8（b）］。

(a) 考试中心

图 2-4-8　考试中心模块（一）

(b) 进行培训考试答题

图 2-4-8　考试中心模块（二）

7. 评优中心

点击评优中心模块［见图 2-4-9（a）］—你可对师傅培训进行评价［见图 2-4-9（b）］。

(a) 考核中心　　　　　　　(b) 对师傅培训进行评价

图 2-4-9　评优中心模块

8. 消息中心

点击消息中心模块［见图 2-4-10（a）］—你可查看所有消息通知［见图 2-4-10（b）］。

（二）交流园地

1. 发布动态

点击交流园地页面左上角拍照按钮［见图 2-4-11（a）］—选择视频/图片［见图 2-4-11（b）］—编辑发布内容—点击发布按钮可成功发布动态［见图 2-4-11（c）］。

2. 删除

选择自己已发布的动态—点击右下角删除按钮可成功删除该条动态（见图 2-4-12，只可删除自己发布的动态）。

3. 点赞

选择交流园地动态—点击左下角大拇指按钮—颜色变为红色数字加 1（见图 2-4-13）。

4. 评论

点击评论按钮—输入内容—点击发布按钮（见图 2-4-14）。

(a) 消息中心   (b) 查看所有消息通知

图 2-4-10   消息中心模块

(a) 左上角拍照按钮   (b) 选择视频/图片   (c) 编辑发布内容

图 2-4-11   交流园地模块

图 2-4-12　删除动态　　　图 2-4-13　点赞　　　图 2-4-14　评论

（三）个人中心

1. 编辑信息

点击编辑信息按钮—页面跳转个人信息页面［见图 2-4-15 (a)］—点击更改头像、昵称、切换身份［见图 2-4-15 (b)］。

2. 退出登录

点击退出登录按钮—点击弹框中确定按钮可退出登录（见图 2-4-16）。

3. 合同

点击师徒合同—进入师徒合同管理［见图 2-4-17 (a)］—查看当前你与师傅签署的拜师合同［见图 2-4-17 (b)］。

二、你是师傅

进入国网师带徒小程序—点击【师傅】按钮—进入师傅页面。

（一）首页

1. 资格中心

点击首页资格中心模块［见图 2-4-18 (a)］—展示师傅资格详情［见图 2-4-18 (b)，可查看所有获取资格的师傅］。

(a) 个人信息页面

(b) 编辑信息

图 2-4-15　个人中心模块

图 2-4-16　退出登录

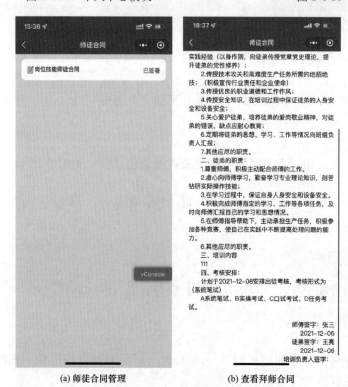

(a) 师徒合同管理

(b) 查看拜师合同

图 2-4-17　师徒合同模块

(a) 资格中心　　　　　　(b) 师徒资格详情

图 2-4-18　资格中心模块

2. 师徒匹配

点击师徒匹配模块［见图 2-4-19（a）］—你可以查看拜师消息、同意或拒绝［见图 2-4-19（b）］—添加拜师合同［见图 2-4-19（c）］。

3. 培训中心

点击培训中心模块［见图 2-4-20（a）］—点击＋按钮添加当前培训阶段［见图 2-4-20（b）］—添加完成后依次点击子菜单添加子培训项目［见图 2-4-20（c）］。

4. 考核中心

点击考核中心模块［见图 2-4-21（a）］—你可以对培训中的徒弟进行阶段考核/出徒考核—点击编辑按钮对当前培训阶段上传考核资料［见图 2-4-21（b）］。

5. 出徒

点击出徒考核［见图 2-4-22（a）］—点击＋按钮—你可以对当前培训中的徒弟进行出徒［见图 2-4-22（b）］。

6. 知识中心

点击知识中心模块［见图 2-4-23（a）］—你可以查看培训学习相关资料文件［见图 2-4-23（b）］。

7. 考试中心

点击考试中心模块［见图 2-4-24（a）］—你可以查看培训中的徒弟考试情况，选择

(a) 师徒匹配 (b) 查看拜师消息

(c) 添加拜师合同

图 2-4-19 师徒匹配模块

(a) 培训中心　　　　　　　　　　(b) 添加当前培训阶段

(c) 添加子培训项目

图 2-4-20　培训中心模块

(a) 考核中心

(b) 对徒弟进行阶段考核/出徒考核

图 2-4-21 考核中心模块

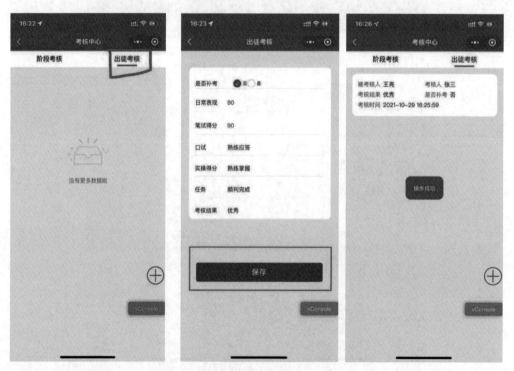

(a) 出徒考核

(b) 出徒

图 2-4-22 出徒考核模块

(a) 知识中心

(b) 查看培训学习相关资料文件

图 2-4-23　知识中心模块

(a) 考试中心
(b) 查看徒弟考试情况

图 2-4-24　考试中心模块（一）

(c) 查看徒弟答卷详细得分

图 2-4-24　考试中心模块（二）

徒弟查看徒弟有没有考试［见图 2-4-24（b）］，如已考可以查看徒弟答卷详细得分［见图 2-4-24（c）］。

8. 评优中心

点击评优中心模块［见图 2-4-25（a）］—你可以查看徒弟和管理员的评价［见图 2-4-25（b）］。

9. 消息中心

消息中心同—【你是徒弟】的消息中心［见图 2-4-26（a）］操作流程［见图 2-4-26（b）］。

（二）交流园地

操作流程同【你是徒弟】的交流园地操作流程。

（三）个人中心

操作流程同【你是徒弟】的个人中心操作流程。

三、你是管理员

进入国网师带徒小程序—点击【管理员】按钮—进入管理员页面。

(a) 评优中心模块　　　　(b) 查看徒弟和管理员的评价

图 2-4-25　评优中心模块

(a) 消息中心　　　　(b) 查看消息

图 2-4-26　消息中心模块

（一）首页

1. 资格中心

资格中心—操作流程同【你是徒弟】资格中心；师徒匹配—点击师徒匹配模块［见图 2-4-27（a）］—可查看当前所有的拜师情况［见图 2-4-27（b）］。

(a) 师徒匹配　　　　　　　　　　(b) 当前拜师情况

图 2-4-27　师徒匹配模块

2. 培训中心

培训中心—点击培训中心模块［见图 2-4-28（a）］—可查看当前所有徒弟的培训情况［见图 2-4-28（b）］。

3. 考核中心

考核中心—点击考核中心模块［见图 2-4-29（a）］—可查看当前所有徒弟的考核情况［见图 2-4-29（b）］。

4. 质量监督

质量监督—点击质量监督模块［见图 2-4-30（a）］—你可以对当前培训徒弟的师傅进行培训质量监督—所有选项选择完毕后提交即可监督成功［见图 2-4-30（b）］。

(a) 培训中心

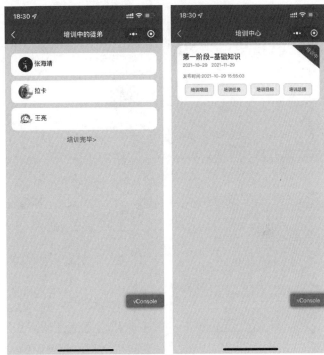

(b) 查看当前所有徒弟的培训情况

图 2-4-28 培训中心模块

(a) 考核中心

图 2-4-29 考核中心模块（一）

(b) 查看当前所有徒弟的考核情况

图 2-4-29　考核中心模块（二）

(a) 质量监督

图 2-4-30　质量监督模块（一）

(b) 对当前培训徒弟的师傅进行培训质量监督

图 2-4-30 质量监督模块（二）

5. 知识中心

知识中心—点击知识中心模块［见图2-4-31（a）］—你可以查看培训学习相关资料文件［见图2-4-31（b）］。

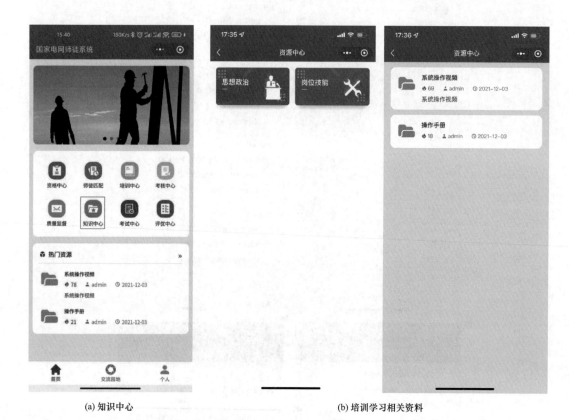

(a) 知识中心　　　　　　　　　　　　　　　　(b) 培训学习相关资料

图 2-4-31　知识中心模块

6. 考试中心

考试中心—点击考试中心模块［见图2-4-32（a）］—你可以查看培训中的徒弟考试情况，选择徒弟查看徒弟有没有考试［见图2-4-32（b）］，如已考可以查看徒弟答卷详细得分［见图2-4-32（c）］。

7. 评优中心

评优中心—点击评优中心模块［见图2-4-33（a）］—你可以查看评价情况［见图2-4-33（b）］。

（二）交流园地

操作流程同【你是徒弟】的交流园地操作流程。

（三）个人中心

操作流程同【你是徒弟】的个人中心操作流程。

(a) 考试中心　　　　　　　　　　　　　　(b) 查看培训中的徒弟考试情况

(c) 查看徒弟答卷详细得分

图 2-4-32　考试中心模块

(a) 评优中心   (b) 评价

图 2-4-33 评优中心模块

第三篇

结构化师带徒制资源篇

第一章　结构化师带徒制培养体系

第一节　培养体系建设方法

培养体系建设方法主要包括搭建学习交流平台、强化师傅的培养意识、增加文化交流机会、提供实践平台四个方面。

一、搭建学习交流平台

师傅培养能否有效落地的关键因素之一即是公司对师傅的培养重视程度。从公司层面组织师傅进行学习交流，为其搭建学习交流平台，拓展师傅的能力素质，以培养高质量高水平师傅的带徒能力。

二、强化师傅的培养意识

为了深入落实人才强企战略，结合当前发展形势、面临的主要任务，抓紧制定师傅培养计划。定期对培养工作情况进行检查、总结、评估，确保各项任务扎实推进，落到实处。

三、增加文化交流机会

定期组织公司内外部工匠师傅进行工作经验交流，并以任务为导向，组织交流研讨，在文化交流中不断增强公司人才队伍建设水平，提升公司人才质量。

四、提供实践平台

公司可积极组织各个专业师傅自行申报相关课题研究等工作项目，并且在公司组织的各类项目实践中，积极组织师傅参与其中。从公司层面，为师傅搭建起学习实践的平台，为其提供实践成长的机会。

开发内部师资，实现内外培训融合。培训作为企业人才队伍建设与提升的一种重要方式，在企业培训中，师资队伍建设的好坏直接关系到培训工作能否顺利开展，培训效果能否有效达成。为保障绩效经理人培养规划的有效落地实施，结合规划中的课程要求，除了通过开发外部的优秀师资，建议选拔培养一批有多年工作经验、岗位实践极其优秀的内部兼职培训师队伍。

（一）培养内部兼职培训师

1. 师资选拔条件

对于岗位经验极其丰富，有授课意愿、授课能力的优秀绩效经理人就课程体系进行自选并承担起兼职培训师的角色。选拔条件如下：

（1）自我意愿：选拔公司内部具有做兼职培训师意愿的师傅，有意愿将自身拥有的知识经验进行传播，愿意在承担自身本职工作的同时承担授课任务的人员。

（2）工作经验：对师傅的考核评价指标项比较熟知，且对师傅所需完成工作，有自身的经验总结。

（3）岗位实践：在自己所负责的本职工作中，岗位实践极其优秀，做过工作创新、各类项目等实际工作，并得到员工广泛认可；在员工中具有较高威望，具有较高的感召力和影响力。

2. 师资的培养

（1）定期进行授课技巧辅导。针对选拔出来的兼职培训师定期进行授课技巧的培训辅导，因为一个业务专家不一定是优秀的培训师，所以需对选拔出来的兼职培训师定期进行语言表达能力、概括总结能力、授课技巧以及课程内化与开发能力的培训辅导，针对性提升其作为兼职培训师应具备的能力素质。

（2）定期进行课题交流。根据年度工作重点和要点，组织兼职培训师参与新项目、新课题、新业务活动，定期开展课题交流，加强内部讲师之间的交流，加速讲师之间授课及项目经验的分享，系统提升其素质和能力。

（3）搭建适当的学习平台。强化内部交流，建议开设讲师论坛、贴吧、QQ群、微信群等方式加强内部师资之间的横向交流；开展"竞赛比武"，借鉴各专业线竞赛比武经验，对讲师的课程开发和讲授能力的考核采取比武的模式进行；实施资源共享，搭建沟通分享平台，组织讲师对工作中的典型案例和优秀经验进行及时分享交流。

3. 师资的管理

（1）选好种子讲师。注重建立培训师自我实现与成长通道的有效结合，充分调动兼职培训师的工作积极性。鉴于每年都有离退休讲师及工作人员，公司应尽可能地充实匹配课程体系的师资库，及时从培训班及工作岗位中优选出种子讲师，补充课程师资。

（2）进行讲师认证。为促进内部优秀技能、知识和经验的沉淀与共享，公司可开展课程开发工作，开发符合金昌供电公司实际的师傅学习课程，对开发出来的课程进行内部讲师认证，每门课程认证1名或2名讲师，按照其授课数量和学员对授课质量的评估，进行分级认证。制定内部讲师的权利与义务，进而规范课程及师资管理。

（3）给予适当激励。对凡是承担授课任务、培训任务的师傅建议以薪酬评定、专项奖励的形式给予激励。具体包括以下两方面：

1）将精神层面的激励融入培训活动的每一个环节，让兼职培训师在授课和课程开发过程中，时刻能够感受自身工作的意义，让其充分感受到企业对自己的认同、领导对自己的重视以及学员对自己的尊重，每年授予表现优秀的讲师相应的荣誉，营造尊师重教的良好氛围。

2）物质层面的激励主要体现在课酬上，根据认证级别，授课的数量、规模及质量，实行课酬差异化管理，在现有基础上使激励标准有所提升。也可适当发放一些学习资料的费用，鼓励兼职培训师加强自身学习等。

（二）开发优质学习资源

1. 精品课程开发与外部课程内化

（1）精品课程开发。针对师傅培养课程体系中的个性化课题，建议以内部有经验的师傅为主，由外部专家协作进行引导式的精品课程开发，对优秀师傅进行拔高优化，经过 3～5 年的开发过程积累，逐渐沉淀形成国网金昌供电公司特色的师傅培养课程体系，打造出国网金昌供电公司的精品项目。

（2）外部课程内化。学习规划中的部分课程，如基础夯实类的课程，市场上已经拥有成熟的课程，企业可以直接将课程从市场采购回来，加入自身企业工作中的典型案例，形成一个新的课程，实现外部课程内化，进而降低课程开发人力、物力及时间成本。

2. 精品课程题库、案例库及素材库开发

（1）题库开发。为保证对每门课程的真实有效考评，开发试题库，试题的编制应从工作实际出发，注重可操作性。题库开发采取外部专家集中培训、集中审定，内部专家分散开发相结合的形式，从而针对每门课程形成知识测评类的题库。

（2）案例库开发。典型的优秀实践案例对课堂教学具有很大的现实意义，能充分调动学员的实践能力、应变能力、思维创新等，也可保证组织内部典型工作实践以及优良传统等的传承，把公司师傅培养典型的优秀实践案例编撰成册，对师傅培养的工作开展具有很大的指导意义。

3. 线上学习资源开发

（1）线上课程开发。针对内部已有的精品课程或流程性、技能型较强的课程进一步开发成微课、电子化教学课件以及实景课程开发等，使学员更直接、更全面、更迅速地了解课程信息，在更大范围内共享高质量的课程资源。

（2）线上题库开发。为了切实发挥线上学习资源的作用，梳理自学内容，由内部老师傅组成专家组，针对课程体系出题形成网上题库。自学课程需由学员在训前自行学习，继而在集中培训时进行测试，以此检验学习效果，使网络课程真正为学员提供学习支持。

第二节　培训管理者、师傅、徒弟培养体系

一、培训管理者

培训管理者培训课程体系见表 3-1-1。

表 3-1-1　　　　　　　　　　培训管理者培训课程体系

学习领域	课程体系框架	课程主题名称	课程目标	课程内容要点	学习方式	评价方式	课时
基本知识学习	培训知识学习	《培训管理者的项目管理》	什么是培训项目管理	项目管理过程	讲授＋观点陈述	知识测评	2课时
			怎么启动一个培训项目	培训项目启动的条件	讲授＋小组讨论	知识测评	3课时
			如何编制培训项目计划	创建工作分解结构（WBS）	讲授＋案例视频	知识测评	2课时
			如何执行与监控培训项目	培训项目的控制	讲授＋模拟辩论	知识测评	3课时
			怎样做好培训项目的收尾工作	培训项目收尾工作的内容	讲授＋示例演示	现场问答	2课时

续表

学习领域	课程体系框架	课程主题名称	课程目标	课程内容要点	学习方式	评价方式	课时
基本知识学习	培训知识学习	《师带徒管理制度及管理工具的使用》	师带徒培训的意义及职责分工	师带徒的意义	案例分析＋互动	知识测评	1课时
			师带徒培训程序及管理工具操作	管理工具操作	案例分析＋互动	现场问答	2课时
		《管理者的情商修炼与执行力提升》	管理沟通	与不同类型人的沟通策略	讲授＋分享	知识测评	2课时
			中层执行力	执行落地的闭环管控	案例分析＋互动	现场问答	2课时
			压力与情绪管理	调节情绪的方法	视频分享＋讨论	知识测评	2课时
基本知识学习	培训知识学习	《培训管理者晋级训练营（TTM培训）》	培训管理者能力修炼	有效的教学工具的使用	案例分析＋理论授课	知识测评	2课时
			培训资源体系建设	微课体系建设	案例分析＋理论授课	知识测评	2课时
			培训运营体系建设	培训有效评估	案例分析＋理论授课	知识测评	2课时
技能学习（基本技能学习、专业技能学习）	管理相关基本工具	《管理者的角色认知与自我管理》	何谓管理	管理的定义	案例分析＋理论授课	知识测评	1课时
			管理者职能系统认知	时间管理	案例分析＋理论授课	现场问答	1课时
			管理的对象	经营资源使用中的意识	案例分析＋理论授课	知识测评	1课时
			管理者角色认知	规避管理者的角色误区	案例分析＋理论授课	知识测评	1课时
			管理者的基本态度	管理者六个基本态度	案例分析＋理论授课	知识测评	1课时
			科学管理	科学管理的3阶段与6步骤	案例分析＋理论授课	知识测评	2课时
		《PDP领导力之知人善任》	PDP核心理念及特质模型	胜任岗位工作的要素	案例分析＋理论授课	知识测评	2课时
			准确认知天赋特质	耐心型思维模式及行为习惯	案例分析＋理论授课	知识测评	2课时
			开启天生本我能力	精确型天赋管理优势及盲点	案例分析＋理论授课	知识测评	1课时
			如何充分发挥天赋特质	天赋特质的无限扩展	案例分析＋理论授课	知识测评	3课时
			管理中的沟通	沟通表达方式与效果	案例分析＋理论授课	知识测评	3课时
			管理中的激励	不同特质下属的有效激励模式分析	案例分析＋理论授课	知识测评	1课时

学习领域	课程体系框架	课程主题名称	课程目标	课程内容要点	学习方式	评价方式	课时
技能学习（基本技能学习、专业技能学习）	管理相关基本工具	《下属的培育与启发》	管理者在下属的培训与启发中的重要责任与使命	上级与下属对培育与个人能力提升如何做到"啐啄同时"	案例分析＋理论授课	知识测评	1 课时
			培育后期待有哪些效果	培育达成结果	案例分析＋理论授课	现场问答	1 课时
			培育的方法	培育对象能力的判断方法	案例分析＋理论授课	知识测评	2 课时
			OJT 的实施	OJT 的三大实用性特点	案例分析＋理论授课	现场问答	2 课时
			新员工培育的正确起步	新人培育仪式感的建立	案例分析＋理论授课	知识测评	3 课时
			培育下属的技巧	善于激励	案例分析＋理论授课	知识测评	1 课时
		《目标管理与计划执行》	目标管理	SMART 工具讲授	案例分析＋理论授课	知识测评	1 课时
			管理的改善	过程管控	案例分析＋理论授课	知识测评	1 课时
			缩小差距的机会	BEM 模型，探索目标管理与绩效改进的机会点	案例分析＋理论授课	现场问答	2 课时
		《团队管理与执行力打造》	团队管理与协作障碍模型	初识五种障碍模型与团队管理及执行力的关系	案例分析＋理论授课	知识测评	3 课时
			组织健康测评与现状分析	克服团队协作的五项障碍在提升团队绩效的运用	案例分析＋理论授课	知识测评	2 课时
			增强信任	行动学习：情境体验式游戏信任行走，增强伙伴间信任与执行关系的转化	案例分析＋理论授课	知识测评	2 课时
			掌控冲突	正视不良冲突对组织绩效的危害	案例分析＋理论授课	知识测评	4 课时
			做出承诺	掌握明确承诺和逐级沟通方法	案例分析＋理论授课	现场问答	1 课时
			承担责任	学习如何营造负责任的组织文化	案例分析＋理论授课	知识测评	1 课时
			关注结果	关注结果过程的四种干扰因素	案例分析＋理论授课	现场问答	2 课时

二、师傅

师傅培训课程体系见表 3-1-2。

表 3-1-2 　　　　　　　　　　师 傅 培 训 课 程 体 系

学习领域	课程体系框架	课程主题名称	课程目标	课程内容要点	学习方式	评价方式	课时
专业课程学习（不同专业按需培训）	讲授与演讲能力提升	《师带徒培训方法与技巧》	职业导师角色与定位	辅导者角色定位	讲授＋观点陈述	知识测评	0.5 课时
			师带徒培训方法	培训实施的方法	讲授＋小组讨论	知识测评	1 课时
			师带徒培训技巧	沟通技巧	讲授＋小组讨论	知识测评	2 课时
		《始于课程凝于经验》	课程的基础内容	课堂课程的掌握	讲授＋分享	知识测评	3 课时
			课程内容与课程包的制作	课程内容梳理流程	案例分析＋互动	现场问答	2 课时
			经验的凝练	经验传承方式	视频分享＋讨论	知识测评	2 课时
		《电网企业工匠精神内涵与塑造》	电网企业"工匠精神"及其内涵	工匠精神的三个层次	案例分析＋理论授课	知识测评	2 课时
			电网企业为何互换"工匠精神"	工匠精神对电网企业的意义	案例分析＋理论授课	知识测评	1 课时
			电网企业培育"工匠精神"	个人如何培养工匠精神	案例分析＋理论授课	知识测评	2 课时
			向电力"工匠人物"学习	电力"工匠人物"的特点	案例分析＋理论授课	知识测评	2 课时
技能学习（基本技能学习、专业技能学习）	师傅综合素养提升	《问题分析解决与执行》	问题分析的必备思维与意识	问题分析与解决思维的打造	案例分析＋理论授课	知识测评	2 课时
			问题评估与真因确认	现状评估与确认	案例分析＋理论授课	现场问答	2 课时
			有效解决问题的执行	计划促进执行的核心方法	案例分析＋理论授课	知识测评	2 课时
		《教练型师傅的角色定位与能力素质要求》	教练型师傅的角色定位	何为教练型师傅	案例分析＋理论授课	知识测评	3 课时
			教练型师傅养成记	技能辅导的流程与方式	案例分析＋理论授课	知识测评	2 课时

三、新员工岗位技能、专业技能

新员工岗位技能、专业技能培训课程体系见表 3-1-3。

表 3-1-3　　　　　　新员工岗位技能、专业技能培训课程体系

学习领域	课程体系框架	课程主题名称	课程目标	课程内容要点	学习方式	评价方式	课时
职业目标的制定	职业价值观规划	《从校园人到职场人-新员工职业生涯规划》	从校园到职场，了解职业意识	职场中的规范意识培养	讲授＋观点陈述	知识测评	0.5课时
			从学生行为到职场行为的重塑	自我职场规划管理	讲授＋小组讨论	知识测评	1课时
			职场核心关系的塑造	"功劳"背后——剖析功劳5步曲	讲授＋小组讨论	知识测评	1课时
			自我职业规划与价值感塑造	能力管理四象限	讲授＋小组讨论	知识测评	2课时
			职场人的职业行为塑造	职场中的团队合作行为	讲授＋小组讨论	知识测评	1课时
			职场新人的职业"攻新计"	解决"压力山大"情绪与压力管理	讲授＋小组讨论	知识测评	2课时
		《职业生涯规划》	职业定位——职场人岗匹配	职场晋升的两把金钥匙	讲授＋分享	知识测评	2课时
			能力三核和能力四象限	培养你的职场竞争力（能力管理四象限）	案例分析＋互动	现场问答	2课时
			职场发展——企业要求矩阵	企业要求矩阵	视频分享＋讨论	知识测评	2课时
			职场情绪调适——阳光心态	常见职业情绪及适配	讲授＋小组讨论	知识测评	1课时
	职业文化教育	《互联网时代的人力资源管理》	互联网时代人力资源管理挑战	移动互联网的时代到来	案例分析＋理论授课	知识测评	1课时
			人力资源管理的五个思考	瞬时反馈	案例分析＋理论授课	知识测评	1课时
			职场核心关系的塑造	像互联网产品经理一样做HR	案例分析＋理论授课	知识测评	2课时
			人力资源管理的落地	学习新动力：组织未来的核心是赋能	案例分析＋理论授课	知识测评	2课时
		《国家电网企业文化解读》	企业文化概述	企业文化的几个主要原则	案例分析＋理论授课	知识测评	3课时
			基本价值理念体系	企业精神——努力超越、追求卓越（解读）	讲授＋小组讨论	现场问答	2课时
			公司发展战略体系	战略目标：具有中国特色国际领先的能源互联网企业（解读）	案例分析＋理论授课	知识测评	2课时

续表

学习领域	课程体系框架	课程主题名称	课程目标	课程内容要点	学习方式	评价方式	课时
职业目标的制定	职业技能学习	《WPS系列（表格）：四步轻松掌握WPS表格在职场中的应用技巧》	数据快速规范化的技巧	数据规范化的技巧	案例分析＋理论授课	知识测评	4课时
			数据处理方法与技巧	批量插入空行的技巧	案例分析＋理论授课	知识测评	2课时
			精准分析值大钱	小技巧大智慧的自定义单元格技巧	案例分析＋理论授课	知识测评	1课时
			数据展示巧呈现	与众不同的图表让你从此与众不同	案例分析＋理论授课	知识测评	1课时
		《妙笔生花——实用公文写作》	实用公文写作概述	公文写作四大原则	案例分析＋理论授课	知识测评	1课时
			批量文档处理也轻松	工作总结：《外商协会工作总结》的巧妙之处	案例分析＋理论授课	知识测评	2课时
			简洁有效地使用电子邮件	标题的重要性与规范	讲授＋小组讨论	知识测评	1课时
			作专业的工作简报（PPT）	明确目标、分析听众	案例分析＋理论授课	知识测评	1课时
			公关与宣传管理技巧	常规与非常规事件的沟通	案例分析＋理论授课	知识测评	1课时
		《跨部门沟通与协作》	跨部门沟通中现状与认知	跨部门沟通困难的原因		知识测评	2课时
			如何做一名"累不死"的好师傅	组织设计存在问题——建立完善的责任体系	案例分析＋理论授课	现场问答	4课时
			跨部门沟通实战策略	跨部门沟通的"四要四不要"	案例分析＋理论授课	知识测评	2课时
		《电力新基建——特高压智能充电桩与5G技术发展新思路》	特高压技术的发展与应用	拉基建稳增长，第三轮特高压建设高潮	案例分析＋理论授课	现场问答	1课时
			5G技术与电力系统的融合	5G网络切片技术及其应用	案例分析＋理论授课	知识测评	1课时
			充电桩技术及其应用	基于区块链的计费计量和分布式交易技术	案例分析＋理论授课	知识测评	1课时
		《电网企业的市场化思维》	售电侧的市场化改革	售电侧并不具备自然垄断性	讲授＋小组讨论	知识测评	2课时
			市场化思维的认知	市场化思维在电网企业中缺少的原因	案例分析＋理论授课	现场问答	2课时

续表

学习领域	课程体系框架	课程主题名称	课程目标	课程内容要点	学习方式	评价方式	课时
职业目标的制定	职业技能学习	《电网企业的市场化思维》	新时代的价值信仰论	电力体制改革给供电企业带来的变局	讲授＋小组讨论	知识测评	1课时
			市场化思维在电网企业的应用	共享模式：案例分析：共享铁塔等资源的商业化运营	讲授＋小组讨论	知识测评	1课时
			从管理角度如何培育电网企业的市场化思维意识	创新经营模式，增强综合竞争力	案例分析＋理论授课	知识测评	3课时
技能学习（基本技能学习、专业技能学习）（以输电线路运检为例）	岗位知识技能	《基础知识》	机械制图	机械制图基础知识	案例分析＋理论授课	现场问答	2课时
			工程电力	工程电力内容理解	讲授＋小组讨论	知识测评	2课时
			电工基础	电工基础基本内容掌握	讲授＋小组讨论	现场问答	2课时
			电力安全	电力安全工作生产	案例分析＋理论授课	知识测评	3课时
			工程规划	工程规划的方法	讲授＋小组讨论	知识测评	2课时
		《专业知识》	电力网的基本构成及简单计算	电力网的简单计算	案例分析＋理论授课	知识测评	4课时
			输电线路导线受力分析与计算	输电线路的计算	案例分析＋理论授课	现场问答	3课时
			输电线路杆塔的结构型式与受力分析	输电线路杆塔的受力分析	讲授＋小组讨论	知识测评	2课时
			规程规范及技改管理	技改管理	案例分析＋理论授课	现场问答	2课时
			特高压电网	特高压电网的操作方法	案例分析＋理论授课	知识测评	2课时
		《基础技能》	安全工器具的使用及维护	安全工器具的使用方法	案例分析＋理论授课	知识测评	3课时
			钳工基础	钳工基础知识	案例分析＋理论授课	知识测评	2课时
			高处作业	高处作业安全规范	案例分析＋理论授课	现场问答	3课时
			起重搬运作业	搬运作业的方法	讲授＋小组讨论	知识测评	2课时
			起重工具	起重工具的使用	讲授＋小组讨论	知识测评	4课时
			计算机基础	计算机基础知识	案例分析＋理论授课	知识测评	2课时

续表

学习领域	课程体系框架	课程主题名称	课程目标	课程内容要点	学习方式	评价方式	课时
技能学习（基本技能学习、专业技能学习）（以输电线路运检为例）	岗位知识技能	《基础技能》	工具票的填写和使用	工具票的填写规范	讲授＋小组讨论	知识测评	1课时
			消防紧急救护	紧急救护的操作方法	案例分析＋理论授课	现场问答	2课时
		《专业技能》	输电线路测量经纬仪测量	输电线路测量	案例分析＋理论授课	知识测评	2课时
			输电线路全站仪测量	输电线路全站仪使用	案例分析＋理论授课	现场问答	3课时
			输电线路其他测量方法	多样测量方法	讲授＋小组讨论	知识测评	2课时
技能学习（基本技能学习、专业技能学习）（以输电线路运检为例）	岗位知识技能	《专业技能》	输电线路施工及验收基础施工	输电线路验收规则	案例分析＋理论授课	知识测评	4课时
			输电线路施工及验收杆塔组立	输电线路验收杆塔组立	讲授＋小组讨论	知识测评	3课时
			输电线路施工及验收架线施工	输电线路施工	案例分析＋理论授课	现场问答	2课时
			输电线路施工及验收接地工程施工	输电线路验收接地工程施工	案例分析＋理论授课	知识测评	2课时
			输电线路施工及验收特殊施工方法及新工艺	验收特殊施工方法及新工艺	讲授＋小组讨论	知识测评	2课时
			输电线路施工及验收线路竣工检查与验收	输电线路施工及验收线路	案例分析＋理论授课	现场问答	2课时
			输电线路施工及验收线路验收评级及生产准备	验收线路验收评级及生产准备	案例分析＋理论授课	知识测评	3课时
			输电线路的运行要求	输电线路的运行要求内涵	案例分析＋理论授课	现场问答	2课时
思想政治教育	党章学习	《中国共产党章程》	党员	党员的内涵	案例分析＋理论授课	知识测评	1课时
			党的组织制度	党的组织制度内容		知识测评	2课时
			党的中央组织	中央组织的选举制度	案例分析＋理论授课	现场问答	3课时
			党的地方组织	地方组织的职责	讲授＋小组讨论	知识测评	2课时
			党的基层组织	基层组织的工作要求	案例分析＋理论授课	知识测评	2课时
			党的干部	干部的主要工作要求	案例分析＋理论授课	知识测评	4课时

续表

学习领域	课程体系框架	课程主题名称	课程目标	课程内容要点	学习方式	评价方式	课时
思想政治教育	党章学习	《中国共产党章程》	党的纪律	党的纪律的内容	案例分析＋理论授课	现场问答	3课时
			党的纪律检察机关	检察机关的职责	讲授＋小组讨论	知识测评	2课时
			党组	党组织的工作范围	案例分析＋理论授课	知识测评	2课时
			党和中国共青团的关系	党和中国共青团的工作内容要求	案例分析＋理论授课	知识测评	2课时
			党徽党旗	党徽党旗的来由	案例分析＋理论授课	现场问答	3课时
思想政治教育	党史学习	《论中国共产党历史》	实现中华民族伟大复兴是中华民族近代以来最伟大的梦想	实现中华民族伟大复兴的重要步骤	案例分析＋理论授课	知识测评	2课时
			正确认识改革开放前后两个历史时期	改革开放前后的重大区别	讲授＋小组讨论	知识测评	3课时
			知史爱党，知史爱国	知史的重要性	案例分析＋理论授课	知识测评	1课时
			学习党史、国史是坚持和发展中国特色社会主义的必修课	学习党史的内涵	案例分析＋理论授课	知识测评	3课时
			中国革命历史是最好的营养剂	中国革命历史过程	讲授＋小组讨论	知识测评	2课时
			讲好中国共产党的故事	中国共产党的英勇故事	案例分析＋理论授课	现场问答	2课时
			革命精神是党和国家的宝贵财富	革命精神的内涵	案例分析＋理论授课	知识测评	3课时
			革命老区是党和人民军队的根	革命老区的存在意义	案例分析＋理论授课	现场问答	2课时
			在纪念毛泽东同志诞辰一百二十周年座谈会上的讲话	纪念毛泽东同志诞辰一百二十周年座谈会讲话内容	案例分析＋理论授课	知识测评	2课时

第二章　培训管理者培养资源

第一节　培训管理者培训课程

一、课程1

（一）《师带徒管理制度及管理工具的使用》课程大纲

目标学员：部门培训负责人、师傅

课程课时：3课时（150分钟）

培训形式：分组竞赛、小组讨论、案例分析、现场演练等多种授课形式

人数限制：60人

［课程说明］

为确保师带徒工作的顺利开展，特制订师带徒培训管理制度，开发了管理工具，以此为师带徒培训工作提供了详细的引导和规范。部门培训负责人需要在此制度的引导下，对师带徒培训的各个环节进行组织和控制，师傅需要在此制度的规范下，实施培训工作。因此，对部门培训负责人和师傅进行师带徒培训管理制度的培训，是保障师带徒工作顺利开展的必要环节。

通过讲解师带徒管理制度，使部门培训负责人能了解师带徒培训的各环节工作的开展方式，具备管理师傅资格的能力，使师傅能了解实施培训工作的流程；通过讲解师带徒管理工具的使用方法，使部门培训负责人和师傅能熟练运用师带徒系统工具。

［课程目标］

√目标1：了解师带徒培训的意义和各角色职责；

√目标2：了解师带徒培训程序和要求，能正确开展师带徒培训组织工作；

√目标3：能熟练使用师带徒管理工具，完成对应角色操作。

［课程章节］

第一部分　师带徒培训的意义及职责分工【40分钟】

1. 新员工的困惑：职责、内容、目标、资源、环境等，换位思考从"我想讲什么"变成"新员工需要学什么"。

破冰活动（提问）：新员工第一天有什么困惑？

2. 师带徒的意义：

2.1 明确工作内容——解决"我是谁？我需要做什么？"

2.2 认证岗位能力——解决"我能做吗？我的目标是什么？"

2.3 树立职业形象——解决"谁能帮帮我？我要做成什么样？"

2.4 传承经验技能——解决"怎么做得更好？"

3. 各角色职责分工：

3.1 部门培训负责人（协调员）

3.2 师傅（师傅）

3.3 部门负责人（考评人）

3.4 人力资源部（总指挥）

［课堂练习］工作任务对对碰（给各项职责点找对应的负责人）

第二部分　师带徒培训管理程序及管理工具操作【80 分钟】

1. 师带徒培训管理五步骤："选、配、培、考、评"

选：师傅选聘培养、资格管理

配：师徒匹配签约、培训计划及目标设定

培：师带徒培训实施、培训质量监督

考：阶段考核、出徒考核

评：评价评优

小组讨论：每个步骤的核心程序是什么？目的是什么？

［课堂练习］小组 PK（绘制流程图）

2. 师带徒培训管理工具操作

2.1 师傅报名：我要报名、我要推荐、我要认证

2.2 师傅资格管理：资格录入、资格查询、资格取消

2.3 师徒匹配签约：拜师申请、帮我安排师傅、我要签合同、我要变更

2.4 计划和目标设定：培训计划和目标设定、培训计划调整

2.5 培训记录和阶段考核：培训完成确认、发起阶段考

2.6 培训质量监督：进度监督、质量监督

2.7 出徒考核：我要出题库、发起出徒考核

2.8 评价评优：我要评价师傅、评优成绩

［课堂练习］小组 PK（完成各步骤工具操作截屏发群）

结束部分【30 分钟】

1. 总结回顾

2. 考试评估

3. 号召行动

4. 庆祝收获

（二）《师带徒管理制度及管理工具的使用》课程内容

师带徒管理制度及
管理工具的使用

⏳【时间掌控】10 分钟

📖【讲解要点】师傅培训体系、分组

大家好！欢迎来到《师带徒管理制度及管理工具的使用》培训课程。

本次课程的互动环节，我们将以小组的形式展开。所以，接下来我们进行分组。下面请大家用一句话介绍自己，并选出本组最受大家喜爱的成员担任组长。

【时间掌控】 10分钟

【讲解要点】 结构化师带徒能解决新员工培养的难题

请组长选出本组最有绘画天分的一名组员，在大白纸中心画出一个卡通版的新员工。请问大家：还记得您或您身边的新员工来上班第一天有什么困惑吗？请大家在卡片上写出新员工最想问的一个问题。（发卡片每人一张）请大家把写好的卡片贴在"新员工画像"的旁边。

下面，我们对这些问题进行分类，可以发现有职责、内容、目标、要求、资源、待遇等类别，这些也是我们在座各位在师带徒培训中尤其需要关注和解决的问题。因此，通过这样一个满脑袋疑问的"新员工"，我们可以明确师带徒的核心要求是解决"新员工需要学什么"，而不是从我们个人经验出发"我想讲什么"。

课程内容

师带徒培训的意义及职责分工

师带徒培训程序及管理工具操作

【时间掌控】 10分钟

【讲解要点】 课程内容和目标

通过分析师带徒培训的意义和职责分工，使大家明确责任和使命；讲解结构化师带徒制度，使大家清晰认识师带徒培训的工作程序，并掌握师带徒管理工具使用操作方法，为日后开展师带徒培训工作打好基础。

PART 01
师带徒培训的意义及职责分工

·传统师带徒
·结构化师带徒
·传统师带徒与结构化师带徒
·结构化师带徒的意义
·结构化师带徒的要件
·各角色职责分工
·工作任务对对碰

⧗ 【时间掌控】 2分钟

☰ 【讲解要点】 介绍结构化师带徒与传统师带徒的差别

　　在影视作品中，我们可以看到传统师带徒，徒弟学什么、学得怎么样，完全看师傅的本事，师傅会什么，就给学员讲什么；而我们今天要讲的结构化师带徒，是基于对徒弟岗位任职要求的分析，师傅按照标准的培养程序和培训项目，对徒弟进行培训和指导，也就是徒弟需要会什么，师傅就教什么。

【时间掌控】 1分钟

【讲解要点】 传统师带徒特点及弊端

回到我们刚才提出的"新员工的困惑",让我们对这些卡片进行分类。分类结束,我们发现新员工主要有工作内容、工作目标、任职要求、工作技巧这四方面的困惑。

如果我们要在师带徒阶段解决新员工的上述困惑,就先从传统师带徒的特点谈起。传统的师带徒是指让徒弟跟随富有经验的师傅一边工作一边学习,徒弟也在工作中逐步成长直至"出师"。许多"绝活儿"均依靠这种传统的师带徒保留至今。

但其弊端是:

(1)教学过程缺乏系统性,存在技能衰减现象;

(2)出徒以"时间"为标准,一刀切,打击上手快的新员工的积极性;

(3)对师傅的激励流于形式,师傅积极性普遍不高。

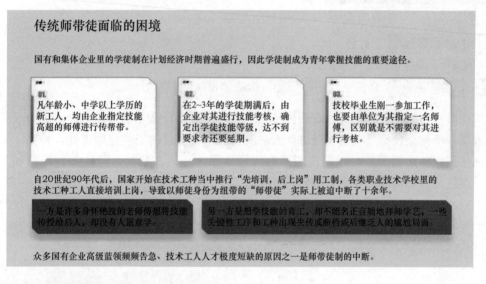

【时间掌控】 2分钟

【讲解要点】 传统师带徒面临的困境

国有和集体企业里的学徒制在计划经济时期普遍盛行,因此学徒制成为青年掌握技能的重要途径。凡年龄小、中学以上学历的新工人,均由企业指定技能高超的师傅进行传帮带;在2~3年的学徒期满后,由企业对其进行技能考核,确定出学徒技能等级,达不到要求者还要延期;技校毕业生刚一参加工作,也要由单位为其指定一名师傅,区别就是不需要对其进行考核。自20世纪90年代后,国家开始在技术工种当中推行"先培训,后上岗"用工制,各类职业技术学校里的技术工种工人直接培训上岗,导致以师徒身份为纽带的师带徒实际上被迫中断了十余年。一方是许多身怀绝技的老师傅想将技能传授给后人，却没有人愿意学；另一方是想学技能的青工，却不能名正言顺地拜师学艺，一些关键性工序和工种出现失传或断档或后继乏人的尴尬局面。众多国有企业高级蓝领频频告急、技术工人人才极度短缺的原因之一是师带徒制度的中断。

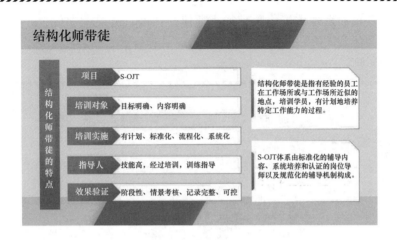

⌛ 【时间掌控】2分钟

📚 【讲解要点】结构化师带徒定义及特点

结构化师带徒是指有经验的员工在工作场所或与工作场所近似的地点，培训学员，有计划地培养特定工作能力的过程。S-OJT体系由标准化的辅导内容、系统培养和认证的岗位导师以及规范化的辅导机制构成。

结构化师带徒具备以下4个特点：

（1）培训对象目标明确、内容明确；

（2）培训实施有计划、标准化、流程化、系统化；

（3）培训指导人技能高、经过培训并且具备训练指导能力；

（4）效果验证具有阶段性、情景考核、记录完整、效果可控。

【时间掌控】0.5分钟

【讲解要点】传统师带徒与结构化师带徒的区别

经过对比，我们发现传统的师带徒，师傅会什么，徒弟就学什么；而结构化师带徒，徒弟需要会什么，师傅就教什么。真正实现了有目标的教学，减少了师傅个人能力对培训质量的影响。

【时间掌控】0.5分钟

【讲解要点】结构化师带徒的意义

结构化师带徒的重要意义：

明确工作内容——解决"我是谁？我需要做什么？"

认证岗位能力——解决"我能做吗？我的目标是什么？"

树立职业形象——解决"谁能帮帮我？我要做成什么样？"

传承经验技能——解决"怎么做得更好？"

也可以概括为：明确、认证、树立、传承。

结构化师带徒的要件

❶ 建立、健全企业内部培训制度：
制度是企业开展一切活动的依据，建立、健全企业内部培训制度是师带徒得以有效实施的根本；

❷ 立足工种分类、细化工作任务和能力要求：
明确各个工种所需的知识点和技能点，并做好能力逐级提升的分类要求，订立师带徒的具体目标；

❸ 优中选优，持续培养，加强职业导师团队建设：
保障"师带徒"有效实施的措施是确立职业导师团队选拔、培养、评估、激励的方式；

❹ 规范培训程序，有条不紊地开展培训工作：
流程的规范不仅能统一各个工种师带徒的标准，而且能提醒师徒双方循序渐进地开展培训，减少师带徒质量受人为因素干扰。

⏳ **【时间掌控】** 2分钟

📚 **【讲解要点】** 结构化师带徒的要件

　　既然结构化师带徒如此重要，我们需要更深入地对其进行了解。那么，结构化师带徒需要具备哪些要件呢？

　　（1）建立、健全企业内部培训制度：制度是企业开展一切活动的依据，建立、健全企业内部培训制度是师带徒得以有效实施的根本；

　　（2）立足工种分类、细化工作任务和能力要求：明确各个工种所需的知识点和技能点，并做好能力逐级提升的分类要求，订立师带徒的具体目标；

　　（3）优中选优，持续培养，加强师傅团队建设：保障"师带徒"有效实施的措施是确立师傅团队选拔、培养、评估、激励的方式；

　　（4）规范培训流程，有条不紊地开展培训工作：流程的规范不仅能统一各个工种师带徒的标准，而且能提醒师徒双方循序渐进地开展培训，减少师带徒质量受人为因素干扰。

⏳ **【时间掌控】** 1分钟

📚 **【讲解要点】** 各角色职责分工

　　公司人力资源部、各部门推选的培训负责人、各部门班组负责人、师傅会参与师带徒工作。

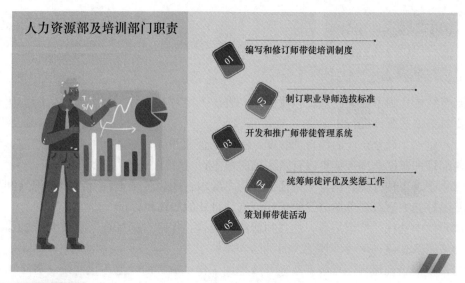

【时间掌控】 2分钟

【讲解要点】 人力资源部及培训部门职责

　　人力资源部及培训部门作为师带徒工作的总指挥，负责编写和修订师带徒培训制度；制订师傅选拔标准；开发和推广师带徒管理系统；统筹师徒评优及奖惩工作；策划师带徒活动。

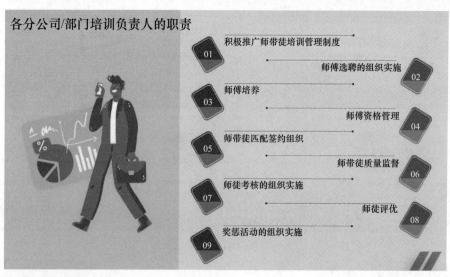

【时间掌控】 2分钟

【讲解要点】 各分公司机构培训负责人职责

　　各分公司机构培训负责人作为协调员，负责在本单位积极推广师带徒培训管理制度；师傅选聘的组织实施；师傅培养；师傅资格管理；师带徒匹配签约组织；师带徒质量监督；师徒考核的组织实施；师徒评优及奖惩活动的组织实施。

师傅的职责

- 01 对师带徒管理方式提出意见建议
- 02 接受徒弟的拜师申请
- 03 为徒弟制订培训目标及培训计划
- 04 根据师带徒管理手册指导和培养徒弟
- 05 为徒弟准备足够的培训资料
- 06 对徒弟进行考核
- 07 关注徒弟的安全，重视徒弟的想法

⧖ 【时间掌控】 2分钟

📖 【讲解要点】 师傅的职责

　　师傅作为新员工的师傅，负责积极对师带徒管理方式提出意见建议；接受徒弟的拜师申请；为徒弟制订培训目标及培训计划；根据师带徒管理手册指导和培养徒弟；为徒弟准备足够的培训资料；对徒弟进行考核；关注徒弟的安全，重视徒弟的想法。

　　部门培训负责人与上述员工一起，作为新员工出徒的考评人，对培训成果进行考评和认证。

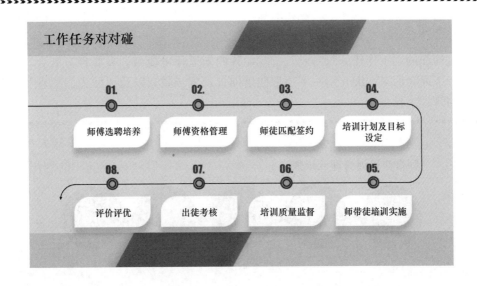

工作任务对对碰

- 01. 师傅选聘培养
- 02. 师傅资格管理
- 03. 师徒匹配签约
- 04. 培训计划及目标设定
- 05. 师带徒培训实施
- 06. 培训质量监督
- 07. 出徒考核
- 08. 评价评优

⏳ 【时间掌控】 3 分钟

📚 【讲解要点】 "工作任务对对碰"游戏

　　讲完各角色的职责，我们来做个小游戏，看哪个组最先完成，游戏叫作"工作任务对对碰"。游戏规则：每个组分得一些红黄绿色的圆贴纸和一张印有师带徒任务流程图的纸张。请小组讨论，认为哪个任务环节需要人力资源部参与，就贴上红色圆贴纸；哪个环节需要部门培训负责参与，就贴上绿色贴纸；哪个环节需要师傅参与，就贴上黄色贴纸。

　　哪个组完成，请集体击掌三次，我来检查。贴得又快又准的小组得分。结果评价、计分。

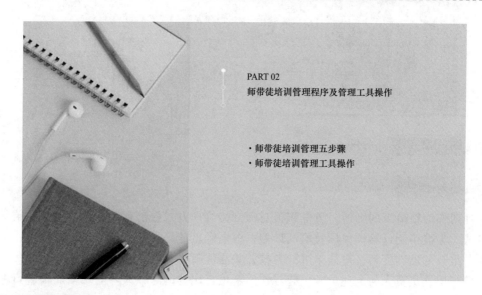

PART 02
师带徒培训管理程序及管理工具操作

・师带徒培训管理五步骤
・师带徒培训管理工具操作

⏳ 【时间掌控】 1 分钟

📚 【讲解要点】 章节说明

　　通过前面的"工作任务对对碰"游戏，我们知道师带徒培训需要各方配合，环节也比较多。下面我们来详细介绍一下师带徒培训管理五步骤，以及帮助我们梳理步骤和记录过程的管理工具。

师带徒培训管理五步骤

选 → 配 → 培 → 考 → 评

【时间掌控】 1 分钟

【讲解要点】 师带徒培训五步骤

师带徒培训的五个关键步骤：

选：师傅选聘培养、资格管理；

配：师徒匹配签约、培训计划及目标设定；

培：师带徒培训实施、培训质量监督；

考：阶段考核、出徒考核；

评：评价评优。

【时间掌控】 0.5 分钟

【讲解要点】 师傅选聘培养与师傅资格管理

选包括师傅选聘培养和师傅资格管理两方面。

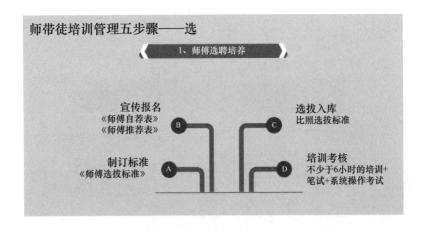

⌛ 【时间掌控】 0.5分钟

📖 【讲解要点】 师傅选聘培训

师傅的选拔培训工作由人力资源部负责组织，由各分公司机构培训负责人实施，包括制订标准、宣传报名、选拔入库、培训考核四个步骤。

师带徒培训管理五步骤——选

1. 师傅选聘培训制度细则——制订标准

《师傅选拔标准》

《职业导师选拔标准》是由人力资源部与各分公司机构培训负责人沟通确认后制订的。原则上每两年组织一次师傅选拔。

🔊 宣传报名：

- 选拔通知由人力资源部在师带徒管理系统中发布
- 各分公司机构培训负责人鼓励符合要求的员工自荐或部门推荐，填写《师傅自荐表》或《师傅推荐表》
- 在系统中填写"我要报名"或"我要推荐"

⌛ 【时间掌控】 0.5分钟

📖 【讲解要点】 师傅选聘培训——制订标准、宣传报名

制订标准：《师傅选拔标准》是由人力资源部与各分公司机构培训负责人沟通确认后制订的。原则上每两年组织一次师傅选拔。

宣传报名：选拔通知由人力资源部在师带徒管理系统中发布；各分公司机构培训负责人鼓励符合要求的员工自荐或部门推荐，填写《师傅自荐表》或《师傅推荐表》；在系统中填写"我要报名"或"我要推荐"。

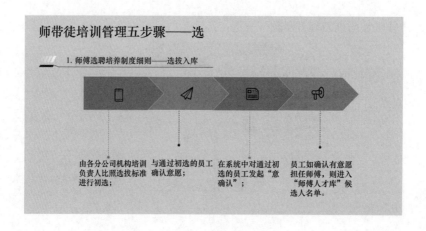

师带徒培训管理五步骤——选

1. 师傅选聘培养制度细则——选拔入库

由各分公司机构培训负责人比照选拔标准进行初选；

与通过初选的员工确认意愿；

在系统中对通过初选的员工发起"意确认"；

员工如确认有意愿担任师傅，则进入"师傅人才库"候选人名单。

⧗ 【时间掌控】 0.5 分钟

📚 【讲解要点】 师傅选聘培训——选拔入库

选拔入库：由各分公司机构培训负责人比照选拔标准进行初选；与通过初选的员工确认意愿；在系统中对通过初选的员工发起"意愿确认"；有意愿担任师傅者进入"师傅人才库"候选人名单。

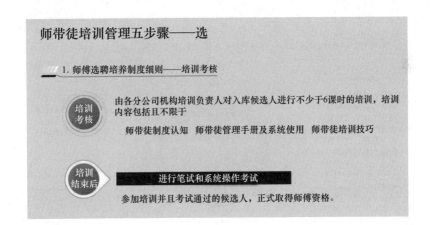

⧗ 【时间掌控】 0.5 分钟

📚 【讲解要点】 师傅选聘培训——培训考核

培训考核：由各分公司机构培训负责人对入库候选人进行不少于 6 课时的培训，培训内容包括且不限于师带徒制度认知、师带徒管理手册及系统使用、师带徒培训技巧。培训结束后，入库候选人进行笔试和系统操作考试。参加培训并且考试通过的候选人，正式取得师傅资格。

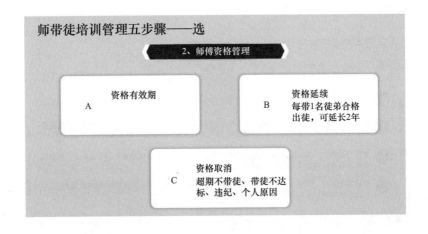

【时间掌控】 0.5 分钟

【讲解要点】 师傅资格管理

师傅资格管理：取得师傅资格的员工，将纳入师带徒管理系统"师傅人才库"管理，并获得师带徒标准管理系统的"师傅"权限。

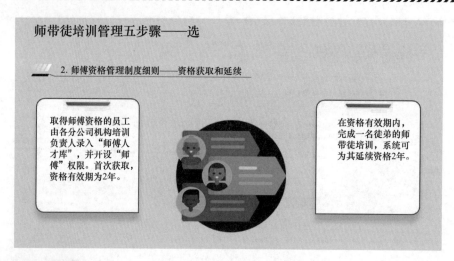

【时间掌控】 0.5 分钟

【讲解要点】 师傅资格管理——资格获取和延续

取得师傅资格的员工由各分公司机构培训负责人录入"师傅人才库"，并开设"师傅"权限。首次获取，资格有效期为 2 年。在资格有效期内，完成一名徒弟的师带徒培训，系统可为其延续资格 2 年。

师带徒培训管理五步骤——选

2. 师傅资格管理制度细则

以下情况，师傅将失去师傅资格，并失去师带徒管理系统的"师傅"权限：

Ⓐ 该师傅超过2年未带徒弟，资格到期，系统自动废除其资格；

Ⓑ 资格有效期内，该师傅出现1次徒弟出徒考核结果为"不达标"，且经部门培训负责人质量监督判定为师傅带徒态度或能力原因造成的，部门培训负责人在系统中取消其资格；

Ⓒ 资格有效期内，该师傅出现1次违法或违纪行为，或培训质量监督结果为60分及以下，该单位的培训负责人将在系统中取消其资格；

Ⓓ 资格有效期内，该师傅因个人原因(如长期休假、轮岗借调、个人意愿等原因)不适宜带徒弟，该单位的培训负责人将在系统中取消其资格。

【时间掌控】 1.5分钟

【讲解要点】 师傅资格管理——资格取消

以下情况，师傅将失去师傅资格，并失去师带徒管理系统的"师傅"权限：

1. 该师傅超过2年未带徒弟，资格到期，系统自动废除其资格；

2. 资格有效期内，该师傅出现1次徒弟出徒考核结果为"不达标"，且经部门培训负责人质量监督判定为师傅带徒态度或能力原因造成的，部门培训负责人在系统中取消其资格；

3. 资格有效期内，该师傅出现1次违法或违纪行为，或培训质量监督结果为60分及以下，该单位的培训负责人将在系统中取消其资格；

4. 资格有效期内，该师傅因个人原因（如长期休假、轮岗借调、个人意愿等原因）不适宜带徒弟，该单位的培训负责人将在系统中取消其资格。

下面，发放《师傅选拔标准》《师傅自荐表》《师傅推荐表》，请大家填写练习。

师带徒培训管理五步骤——配

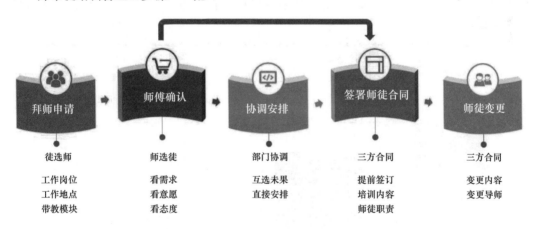

【时间掌控】 1分钟

【讲解要点】 师徒匹配签约

一个师傅取得资格之后，就可以出现在师傅人才库中。徒弟可通过拜师申请、师傅确认完成《师徒合同》签署。如互选未果，则由相关部门进行协调安排后，完成《师徒合同》签署。如变更内容或导师，则需要签署《师徒合同变更》。

师带徒培训管理五步骤——配

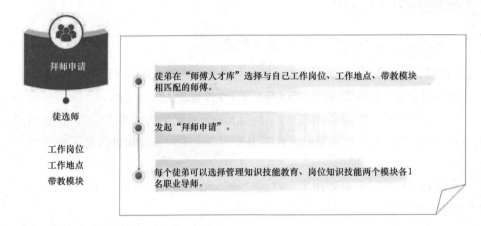

⏳ 【时间掌控】1 分钟

📖 【讲解要点】拜师申请

　　拜师申请：徒弟在"师傅人才库"选择与自己工作岗位、工作地点、带教模块相匹配的师傅，并发起"拜师申请"，每个徒弟可以选择管理知识技能教育、岗位知识技能两个模块各 1 名师傅。

▶▶▶▶▶▶▶▶▶▶▶▶▶▶▶▶▶▶▶▶▶▶▶▶▶▶▶▶▶▶▶▶▶▶▶▶▶▶

师带徒培训管理五步骤——配

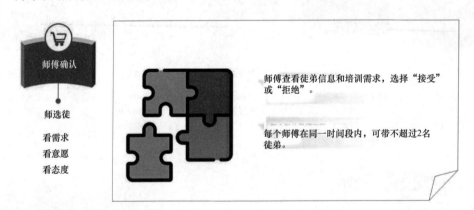

⏳ 【时间掌控】0.5 分钟

📖 【讲解要点】师傅确认

　　师傅确认：师傅查看徒弟信息和培训需求，选择"接受"或"拒绝"。每个师傅在同一时间段内，可带不超过 2 名徒弟。

师带徒培训管理五步骤——配

协调安排

部门协调

互选未果
直接安排

如徒弟被师傅拒绝，可向另一位师傅申请
成为师徒关系，发起"拜师申请"，或选择
"帮我安排师傅"，由培训负责人协助安排
师傅。

⧗ 【时间掌控】 0.5 分钟

📖 【讲解要点】 协调安排

协调安排：如徒弟被师傅拒绝，可向另一位师傅申请成为师徒关系，发起"拜师申请"，或选择"帮我安排师傅"，由培训负责人协助安排师傅。

▶▶

师带徒培训管理五步骤——配

签署师徒合同

三方合同

提前签订
培训内容
师徒职责

徒弟需要与管理知识技能、岗位知识技能两个模
块的职业导师分别在系统中签署《师徒合同》；

签署日期不得晚于培训模块的培训开始日期；

《师徒合同》中需要明确培训总时长，其中管理
知识技能训练模块不少于5天，岗位知识技能培训
模块不少于12个月。

⧗ 【时间掌控】 1 分钟

📖 【讲解要点】 签署师徒合同

签署师徒合同：徒弟需要与管理知识技能、岗位知识技能两个模块的师傅分别在系统中签署《师徒合同》；签署日期不得晚于培训模块的培训开始日期；《师徒合同》中需要明确培训总时长，其中管理知识技能培训模块不少于 5 天，岗位知识技能培训模块不少于 12 个月。

师带徒培训管理五步骤——配

师徒变更

三方合同

变更内容
变更导师

在培训过程中，如需变更培训计划或变更师傅，需要在系统中签署《师徒合同变更》；

变更完成日期不得晚于培训开始日期，如变更师傅，可根据实际情况适当延长培训周期。

【时间掌控】 1分钟

【讲解要点】 师徒变更

师徒变更：在培训过程中，如需变更培训计划或变更师傅，需要在系统中签署《师徒合同变更》；变更完成日期不得晚于培训开始日期，如变更师傅，可根据实际情况适当延长培训周期。

下面，发放《师徒合同》《师徒合同变更》，请大家填写练习。

━━

师带徒培训管理五步骤——培

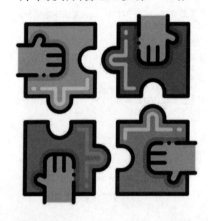

设定培训目标和培训计划

培训实施与监督

【时间掌控】 0.5分钟

【讲解要点】 设定培训目标、培训计划；培训实施与监督

培包含设定培训目标、培训计划和培训实施与监督。

师带徒培训管理五步骤——培

1、设定培训目标和培训计划

《培训计划及目标》由师傅制订

徒弟确认+培训负责人审批

三方均可发起"培训计划调整建议"

【时间掌控】0.5 分钟

【讲解要点】设定培训目标、培训计划

《培训计划及目标》由师傅制订，徒弟进行确认，由培训负责人审批。师傅、徒弟、培训负责人均可发起"培训计划调整建议"。

师带徒培训管理五步骤——培

1. 设定培训目标和培训计划制度细则

《培训计划及目标》

师徒签约后，师傅需要与徒弟沟通确认培训计划及目标，并在系统中填写《培训计划及目标》。

徒弟在系统中查看并确认，部门培训负责人审核确认。

培训进行中，师徒及培训负责人均可对"培训计划"提出调整建议，发起"培训计划调整"建议，得到培训负责人确认后调整生效。

【时间掌控】1 分钟

【讲解要点】设定培训目标、培训计划

师徒签约后，师傅需要与徒弟沟通确认培训计划及目标，并在系统中填写《培训计划及目标》。徒弟在系统中查看并确认，部门培训负责人审核确认。培训进行中，师徒及培训负责人均可对"培训计划"提出调整建议，发起"培训计划调整"建议，得到培训负责人确认后调整生效。

师带徒培训管理五步骤——培

2. 培训实施与监督

Q1 **培训**
讲解、指导、示范、纠正（面对面不少于5小时/周）

Q2 **考核**
日常问答、任务布置、阶段考核

Q3 **记录**
填写《培训计划及完成情况记录》

Q4 **监督**
进度监督、质量监督（对每对师徒进行不少于2次）
填写《师带徒培训质量监督报告》

【时间掌控】1分钟

【讲解要点】培训实施与监督

　　培训实施与监督主要包括培训、考核、记录及监督。其中，培训有讲解、指导、示范、纠正等，面对面不少于 5 小时/周；考核有日常问答、任务布置、阶段考核等；需填写《培训计划及完成情况记录》；监督有进度监督、质量监督（对每对师徒进行不少于 2 次），并填写《师带徒培训质量监督报告》。

师带徒培训管理五步骤——培

2. 培训实施与监督

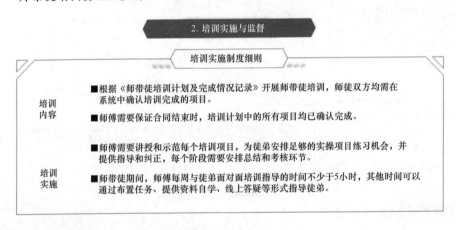

培训实施制度细则

培训内容
■根据《师带徒培训计划及完成情况记录》开展师带徒培训，师徒双方均需在系统中确认培训完成的项目。
■师傅需要保证合同结束时，培训计划中的所有项目均已确认完成。

培训实施
■师傅需要讲授和示范每个培训项目，为徒弟安排足够的实操项目练习机会，并提供指导和纠正，每个阶段需要安排总结和考核环节。
■师带徒期间，师傅每周与徒弟面对面培训指导的时间不少于5小时，其他时间可以通过布置任务、提供资料自学、线上答疑等形式指导徒弟。

【时间掌控】2分钟

【讲解要点】培训实施

　　培训内容：根据《师带徒培训计划及完成情况记录》开展师带徒培训，师徒双方均需在系统中确认培训完成的项目。师傅需要保证合同结束时，培训计划中的所有项目均已确认完成。

培训实施：师傅需要讲授和示范每个培训项目，为徒弟安排足够的实操项目练习机会，并提供指导和纠正，每个阶段需要安排总结和考核环节。师带徒期间，师傅每周与徒弟面对面培训指导的时间不少于 5 小时，其他时间可以通过布置任务、提供资料自学、线上答疑等形式指导徒弟。

师带徒培训管理五步骤——培

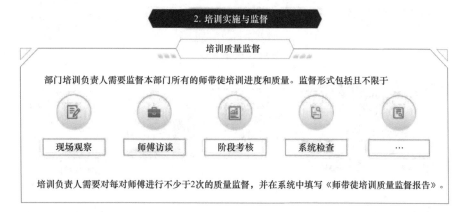

【时间掌控】 1 分钟

【讲解要点】 培训质量监督

培训质量监督：部门培训负责人需要监督本部门所有的师带徒培训进度和质量。监督形式包括且不限于现场观察、师傅访谈、阶段考核、系统检查等。培训负责人需要对每对师傅进行不少于 2 次的质量监督，并在系统中填写《师带徒培训质量监督报告》。

下面，发放《培训计划及目标》《师带徒培训质量监督报告》，请大家填写练习。

师带徒培训管理五步骤——考

【时间掌控】 1 分钟

【讲解要点】 出徒考试

　　师傅需要在培训过程中，针对培训项目设置培训任务，对每个项目进行阶段考核，以确保全面了解徒弟掌握情况。

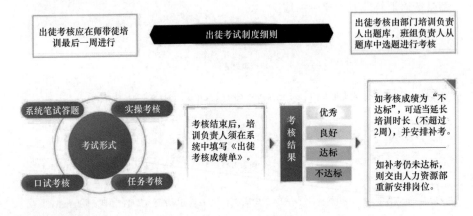

师带徒培训管理五步骤——考

【时间掌控】 2分钟

【讲解要点】 阶段考核、出徒考核

　　出徒考核应在师带徒培训最后一周进行；出徒考核由部门培训负责人出题库，班组负责人从题库中选题进行考核。考试形式包括系统笔试答题、实操考核、口试考核、任务考核。考核结束后，培训负责人须在系统中填写《出徒考核成绩单》。考核结果为优秀、良好、达标、不达标四个等级。如考核成绩为"不达标"，可适当延长培训时长（不超过2周），并安排补考；如补考仍未达标，则交由人力资源部重新安排岗位。

　　下面，发放《出徒考核成绩单》，请大家填写练习。

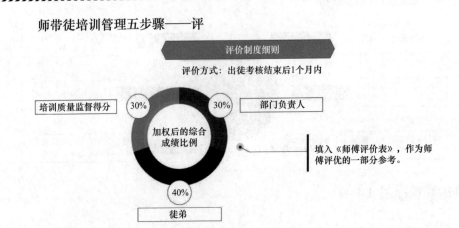

师带徒培训管理五步骤——评

⌛ **【时间掌控】** 0.5 分钟

📖 **【讲解要点】** 评价评优

出徒考核结束后 1 个月内进行评价,从培训质量监督得分、部门负责人及徒弟三个方面分别在系统中对师傅进行评价得分,以 30%、30%、40% 比例加权后的综合成绩,填入《师傅评价表》,作为师傅评优的一部分参考。

师带徒培训管理五步骤——评

评优奖项及要求

优秀师傅	优秀徒弟	优秀培训负责人
■取得师傅资格满 1 年 ■年度内所带徒弟出徒考核结果均为"优秀"	■管理知识技能模块考核结果"优秀" ■岗位知识技能模块考核结果"优秀"	■年度内负责的师徒对子不少于10对 ■徒弟考核结果"优秀"率不低于50%

⌛ **【时间掌控】** 1 分钟

📖 **【讲解要点】** 奖项设置

奖项设置有优秀师傅、优秀徒弟、优秀培训负责人。其中,优秀师傅:取得师傅资格满 1 年,年度内所带徒弟出徒考核结果均为"优秀"。优秀徒弟:管理知识技能模块和岗位知识技能模块考核结果均为"优秀"。优秀培训负责人:年度内负责的师徒对子不少于 10 对,且徒弟考核结果"优秀"率不低于 50%。

师带徒培训管理五步骤——评

奖励制度细则

评优时间 每年8月底,人力资源部对1年内所有完成的师带徒培训进行评优,并于9月初开展表彰活动。

A 新员工/转岗员工考核成绩与新员工/转岗员工当月/当季绩效工资挂钩。

B 对于师傅的评价结果主要用于以下方面:评选优秀师傅的依据;绩效考核、晋升时作为鉴定依据之一。

【时间掌控】 1 分钟

【讲解要点】 奖励制度细则

奖励细则：评优时间为每年 8 月底，人力资源部对 1 年内所有完成的师带徒培训进行评优，并于 9 月初开展表彰活动。新员工/转岗员工考核成绩与新员工/转岗员工当月/当季绩效工资挂钩。对于师傅的评价结果主要用于以下方面：评选优秀师傅的依据；绩效考核、晋升时作为鉴定依据之一。

师带徒培训管理五步骤——评

奖励制度细则

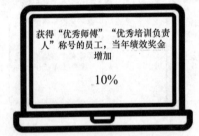

获得"优秀徒弟"称号的员工，优先参与管理人才培养项目

【时间掌控】 0.5 分钟

【讲解要点】 奖励细则

获得"优秀师傅""优秀培训负责人"称号的员工，当年绩效奖金增加 10%，连续三年获得"优秀师傅""优秀培训负责人"称号的员工，当年绩效奖金增加 15%。获得"优秀徒弟"称号的员工，优先参与管理人才培养项目。

师带徒培训管理五步骤——评

惩罚制度细则

所带徒弟出徒考核结果为"不达标"的师傅，且经部门培训负责人质量监督盘点为师傅带徒态度或能力原因造成的，取消职业导师资格；

师傅出现1次违法或违纪行为，或培训质量监督结果为60分及以下，取消师傅资格；

徒弟出徒考核结果为"不达标"且再次考核仍不达标，且经部门培训负责人质量监督盘点为徒弟学习态度或能力造成的，当年绩效减少10%。

⏳ **【时间掌控】** 2 分钟

📖 **【讲解要点】** 惩罚制度细则

惩罚细则：

（1）所带徒弟出徒考核结果为"不达标"的师傅，且经部门培训负责人质量监督盘点为师傅带徒态度或能力原因造成的，取消师傅资格；

（2）师傅出现 1 次违法或违纪行为，或培训质量监督结果为 60 分及以下，取消师傅资格；

（3）徒弟出徒考核结果为"不达标"且再次考核仍不达标，且经部门培训负责人质量监督盘点为徒弟学习态度或能力造成的，当年绩效减少 10%。

下面，发放《师傅评价表》，请大家填写练习。

绘制流程图

⏳ **【时间掌控】** 5 分钟

📖 **【讲解要点】** 五步骤练习

通过前面对师带徒培训五步骤的详细讲解，相信大家对此有了进一步了解，为了增强记忆，下面我们进行一个小组讨论。

请各组讨论：每个步骤的核心程序是什么？这一核心程序的设置目的是什么？请各组用给定的五个步骤简称拼组出流程图，并在图中标出核心程序。

各组派代表发言，讲师点评、计分。

师带徒培训管理工具操作

【时间掌控】 20 分钟

【讲解要点】 师傅报名、师傅资格管理、资格录入、资格查询、资格取消、匹配签约、计划和目标设定、培训记录和阶段考核：培训完成确认、培训质量监督、出徒考核、评价评优

师带徒管理工具可以方便大家进行师带徒培训工作的管理和实施，下面我们通过视频的形式向大家逐一介绍常用功能操作。

播放各个功能的视频，讲师带领学员一同操作练习。

师带徒培训管理工具操作注意事项

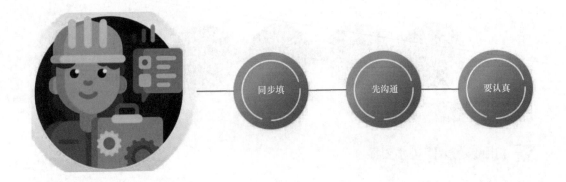

同步填　　先沟通　　要认真

【时间掌控】 10 分钟

【讲解要点】 操作练习

经过刚过的视频练习，相信大家已经了解了常用功能操作。下面我们进入小组 PK 环节，师傅说一个操作功能，请各组找到这个功能并截屏发在班级群里，第一个正确找到的小组加分。一共 10 个题目，请大家抓住加分机会。

师傅出题、查看群里截图、点评、计分。

在师带徒培训管理工具操作中，我们需要注意以下几点：

（1）同步填写管理工具，不要滞后突击补填；

（2）先进行师徒间的沟通，再将沟通后的结果填入系统；

（3）一定要仔细认真，不要出现填错项目或日期等情况。

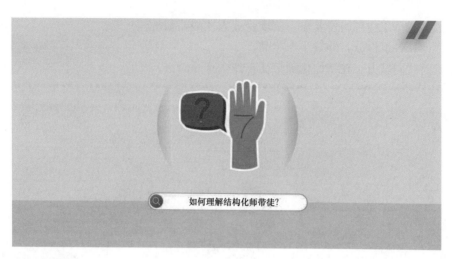

⏳ 【时间掌控】2分钟

📖 【讲解要点】如何理解结构化师带徒

　　通过今天的学习，大家对结构化师带徒培训有了深入的认识，下面我们利用2分钟进行一个总结：如何理解结构化师带徒？

　　讲师提问，每组1人进行回答。

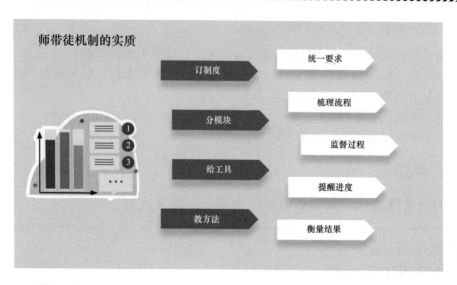

⏳ 【时间掌控】3分钟

📖 【讲解要点】总结结构化师带徒的实质

　　结构化师带徒的实质就是：通过定制度、分模块、给工具、教方法，达到统一要求、梳理流程、监督过程、提醒进度、衡量结果的目的，从而实现师带徒培训工作质量可控，帮助新员工达到岗位要求，实现企业人才战略目标。

讲师计算各组得分，颁发小组奖品。

让我们共同努力，在结构化师带徒工作中携手奋进！

【时间掌控】 25 分钟

【讲解要点】 笔试闭卷考试

下面，我们针对今天课上内容，进行考试笔试。试卷类型：单选 10 个题＋判断 5 个题，每题 1 分，15 分满分，10 分合格。合格者可进入申请参加后续师傅培训课程。讲师给每名学员颁发一张试卷，监考。

收卷、组织合影。

感谢大家的分享，我们后面的课程再会！

二、课程 2

(一)《管理者的情商修炼与执行力提升》课程大纲

目标学员：培训负责人

课程课时：1 课时（60 分钟）

培训形式：分组竞赛、小组讨论、案例分析、现场演练等多种授课形式

人数限制：60 人

［课程说明］

为进一步加强新员工的培训管理，提高公司员工整体技能素质与管理水平，充分发挥公司骨干在员工培养工作上传、帮、带的作用，促进后备人才队伍的培养建设，制定

了"师带徒"培训制度。

作为师带徒培训活动的管理者，应当具备相应的专业知识、丰富的培训经验以及一定的管理能力。培训管理者作为培训的实施者，是影响培训效果的关键因素之一，所以，培训管理者在师带徒培训中发挥着重要作用。

［课程目标］

√目标 1：学会与不同级别人的沟通技巧；

√目标 2：能加强闭环管理提升执行力；

√目标 3：掌握情绪调节的有效方法；

［课程章节］

第一部分　与不同级别人的沟通策略【15 分钟】

1. 如何与高层领导沟通？

2. 如何与平层沟通？

3. 如何与下属沟通？

第二部分　执行落地的闭环管控【25 分钟】

1. 事前要定义结果与责任

2. 事中做好追踪与纠偏

3. 事后的即时激励与改善系统

第三部分　调节情绪的方法【5 分钟】

1. 事前要定义结果与责任

2. 事中做好追踪与纠偏

3. 事后的即时激励与改善系统

结束部分【15 分钟】

1. 总结回顾

2. 考试评估

(二)《管理者的情商修炼与执行力提升》课程内容

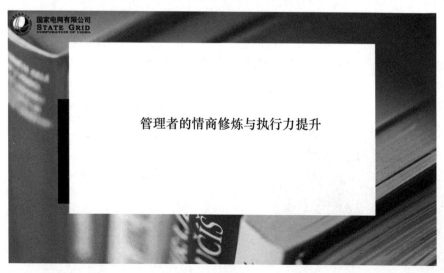

【时间掌控】1 分钟

【讲解要点】管理者的情商修炼与执行力提升

大家好，今天为大家讲述《管理者的情商修炼与执行力提升》。

"师带徒"培训制度

进一步加强新员工的培训管理	提高公司员工整体技能素质与管理水平	充分发挥公司骨干在员工培养工作上传、帮、带的作用	促进后备人才队伍的培养建设
01	02	03	04

【时间掌控】1 分钟

【讲解要点】制定"师带徒"培训制度的必要性

为进一步加强新员工的培训管理，提高公司员工整体技能素质与管理水平，充分发挥公司骨干在员工培养工作上传、帮、带的作用，促进后备人才队伍的培养建设，制定了"师带徒"培训制度。

培训管理者作为培训的实施者，是影响培训效果的关键因素之一，培训管理者在师带徒培训中发挥着重要作用。

具备相应的专业知识

丰富的培训经验

一定的管理能力

【时间掌控】 1分钟

【讲解要点】 培训管理者的职业素养

　　作为师带徒培训活动的管理者，应当具备相应的专业知识、丰富的培训经验以及一定的管理能力。培训管理者作为培训的实施者，是影响培训效果的关键因素之一，培训管理者在师带徒培训中发挥着重要作用。

【时间掌控】 1分钟

【讲解要点】 课程框架

　　本次课程将从与不同类型人的沟通策略、执行落地的闭环管控、调节情绪的方法三个方面来阐述管理者的情商修炼与执行力提升。

⏳ 【时间掌控】1 分钟

📖 【讲解要点】与不同级别人的沟通策略

第一部分，与不同级别人的沟通策略。

━━

与不同级别人的沟通策略

🔘 我们要和谁沟通

🔘 和他（她）沟通什么，怎么和他（她）沟通

> 很多人只知道"沟通"的重要性，却不知道怎么做好"沟通"，所以仍然会有很多由于沟通未做好而导致失败或者有些遗憾

⏳ 【时间掌控】2 分钟

📖 【讲解要点】"沟通"的关键点

很多人只知道"沟通"的重要性，却不知道怎么做好"沟通"，所以仍然会有很多由于沟通未做好而导致失败或者有些遗憾。"沟通"不仅是说话，不是说得越多沟通就越好。要做好"沟通"关键是清楚以下两点：我们要和谁沟通；和他（她）沟通什么，怎么和他（她）沟通。

━━

与不同级别人的沟通策略

高层领导

平层

下属

⏳ 【时间掌控】 1 分钟

📖 【讲解要点】 与不同级别人的沟通策略

下面从高层领导、平层、下属三个级别来阐述与不同级别人的沟通策略。

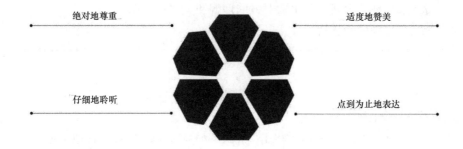

与不同级别人的沟通策略

如何与高层领导沟通？

正确理解高层领导的意图和指示，是与高层领导沟通的根本目的。

绝对地尊重　　　适度地赞美

仔细地聆听　　　点到为止地表达

⏳ 【时间掌控】 2 分钟

📖 【讲解要点】 与高层领导的沟通策略

如何与高层领导沟通呢？正确理解高层领导的意图和指示，是与高层领导沟通的根本目的。与高层领导沟通，需要做到以下四点：第一，绝对的尊重；第二，适度地赞美；第三，仔细地聆听；第四，点到为止的表达。

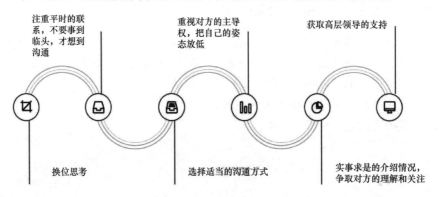

与不同级别人的沟通策略

如何与平层沟通？

平层是指企业组织机构中具有相对等同职权地位的人，他们之间是一种横向关系。

注重平时的联系，不要事到临头，才想到沟通

重视对方的主导权，把自己的姿态放低

获取高层领导的支持

换位思考

选择适当的沟通方式

实事求是的介绍情况，争取对方的理解和关注

⧗ **【时间掌控】** 2分钟

📚 **【讲解要点】** 与平层的沟通策略

如何与平层沟通呢？平层是指企业组织机构中具有相对等同职权地位的人，他们之间是一种横向关系。需注意以下几点：

（1）换位思考；

（2）注重平时的联系，不要事到临头，才想到沟通；

（3）选择适当的沟通方式；

（4）重视对方的主导权，把自己的姿态放低；

（5）实事求是地介绍情况，争取对方的理解和关注；

（6）获取高层领导的支持。

与不同级别人的沟通策略

如何与下属沟通？

与下属的沟通主要目的在于让下属理解企业经营的目标、鼓足下属的干劲、传达正确的指令，团结下属，共同实现既定任务。

切忌说空话，表扬要具体，要用事实说话

表扬要发自内心，要有真诚的态度

表扬要适度，标准要适中

⧗ **【时间掌控】** 2分钟

📚 **【讲解要点】** 与下属的沟通策略

如何与下属沟通呢？与下属的沟通主要目的在于让下属理解企业经营的目标、鼓足下属的干劲、传达正确的指令，团结下属，共同实现既定任务。需要注意以下几点：

（1）切忌说空话，表扬要具体，要用事实说话。

（2）表扬要发自内心，要有真诚的态度。

（3）表扬要适度，标准要适中。

执行落地的闭环管控

PART 02

⧖ 【时间掌控】 1 分钟

📖 【讲解要点】 执行落地的闭环管控

第二部分，执行落地的闭环管控。

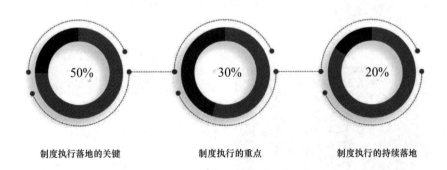

执行落地的闭环管控

制度执行是一个闭环、即时前、事中、事后的循环系统。

50%　　　　30%　　　　20%

制度执行落地的关键　　　制度执行的重点　　　制度执行的持续落地

⧖ 【时间掌控】 2 分钟

📖 【讲解要点】 制度执行

制度执行是一个闭环，即事前、事中、事后的循环系统。制度执行落地的关键在于事前（50%），制度执行的重点在于事中（30%），制度执行的持续落地在于事后（20%）。

执行落地的闭环管控

事前要定义结果与责任

定义结果，也就是当制定一个规则与机制时，必须要明确目标与标准。

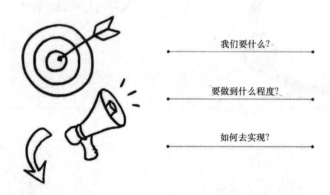

我们要什么?

要做到什么程度?

如何去实现?

⧖ 【时间掌控】1分钟

📖 【讲解要点】明确目标与标准

　　首先是定义结果，也就是当制定一个规则与机制时，必须要明确目标与标准：我们要什么，要做到什么程度，如何去实现。

执行落地的闭环管控

事前要定义结果与责任

例如，某服装制造厂要定义一个洗水流程

☐ 列出与目标和标准之间的种种差距

☐ 寻找实现差距的途径

⧖ 【时间掌控】2分钟

📖 【讲解要点】流程案例

　　例如，某服装制造厂要定义一个洗水流程，做法其实很简单，我们把以往的洗水流程重新来一个梳理，列出与目标和标准之间的种种差距，然后寻找实现差距的途径。

执行落地的闭环管控

事前要定义结果与责任

真正的专家不是领导与干部，而是员工

· 员工做事凭经验与感觉，
是一笔难得的财富

【时间掌控】 2 分钟

【讲解要点】 流程案例

　　这个过程，我们会发现，其实真正的专家不是领导与干部，而是员工，在一家管理文化不足够的公司，员工做事几乎都是在凭经验与感觉，这种经验与感觉都是一笔难得的财富。

执行落地的闭环管控

事前要定义结果与责任

各行其事

把员工的经验与感觉进行总结与提炼

形成团队与流程

不断的宣导与培训

员工明白什么是标准

【时间掌控】 2 分钟

【讲解要点】 流程案例

　　没有管理文化，导致的结果是员工各行其是，这样必然给公司造成巨大的浪费，当公司的管理者把员工的经验与感觉进行总结与提炼时，就形成了团队与流程，新的流程制度形成后，接下来就是不断地宣导与培训，这样员工就明白了什么是标准。

执行落地的闭环管控

事前要定义结果与责任

定义责任

每个岗位都有清晰的岗位职责说明书

⧗ 【时间掌控】 2分钟

📖 【讲解要点】 制度执行的关键

　　有了目标与标准，接着就进行分工，即大家一起参与讨论修订，让每个岗位都有清晰的岗位职责说明书。这是执行的关键，事前让员工参与制定，制度与流程形成后要进行培训与宣导。

执行落地的闭环管控

事中做好追踪与纠偏

管理的最高境界就是让员工形成良好的工作习惯，因为我们一辈子都是在用习惯进行管理。

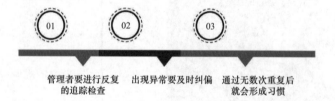

01	02	03
管理者要进行反复 的追踪检查	出现异常要及时纠偏	通过无数次重复后 就会形成习惯

⧗ 【时间掌控】 3分钟

📖 【讲解要点】 事中做好追踪与纠偏

　　制度与流程形成后，是不是就完事大吉，其实不然，因此，过程中管理者要进行反复的追踪检查，出现异常要及时纠偏，通过无数次重复后就会形成习惯。记得戴尔讲过一句话：管理的最高境界就是让员工形成良好的工作习惯，因为我们一辈子都是在用习惯进行管理。

执行落地的闭环管控

事后的即时激励与改善系统

阶段性的制度质询是确保制度持续落地的重要环节。

阶段性地对制度流程
执行情况进行质询

及时调整与改善

制度要及时更新

便于更好的适应新的环境

【时间掌控】 3分钟

【讲解要点】 事后的即时激励与改善系统

　　阶段性的制度质询是确保制度持续落地的重要环节。管理者要阶段性地对制度流程执行情况进行质询，质询让我们可以发现很多问题，有问题不可怕，及时调整与改善就可以了。世界上不变的真理是天天在变，市场在变，客户的需求在变，因此，我们的制度也要及时更新，也便于更好地适应新的环境。

执行落地的闭环管控

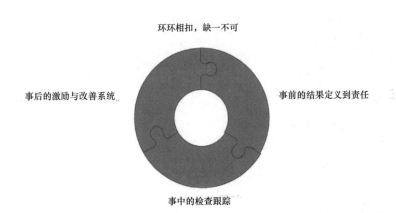

环环相扣，缺一不可

事后的激励与改善系统

事前的结果定义到责任

事中的检查跟踪

【时间掌控】 1分钟

【讲解要点】 执行落地的闭环管控

　　制度执行是一个闭环系统，从事前的结果定义到责任，事中的检查跟踪，事后的激励与改善系统，环环相扣，缺一不可。

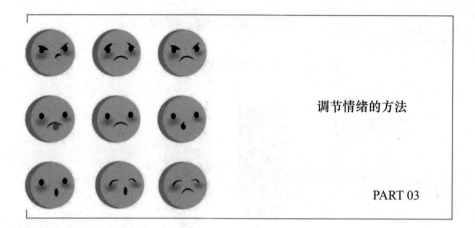

调节情绪的方法

PART 03

⏳ 【时间掌控】1分钟

📚 【讲解要点】调节情绪的方法

　　第三部分，调节情绪的方法。

调节情绪的方法

情绪的概念

　　情绪(Emotion)是指人们在内心活动过程中所产生的心理体验，或者说，是人们在心理活动中，对客观事物是否符合自身需要的态度体验。

⏳ 【时间掌控】1分钟

📚 【讲解要点】情绪的概念

　　首先，我们要知道什么是情绪？情绪（Emotion）是指人们在内心活动过程中所产生的心理体验，或者说，是人们在心理活动中，对客观事物是否符合自身需要的态度体验。

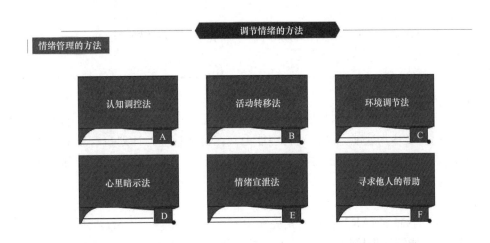

【时间掌控】1 分钟

【讲解要点】调节情绪的方法

　　情绪管理就是用科学的方法，正确的方式，探索自己的情绪，然后调整自己的情绪，理解自己的情绪，放松自己的情绪。

【时间掌控】1 分钟

【讲解要点】调节情绪的方法

　　如何进行情绪管理？有以下六个方法：认知调控法、活动转移法、环境调节法、心理暗示法、情绪宣泄法、寻求他人的帮助。

⏳ 【时间掌控】 1 分钟

📚 【讲解要点】 培训总结

　　本次课程，我们对与不同级别人的沟通策略、执行落地的闭环管控、调节情绪的方法三方面内容进行了全方面的培训。感谢大家的聆听。

三、课程 3

(一)《目标管理与计划执行》课程大纲

目标学员：培训负责人
课程课时：1.5 课时（70 分钟）
培训形式：分组竞赛、小组讨论、案例分析、现场演练等多种授课形式
人数限制：60 人

[课程说明]
　　为进一步强化新员工在师带徒培训活动中的受益程度，管理者应具备娴熟的业务知识，较好的语言表达沟通能力及协调管理能力。在目标管理与计划执行方面，更要掌握管理的规律，并运用行之有效的方法，把目标落实到位，是所有团队的管理者和执行者的基本能力。

[课程目标]
√ 目标 1：了解 SMART 工具的相关知识；
√ 目标 2：能够实现培训项目的全程管控，提高培训质量；
√ 目标 3：能够运用 BEM 模型解决实际问题；

[课程章节]
第一部分　SMART 工具讲授【10 分钟】
1. SMART 原则定义
2. SMART 原则作用
3. 使用注意事项

第二部分 项目过程管控【30 分钟】

1. 培训计划

2. 培训需求

3. 过程控制

3.1 优选培训师资力量

3.2 做好培训前期策划

3.3 强化培训过程实施

4. 评价方式

第三部分 绩效改进之 BEM 模型【15 分钟】

1. BEM 模型概述

2. BEM 模型运用及解决方案

结束部分【15 分钟】

1. 总结回顾

2. 考试评估

(二)《目标管理与计划执行》课程内容

【时间掌控】1 分钟

【讲解要点】课程名称

大家好，今天为大家讲述《目标管理与计划执行》。

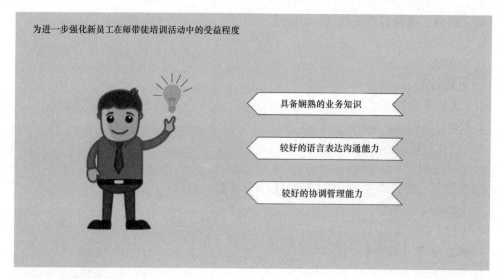

⌛ 【时间掌控】 1分钟

📖 【讲解要点】 管理者具备的能力

　　为进一步强化新员工在师带徒培训活动中的受益程度，管理者应具备娴熟的业务知识，较好的语言表达沟通能力及较好的协调管理能力。

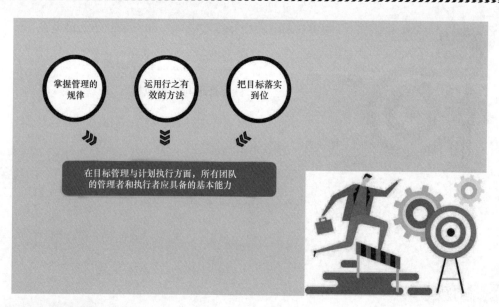

⌛ 【时间掌控】 1分钟

📖 【讲解要点】 管理者具备的能力

　　在目标管理与计划执行方面，更要掌握管理的规律，并运用行之有效的方法，把目标落实到位，是所有团队的管理者和执行者的基本能力。

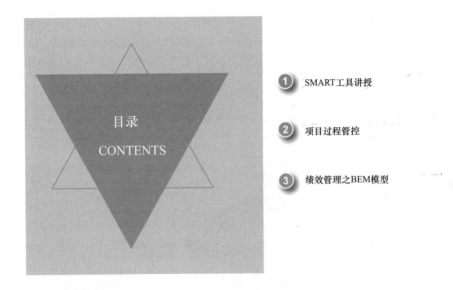

目录 CONTENTS

1. SMART工具讲授
2. 项目过程管控
3. 绩效管理之BEM模型

【时间掌控】 1分钟

【讲解要点】 目录

　　本次课程将从 SMART 工具讲授、项目过程管控、绩效管理之 BEM 模型三个方面来阐述管理者的目标管理与计划执行。凡事预则立，不预则废。这都说明了设定目标的重要性，而制定目标的实用工具就是 SMART 原则，一层层剥洋葱。

01 PART

SMART工具讲授

- SMART原则定义
- SMART原则作用
- 使用注意事项

【时间掌控】1 分钟

【讲解要点】第一章总述

第一部分：SMART 工具讲授。

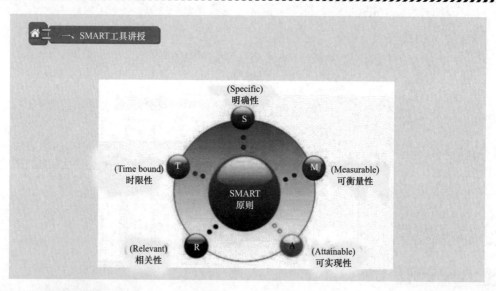

【时间掌控】1 分钟

【讲解要点】SMART 原则定义

SMART 原则是指从明确性（Specific）、可以衡量性（Measurable）、可实现性（Attainable）、相关性（Relevant）、时限性（Time-bound）五个方面分析目标或指标设置情况。

⧖ 【时间掌控】2 分钟

📖 【讲解要点】SMART 原则作用

　　用 SMART 原则制定目标的作用：激发员工的主动性，鼓励员工自主控制进度，提高工作效率；实现绩效评估和管理控制，如：是否达成目标，在过程中进行管理控制，比较实际和目标，发现偏差并进行纠正。

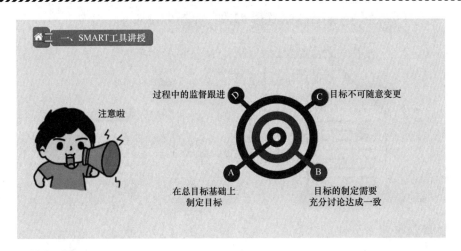

⧖ 【时间掌控】2 分钟

📖 【讲解要点】使用注意事项

　　SMART 原则在使用时的注意事项：在总目标基础上制定目标；目标的制定需要充分讨论达成一致；目标不可随意变更；过程中的监督跟进。

【时间掌控】1分钟

【讲解要点】项目过程管控

那如何进行项目过程管控呢?

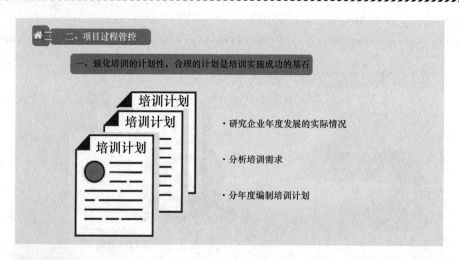

【时间掌控】2分钟

【讲解要点】培训计划

一、强化培训的计划性，合理的计划是培训实施成功的基石

要有序地开展培训工作，培训计划必不可少。培训计划要结合企业人才规划和培训规划的要求，认真研究企业年度发展的实际情况，仔细分析培训需求，分年度编制培训计划。

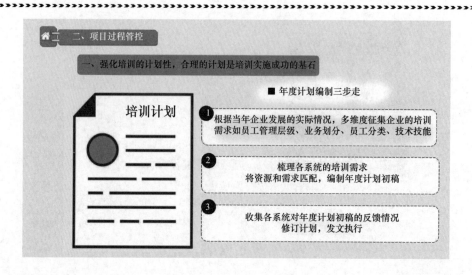

⏳ 【时间掌控】 2分钟

📖 【讲解要点】 年度计划编制三步走

年度计划的编制要分三步走：

（1）要根据当年企业发展的实际情况，多维度征集企业的培训需求，如从员工管理层级、业务划分、员工分类、技术技能等多方向调研；

（2）梳理各系统的培训需求，结合企业相关发展规划的年度任务分解，将资源和需求匹配，编制年度计划初稿；

（3）收集各系统对年度计划初稿的反馈情况，修订计划，发文执行。

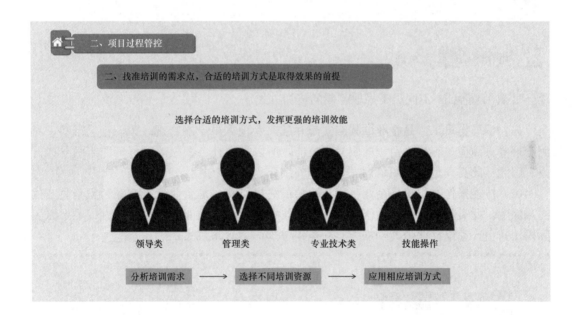

⏳ 【时间掌控】 3分钟

📖 【讲解要点】 培训需求的确定

二、找准培训的需求点，合适的培训方式是取得效果的前提

企业管理层级多，人员基数大，岗位类别及专业类型繁杂，因此，针对不同的员工，选择合适的培训方式才能发挥出培训效能。若将企业的人员分为领导类、管理类、专业技术类、技能操作类四个类别，再针对这些不同类别分析出各类别的培训需求，因人而异地选择不同的培训资源和培训方式进行，那么培训效果将更好。下面，我们重点说说领导类员工与技能操作类员工的培训。

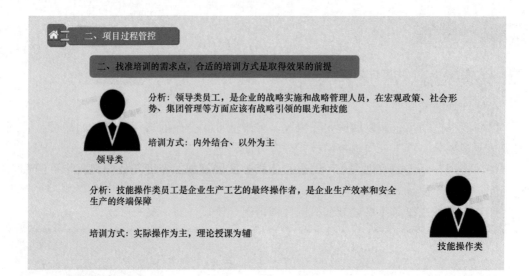

【时间掌控】3 分钟

【讲解要点】不同员工采取不同的培训方式

（1）领导类员工，是企业的战略实施和战略管理人员，在宏观政策、社会形势、集团管理等方面应该有战略引领的眼光和技能，所以需要社会领先的师资资源来引导和开发。因此，此类人员采用的培训方式是内外结合、以外为主。

（2）技能操作类员工是企业生产工艺的最终操作者，是企业生产效率和安全生产的终端保障。此类员工的师资队伍可以是内部技术专家和高技能人才，培训方式主要以实际操作为主，理论授课为辅，加强实际操作考核。

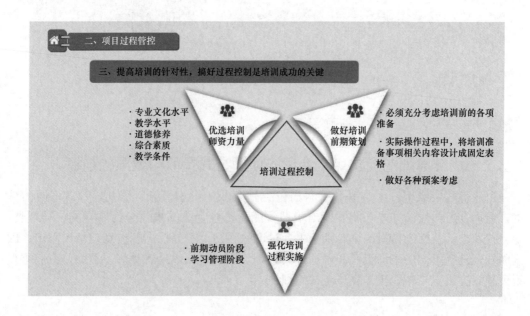

【时间掌控】10 分钟

【讲解要点】培训过程控制

三、提高培训的针对性，搞好过程控制是培训成功的关键

1. 优选培训师资力量

好的师资可以增强培训效果，其专业文化水平、教学水平、道德修养和综合素质、教学条件等将会为培训对象带来不一样的引领结果。

2. 做好培训前期策划

做一份好培训方案策划，是提升培训质量的一个关键环节。培训方案牵涉的事情繁杂，方案实施前，做好培训前各项准备，如开展培训所需要的场地（教室），教学设备、教具和学员所需文具，教学的课程安排，学员组织和生活安排，选择的培训评估方式等内容。在实际操作过程中，必须将以上内容设计成固定表格，增加上审批选项，这样可以简单明了地完成培训准备工作。还有最重要的一项——做好各种预案考虑。

3. 强化培训过程实施

强化培训过程实施主要体现在前期动员阶段与学习管理阶段。

前期动员阶段，针对具体的学员、内容做的准备工作。做好培训的宣传工作，正好借此机会学员和相关单位、人员可以对培训主题有更多的了解，主动形成学习心理预期；同时建立学员、老师和主办方三方之间的沟通渠道并建立信息反馈机制，通过线上＋线下集道，提前进入学员管理阶段。在学习管理阶段，动态管理开班仪式到课程结束期间的师资、学员、学习。

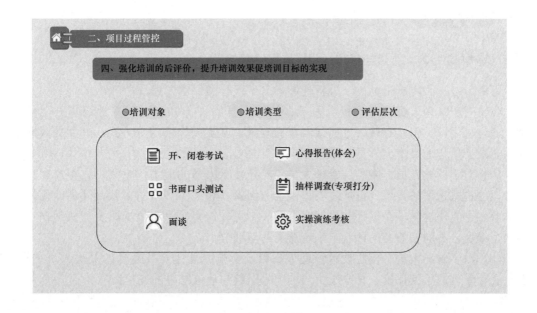

【时间掌控】2 分钟

【讲解要点】培训评价

四、强化培训的后评价，提升培训效果促培训目标的实现

培训效果的评估方式有很多种，在选择时，培训对象、培训类型、评估层次可作为选择依据。培训效果评估方式主要有开、闭卷考试，书面口头测试，面谈，心得报告（体会），抽样调查（专项打分），实操演练考核等，既能真实、有效地反馈培训效果，还能简化操作流程，提升培训工作。

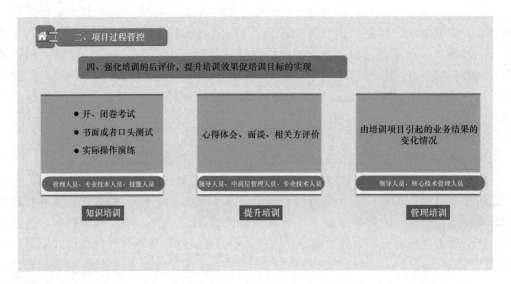

【时间掌控】4 分钟

【讲解要点】不同类型知识采用不同评价方式

下面，以三大类员工为例，分析他们各自所适合的评估方式。

（1）对于管理人员、专业技术人员、技能人员的理论知识、业务常识等方面的培训，适合采用开、闭卷考试，书面或者口头测试，实际操作演练等方式，这些方式能够较为客观、量化地反映出学员的学习效果。

（2）对于领导人员、中高层管理人员、专业技术人员的能力提升培训，很难通过量化考核的方式来评估效果。可通过心得体会、面谈、相关方评价等方式，评估的周期长短结合，主要评价学员在培训前后行为方式、专业技能有多大程度的改变，从横向和纵向两个维度，不同相关方的评价，确定学员的培训效果。

（3）对于领导人员、核心技术管理人员以及影响企业生产、运营的关键人员培训，要从企业管理的角度评价，着眼于由培训项目引起的业务结果的变化情况。

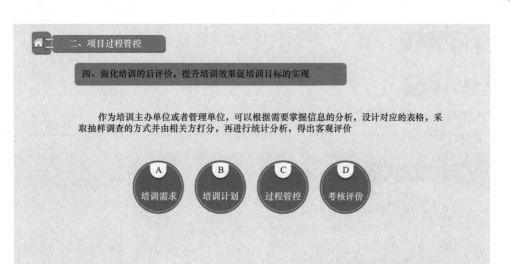

作为培训主办单位或者管理单位，可以根据需要掌握信息的分析，设计对应的表格，采取抽样调查的方式并由相关方打分，再进行统计分析，得出客观评价

【时间掌控】 2 分钟

【讲解要点】 不同类型知识采用不同评价方式

　　作为培训主办单位或者管理单位，可以根据需要掌握信息的分析，设计对应的表格，采取抽样调查的方式并由相关方打分，再进行统计分析，得出客观评价。

　　总之，企业在培训实施过程中，找准企业培训需求点是重中之重，制定培训计划，做好全过程管控，开展考核评价。这样才能不断提升企业培训质量，提高培训实施管控能力水平。

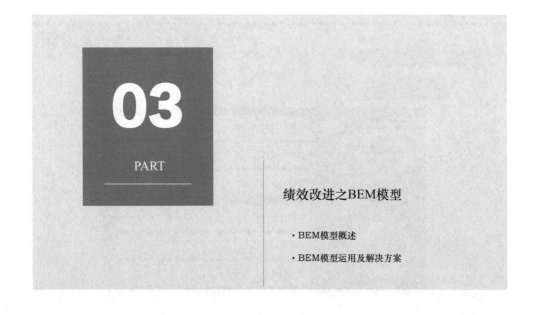

【时间掌控】1分钟

【讲解要点】第3章概述

第三部分：绩效改进之 BEM 模型。

【时间掌控】1分钟

【讲解要点】BEM 模型概述

BEM 模型即业务执行力模型，结合这一模型，企业可以实现战略解码，将任务分解到团队或个人，进而保障企业战略的可执行。

![时间掌控图标] 【时间掌控】 2分钟

![讲解要点图标] 【讲解要点】 BEM模型概述

　　BEM模型将影响组织或个人绩效结果的因素分为两个大类，共六个维度：环境因素，通常是指组织的氛围或员工工作的环境，非泛指社会或行业的"大"环境；个体因素，通常是指员工的知识、技能、态度，非泛指社会或行业的"大"环境。两大类可再次细分为六个维度：数据、信息和反馈，资源、流程和工具，后果、激励和奖励，知识技能，天赋潜能，态度动机。

![时间掌控图标] 【时间掌控】 2分钟

![讲解要点图标] 【讲解要点】 BEM模型作用

　　BEM模型主要用来提升绩效和诊断绩效提升方案，设置优先和策划。吉尔伯特绩效改善模型中，认为绩效不佳，75％的是来源于物控，而并非人控（注：环境因素是物控，个体因素是人控）真正由人的因素只占到25％。而在通过人员的胜任模型、结构化面试法、就职评测等工具筛选出来的，其实在知识技能、天赋潜能和态度动机上，真正出问题的可能性也变得比较小了。那么，真正问题的来源，还是在于前两项。但我们在做绩效的时候，往往眼睛只盯着那后果、激励和奖励的14％！

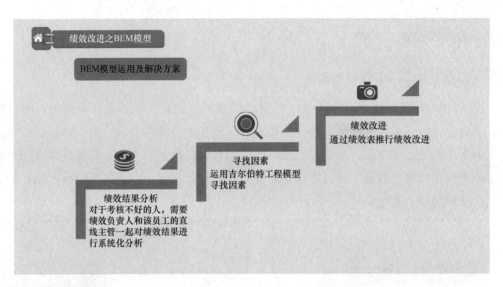

【时间掌控】1 分钟

【讲解要点】BEM 模型运用及解决方案

通过前面的学习，我们已经了解了 BEM 模型，接下来我们一起探讨一下 BEM 模型运用及解决方案，主要包括绩效结果分析、寻找因素及绩效改进三个步骤。

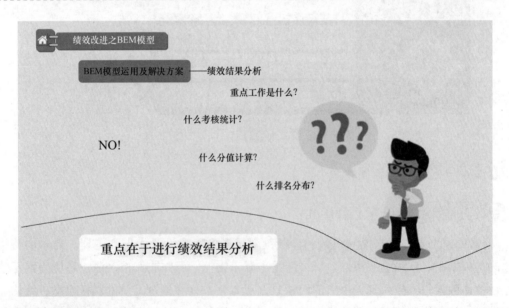

【时间掌控】1 分钟

【讲解要点】绩效结果分析

在我们绩效考核结果出来之后，我们重点工作是什么？什么考核统计、分值计算、排名公布等？那些都不是重点。重点在于进行绩效结果分析，对于考核不好的人，需要绩效负责人和该员工的直线主管一起对绩效结果进行系统化分析。

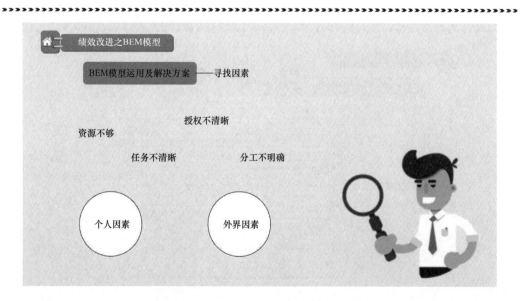

⌛ 【时间掌控】 1分钟

📚 【讲解要点】 寻找因素的步骤

在绩效分析之后，我们需要运用 BEM 模型寻找相应的因素。寻找因素的步骤有：

（1）与员工主管一起进行面谈，基本原则是真诚，所采取的态度是我们一起来寻找业绩不好的因素在哪里。并能够给予足够的倾听，从而找到相对应的因素，且进行一一筛选。

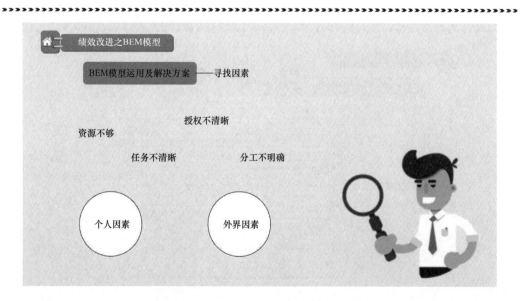

【时间掌控】1分钟

【讲解要点】寻找因素的步骤

（2）将筛选的结果进行一一地辨别，哪些属于个人因素，哪些属于外界因素，比如资源不够、任务不清晰（大家回去看一下，月初的计划和月度所做的往往不是一码事）、授权不清晰、分工不明确等。

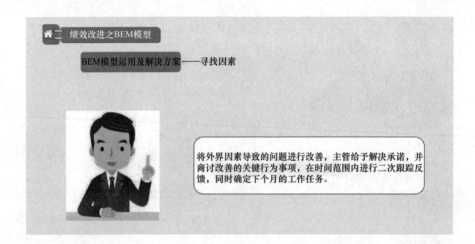

二、绩效改进之BEM模型

BEM模型运用及解决方案——寻找因素

将外界因素导致的问题进行改善，主管给予解决承诺，并商讨改善的关键行为事项，在时间范围内进行二次跟踪反馈，同时确定下个月的工作任务。

【时间掌控】1分钟

【讲解要点】寻找因素的步骤

（3）将外界因素导致的问题进行改善，主管给予解决承诺，并商讨改善的关键行为事项，在时间范围内进行二次跟踪反馈，同时确定下个月的工作任务。

三、绩效改进之BEM模型

BEM模型运用及解决方案——绩效改进

KPI定量+定性

重点部分

⧗ 【时间掌控】 2分钟

📖 【讲解要点】 绩效改进

　　接下来，我们通过绩效表推行绩效改进。我们在设计绩效表的时候，往往忽略了绩效表中关于改进事项的设计。有些绩效表即使有设计，也缺少了量化环节，在方案的设计中，绩效改善面谈，也是忽略的部分，而且，没有作为部门经理或高管占分项。我这里也设计了一份绩效表，采用目前比较常见的 KPI 定量＋定性的方式，大家仅供参考，重点在画圈的部分。

⧗ 【时间掌控】 2分钟

📖 【讲解要点】 总结

　　本次课程，我们分别从 SMART 工具讲授、项目过程管控、绩效管理之 BEM 模型三方面内容对目标管理与计划执行进行了全方面的培训。感谢大家的聆听。

第二节　培训管理者培训案例

一、案例 1：师带徒体系建设有章可循

【背景】

　　师带徒制度可以规范师傅选拔和培养机制，根据师带徒制度成立专业的师傅队伍，制订标准的实施流程，进行有效的监督考评，推进师带徒培训标准化管理系统，保证师带徒培训的质量，为新员工的业务水平提升和个人成长提供支撑。

【引入】

人力资源部办公室里，刘主任正在和新任主管小李谈话。

【正文】

刘主任：小李，你是我新提拔的人事主管，我打算将今年的师带徒培训项目交给你来办。

小李：感谢经理的赏识！我正想大展身手，为公司效力，谢谢您给我这个机会。但我对这个项目了解不多，不知道该如何进行师带徒培养体系建设，还望您多多指点。

刘主任：这个不难。师带徒培训制度包括八个步骤，分别是师傅选聘培养、师傅资格管理、师徒匹配签约、培训计划及目标设定、师带徒培训实施、培训质量监督、出徒考核、评价评优。

小李：您能具体说说吗？

刘主任：好的。师傅的选拔培训工作你可以交给各分公司机构培训负责人实施，包括制订标准、宣传报名、选拔入库、培训考核四个步骤。取得师傅资格的员工，将纳入师带徒管理系统"师傅人才库"管理，并获得师带徒标准管理系统的"师傅"权限。师徒匹配签约有五步：拜师申请、师傅确认、协调安排、签署师徒合同、师徒变更。师徒签约后，师傅需要与徒弟沟通确认培训计划及目标，并在系统中填写《培训计划及目标》。徒弟在系统中查看并确认。部门培训负责人审核确认。培训进行中，师徒及培训负责人均可发起"培训计划调整"建议，得到培训负责人确认后调整生效。师带徒培训需根据《师带徒培训计划及目标》开展，师傅需要对每个培训项目进行讲授和示范，为徒弟安排足够的实操项目练习机会，并提供指导和纠正，每个阶段需要安排总结和考核环节。部门培训负责人需要对本部门所有的师带徒培训进度和质量进行监督。监督形式包括且不限于现场观察、师傅访谈、阶段考核、系统检查等。培训负责人需要对每对师傅进行不少于2次的质量监督，并在系统中填写《师带徒培训质量监督报告》。师带徒培训最后一周，应进行出徒考核。出徒考核由部门培训负责人出题库，班组负责人从题库中选题进行考核。考试形式包括系统笔试答题、实操考核、口试考核、任务考核。考核结束后，培训负责人须在系统中填写《出徒考核成绩单》。考核结果为优秀、良好、达标、不达标四个等级。

小李：您说得真详细。这些内容我都记住了，评价评优我知道。出徒考核结束后1个月内，培训质量监督得分、部门负责人及徒弟分别在系统中对师傅进行评价得分，以30％、30％、40％比例加权后的综合成绩，填入《师傅评价表》，作为师傅评优的一部分参考。每年8月底，党建部及咱们人力资源部对1年内所有完成的师带徒培训进行评优，并于9月初开展表彰活动。

刘主任：没错。

小李：经理您放心吧，我一定好好完成这个项目。

【成效】

新任主管小李将师带徒培训项目逐步落实，工作安排得井井有条，受到刘主任的肯定。

二、案例2：相知匹配签约　相伴师徒培训

【背景】

师带徒制度可以保证师带徒培训的质量，为新员工的业务水平提升和个人成长提供

支撑，是企业培养核心人才的重要措施。

【引入】

小王是公司师带徒项目的负责人，他正在计算机前编排师徒匹配签约流程，以便新员工选择适合的师傅。他力争将此流程的操作设置得简单明了，一学就会。

【正文】

小王将师徒匹配签约流程设置为五步：①拜师申请；②师傅确认；③协调安排；④签署师徒合同；⑤师徒变更。每一步还有细节设置：

（1）拜师申请：小王先在"师傅人才库"里安排好与员工工作岗位、工作地点、带教模块相匹配的师傅，设置"拜师申请"按钮。这样每个徒弟可以根据自己的需要选择合适的师傅。思想政治教育、岗位知识技能两个模块各 1 名师傅是必选项。

（2）师傅确认：师傅可以查看徒弟信息和培训需求，设置"接受"或"拒绝"按钮。规定每个师傅在同一时间段内，可带不超过 2 名徒弟。

（3）协调安排：设置"帮我安排师傅"按钮。如徒弟被师傅拒绝，可向另一位师傅发起"拜师申请"，或选择"帮我安排师傅"，由培训负责人协助安排师傅。

（4）签署师徒合同：设计《师徒合同》。徒弟需要与思想政治教育、岗位知识技能两个模块的师傅分别在系统中签署《师徒合同》。设置签署日期在培训模块的培训开始日期之前。设置好培训总时长，其中思想政治教育培训模块不少于 5 天，岗位知识技能培训模块不少于 12 个月。

（5）师徒变更：设计《师徒合同变更》。在培训过程中，如需变更培训计划或变更师傅，需要在系统中签署《师徒合同变更》。设置变更完成日期在培训开始日期之前。如变更师傅，可根据实际情况适当延长培训周期。

【成效】

小王经过反复检查系统设置，并多次试验，师徒匹配签约流程终于实行了。徒弟们都说操作简单，一学就会，纷纷选择了心仪的师傅。

三、案例 3：咬定知识不放松　比拼创新争先锋

【背景】

近年来，随着社会经济的发展和企业改革的深入，工会作为企业与员工之间的桥梁，应主动引导员工提高技能，与时俱进。员工素质是新形势下企业竞争的决定性因素，知识技能竞赛的重要作用不容忽视。工会组织技能竞赛，是充分发挥职工积极性、主动性、创造性的重要手段，是提高职工素质、促进企业发展的重要途径，是工会服务企业生产的重要载体。

【引入】

人力资源部要在第一会议室举办一次知识竞赛，组织公司全体员工参加。各部门员工、参赛选手已就位。

【正文】

主持人宣读比赛规则：

（一）总则

本次比赛本着公平、公正、公开的原则，学习企业文化知识、规章制度，以增加比赛竞争性为最终目的。

（二）比赛流程

本次比赛开始的基本分数为 100 分，参赛选手须参加三轮比赛。

1. 第一轮——志在必答

由参赛队伍选择信封答题。每个信封里会有五道必答题，选手需要在 10 分钟之内回答完这五道题。比赛题目显示之刻开始计时，如果选手在规定时间内未完成全部题目，将按照其完成的题目进行评判；答对一题加 10 分，答错不扣分。

本轮比赛结束后，由主持人对各个队的分数进行通报。

2. 第二轮：抢滩登陆

本轮比赛是抢答题，总共 15 道，选手必须在主持人念完题目说开始后，方可抢答，违反规则的队伍将被取消答本题目的资格。答题时间不得超过 2 分钟，答对一道加 10 分，答错扣 5 分，回答错误后主持人会将题目赠予现场观众，若观众答对会有精美礼品相赠。

主持人在完成 15 道题目后，对全场各个队伍分数进行通报。

3. 第三轮：风雨无阻

风险题目将根据难度设计为 10 分、20 分、30 分三类。答题者需要根据题目要求进行回答，答对加相应的分数，答错扣相应的分数。每个队限选择一道最有把握的题目进行作答；各个队要在主持人念完题目后 3 分钟内回答。选手回答错误的题目将赠予现场观众，若观众答对会有精美礼品相赠。

本轮比赛结束后，由主持人对各个队的分数进行通报。

（三）颁奖

比赛结束后，主持人宣读决赛结果，由人力资源部经理为获奖集体颁发证书和奖金。

【成效】

通过本次知识活动竞赛的开展，加深了公司员工对于公司企业文化及各项规章制度的掌握，提升了师带徒质量。在今后的工作中，员工能够按规定办事、按流程办事，同时在公司范围内，创造了良好的学习氛围，促进公司发展。

四、案例 4：拓展师带徒培养资源，建设高技能人才队伍

【背景】

目前，企业在青年人才上面临诸多问题，首先，人员流失问题严重，近几年，大学生跳槽、技术骨干流失现象严重。其次，经验丰富的工人年龄偏大，甚至面临退休，而年轻的工人经验短缺，难以独当一面，人才断层问题比较突出。最后，青年人才总量短缺，结构不合理，缺乏有力的激励和保障机制，工资整体待遇偏低。因此，培养青年人才为核心骨干的自主工人队伍，已成为企业发展壮大迫切需要解决的问题。

【引入】

已是深夜，某公司培训管理办公室的灯依然亮着，培训管理者王主任还在办公室思考，原因是最近公司技术骨干流失现象严重，有些经验丰富的工人年龄大，而年轻的工人经验短缺，难以独当一面。

【正文】

对此，王主任在已经建立的师带徒管理体制上，多次开展"师带徒"活动，并取得了一定的成效。但从公司长远发展考虑，王主任决定拓展师带徒培养资源，主要从培养内部兼职培训师和开发优质学习资源两个方面入手。

（一）培养内部兼职培训师

1. 师资选拔条件

选拔岗位经验极其丰富、有授课意愿、授课能力的优秀绩效经理人作为兼职培训师。

2. 师资的培养

王主任定期对选拔出来的兼职培训师进行授课技巧辅导；依据年度工作重点和要点，组织兼职培训师参与新项目、新课题、新业务活动，定期开展课题交流；搭建适当的学习平台，如开设讲师论坛、贴吧、QQ群、微信群等。

3. 师资的管理

王主任主要从选好种子讲师、进行讲师认证、给予适当激励三方面进行师资管理。

（二）开发优质学习资源

1. 精品课程开发

王主任针对师傅培养课程体系中的个性化课题，以内部有经验的师傅为主，由外部专家协作进行引导式的精品课程开发，对优秀师傅进行拔高优化，经过3～5年的开发过程积累，逐渐沉淀形成公司特色的师傅培养课程体系，打造出公司的精品项目。

2. 外部课程内化

对于学习规划中的部分课程，如基础夯实类的课程，市场上已经拥有成熟的课程，王主任直接将课程从市场采购回来，加入自身企业工作中的典型案例，形成一个新的课程，实现外部课程内化，进而降低课程开发人力、物力及时间成本。

3. 精品课程题库、案例库及素材库开发

（1）题库开发。王主任经常带领各专业负责人、技术骨干参加课程萃取的培训，然后进行经验萃取形成题库，从而针对每门课程形成知识测评类的题库。

（2）案例库开发。王主任把公司师傅培养典型的优秀实践案例编撰成册，对师傅培养的工作开展具有很大的指导意义。

4. 线上学习资源开发

（1）线上课程开发。王主任将内部已有的精品课程或流程性、技能性较强的课程进一步开发成微课、电子化教学课件以及实景课程开发等，使学员更直接、更全面、更迅速地了解课程信息，在更大范围内共享高质量的课程资源。

（2）线上题库开发。王主任将内部老师傅组成专家组，针对课程体系出题形成网上

题库。自学课程需由学员在训前自行学习，继而在集中培训时进行测试，以此检验学习效果，使网络课程真正为学员提供学习支持。

【成效】

公司在王主任的带领下，不仅培养和留住很多优秀的技能人才，还解决了人才断层问题，为公司培养了一批高素质技能型人才队伍，促进企业可持续发展。

五、案例5：深耕业务技能　提升培训价值

【背景】

培训负责人是企业开展培训工作的主体之一，在员工培训中起着桥梁的作用，他们承担着提高企业员工素质的重任。培训负责人的工作要做到卓有成效，就需要正确认知其在工作中可能涉及的各种角色，依据不同角色的要求提升自身的能力，从而提高员工培训的效果。

从培训管理者角度来说，要认识到学习的重要性，努力提升作为一个培训负责人所需要的各种能力，充分学习国内外先进的培训管理经验，并与企业的实际情况相结合，创造出适合于企业需要的培训体制。

【引入】

张班长是××公司的培训负责人，可身为培训管理者的他，每天的工作也就是在企业里安排内部讲师和外部讲师讲授课程，没有真正发挥自身价值，自然也没有得到别人的尊重和认可。要想获得别人的尊重和认可，就要不断地提升自己能力，用实力说话！张班长在心里暗下决心，一定要提高自身能力。

【正文】

张班长主要从以下几方面提升自己：

(一) 专业知识方面

1. 学习师带徒的理论前沿知识

张班长开始深入学习师带徒的理论前沿知识，知道中国自古就有师傅带徒弟的传统，根据各个阶段的不同特点，分析各个历史时期学徒制的特点，提炼现代学徒制的特点，使自己更加深刻地认识现代学徒制。现代学徒制人才培养模式具有鲜明的时代特征，是学校和企业深度合作的典型模式，也是半工半读、工学交替的最佳形式。现代学徒制人才培养模式既有相关的政策文件支持，又有合作双方的协议，同时还有一定的组织保障，使校企合作在教学层面上得到升华，发挥学校和企业在人才培养方面各自的优势，使学生在掌握职业基础理论知识和专业知识的同时，还能在企业实习、实践，接受企业文化、企业精神的熏陶，从而使学生得到全方位的培养和锻炼。现代学徒制不仅为学校节省了物力成本，还为企业节约了人力成本，同时，也为学生就业节约了时间成本，使教育和经济社会更加紧密地联系起来，体现了现代教育制度的根本变革。

2. 学习借鉴德国工匠精神

不仅如此，张班长还学习借鉴德国工匠精神。德国制造企业的核心竞争力，不在于企业之大，而在于企业之强，强在其拥有的创新能力与工匠精神。技师在德国工业企业扮演着重要角色，其意义已经远远超出经济活动和专业工作的本身。工业技师的职业轮

廓可概括为：技师是本职业领域的技术专家，他们工作经验丰富，能解决复杂生产过程中的技术难题，提出改进方案，有时还为管理层甚至企业发展提供决策建议；技师是生产一线的管理者，对生产小组等"微小单位"进行管理。技师作为生产工人与管理人员之间的中介提供的现场经验和技术支持不仅满足技术需求，而且对保证生产效率作用明显。

通过学习，张班长得到以下几点启示：

（1）重视技师在现代企业的独特地位和重要作用；

（2）建立现代企业技师制度，为技术工人开拓通畅的职业发展途径；

（3）规范技师培养与评价方式，完善现代技师培养与评价制度；

（4）改善技师使用机制，支持企业变革和创新管理；

（二）专业化提升方面

张班长首先明确自身角色并精准定位，然后组建培训部并制定培训部的各项流程与制度规范。

（三）专业技能方面

课程开发能力一直是一项非常重要的能力，主要是指将自己的经验或者知识有系统地、有调理地、有逻辑地整理开发成课程。张班长通过阅读相关书籍，不仅学会了课程开发的具体步骤，而且掌握一种快速学习的方法，能将自身所习得的知识技能快速完整地分享给别人。

（四）授课能力方面

张班长不仅经常参加培训课程（如"TTM 培训"），每次都有很大收获，而且结交一些演讲高手，让他言传身教。当然，向人请教只是一方面，真正口才的提升是练出来的，张班长会利用任何一次公众发言的机会，不断地去"得瑟"，刚"得瑟"时难免哆嗦，但时间久了就练就了过人的即兴演讲口才！

【成效】

在张班长的组织下，企业能够正确有效地开展培训活动，提高员工的思想素质和业务水平，加强后备人才队伍建设，为企业发展提供强力支撑。

第三节 培训负责人培训题库

培训负责人在企业中的职能并不仅仅是组织培训、考核培训效果那么简单，随着认知水平的不断提高，培训负责人在企业中的角色越来越丰富，可以担当企业内训师、兼职培训师等。这就要求培训负责人应当拥有良好的语言表达能力和知识传授能力，具备丰富的与培训内容相关的专业工作经验和教学经验，并具备一定的人力资源管理专业知识。所以说，培训负责人是否具备专业知识与技能经验对组织培训效果的好坏会起到决定性的作用。

为检验培训管理者对知识的掌握程度与技能的运用水平，提高企业员工的培训效果，开发了培训负责人培训题库。题库涵盖基础知识测试和技能测试两部分内容，题型多样，涵盖面广，有单选题、多选题、判断题、填空题、简答题五大题型，能够体现培训管理者扎实的"基本功"。

请使用手机扫描二维码进行答题考试

第三章　工匠传承者（师傅）培养资源

第一节　工匠传承者（师傅）培训课程

一、课程 1

（一）《结构化导师在岗培训》课程大纲

目标学员：部门培训负责人、职业导师

课程课时：3 课时（180 分钟）

培训形式：讲授、案例分析、分组游戏等多种授课形式

人数限制：60 人

［课程说明］

学习结构化导师在岗培训相关内容，可以使待认证的结构化导师理解在岗培训的意义和结构化导师职责，培训后 80％以上的学员能说出 3 条以上在岗培训的作用和 5 条以上导师的职责。理解并掌握"在岗培训 4 步曲"和"在岗培训技巧"，培训后 90％以上的学员能在模拟练习中完整使用 4 步曲，并运用提问等技巧。掌握任务布置和督促指导的技巧，培训后 80％以上的学员能回答出任务布置五步法。

［课程目标］

√目标 1：理解在岗培训的意义和结构化导师职责，培训后 80％以上的学员能说出 3 条以上在岗培训的作用和 5 条以上导师的职责；

√目标 2：理解并掌握"在岗培训 4 步曲"和"在岗培训技巧"，培训后 90％以上的学员能在模拟练习中完整使用 4 步曲，并运用提问等技巧；

√目标 3：掌握任务布置和督促指导的技巧，培训后 80％以上的学员能回答出任务布置五步法。

［课程内容］

第一部分　结构化导师的职责及存在意义【60 分钟】

1. 课程介绍：组织破冰分组游戏

破冰活动：请学员抽扑克牌分组

2. 在岗培训的意义

2.1 明确培训的定位——小组分享交流，说出成人培训与学校培训的区别，引导学员总结出成人培训特点，使学员意识到在岗培训需要引发徒弟思考，并指导动

手操作。

2.2 了解在岗培训的意义——讲授课堂培训和在岗培训的作用，使学员意识到在岗培训很重要。

3. 结构化导师的职责

3.1 掌握结构化导师的职责

3.2 结构化导师分级

第二部分　在岗培训的程序及手册使用【55 分钟】

1. 在岗培训前的准备

师徒见面环节：彼此介绍、制订计划、确定目标、订立规矩

培训准备环节：心态、物料、设备

2. 在岗培训中的 4 步曲

2.1 我说你听：导师讲授

2.2 我做你看：导师边示范边讲解

2.3 你做我看：徒弟练习，导师指导纠正

2.4 你说我听：徒弟独立操作练习，导师总结评价

3. 在岗培训任务布置与监督指导

任务布置五步法

监督指导的关键点

4. 在岗培训手册的使用

在岗培训手册的意义

在岗培训手册介绍

在岗培训手册填写要求

在岗培训手册存档要求

5. 在岗培训后的总结

培训记录整理

培训场地工具整理

师徒对培训过程和效果的总结

第三部分　在岗培训的策略与技巧【30 分钟】

1. 学会提问

2. 学会表达

3. 学会考试

4. 学会聊天

结束部分【35 分钟】

1. 总结回顾

2. 考试评估

（二）《结构化导师在岗培训》课程内容

⧖ 【时间掌控】 1分钟

📖 【讲解要点】 结构化导师在岗培训

大家好，欢迎参加《结构化导师在岗培训》课程。

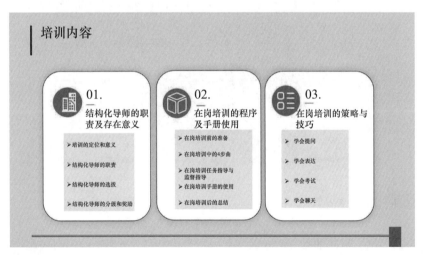

⧖ 【时间掌控】 3分钟

📖 【讲解要点】 课程结构

　　培训内容包括结构化导师的职责及存在意义、在岗培训的程序及手册使用及在岗培训的策略与技巧三部分。

⧖ 【时间掌控】 1 分钟

📚 【讲解要点】 结构化导师的职责及存在意义

第一部分，结构化导师的职责及存在意义。

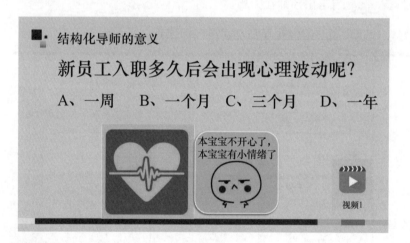

⧖ 【时间掌控】 10 分钟

📚 【讲解要点】 破冰活动

下面，我们来做个破冰分组游戏，请学员抽扑克牌分组。

请学员在大白纸上投票"新人入职多长时间出现心理波动？一周内、一个月内、三个月内、一年内？"好，投票完毕，我来公布答案"一周内"。

接下来我们一起看一个扔员工卡造成新员工大批辞职的新闻，视频中公司一些员工的粗鲁行为，反映员工内部教育和管理不严。

其实，导师对新员工的培养目标之一是"留人"，其角色是"贴心人和引路人"，要激发学员学习的热情和使命感。

⏳ 【时间掌控】 1分钟

📖 【讲解要点】 导师的重要性

公司为什么需要导师这个角色呢？因为导师需要照顾新人，让其尽快适应新工作；教导新人，让其在工作中快速上手；协助公司和相关部门留住新人；持续提升自我能力、经验沉淀积累；为他人树立榜样、传播企业文化。

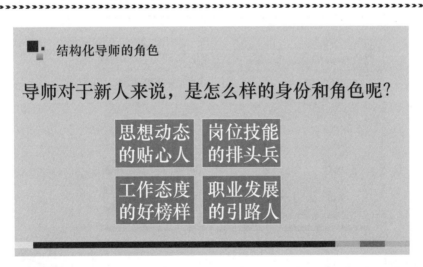

⏳ 【时间掌控】 1分钟

📖 【讲解要点】 结构化导师的角色

导师对于新人来说，是什么样的身份和角色？是思想动态的贴心人；是岗位技能的排头兵；是工作态度的好榜样；是职业发展的引路人。

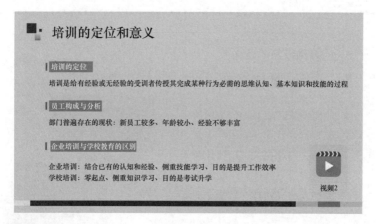

⏳ 【时间掌控】 10 分钟

📖 【讲解要点】 培训定位和意义

　　培训是给有经验或无经验的受训者传授其完成某种行为必需的思维认知、基本知识和技能的过程。部门普遍存在的现状为新员工较多、年龄较小、经验不够丰富。下面我们一起看一下《老师好》电影片段。请大家结合自身体会，进行小组分享交流，说一说企业培训与学校培训有什么区别？企业培训是指结合已有的认知和经验、侧重技能学习、目的是提升工作效率；学校培训是指零起点、侧重知识学习、目的是考试升学。

⏳ 【时间掌控】 8 分钟

📖 【讲解要点】 岗培训案例——《导师》

　　我们再来看一个《导师》电视剧片段，通过刚才的视频，我们可以知道在岗培训的内容有工作环境介绍、岗位流程体会、实际动手操作、经验技巧分享；而课堂理论培训的内容包括通用知识介绍、标准程序讲解、设备原理讲解、安全规则讲解。

> ### ■ 培训的定位和意义-课堂理论培训与在岗培训
>
> **┃区别**
>
> | 项目 | 课堂理论培训课程 | 在岗培训课程 |
> |---|---|---|
> | 培训内容 | 以传授理论知识为主 | 以传授操作技能为主 |
> | 培训目的 | 以对知识的掌握、记忆和理解为主 | 以对知识的实践运用为主 |
>
> **┃联系**
>
> 在岗培训是以专业理论培训课程内容为基础而指导实践的，其核心是"经验传承"。

【时间掌控】 2 分钟

【讲解要点】 结构化导师在岗培训

其中，培训又分为课堂理论培训和在岗培训。两者的区别在于，课堂理论培训的培训内容是以传授理论知识为主，其目的是以对知识的掌握、记忆和理解为主；而在岗培训的培训内容是以传授操作技能为主，培训目的是以对知识的实践运用为主。两者的联系为在岗培训是以专业理论培训课程内容为基础而指导实践的，其核心是"经验传承"。

> ### ■ 结构化导师职责
>
> 1.以身作责，毫无保留地向徒弟传授自己的学识和技能；
>
> 2.传授在职业态度、沟通表达、班组管理、办公软件、文体爱好等非专业技术的能力素质方面才能；
>
> 3.传授优良的职业道德和工作作风；
>
> 4.传授安全知识，在培训过程中需保证徒弟的人身安全；
>
> 5.关心爱护徒弟，进行思想政治教育，培养徒弟的爱岗敬业精神，对徒弟的错误、缺点应耐心教育并加以改正；
>
> 6.定期将徒弟的思想、学习、工作等情况向本单位领导汇报；
>
> 7.其他应尽的职责。

【时间掌控】 4分钟

【讲解要点】 结构化导师职责

这是一份《师徒协议》，通过此协议，我们可以了解到结构化导师主要有七个职责，分别是：

（1）以身作则，毫无保留地向徒弟传授自己的学识和技能；

（2）传授在职业态度、沟通表达、班组管理、办公软件、文体爱好等非专业技术的能力素质方面才能；

（3）传授优良的职业道德和工作作风；

（4）传授安全知识，在培训过程中需保证徒弟的人身安全；

（5）关心爱护徒弟，进行思想政治教育，培养徒弟的爱岗敬业精神，对徒弟的错误、缺点应耐心教育并加以改正；

（6）定期将徒弟的思想、学习、工作等情况向本单位领导汇报；

（7）其他应尽的职责。

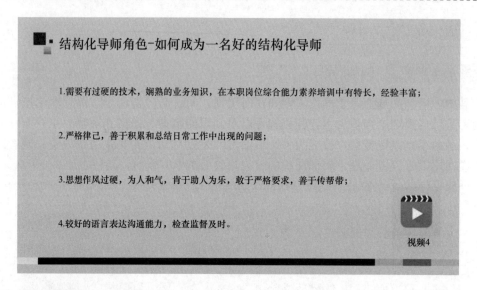

视频4

【时间掌控】 2分钟

【讲解要点】 结构化导师的必备技能

如何成为一名好的结构化导师？

需要有过硬的技术，娴熟的业务知识，在本职岗位综合能力素养培训中有特长，经验丰富；需要做到严格律己，善于积累和总结日常工作中出现的问题；思想作风过硬，为人和气，肯于助人为乐，敢于严格要求，善于传帮带；较好的语言表达沟通能力，检查监督及时。

■ 结构化导师的修炼

结构化导师就是榜样

【时间掌控】 0.5分钟

【讲解要点】 结构化导师就是榜样

结构化导师就是榜样。

■ 结构化导师的修炼

你的一言一行

会产生深远的影响

【时间掌控】 0.5分钟

【讲解要点】 你的一言一行，会产生深远的影响

你的一言一行，会产生深远的影响。

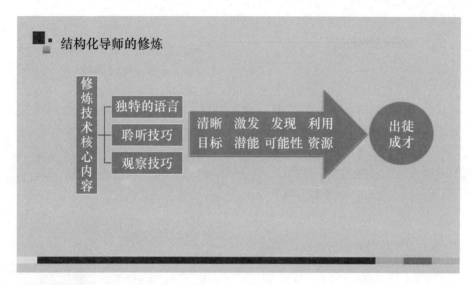

⧗ 【时间掌控】1分钟

📖 【讲解要点】结构化导师应修炼的技术核心内容

　　修炼技术核心内容包括独特的语言、聆听技巧及观察技巧。目标清晰、激发潜能、发现可能性、利用资源，最后出徒成才。

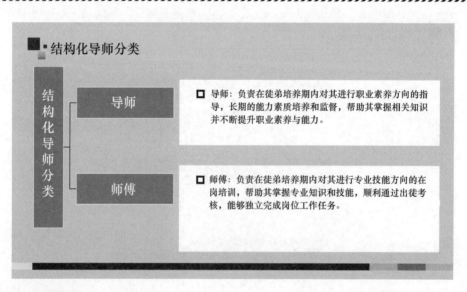

⧗ 【时间掌控】2分钟

📖 【讲解要点】结构化导师分类

　　结构化导师分为导师和师傅两类。导师负责在徒弟培养期内对其进行职业素养方向的指导，长期的能力素质培养和监督，帮助其掌握相关知识并不断提升职业素养与能力。师傅负责在徒弟培养期内对其进行专业技能方向的在岗培训，帮助其掌握专业知识和技能，顺利通过出徒考核，能够独立完成岗位工作任务。

■ 结构化导师选拔意义

■ 建立企业师资库的重要步骤是结构导师的选拔。

■ 根据公司对青年员工的培养阶段的要求，结合实际情况，为了匹配相应阶段的学员、有针对性地进行考评激励。

■ 保证"2+1"结构化师带徒顺利实施的第一个执行环节是导师的选拔工作，需要技巧鼓励员工参与。

⧗ 【时间掌控】 2 分钟

📖 【讲解要点】 结构化导师选拔意义

结构化导师选拔意义为建立企业师资库的重要步骤是结构导师的选拔；根据公司对青年员工的培养阶段的要求，结合实际情况，为了匹配相应阶段的学员、有针对性地进行考评激励；保证"2+1"结构化师带徒顺利实施的第一个执行环节是导师的选拔工作，需要技巧鼓励员工参与。

■ 结构化导师选拔流程

为保证选拔工作顺利开展，需制订完整的流程：

导师选拔流程 ▶ 制订导师选拔标准 ▶ 宣传报名 ▶ 简历初选 ▶ 入库考核 ▶ 确定入库导师名单

⏳ 【时间掌控】 1分钟

📖 【讲解要点】 结构化导师选拔流程

为保证选拔工作顺利开展，需制订完整的流程：

(1) 制定导师选拔标准；

(2) 宣传报名；

(3) 简历初选；

(4) 入库考核；

(5) 确定入库导师名单。

▶▶

■· 师生互选-指定结构化导师

· 根据公司结构化导师管理办法，导师入库考核分两步进行：一是视频展播；二是见面会互选。

· 视频展播：通过简历初选的员工，需录制提交3~5分钟的"导师竞聘视频"，由"师带徒"办公室和外部专家共同视频进行初选，并在公众号上进行展播，徒弟则在钉钉上选择心仪导师。

· 见面会互选：人资部组织互选会，根据徒弟的自我介绍，导师可以选择心仪的徒弟，成功签署师徒协议的导师视为通过选拔。

· 通过入库考核的人员作为候选导师入库，由工作组发送正式邮件通知员工本人及直属领导。

⏳ 【时间掌控】 4分钟

📖 【讲解要点】 导师入库考核

根据公司结构化导师管理办法，导师入库考核分两步进行：一是视频展播；二是见面会互选。视频展播为通过简历初选的员工，需录制提交3～5分钟的"导师竞聘视频"，由"师带徒"办公室和外部专家共同视频进行初选，并在公众号上进行展播，徒弟则在钉钉上选择心仪导师。见面会互选为人资部组织互选会，根据徒弟的自我介绍，导师可以选择心仪的徒弟，成功签署师徒协议的导师视为通过选拔。通过入库考核的人员作为候选导师入库，由工作组发送正式邮件通知员工本人及直属领导。

■ 签订《结构化师徒协议导师》

1.结构化导师需和每一位徒弟签订《结构化师徒协议(导师)》，一式四份，结构化导师、学员及师徒所在基层单位各留存一份、人力资源部留存一份。

2.结构化导师及徒弟需共同履行职责，努力遵守并落实师徒协议上所约定的内容。

【时间掌控】 2 分钟

【讲解要点】《结构化师徒协议（导师）》的签订

结构化导师需和每一位徒弟签订《结构化师徒协议（导师）》，一式四份，结构化导师、学员及师徒所在基层单位各留存一份、人力资源部留存一份。结构化导师及徒弟需共同履行职责，努力遵守并落实师徒协议上所约定的内容。

■ 在岗培训内容

1.结构化导师根据各岗位在岗培训计划中的项目内容及要求对徒弟进行在岗培训，需确保徒弟在培训结束后可掌握本岗位的基本技能要求并通过出徒考核，独立承担岗位职责。

2.结构化导师需对徒弟的阶段培训报告进行审核。

3.在岗培训期间，徒弟若发生安全事故、责任事故等，其结构化导师需承担相应责任。

4.在岗培训结束后，结构化导师的职能随之结束，但结构化导师应对与对应的学员建立长期的辅导关系，并继续对学员进行答疑解惑。

【时间掌控】 4 分钟

【讲解要点】 在岗培训内容

在岗培训包括以下几点内容：

（1）结构化导师根据各岗位在岗培训计划中的项目内容及要求对徒弟进行在岗培训，需确保徒弟在培训结束后可掌握本岗位的基本技能要求并通过出徒考核，独立承担岗位职责。

（2）结构化导师需对徒弟的阶段培训报告进行审核。

（3）在岗培训期间，徒弟若发生安全事故、责任事故等，其结构化导师需承担相应责任。

（4）在岗培训结束后，结构化导师的职能随之结束，但结构化导师应与对应的学员建立长期的辅导关系，并继续对学员进行答疑解惑。

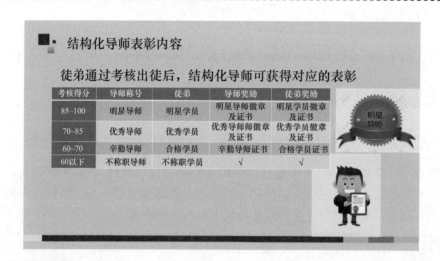

结构化导师表彰内容

徒弟通过考核出徒后，结构化导师可获得对应的表彰

考核得分	导师称号	徒弟	导师奖励	徒弟奖励
85~100	明星导师	明星学员	明星导师徽章及证书	明星学员徽章及证书
70~85	优秀导师	优秀学员	优秀导师师徽章及证书	优秀学员徽章及证书
60~70	辛勤导师	合格学员	辛勤导师证书	合格学员证书
60以下	不称职导师	不称职学员	√	√

【时间掌控】1分钟

【讲解要点】结构化导师表彰内容

徒弟通过考核出徒后，结构化导师可获得对应的表彰，具体如表格所示。

02 PART TWO
在岗培训的程序及手册使用

➤ 在岗培训前的准备

➤ 在岗培训中的4步曲

➤ 在岗培训任务布置与监督指导

➤ 在岗培训手册的使用

➤ 在岗培训后的总结

⏳ 【时间掌控】 1 分钟

📖 【讲解要点】 在岗培训的程序及手册使用

第二部分，在岗培训的程序及手册使用。

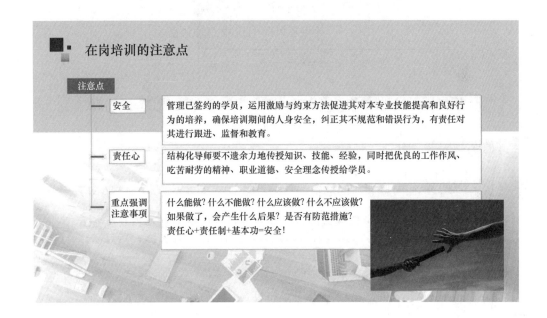

⏳ 【时间掌控】 4 分钟

📖 【讲解要点】 在岗培训时应注意的事项

在岗培训的注意点主要包括安全、责任心及重点强调注意事项三方面。其中，安全方面，管理已签约的学员，运用激励与约束方法促进其对本专业技能提高和良好行为的培养，确保培训期间的人身安全，纠正其不规范和错误行为，有责任对其进行跟进、监督和教育。责任心方面，结构化导师要不遗余力地传授知识、技能、经验，同时把优良的工作作风、吃苦耐劳的精神、职业道德、安全理念传授给学员。重点强调注意事项，什么能做？什么不能做？什么应该做？什么不应该做？如果做了，会产生什么后果？是否有防范措施？责任心＋责任制＋基本功＝安全！

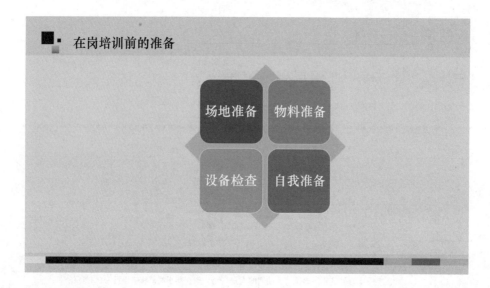

⌛ 【时间掌控】 1分钟

📚 【讲解要点】 在岗培训前的准备

在岗培训前的准备工作包括场地准备、物料准备、设备检查及自我准备。

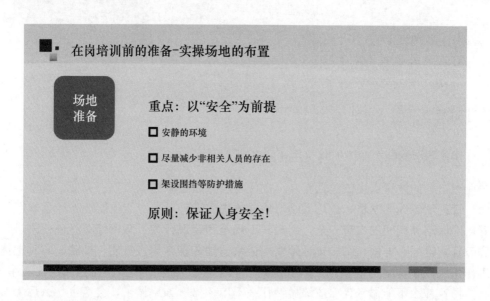

⌛ 【时间掌控】 1分钟

📚 【讲解要点】 场地准备

场地准备包括安静的环境；尽量减少非相关人员的存在；架设围挡等防护措施。重点是以"安全"为前提，原则为保证人身安全！

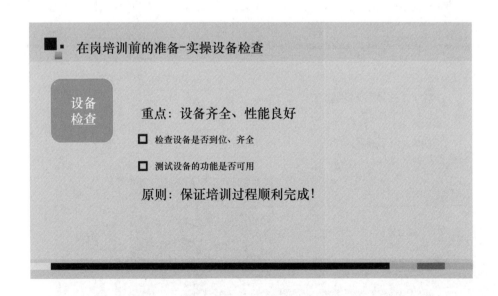

⧗ 【时间掌控】 1 分钟

📖 【讲解要点】 实操物料的准备

　　物料准备的重点是确定各设备功能完好，主要包括工具及材料的准备，原则为保证培训过程顺利完成！

【时间掌控】 1分钟

【讲解要点】 实操设备检查

　　设备检查的重点是检查设备是否齐全、性能是否良好，主要包括检查设备是否到位、齐全，测试设备的功能是否可用，原则为保证培训过程顺利完成！

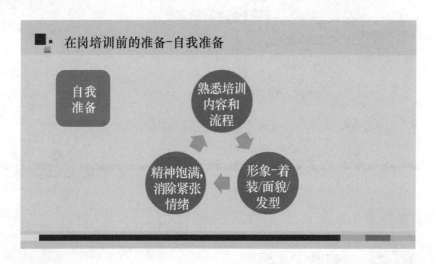

【时间掌控】 1分钟

【讲解要点】 自我准备

　　自我准备包括熟悉培训内容和流程；形象准备-着装/面貌/发型；精神饱满，消除紧张情绪。

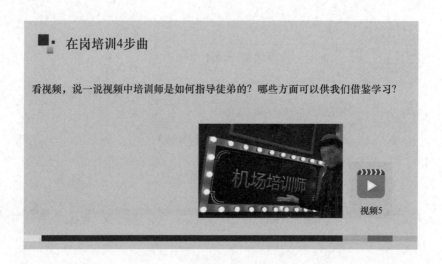

【时间掌控】12 分钟

【讲解要点】案例——《机场培训师》

　　我们来看一个《机场培训师》小品视频，说一说视频中的培训师是如何指导徒弟的？哪些方面可以供我们借鉴学习？

在岗培训4步曲

在岗培训4步曲

【时间掌控】1 分钟

【讲解要点】在岗培训 4 部曲

　　在岗培训的 4 部曲为我说你听、我做你看、你做我看、你说我听。

在岗培训4步曲-1.我说你听

SAY(我说你听)

☐ 讲授前，需要共同准备，提醒徒弟预习背景资料

☐ 解释培训中的专业术语

☐ 教会徒弟如何做笔记，分步骤，划重点

☐ 边讲边进行提问

⌛ 【时间掌控】3分钟

📖 【讲解要点】第一步：我说你听

（1）我说你听。讲授前，需要共同准备，提醒徒弟预习背景资料；解释培训中的专业术语；教会徒弟如何做笔记，分步骤，划重点；

边讲边进行提问。

■· 在岗培训4步曲-2.我做你看

SHOW(我做你看)

☐ 给徒弟做示范

☐ 进行正误操作对比

☐ 指出关键步骤出错可能带来的后果

☐ 边做边分析

⌛ 【时间掌控】1分钟

📖 【讲解要点】第二步：我做你看

（2）我做你看。给徒弟做示范；进行正误操作对比；指出关键步骤出错可能带来的后果；边做边分析。

■· 在岗培训4步曲-3.你做我看

TRY(你做我看)

☐ 徒弟进行操作

☐ 导师观察指正

☐ 找到差异，分析原因，多次联系

☐ 边做边改进

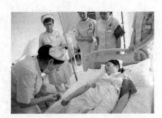

【时间掌控】1分钟

【讲解要点】第三步：你做我看

（3）你做我看。徒弟进行操作；导师观察指正；找到差异，分析原因，多次联系；边做边改进。

【时间掌控】1分钟

【讲解要点】第四步：你说我听

（4）你说我听。徒弟总结操作重难点；徒弟总结学习成果与心得体会；导师给予点评和鼓励；边说边强化。

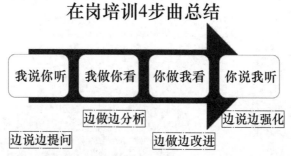

【时间掌控】1分钟

【讲解要点】4步曲总结

　　总结一下在岗4步曲，我说你听，即边说边提问；我做你看，即边做边分析；你做我看，即边做边改进；你听我说，即边说边强化。

在岗培训任务布置与监督指导

　　请大家使用现有材料，制作一个纸环，小组成员依次钻过纸环，且不能破坏纸环。最先完成任务的小组获得胜利。

　　思考：培训师在此项目进展中做了什么？

【时间掌控】8分钟

【讲解要点】小组活动：培训师在此项目进展中做了什么？

　　现在，请大家使用现有材料，制作一个纸环，小组成员依次钻过纸环，且不能破坏纸环。最先完成任务的小组获得胜利。请思考：培训师在此项目进展中做了什么？

在岗培训任务布置与监督指导

【时间掌控】1分钟

【讲解要点】在岗培训任务布置五步法

在岗培训任务布置五步法：

（1）部署任务，即向徒弟讲述任务要求；

（2）复述任务，即请徒弟重复任务内容；

（3）明确目标，即询问徒弟是否知道任务的目标和意义；

（4）充分授权，即交待徒弟遇到哪些意外必须向自己汇报，哪些情况下自主决定；

（5）鼓励思考，即询问徒弟有什么更好的想法和建议。

在岗培训任务布置与监督指导

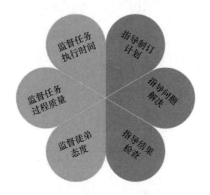

【时间掌控】1分钟

【讲解要点】在岗培训任务布置与监督指导

在岗培训任务布置与监督指导包括监督任务执行时间、监督任务过程质量、监督徒弟态度、指导结果检查、指导问题解决、指导制订计划。

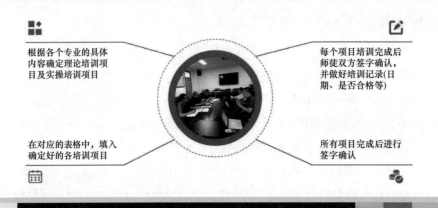

■　在岗培训手册的使用

根据各个专业的具体内容确定理论培训项目及实操培训项目

每个项目培训完成后师徒双方签字确认，并做好培训记录(日期、是否合格等)

在对应的表格中，填入确定好的各培训项目

所有项目完成后进行签字确认

【时间掌控】 2分钟

【讲解要点】 在岗培训手册的使用

在岗培训手册的使用方式如下：

（1）根据各个专业的具体内容确定理论培训项目及实操培训项目；

（2）在对应的表格中，填入确定好的各培训项目；

（3）每个项目培训完成后师徒双方签字确认，并做好培训记录（日期、是否合格等）；

（4）所有项目完成后进行签字确认。

■　在岗培训-在岗部分的意义

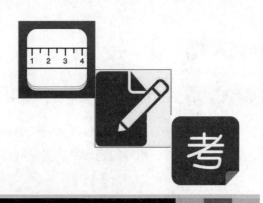

在岗培训手册的意义

◆ 在岗培训的标准

◆ 在岗培训的实施记录

◆ 在岗培训的考核记录

【时间掌控】1分钟

【讲解要点】在岗培训-在岗部分的意义

在岗培训手册的意义包括在岗培训的标准、在岗培训的实施记录、在岗培训的考核记录。

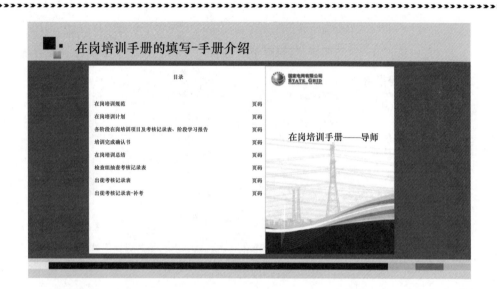

【时间掌控】3分钟

【讲解要点】在岗培训手册的填写-手册介绍

在岗培训手册的填写-手册介绍如上图所示。

■· 在岗培训手册的填写-培训项目

在岗培训计划：

根据各岗位实际工作内容分阶段制定出的在岗培训计划，导师需列明各阶段的培训项目。

☐ 培训阶段起止日期

☐ 培训项目

☐ 导师姓名

☐ 师徒签字

⧗ 【时间掌控】1 分钟

▤ 【讲解要点】在岗培训手册的填写-培训项目

在岗培训计划为根据各岗位实际工作内容分阶段制定出的在岗培训计划，导师需列明各阶段的培训项目。包括培训阶段起止日期、培训项目、导师姓名、师徒签字。

⧗ 【时间掌控】1 分钟

▤ 【讲解要点】在岗培训手册的填写-阶段学习报告

阶段学习报告为徒弟需要在完成该阶段所有项目后，进行学习报告填写，导师负责指导。包括实践过的任务、收获与体验、困难与意见、个人思考与作品展示。

⏳ 【时间掌控】 1 分钟

📚 【讲解要点】 在岗培训手册的填写-培训总结

　　培训总结为徒弟将培训内容及学习心得体会等内容作以记录，由导师检查并提出改进建议。包括学习内容、学习体会、导师签字。

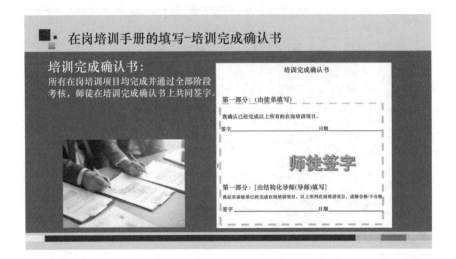

⏳ 【时间掌控】 1 分钟

📚 【讲解要点】 在岗培训手册的填写-培训完成确认书

　　培训完成确认书为所有在岗培训项目均完成并通过全部阶段考核，师徒在培训完成确认书上共同签字。

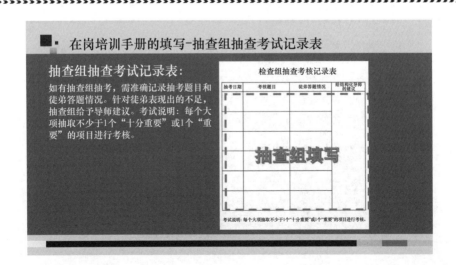

【时间掌控】1分钟

【讲解要点】在岗培训手册的填写-抽查组抽查考试记录表

抽查组抽查考试记录表为如有抽查组抽考，需准确记录抽考题目和徒弟答题情况。针对徒弟表现出的不足，抽查组给予导师建议。

考试说明：每个大项抽取不少于1个"十分重要"或1个"重要"的项目进行考核。

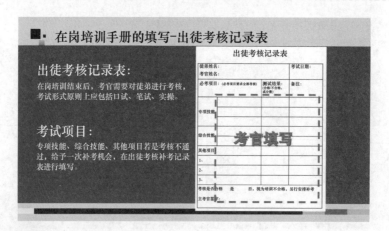

【时间掌控】1分钟

【讲解要点】在岗培训手册的填写-出徒考核记录表

出徒考核记录表为在岗培训结束后，考官需要对徒弟进行考核，考试形式原则上应包括口试、笔试、实操。

考核项目包括专项技能、综合技能、其他项目。

若是考核不通过，给予一次补考机会，在出徒考核补考记录表进行填写。

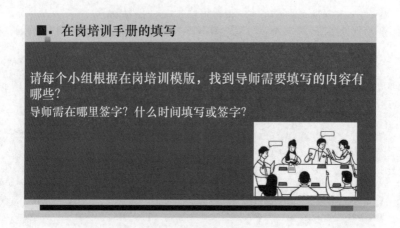

【时间掌控】1分钟

【讲解要点】在岗培训手册的填写

请每个小组根据在岗培训模板，找到导师需要填写的内容有哪些？导师需在哪里签字？什么时间填写或签字？

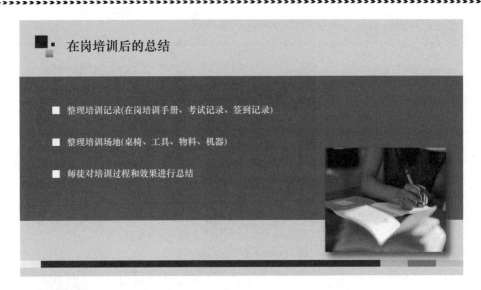

【时间掌控】1分钟

【讲解要点】在岗培训后的总结

在岗培训后，应整理培训记录、整理培训场地；师徒对培训过程和效果进行总结。

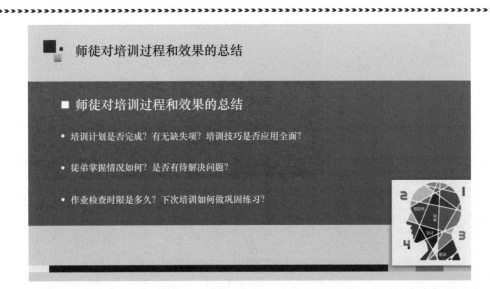

【时间掌控】 1 分钟

【讲解要点】 师徒对培训过程和效果的总结

师徒对培训过程和效果的总结如下。

培训计划是否完成？有无缺失项？培训技巧是否应用全面？

徒弟掌握情况如何？是否有待解决问题？

作业检查时限是多久？下次培训如何做巩固练习？

【时间掌控】 1 分钟

【讲解要点】 在岗培训的策略与技巧

第三部分，在岗培训的策略与技巧。

【时间掌控】 1分钟

【讲解要点】 提问的好处

提问的好处有：

（1）能够使徒弟养成积极思考的好习惯，增强互动性，活跃气氛；

（2）集思广益，启发思维；

（3）突出培训的重点；

（4）了解徒弟的掌握程度。

【时间掌控】 1分钟

【讲解要点】 提问的方式

提问的方式分为封闭式及开放式。

（1）封闭式为回答者只需回答"是与否"；

（2）开放式为让回答者更详细地陈述所要表达的内容。

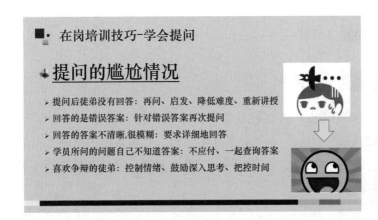

【时间掌控】 2 分钟

【讲解要点】 提问的尴尬情况

提问时会出现以下几个尴尬的情况：

(1) 提问后徒弟没有回答：再问、启发、降低难度、重新讲授；

(2) 回答的是错误答案：针对错误答案再次提问；

(3) 回答的答案不清晰，很模糊：要求详细地回答；

(4) 学员所问的问题自己不知道答案：不应付、一起查询答案；

(5) 喜欢争辩的徒弟：控制情绪、鼓励深入思考、把控时间。

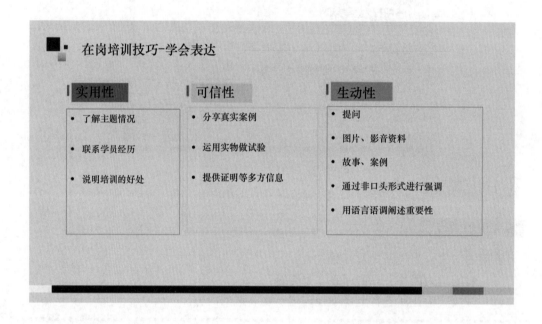

【时间掌控】 2 分钟

【讲解要点】 学会表达

学会表达具有实用性、可信性及生动性。实用性包括了解主题情况、联系学员经历、说明培训的好处；可信性包括分享真实案例、运用实物做试验、提供证明等多方信息；生动性包括提问，图片、影音资料，故事、案例，通过非口头形式进行强调，用语音语调阐述重要性。

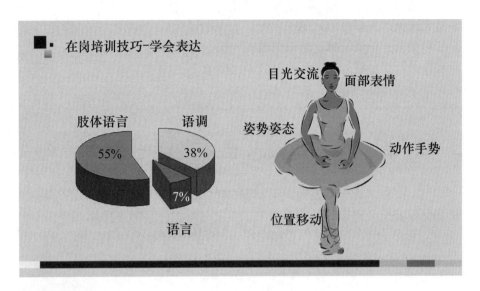

【时间掌控】 1 分钟

【讲解要点】 学会表达

在我们日常表达中，动作手势占比最大，语调占比其次，语言占比最小。

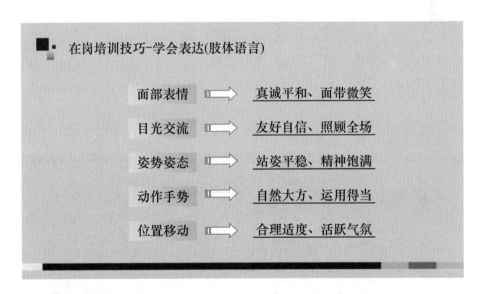

【时间掌控】 1 分钟

【讲解要点】 肢体语言的组成

肢体语言包括五部分。

（1）面部表情：真诚平和、面带微笑；

（2）目光交流：友好自信、照顾全场；
（3）姿势姿态：站姿平稳、精神饱满；
（4）动作手势：自然大方、运用得当；
（5）位置移动：合理适度、活跃气氛。

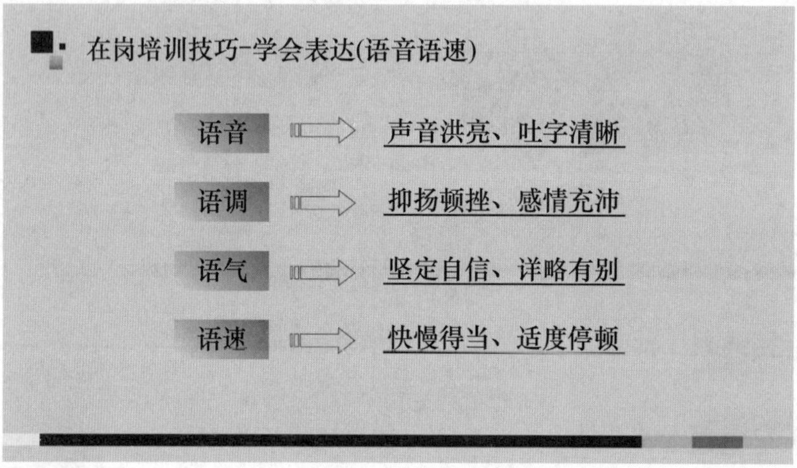

在岗培训技巧-学会表达(语音语速)

语音	⇨	声音洪亮、吐字清晰
语调	⇨	抑扬顿挫、感情充沛
语气	⇨	坚定自信、详略有别
语速	⇨	快慢得当、适度停顿

⌛【时间掌控】1分钟

📖【讲解要点】语音语速的四部分

语音语速包括四部分。
（1）语音：声音洪亮、吐字清晰；
（2）语调：抑扬顿挫、感情充沛；
（3）语气：坚定自信、详略有别；
（4）语速：快慢得当、适度停顿。

在岗培训技巧-学会考试

柯氏培训评估模式，简称"4R"，主要内容：

阶段1.反应评估(Reaction)：评估被培训者的满意程度；

阶段2.学习评估(Learning)：测定被培训者的学习获得程度；

阶段3.行为评估(Behavior)：考察被培训者的知识运用程度；

阶段4.成果评估(Result)：计算培训创出的经济效益。

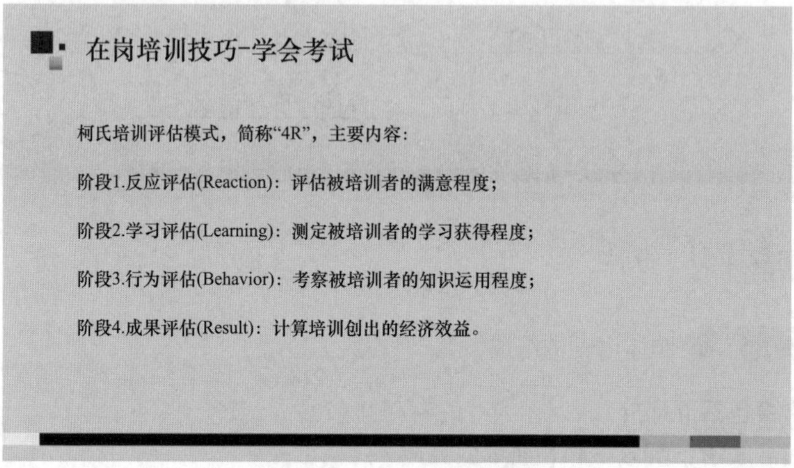

【时间掌控】3 分钟

【讲解要点】结构化导师在岗培训

柯氏培训评估模式，简称"4R"，主要内容：

(1) 阶段 1. 反应评估（Reaction）：评估被培训者的满意程度；

(2) 阶段 2. 学习评估（Learning）：测定被培训者的学习获得程度；

(3) 阶段 3. 行为评估（Behavior）：考察被培训者的知识运用程度；

(4) 阶段 4. 成果评估（Result）：计算培训创出的经济效益。

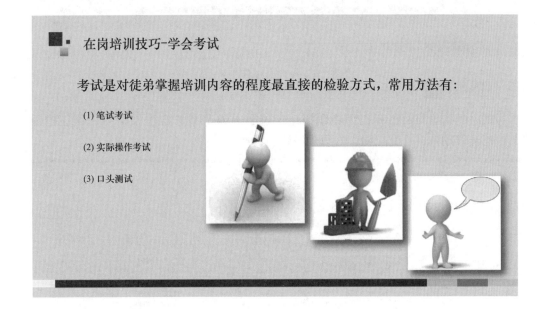

【时间掌控】1 分钟

【讲解要点】学会考试

考试是对徒弟掌握培训内容的程度最直接的检验方式，常用方法有：

(1) 笔试考试；

(2) 实际操作考试；

(3) 口头测试。

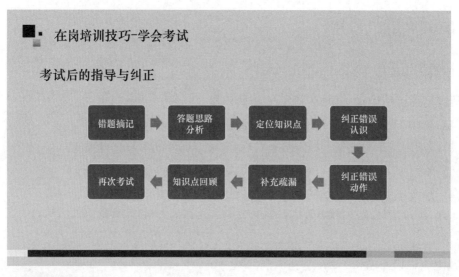

【时间掌控】1分钟

【讲解要点】考试后的指导与纠正

　　考试后的指导与纠正流程为错题摘记、答题思路分析、定位知识点、纠正错误认识、纠正错误动作、补充疏漏、知识点回顾、再次考试。

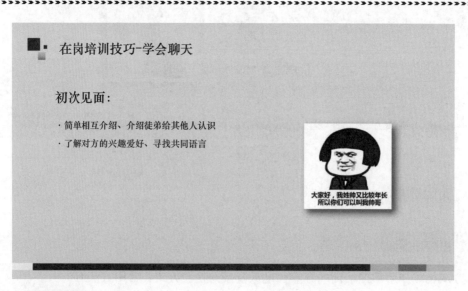

【时间掌控】1分钟

【讲解要点】初次见面

　　在初次见面时，需进行简单的互相介绍、介绍徒弟给其他人认识；了解对方的兴趣爱好、寻找共同语言。

在岗培训技巧-学会聊天

培训过程中：

· 真心关怀、询问徒弟的学习感受、了解其困难并协助解决

· 采用适合徒弟的语言风格、不超越人际界限

· 采用真诚而具体的方式进行赞美

· "汉堡包"式批评

· 邀请他人参加业余互动

【时间掌控】 2分钟

【讲解要点】 学会聊天

在培训过程中，要做到真心关怀、询问徒弟的学习感受、了解其困难并协助解决；采用适合徒弟的语言风格、不超越人际界限；采用真诚而具体的方式进行赞美；采用"汉堡包"式批评；邀请他人参加业余互动。

在岗培训技巧-学会聊天

培训结束后：

· 保持联络、热心帮忙、建立人脉

【时间掌控】 1分钟

【讲解要点】 学会聊天

在培训结束后，要保持联络、热心帮忙、建立人脉。

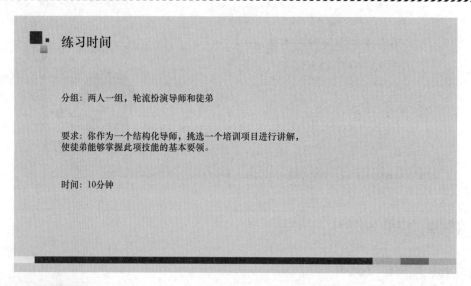

【时间掌控】 10分钟

【讲解要点】 练习时间

练习时间。分组：两人一组，轮流扮演导师和徒弟。

要求：你作为一个结构化导师，挑选一个培训项目进行讲解，使徒弟能够掌握此项技能的基本要领。

时间：时间为10分钟。

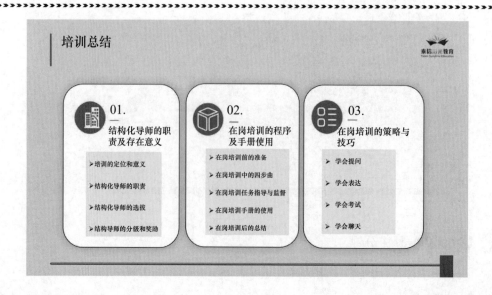

【时间掌控】3 分钟

【讲解要点】培训总结

　　本次培训，我们对结构化导师的职责及存在意义、在岗培训的程序及手册使用、在岗培训的策略与技巧进行了全方面的培训。感谢大家的聆听！

【时间掌控】1 分钟

【讲解要点】结构化导师应掌握的知识

　　下面，给大家下发一个《在岗培训小贴士》。结构化导师应做到——讲授、分析、示范、监督、纠正。

【时间掌控】1分钟

【讲解要点】学员应做到的行为

学员要做到听、看、记、练、改。

【时间掌控】30分钟

【讲解要点】笔试

最后我们通过考试来检测下自己的学习情况吧!

二、课程2

(一)《师带徒培训方法与技巧》课程大纲

目标学员:职业导师

课程课时:6课时(307分钟)

培训形式:分组竞赛、小组讨论、案例分析、现场演练等多种授课形式

人数限制:60人

[课程说明]

为确保"师带徒"工作的顺利开展,特制订师带徒培训管理制度,开发了管理工具,以此为师带徒培训工作提供了详细的引导和规范。由于职业导师资格获取需要经过

报名、选拔和培养三个步骤，其中培养环节就包括了制度及工具介绍、培训技巧、经验萃取三个课程。本课程是三个课程中的核心课程，直接关系到师带徒培训质量和成果，能帮助职业导师实现从"我会做"到"我会教"的跨越，在助力徒弟成长的过程中，达成"教学相长"的目标。

通过讲解师带徒培训技巧，使职业导师具备辅导者心态、了解师带徒培训的计划、执行和总结的方法，掌握并熟练应用培训中师徒沟通技巧、演示示范技巧、考核复盘技巧。

[课程目标]

√目标 1：使职业导师具备辅导者心态，充分理解师徒关系的内核；

√目标 2：使职业导师掌握师带徒培训计划、执行和总结方法；

√目标 3：使职业导师能理解并应用培训沟通技巧、演示技巧和考核复盘技巧；

[课程内容]

第一部分　职业导师角色与定位【60 分钟】

1. 课堂培训老师与技能培训导师的角色区别

课堂培训——讲知识——传播者

技能培训——练技能——辅导者

破冰活动（小组讨论）：举一个你在生活中学技能的例子，分析指导你的人做了什么？

2. 辅导者角色定位

2.1 辅导者有所为（监督、引导、示范）

2.2 辅导者有所不为（不放羊、不干讲、不大包大揽）

3. 师徒关系的内核

平等、鼓励、支持、纠偏

视频讨论：功夫熊猫（哪些地方印证了辅导者有所为、有所不为？）

第二部分　师带徒培训方法【100 分钟】

1. 前：制订培训计划

1.1 明确目标和时限

1.2 拆分目标

1.3 设置关键节点

1.4 制订双方行动

1.5 计划调整

模拟练习：办一场技能比武活动需要如何制订计划？绘制流程图

2. 中：培训实施方法

2.1 培训准备：场地准备、工具物料准备、师徒心理准备

2.2 检查表的应用

[课堂练习]　小组 PK（利用检查表，列举培训需要做哪些准备）

2.3 STEP 原则

S（Significance）：重要性、意义

T（Theory）：理论、方法

E（Example）：举例、示范

P（Practice）：练习、检验

［课堂练习］小组 PK（每组选取一个工作知识点，运用 STEP 原则讲授）

2.4 效果评估

独立完成、换位讲解、举一反三

3. 后：培训总结归纳

3.1 徒弟：总结内容、归纳方法

3.2 师傅：总结培训过程、归纳培训技巧

3.3 总结归纳工具：思维导图

［课堂练习］小组 PK（画出师带徒培训方法的思维导图）

第三部分　师带徒培训技巧【100 分钟】

1. 沟通技巧

1.1 语言表达技巧

1.2 肢体语言技巧

1.3 提问与提醒技巧

1.4 倾听与确认技巧

情景演示（用不同的表情、动作、语气，读同一句话，感知不同）

2. 演示技巧

技能培训 4 步曲：

我说你听——讲授

我做你看——示范

你做我看——练习

你说我听——总结

观看视频：机场培训师，分析各个步骤的运用方法

情景演示（每组选取一个工作技能点，运用 4 步曲完成演示全过程）

3. 考核复盘技巧

3.1 考核方式的选择：口试、笔试、操作、任务

3.2 考核后的做法：练不熟、纠错误、写总结

3.3 复盘的做法：回顾目标、评估结果、分析原因

［课堂练习］情景演示（完成本次培训的复盘）

结束部分【40 分钟】

1. 考试

2. 总结回顾

3. 号召行动

4. 庆祝收获

（二）《师带徒培训方法与技巧》课程内容

【时间掌控】 8分钟

【讲解要点】 重新选组长

欢迎大家来到《师带徒培训方法与技巧》培训课程。

本次课程的互动环节，我们将继续以小组的形式展开。这次我们通过一个新的方式选出组长，叫作"替我大声说"。我给每个前任组长各发一张卡片，让他们在卡片上写出自己最想跟新组长说的一句话，然后我随机发放给各组随机一个组员，从该组员开始每人读一个字，谁读到最后一个字，谁就是本次课程的组长！

下面开始游戏（游戏完成），掌声鼓励新上任的几位组长！希望在你们的带领下，小组取得更好的成绩。

⏳ **【时间掌控】** 10 分钟

📖 **【讲解要点】** 生活技能获取方式

现在要给新组长第一个任务：请找出本组每个组员都比较擅长的一项生活技能？

请问大家：还记得这项生活技能是谁教给你的吗？他在教你时，最令你印象深刻的是什么事呢？（各组讨论，回答）

好，看来大家的生活技能不仅丰富多彩，还对指导你的人感情深厚。

其实，年幼时，生活技能需要有人教我们；初入职场的青年，专业技能也需要有人指导和帮助。而职业技能传授不仅仅是职业院校的老师在课堂里就能圆满地完成任务，更需要有企业经验丰富的职业导师，手把手地传授经验和心得。

所以，学习师带徒培训技巧，就要从课堂培训导师与技能培训导师的区别谈起。

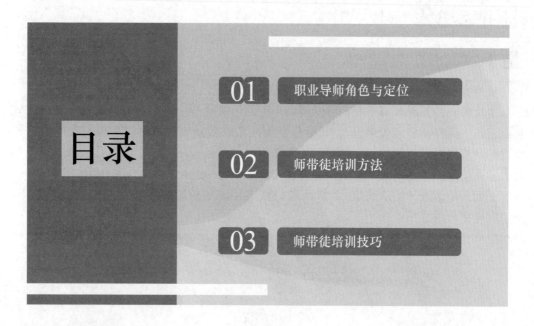

⏳ **【时间掌控】** 2 分钟

📖 **【讲解要点】** 课程内容和目标

今天，我们通过讲解师带徒培训技巧，使职业导师具备辅导者心态、了解师带徒培训的计划、执行和总结的方法，掌握并熟练应用培训中师徒沟通技巧、演示示范技巧、考核复盘技巧，为日后开展师带徒培训工作打好基础。

【时间掌控】 1分钟

【讲解要点】 课堂培训概念及特点

让我们先看一段视频，回到中学教室里。（播放《老师好》片段）

看完这个视频，大家觉得这样的中小学课程，这样的教学属于什么？有什么特点？（引导学员回答）

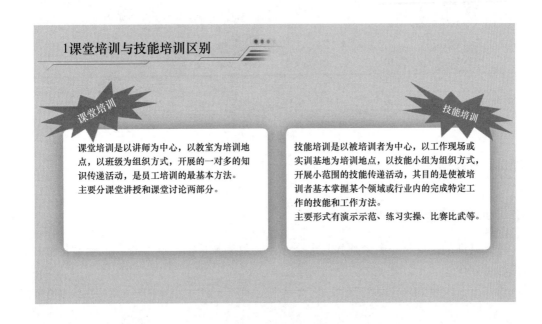

⧗ 【时间掌控】 1分钟

▤ 【讲解要点】 课堂培训与技能培训的区别

大家说得对，是课堂教学。

如果在企业里，就是课堂理论培训，课堂培训是以讲师为中心，以教室为培训地点，以班级为组织方式，开展的一对多的知识传递活动，是员工培训的最基本方法。主要分课堂讲授和课堂讨论两部分。而技能培训是为了使被培训者基本掌握某个领域或行业内的完成特定工作的技能和工作方法，一般以被培训者为中心，以工作现场或实训基地为培训地点，以技能小组为组织方式，开展小范围的技能传递活动。主要形式有演示示范、练习实操、比赛比武等。比如电脑技能培训、软件开发技能培训、汽修技能培训、厨师技能培训。

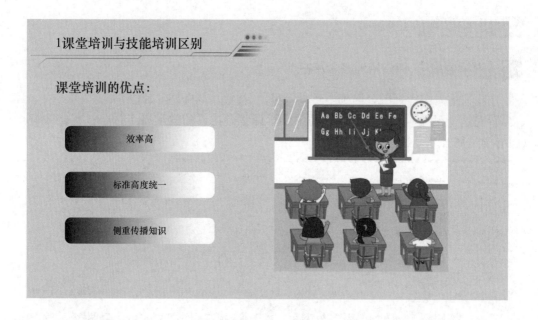

⧗ 【时间掌控】 1分钟

▤ 【讲解要点】 课堂培训的优点

课堂培训的优点是一个老师教几十个学生，效率高；标准高度统一；侧重传播知识时能体现其优点。

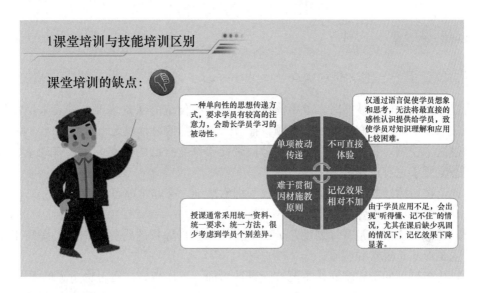

【时间掌控】 2分钟

【讲解要点】 课堂培训的缺点

　　但是课堂理论培训也有不少缺点：课堂培训本质上是一种单向性的思想传递方式，要求学员有较高的注意力，会助长学员学习的被动性；课堂培训仅通过语言促使学员想象和思考，无法将最直接的感性认识提供给学员，致使学员对知识理解和应用上较困难；课堂培训的记忆效果相对不佳，由于学员应用不足，时常会出现"听得懂、记不住"的情况，尤其在课后缺少巩固的情况下，记忆效果下降显著；课堂培训难于贯彻因材施教原则，授课通常采用统一资料、统一要求、统一方法，很少考虑学员个别差异。

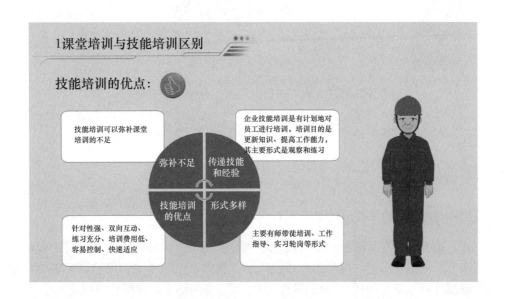

【时间掌控】10 分钟

【讲解要点】技能培训的优点

所以，当我们传递技能时，就不能过分依赖这种传统的课堂培训，需要采用技能培训的方式。接下来，我们再看一段视频（播放《老铁师傅》片段）。

通过这个视频，我们可以看出老铁师傅带徒弟都有自己的一套方法，有理论也有实操，有态度要求也有技能练习。

因此，在传播经验时，技能培训相较于课堂培训，有非常显著的优势：

（1）技能培训可以弥补课堂培训的不足；

（2）企业技能培训是有计划地对员工进行培训，培训目的是更新知识、提高工作能力，其主要形式是观察和练习；

（3）技能培训的形式多样，主要有师带徒培训、工作指导、实习轮岗等形式；

（4）技能培训有针对性强、双向互动、练习充分、培训费用低、容易控制及快速适应等优点。

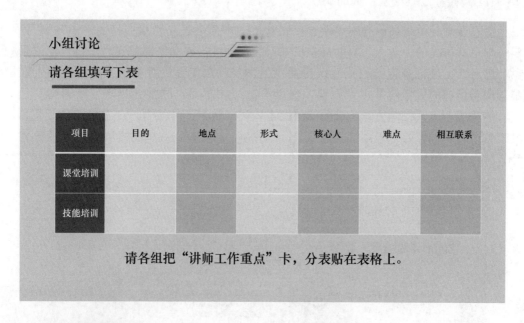

小组讨论

请各组填写下表

项目	目的	地点	形式	核心人	难点	相互联系
课堂培训						
技能培训						

请各组把"讲师工作重点"卡，分表贴在表格上。

【时间掌控】3 分钟

【讲解要点】辅导者角色定位

下面，请各组填写《课堂培训与技能培训的区别表》（各组填表），填写完成后把表格贴在墙上。再请各组把"讲师工作重点"卡（讲课、组织考试、培养自学能力；示范演示、组织练习、指导纠错），分别贴在表格上。（各组贴卡，讲师总结纠正）。

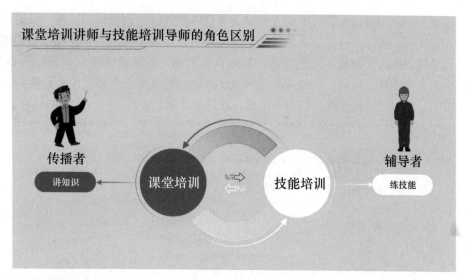

【时间掌控】 2分钟

【讲解要点】 辅导者角色定位

　　课堂培训中，课堂培训讲师的主要工作是讲知识，其角色是知识传播者；技能培训中，技能导师的工作侧重点是带着徒弟练技能，其角色是技能辅导者。

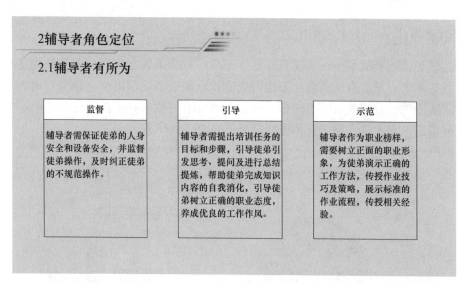

【时间掌控】 4分钟

【讲解要点】 辅导者有所为

　　在座的各位职业导师，也就是技能培训导师，要时刻谨记辅导者有所为、有所不为：

我们要监督——辅导者需保证徒弟的人身安全和设备安全，并监督徒弟操作，及时纠正徒弟的不规范操作。引导——辅导者需提出培训任务的目标和步骤，引导徒弟引发思考、提问及进行总结提炼，帮助徒弟完成知识内容的自我消化，引导徒弟树立正确的职业态度，养成优良的工作作风。示范——辅导者作为职业榜样，需要树立正面的职业形象，为徒弟演示正确的工作方法，传授作业技巧及策略，展示标准的作业流程，传授相关经验。

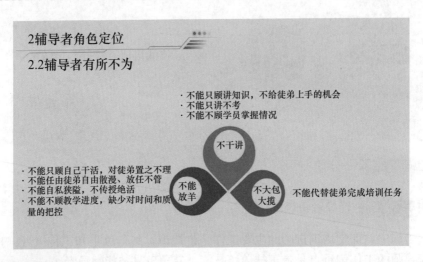

【时间掌控】 3 分钟

【讲解要点】 辅导者有所不为

作为辅导者不能放羊——不能只顾自己干活，对徒弟置之不理；不能任由徒弟自由散漫、放任不管；不能自私狭隘，不传授绝活；不能不顾教学进度，缺少对时间和质量的把控。不干讲——不能只顾讲知识，不给徒弟上手的机会；不能只讲不考；不能不顾学员掌握情况。不大包大揽——不能代替徒弟完成培训任务。

【时间掌控】3 分钟

【讲解要点】辅导者有所为，有所不为

　　下面，请大家带着问题"视频中哪些地方印证了辅导者有所为有所不为?"一起看一段视频（播放《功夫熊猫》片段）。

　　好，视频看完了，请大家在大白纸上写出讨论结果。

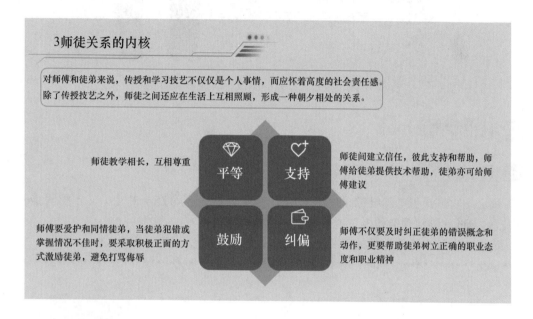

3师徒关系的内核

对师傅和徒弟来说，传授和学习技艺不仅仅是个人事情，而应怀着高度的社会责任感。除了传授技艺之外，师徒之间还应在生活上互相照顾，形成一种朝夕相处的关系。

师徒教学相长，互相尊重　　平等　　支持　　师徒间建立信任，彼此支持和帮助，师傅给徒弟提供技术帮助，徒弟亦可给师傅建议

师傅要爱护和同情徒弟，当徒弟犯错或掌握情况不佳时，要采取积极正面的方式激励徒弟，避免打骂侮辱　　鼓励　　纠偏　　师傅不仅要及时纠正徒弟的错误概念和动作，更要帮助徒弟树立正确的职业态度和职业精神

【时间掌控】7 分钟

【讲解要点】师徒关系的内核

　　经过分析讨论，我们发现：师傅带徒弟需要师傅花心思去思考，徒弟能做什么、不能做什么。小到班组部门，大到企业社会，人才培训都得到广泛重视。因此对师傅和徒弟来说，传授和学习技艺不仅仅是个人事情，而应怀着高度的社会责任感。师徒关系又是师带徒培训的感情基础，有良好的师徒氛围，才能促进培训的顺利开展。除了传授技艺之外，师徒之间还应在生活上互相照顾，形成一种朝夕相处的关系。师徒双方要平等，师徒教学相长，互相尊重；师傅要多鼓励徒弟，师傅要爱护和同情徒弟，当徒弟犯错或掌握情况不佳时，要采取积极正面的方式激励徒弟，避免打骂侮辱。师徒要互相支持，师徒间建立信任，彼此支持和帮助，师傅给徒弟提供技术帮助，徒弟亦可给师傅建议。师傅不仅要及时纠正徒弟的错误概念和动作，更要帮助徒弟树立正确的职业态度和职业精神。

【时间掌控】 3分钟

【讲解要点】 征集师徒语录

那么，大家最想送给徒弟的一句话是什么呢？请大家写在卡片上。（各组写卡片）每人念一遍。（讲师营造积极正能量气氛，带领大家鼓掌）

请把它送给以后你遇到的每一个徒弟。

【时间掌控】 5分钟

【讲解要点】 师带徒培训 3 个步骤的关键点

下面两个章节我们一起聊聊师带徒培训的方法与技巧。在师带徒培训中，需要我们职业导师在统一的"道路"上，借助标准的方法，发挥各自的经验特长，培养各个工种的新员工徒弟。

按时间来看，师带徒培训可分为培训前、培训中、培训后三个阶段，这三个阶段所关注的重点分别是培训前制订计划、培训中实施、培训后总结归纳。

【时间掌控】 4 分钟

【讲解要点】 明确目标和时限、拆分目标、设置关键节点、制订双方行动、计划调整

培训计划是按照一定的逻辑顺序排列的记录，它是从学员岗位任职能力要求出发，职业导师在全面、客观的培训需求分析基础上，做出的对培训内容、培训时间、培训地点、培训方式和结果评估方法等的预先系统设定。

我们常说水桶短板理论，桶里能装多少水，取决于最短的那块木板。那如果我们的目标是希望提高水桶的装水量，我们要着手修补木桶。修补一个有短板的木桶需要如何制订计划？请小组讨论。

（各组代表发言）好，我们来汇总一下：需要做的准备工作有：

（1）找到短板；

（2）测量短板与其他木板的差异；

（3）找个材料做补充；

（4）找到修补的工具，学会修补的方法和找到相关的人。

在修补过程中，如果遇到困难，还要及时调整工艺、材料、人手等。

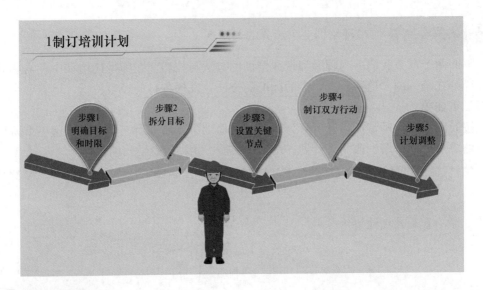

【时间掌控】3分钟

【讲解要点】明确目标和时限、拆分目标、设置关键节点、制订双方行动、计划调整

同理，我们在做师带徒培训时，制订培训计划分为明确目标和时限、拆分目标、设置关键节点、制订双方行动、计划调整 5 个步骤。

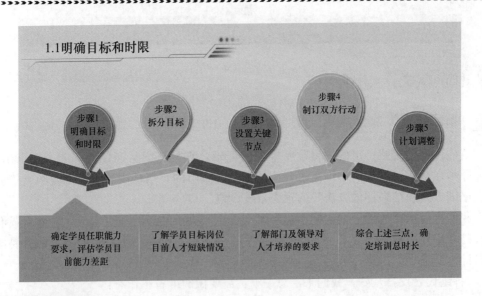

【时间掌控】3分钟

【讲解要点】明确目标和时限、拆分目标、设置关键节点、制订双方行动、计划调整

第一步：明确目标和时限，就需要我们确定学员任职能力要求，评估学员目前能力

差距；了解学员目标岗位、目前人才短缺情况；了解部门及领导对人才培养的要求。综合上述三点，确定培训总时长。

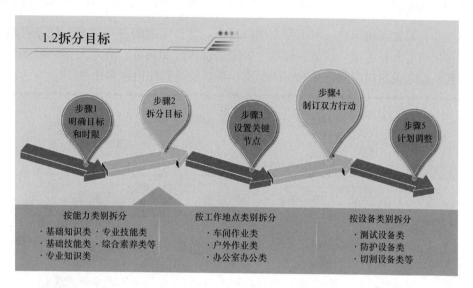

【时间掌控】 3 分钟

【讲解要点】 明确目标和时限、拆分目标、设置关键节点、制订双方行动、计划调整

　　第二步：拆分目标，按能力类别可拆分为基础知识类、专业技能类、基础技能类、综合素养类、专业知识类等；按工作地点类别可拆分为车间作业类、户外作业类、办公室办公类；按设备类别可拆分为测试设备类、防护设备类、切割设备类等。你还能想到哪些拆分方式吗？（学员代表回答）

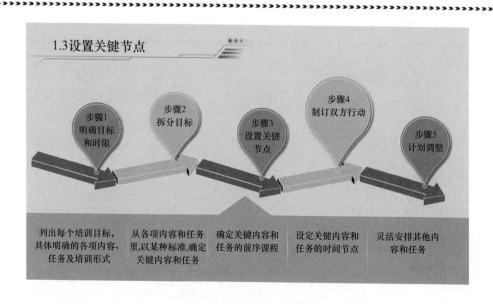

⧗ 【时间掌控】 3 分钟

📖 【讲解要点】 明确目标和时限、拆分目标、设置关键节点、制订双方行动、计划调整

第三步：设置关键节点，列出每个培训目标，具体明确的各项内容、任务及培训形式。从各项内容和任务里，以某种标准，确定关键内容和任务；确定关键内容和任务的前序课程；设定关键内容和任务的时间节点；灵活安排其他内容和任务。

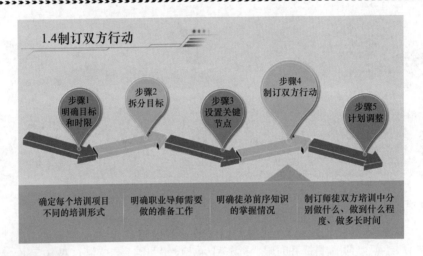

⧗ 【时间掌控】 3 分钟

📖 【讲解要点】 明确目标和时限、拆分目标、设置关键节点、制订双方行动、计划调整

第四步：制订双方行动，确定每个培训项目不同的培训形式；明确职业导师需要做的准备工作；明确徒弟前序知识的掌握情况；制订师徒双方培训中分别做什么、做到什么程度、做多长时间。

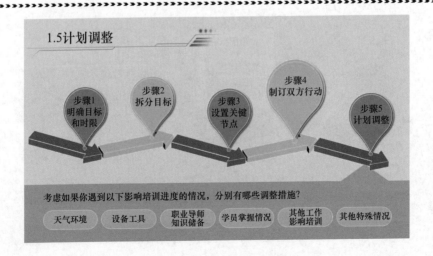

【时间掌控】 3 分钟

【讲解要点】 明确目标和时限、拆分目标、设置关键节点、制订双方行动、计划调整

第五步：计划调整，考虑遇到以下影响培训进度的情况（如天气环境、设备工具、职业导师知识储备、学员掌握情况、其他工作影响培训、其他特殊情况等），分别有哪些调整措施？

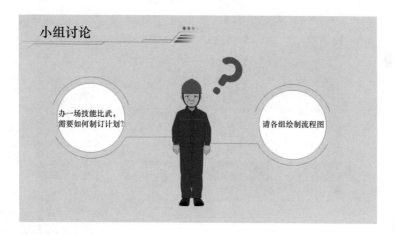

【时间掌控】 3 分钟

【讲解要点】 明确目标和时限、拆分目标、设置关键节点、制订双方行动、计划调整

所以，师带徒培训的先决条件是充分考虑培训计划。正因为如此，我们为大家提供了师带徒管理工具，里面有培训项目和计划的模块，帮助大家梳理思路。

那么请各小组讨论一下，如果想办一场技能比武，需要如何制定计划？请各组绘制流程图。

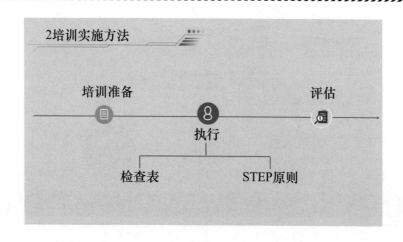

【时间掌控】1分钟

【讲解要点】培训实施方法

　　制定好培训计划，下面我们一起探讨培训实施。培训实施需要考虑步骤和方法，所以我们把培训实施分为培训准备、执行、评估三个步骤，其中执行环节，给大家展示一个工具——检查表、STEP原则。

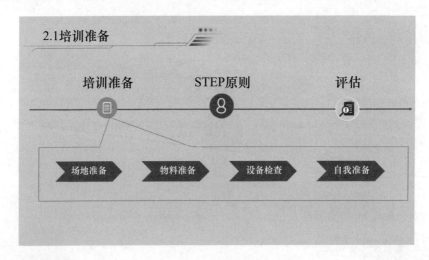

【时间掌控】1分钟

【讲解要点】培训准备需要考虑四个方面：场地、物料、设备、自我

　　我们经常会说：有备无患。那么，师带徒培训前，我们需要做哪些准备，才能"无患"呢？可概括为场地准备、物料准备、设备检查、师徒心理（自我）准备四个方面。

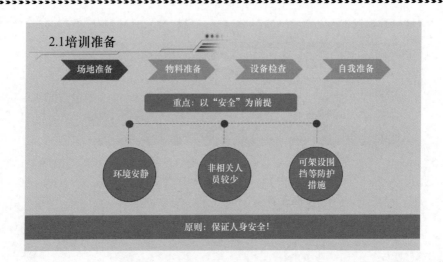

⌛ 【时间掌控】2分钟

📖 【讲解要点】培训准备需要考虑四个方面：场地、物料、设备、自我

首先是场地。刚才我们讨论技能比武，是需要场地的，而且对场地有较高的要求。我们师带徒培训也一样，对培训场地的要求是环境安静、非相关人员较少、可架设围挡等防护措施。这样既能保证我们的培训活动不会影响其他工作，其他工作也不会影响我们培训，又能保证师徒双方的人身安全。场地准备的重点：以"安全"为前提。

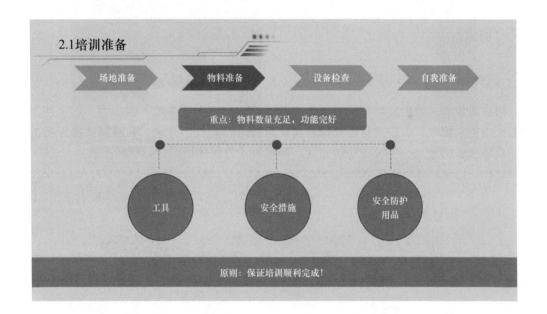

⌛ 【时间掌控】2分钟

📖 【讲解要点】培训准备需要考虑四个方面：场地、物料、设备、自我

其次是物料。我们的师带徒培训多以实操为主，实操就需要提前准备工具、备品、安全措施、安全防护用品等。如果任何一项没带齐，都有可能需要我们往返回去取，耽误宝贵的培训时间。所以，物料准备的重点：所有物料准备数量充足，功能完好。确定后才能保证培训过程顺利完成！

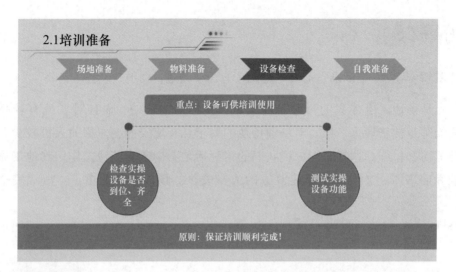

⧗ 【时间掌控】 2分钟

📖 【讲解要点】 培训准备需要考虑四个方面：场地、物料、设备、自我

再次是设备。我们在培训前需要提前联系检测配电柜，绝对不能培训开始了才发现没有配电柜。因此，设备准备需要检查实操设备是否到位、齐全，并测试实操设备的功能。设备准备的重点：各设备功能完好，确定后才能保证培训过程顺利完成！

⧗ 【时间掌控】 2分钟

📖 【讲解要点】 培训准备需要考虑四个方面：场地、物料、设备、自我

最后也是最重要的，自我准备。职业导师需要提前备课，熟悉讲课内容，给徒弟安排预习任务、准备着装、调整精神和情绪。自我准备的重点：重视培训，有备而来。

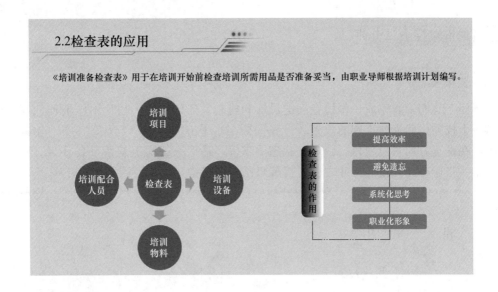

2.2 检查表的应用

《培训准备检查表》用于在培训开始前检查培训所需用品是否准备妥当，由职业导师根据培训计划编写。

【时间掌控】3 分钟

【讲解要点】检查表的应用

《培训准备检查表》用于在培训开始前检查培训所需用品是否准备妥当，由职业导师根据培训计划编写。

检查表需要包含的项目有培训项目、培训设备、培训物料、培训配合人员等，可以由职业导师根据不同培训项目自行设计。

检查表的作用：提高效率、避免遗忘、系统化思考、职业化形象。

2.2 检查表的应用

培训准备检查表

类别	场地	工具	物料	人员
项目				
数量				
状态要求				
是否准备妥当				

【时间掌控】 3 分钟

【讲解要点】 检查表的应用

　　下面，我们一起完成一份检查表的设计和检查。还记得我们讨论的技能比武吗？给它做一个技能比武准备工作的检查表。我们要在水平方向写上：场地、工具、物料、人员等，在垂直方向写上项目、数量、状态要求等，最后一行写上是否准备妥当。这样就形成了一张检查表。技能比武之前，提醒自己对照打钩，以保证活动顺利开展。

【时间掌控】 4 分钟

【讲解要点】 检查表的应用

　　好啦！到了大展拳脚的时候了，请列举你所在工种某项工作培训需要做哪些准备？请各组设计一份检查表。

　　（各组代表展示、评分）

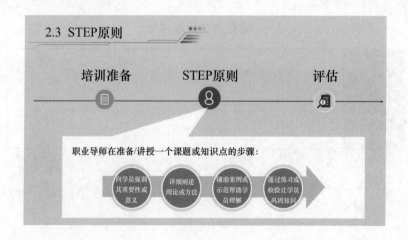

【时间掌控】 1 分钟

【讲解要点】 STEP 原则

　　职业导师在准备/讲授一个课题或知识点的时候，可以按照以下步骤来进行：向学员强调其重要性或意义、详细阐述理论或方法、辅助案例或示范帮助学员理解、通过练习或检验让学员巩固知识。

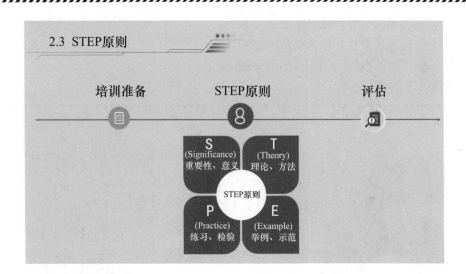

【时间掌控】 0.5 分钟

【讲解要点】 STEP 原则

　　以上就是 STEP 原则。

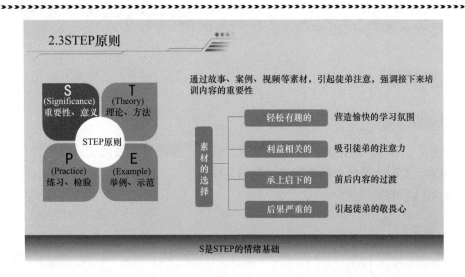

⧗ 【时间掌控】 2.5 分钟

📖 【讲解要点】 STEP 原则

下面，我针对 STEP 原则的每一步，给大家详细讲解。

S：重要性、意义。通过故事、案例、视频等素材，引起徒弟注意，强调接下来培训内容的重要性。

选择轻松有趣的素材，营造愉快的学习氛围；

选择利益相关的素材，吸引徒弟的注意力；

选择承上启下的素材，作为前后内容的过渡；

选择后果严重的案例，引起徒弟的敬畏心。

S 是 STEP 的情绪基础。

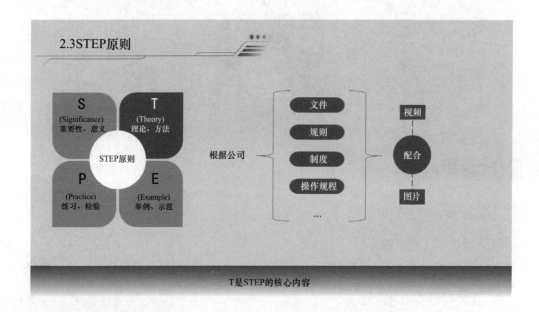

⧗ 【时间掌控】 3 分钟

📖 【讲解要点】 STEP 原则

T：理论、方法。根据公司文件、规则、制度、操作规程等阐述内容；理论讲授通常较为枯燥，如配合视频和图片能变抽象为具体。

T 是 STEP 的核心内容。

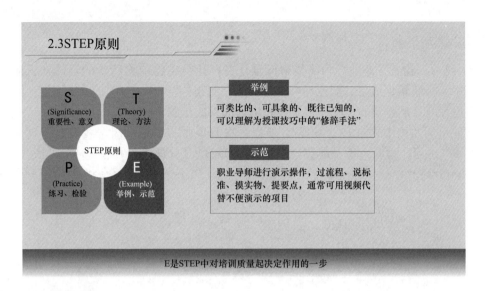

【时间掌控】 3分钟

【讲解要点】 STEP 原则

E：举例、示范。通过举例说明、示范演示，可将枯燥的理论变得更易接受。举例：可类比的、可具象的、既往已知的，可以理解为授课技巧中的"修辞手法"；示范：职业导师进行演示操作、过流程、说标准、摸实物、提要点，通常可用视频代替不便演示的项目。

E 是 STEP 中对培训质量起决定作用的一步。

【时间掌控】 2分钟

【讲解要点】 STEP 原则

P：练习、检验。职业导师给徒弟设置任务，让徒弟将前面所学的理论知识应用于实践当中，检验培训成果；职业导师在旁提醒和纠正。

P 是 STEP 最重要的步骤，也是检验培训成果的步骤。

技能培训的重中之重是"习得"，所以，在开展师带徒培训时，我们要把更多的时间留给 P（练习、检验）这个环节，尽量减少单纯的 T（理论、方法）环节的说教。

小组练习

每组选取一个工作知识点，运用STEP原则设计讲课流程

【时间掌控】 1 分钟

【讲解要点】 生活技能获取方式

下面是你们 P（练习、检验）的时间啦，每组把上一个检查表练习中你们选择的那一培训项目，运用 STEP 原则设计讲课流程。

2.4效果评估

培训准备　　　　STEP原则　　　　评估

确认培训效果　◀　培训评估　▶　判断是否可以开展后续培训的依据

⧖ 【时间掌控】 1 分钟

▤ 【讲解要点】 STEP 原则

确认培训效果，判断是否可以开展后续培训的依据，就是培训评估。

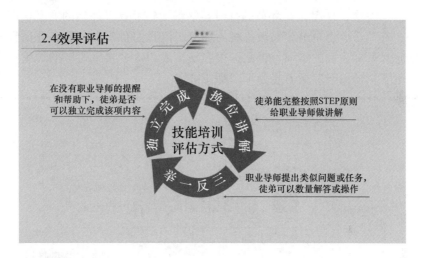

⧖ 【时间掌控】 3 分钟

▤ 【讲解要点】 效果评估（独立完成、换位讲解、举一反三）

常用技能培训评估方式如下：

（1）独立完成，在没有职业导师的提醒和帮助下，徒弟是否可以独立完成该项内容。

（2）换位讲解，徒弟能完整按照 STEP 原则给职业导师做讲解。

（3）举一反三，职业导师提出类似问题或任务，徒弟可以数量解答或操作。

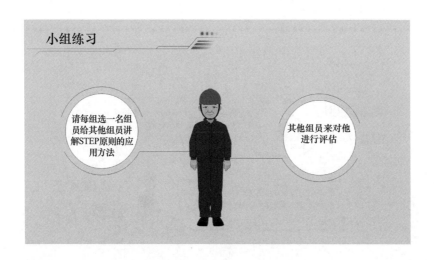

【时间掌控】 7分钟

【讲解要点】效果评估（独立完成、换位讲解、举一反三）

　　我们请小组内部开展效果评估活动。大家抽签决定，由哪位组员扮演职业导师，哪位组员扮演徒弟。请职业导师给组员讲授STEP原则的相关知识，其他组员对职业导师的讲解进行效果评估。我们在P环节的练习当中感受到了效果评估的意义，虽然它是培训的最后一个环节，但也是最容易被忽略的环节。但我们要明白，没有评估到满意的效果，就不能轻易开展后面的培训，否则，很容易造成"贪多嚼不烂"的情况。师带徒培训的目标是为了"徒弟会"而不是为了"师傅讲完了"。

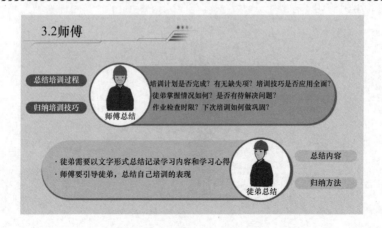

【时间掌控】 5分钟

【讲解要点】徒弟总结内容、归纳方法；师傅总结培训过程、归纳培训技巧

　　培训结束后，徒弟需要以文字形式总结记录学习内容和学习心得。师傅要引导徒弟，总结自己培训的表现。

【时间掌控】5分钟

【讲解要点】徒弟总结内容、归纳方法；师傅总结培训过程、归纳培训技巧

师傅要反思：培训计划是否完成？有无缺失项？培训技巧是否应用全面？徒弟掌握情况如何？是否有待解决问题？作业检查时限？下次培训如何做巩固？

【时间掌控】3分钟

【讲解要点】思维导图

接下来，给大家介绍一个工具——思维导图。思维导图，英文是 The Mind Map，又名心智导图。它简单高效，是一种实用型的思维工具。思维导图运用图文并重的技巧，把各级主题的关系用相互隶属与相关的层级图表现出来，把主题关键词与图像、颜色等建立记忆链接。下面我们一起看一个思维导图绘制方法视频，视频中详细介绍了思维导图的绘制方法。

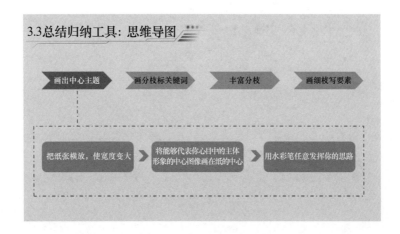

【时间掌控】 2分钟

【讲解要点】 思维导图

我们总结一下，绘制思维导图有四步。

第一步 画出中心主题：先把纸张横放，使宽度变大；将能够代表你心目中的主体形象的中心图像画在纸的中心；再用水彩笔任意发挥你的思路。

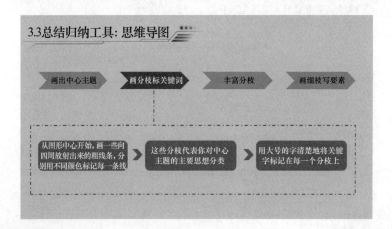

【时间掌控】 2分钟

【讲解要点】 思维导图

第二步 画分枝标关键词：绘画时，应先从图形中心开始，画一些向四周放射出来的粗线条，分别用不同颜色标记每一条线。这些分枝代表你对中心主题的主要思想分类。用大号的字清楚地将关键字标记在每一个分枝上。这样，当你想到这个概念时，这些关键词立刻就会从大脑里跳出来。

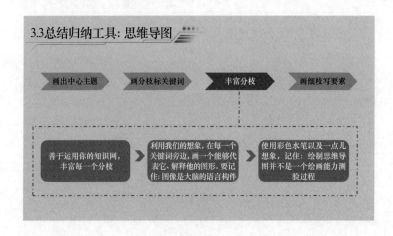

【讲解要点】思维导图

　　第三步　丰富分枝：要善于运用你的知识网，丰富每一个分枝。为了使我们更容易记忆，需要利用我们的想象，在每一个关键词旁边，画一个能够代表它、解释它的图形。要记住：图像是大脑的语言构件。使用彩色水笔以及一点儿想象，它不一定非要成为一幅杰作——记住：绘制思维导图并不是一个绘画能力测验过程！

3.3总结归纳工具：思维导图

| 画出中心主题 | 画分枝标关键词 | 丰富分枝 | 画细枝写要素 |

| 用联想来扩咱这幅思维导图 | 每一个关键词都能让人想到更多的词 | 你可以继续发散重要的细枝，补充更多的要素 |

【讲解要点】思维导图

　　第四步　画细枝写要素：用联想来扩展这幅思维导图。通常，每一个关键词都能让人想到更多的词，例如：假如你写下了"汽车部件"这个词，你就会想到车门、方向盘、发动机等。你可以继续发散重要的细枝，补充更多的要素。

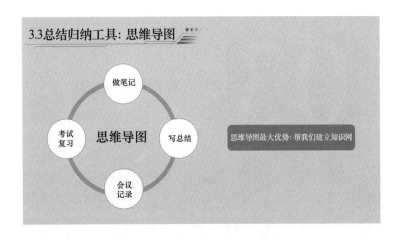

3.3总结归纳工具：思维导图

做笔记　写总结　会议记录　考试复习　思维导图

思维导图最大优势：帮我们建立知识网

【时间掌控】 2分钟

【讲解要点】 思维导图

介绍完画法，我们来讨论一下，思维导图可以应用在哪些场景？（小组代表回答）好，大家说得不错。

思维导图可以应用于做笔记、写总结、会议记录、考试复习等方面，它最大的优势就是帮我们建立知识网。

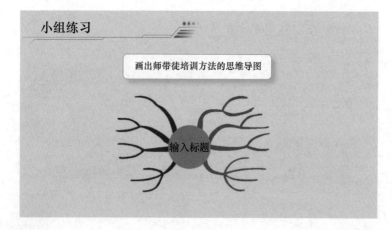

【时间掌控】 2分钟

【讲解要点】 思维导图

到这里，我们已经把师带徒的培训方法讲完了，请大家运用我们刚学的"思维导图"再总结一下"师带徒培训有哪些方法？"请每个小组完成一份思维导图。

（完成后，展示张贴，评分）

【时间掌控】 1分钟

【讲解要点】 师带徒培训的基本沟通技巧

　　上一节我们探讨了师带徒培训的方法，但我们明白，光有方法是不足以让我们做好师带徒培训的，还要有技巧。下面这一节课，我们就一起了解下培训技巧，培训技巧包括沟通、演示和考核复盘。

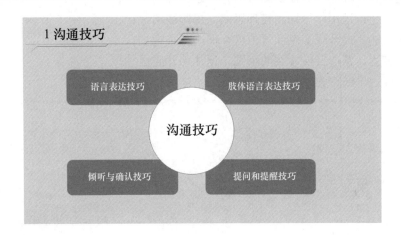

【时间掌控】 2分钟

【讲解要点】 师带徒培训的基本沟通技巧

　　沟通是师带徒培训的基本技巧，通过沟通能达成培训的目标。
　　日常生活的沟通分为书面和口头两种方式。今天我们主要分析口头方式，也就是语言表达、肢体语言表达、提问和提醒、倾听与确认这4个方面的技巧，这是师带徒培训最常用的方式。

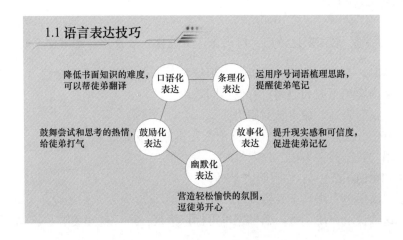

【时间掌控】2分钟

【讲解要点】语言表达技巧：口语化、条理化、故事化、幽默化、鼓励化

我们日常要想完成信息交换，需要有语言文字作为内容，优化语言文字的组织方式，可以提升消息接收方的理解程度。所以，作为职业导师，我们需要注意尽量对语言进行加工，下面有五种加工方式供大家参考。

口语化表达，降低书面知识的难度，可以帮徒弟翻译；

条理化表达，运用序号词语梳理思路，提醒徒弟笔记；

故事化表达，提升现实感和可信度，促进徒弟记忆；

幽默化表达，营造轻松愉快的氛围，逗徒弟开心；

鼓励化表达，鼓舞尝试和思考的热情，给徒弟打气。

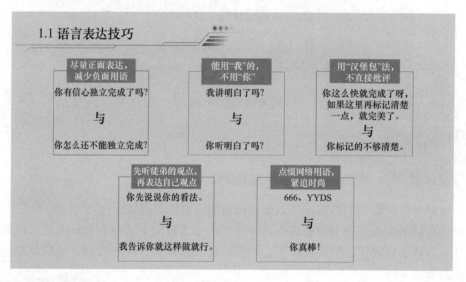

1.1 语言表达技巧

尽量正面表达，减少负面用语
你有信心独立完成了吗？
与
你怎么还不能独立完成？

能用"我"的，不用"你"
我讲明白了吗？
与
你听明白了吗？

用"汉堡包"法，不直接批评
你这么快就完成了呀，如果这里再标记清楚一点，就完美了。
与
你标记的不够清楚。

先听徒弟的观点，再表达自己观点
你先说说你的看法。
与
我告诉你就这样做就行。

点缀网络用语，紧追时尚
666、YYDS
与
你真棒！

【时间掌控】2分钟

【讲解要点】语言表达技巧：口语化、条理化、故事化、幽默化、鼓励化

语言表达时，有一些技巧，可以拉近师徒距离，让师徒关系更融洽。大家可以感受一下同样一个内容用不同的语句，有何不同效果？

（1）尽量正面表达，减少负面用语。

例：你有信心独立完成了吗？与 你怎么还不能独立完成？

（2）能用"我"的，不用"你"。

例：我讲明白了吗？与 你听明白了吗？

（3）用"汉堡包"法，不直接批评。

例：你这么快就完成了呀，如果这里再标记清楚一点，就完美了。与 你标记得不够

清楚。

（4）先听徒弟的观点，再表达自己观点。

例：你先说说你的看法。与 我告诉你就这样做就行。

（5）点缀网络用语，紧追时尚，让徒弟觉得你很时尚。

例：666 YYDS 与 你真棒！

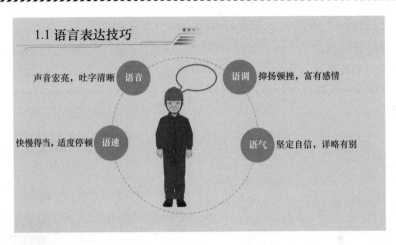

⧖ 【时间掌控】3分钟

📖 【讲解要点】语言表达技巧：口语化、条理化、故事化、幽默化、鼓励化

　　除了语言文字本身，说话时的语气也是能强化或改变语言效果的。语音声音洪亮，吐字清晰，需要强调的位置，要提高音量，以此吸引徒弟注意力；语调抑扬顿挫，富有感情，语调变化，才能让徒弟感受到你乐于分享的意愿；语气坚定自信，详略有别，用坚定的语气提升内容的可信度和自信，重点内容要详细讲解，反复讲解，过渡环节一带而过；语速快慢得当，适度停顿，尤其是停顿，是给徒弟思考和消化吸收的时间，注意避免一口气不停歇的授课形式。

【时间掌控】3分钟

【讲解要点】语言表达技巧：口语化、条理化、故事化、幽默化、鼓励化

除了日常面对面的沟通方式，我们也经常用到微信等即时沟通方式，下面，小组讨论与徒弟通过微信沟通时，需要注意什么？

（各组派代表回答）是的，大家说得没错，微信和面对面不同，没有机会带上表情，也没有办法用语音语调做区分。所以标点符号、表情符号、分条的方式就派上用场了。当然也要注意在未得到对方同意前，尽量不发较长的语音。

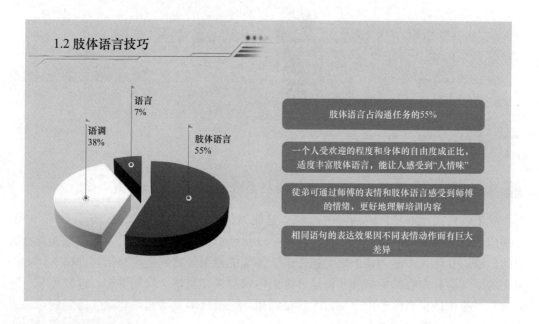

1.2 肢体语言技巧

语言 7%
语调 38%
肢体语言 55%

肢体语言占沟通任务的55%

一个人受欢迎的程度和身体的自由度成正比，适度丰富肢体语言，能让人感受到"人情味"

徒弟可通过师傅的表情和肢体语言感受到师傅的情绪，更好地理解培训内容

相同语句的表达效果因不同表情动作而有巨大差异

【时间掌控】3分钟

【讲解要点】肢体表达技巧：表情、目光、手势、身体姿势、位置移动

除了语言文字本身，肢体语言占沟通任务的55％；一个人受欢迎的程度和身体的自由度成正比，适度丰富肢体语言，能让人感受到"人情味"；徒弟可通过师傅的表情和肢体语言感受到师傅的情绪，更好地理解培训内容；相同语句的表达效果因不同表情动作而有巨大差异。

1.2 肢体语言技巧

【时间掌控】 3分钟

【讲解要点】 肢体表达技巧：表情、目光、手势、身体姿势、位置移动

　　既然肢体语言如此重要，我们需要注意什么呢？下面我们来看一看，保持身体的自由度，师傅通过配合培训内容的自然变化的肢体动作，能有效地吸引徒弟；举手投足都是学问，手势步伐辅助；眼神居首位，师傅对徒弟的最大鼓励是带着关怀和欣赏的眼神；看懂对方的肢体语言，关注徒弟的微表情，读懂潜台词。

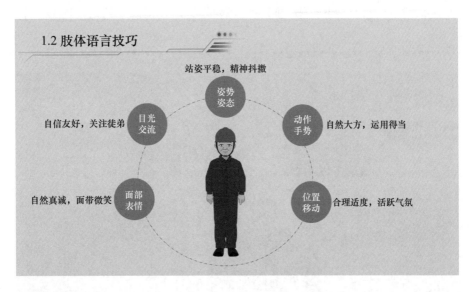

【时间掌控】 3分钟

【讲解要点】肢体表达技巧：表情、目光、手势、身体姿势、位置移动

简单来说，就是：面部表情自然真诚，面带微笑；目光交流自信友好，关注徒弟；站姿平稳，精神抖擞；动作手势自然大方，运用得当；位置移动合理适度，活跃气氛。

【时间掌控】1分钟

【讲解要点】肢体表达技巧：表情、目光、手势、身体姿势、位置移动

下面让我们一起感受一下，用不同表情、动作、语气读同一句话，体会一下有什么不同？

【时间掌控】 1 分钟

【讲解要点】 提问与提醒技巧：提问的益处、方式、尴尬处理

在师带徒培训中，为了快速了解徒弟的掌握情况，职业导师要适当提问。提问能使徒弟积极思考，增加互动，活跃气氛；集思广益，启发思维；突出重点；了解徒弟掌握程度。

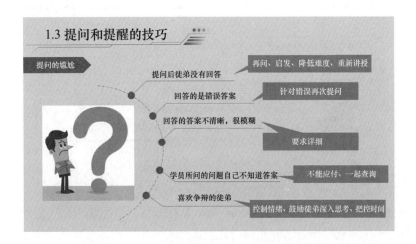

【时间掌控】 3 分钟

【讲解要点】 提问与提醒技巧：提问的益处、方式、尴尬处理

提问方式分为封闭式和开放式。封闭式提问，徒弟只需回答"是与否""A 或 B"选项，比较简单易回答。开放式提问，需要让徒弟更详细地陈述所要表达的内容，鼓励徒弟发散思维思考或总结，有难度，但也更能反映成效。我们通常运用开放式问题引发讨论和思考，再用封闭式问题做总结和考核。

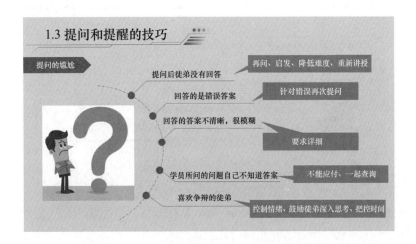

【时间掌控】 3 分钟

【讲解要点】 提问与提醒技巧：提问的益处、方式、尴尬处理

　　提问之后，如果徒弟能顺利回答出期望的答案，我们就可以继续推进后面的培训。但如果提问后，遇到下面的这些尴尬，我们需要怎么做？如提问后徒弟没有回答：再问、启发、降低难度、重新讲授；回答的是错误答案：针对错误再次提问；回答的答案不清晰，很模糊：要求详细；学员所问的问题自己不知道答案：不能应付、一起查询；喜欢争辩的徒弟：控制自己的情绪、鼓励徒弟深入思考、把控时间。

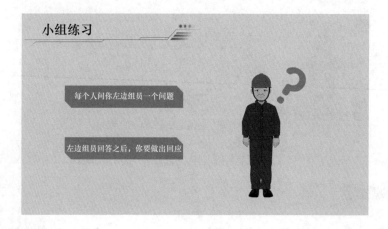

【时间掌控】 2 分钟

【讲解要点】 提问与提醒技巧：提问的益处、方式、尴尬处理

　　下面，我们进行小组讨论：每个人问你左边组员一个问题，左边组员回答之后，你要做出回应。我们看一下，你是如何应对徒弟的回答？

【时间掌控】 1分钟

【讲解要点】 倾听与确认技巧

　　欧内斯特·海明威曾经说过："我很喜欢倾听，我从细心聆听中已经学到了很多。但是大部分的人却从来不去倾听。"不要总是急切地等着轮到自己说话，学着真正倾听别人在说什么。真正开始倾听徒弟的时候，你就会读懂徒弟的想法。尽量不要打断徒弟的话，让徒弟能完整表达自己的想法，语言表达也是徒弟的必修课。在倾听徒弟想法时，多做思考，组织好语言。

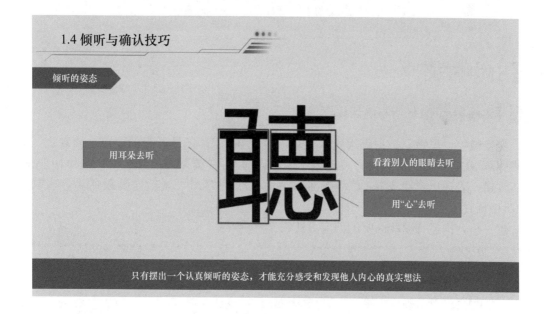

【时间掌控】 1分钟

【讲解要点】 倾听与确认技巧

　　那么，我们应该用什么姿态来表示我在倾听呢？倾听的"听"字在繁体中文是"聽"，听字里有一个"耳"字，说明"听"字是表示用耳朵去听的；听字的下面还有一个"心"字，说明倾听时要用"心"去听；听字里还有一个"目"字，说明你听时应看着别人的眼睛去听。只有摆出一个认真倾听的姿态，才能充分感受和发现他人内心的真实想法。

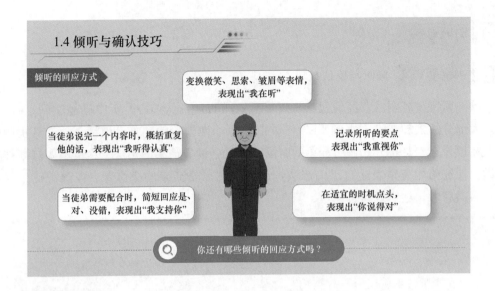

【时间掌控】1分钟

【讲解要点】倾听与确认技巧

　　变换微笑、思索、皱眉等表情，表现出"我在听"；记录所听的要点，表现出"我重视你"，在适宜的时机点头，表现出"你说得对"；在徒弟需要配合时，简短回应是、对、没错，表现出"我支持你"；当徒弟说完一个内容时，概括重复他的话，表现出"我听得认真"。

　　想一想，你还有哪些倾听的回应方式吗？

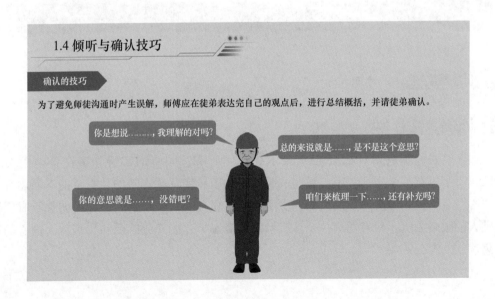

⧗ 【时间掌控】1分钟

▤ 【讲解要点】倾听与确认技巧

　　除了倾听，我们还要掌握确认的技巧。为了避免师徒沟通时产生误解，师傅应在徒弟表达完自己的观点后，进行总结概括，并请徒弟确认。比如你是想说……，我理解得对吗？你的意思就是……，没错吧？总的来说就是……，是不是这个意思？咱们来梳理一下……，还有补充吗？以上这些表达方式，都能很好地做倾听结果地确认。

⧗ 【时间掌控】1分钟

▤ 【讲解要点】倾听与确认技巧

　　下面我们一起完成角色扮演：小组抽扑克牌，抽到相同点数的，扮演一对师徒；红桃是职业导师，黑桃是徒弟；两人就"本周六日两天，需要来厂里参加培训"进行沟通。请徒弟要表达出不想周末加班，职业导师要想办法完成沟通目标。

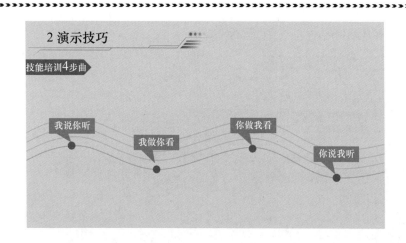

【时间掌控】 5 分钟

【讲解要点】 我说你听，我做你看，你做我看，你说我听

　　师带徒培训主要是做技能培训，而技能培训的重点和核心是技能的传递，所以职业导师的演示示范技巧显得尤为重要。我们给大家提供一个技能培训 4 步曲，如果您在给徒弟演示某个工作技能时，能够完整地按此四步演示，一定会有比较满意的培训效果。技能培训 4 步曲：我说你听，我做你看，你做我看，你说我听。

【时间掌控】 4 分钟

【讲解要点】 我说你听，我做你看，你做我看，你说我听

　　第一步：我说你听，也就是讲解。讲授前，需要师徒共同准备，师傅提醒预习背景资料；解释专业术语；教会徒弟做笔记，分步骤，划重点；边讲边提问。师傅要避免一开始就动手演示，更不能直接让徒弟去做。

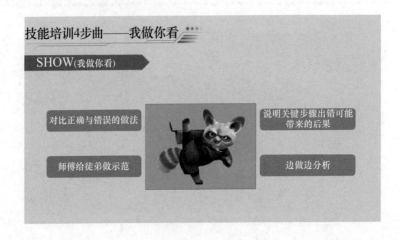

⏳ 【时间掌控】 4 分钟

📚 【讲解要点】 我说你听，我做你看，你做我看，你说我听

　　第二步：我做你看，也就是示范。对比正确与错误的做法；师傅给徒弟做示范；说明关键步骤出错可能带来的后果；边做边分析。师傅不能只做不说，更不能炫技。

▶▶

⏳ 【时间掌控】 4 分钟

📚 【讲解要点】 我说你听，我做你看，你做我看，你说我听

　　第三步：你做我看，也就是练习。徒弟尝试操作；师傅观察纠正；徒弟找到差异，分析原因，多次练习；徒弟边练边改进。

▶▶

【时间掌控】 4 分钟

【讲解要点】 我说你听，我做你看，你做我看，你说我听

第四步：你说我听，也就是总结。徒弟总结操作要点；徒弟总结学习收获；师傅给予点评和鼓励；徒弟边说边强化。

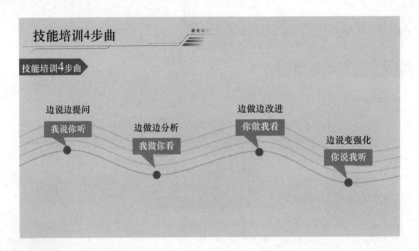

【时间掌控】 4 分钟

【讲解要点】 我说你听，我做你看，你做我看，你说我听

在运用 4 步曲时，徒弟对哪个环节有疑惑，就在哪个环节反复强化，达到满意效果之后才能进行下一个步骤。每个步骤都要进行重点提问、分析、练习和强化。刚开始，大家可能会觉得繁琐、没必要。

但是如果您能坚持一段时间，就会发现效果显著。

【时间掌控】5 分钟

【讲解要点】我说你听，我做你看，你做我看，你说我听

下面我们一起看一段关于机场地勤培训的视频，说一说视频中的培训师是如何运用 4 步曲指导徒弟的？哪些值得我们借鉴学习？

【时间掌控】5 分钟

【讲解要点】技能培训 4 步曲练习

下面我们来进行 4 步曲的练习。请上一轮抽到红桃者扮演徒弟，抽到黑桃者扮演职业导师，两人共同选取一个工作技能点（例如：如何正确佩戴安全帽），运用 4 步曲完成演示培训教学全过程。

⧗ 【时间掌控】6分钟

📖 【讲解要点】考试、复盘

　　培训结束，我们不能就此放松，我们需要通过考核和复盘做效果评估和总结。下面我们来介绍其具体方法。

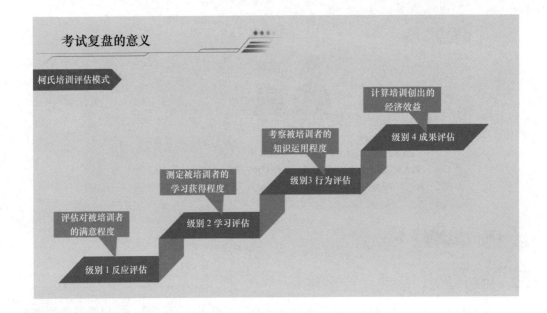

⧗ 【时间掌控】6分钟

📖 【讲解要点】考试、复盘

　　培训效果的评估通常用到柯氏培训评估模式，主要内容有：

　　级别1　反应评估：评估对被培训者的满意程度；

　　级别2　学习评估：测定被培训者的学习获得程度；

　　级别3　行为评估：考察被培训者的知识运用程度；

　　级别4　成果评估：计算培训创出的经济效益。

　　讲师边说边强化。

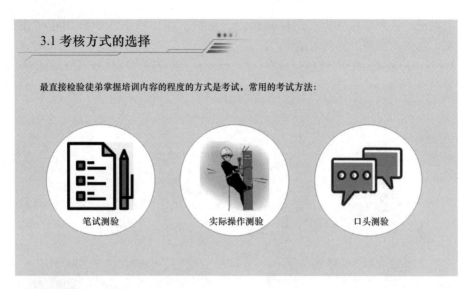

【时间掌控】 6 分钟

【讲解要点】 考试、复盘

　　最直接检验徒弟掌握培训内容的程度的方式是考试，常用的考试方法有笔试测验、实际操作测验、口头测验。

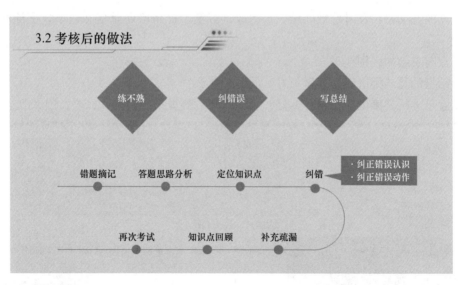

【时间掌控】 6 分钟

【讲解要点】 考试、复盘

考核后的做法有练不熟、纠错误、写总结。我们鼓励徒弟按以下顺序完成考后工作：错题摘记、答题思路分析、定位知识点、纠错（纠正错误认识和纠正错误动作）、补充疏漏，知识点回顾、再次考试。

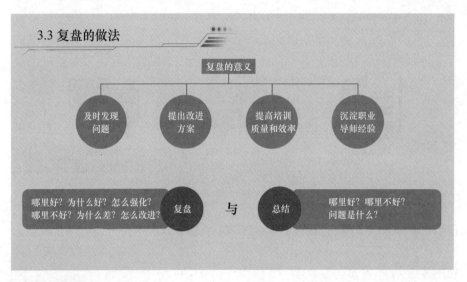

【时间掌控】 6分钟

【讲解要点】 考试、复盘

复盘的意义是：及时发现问题、提出改进方案、提高培训质量和效率，沉淀职业导师经验。

复盘与总结的区别在于：

总结指的是"哪里好？哪里不好？问题是什么？"

复盘是分析"哪里好？为什么好？怎么强化？哪里不好？为什么差？怎么改进？"

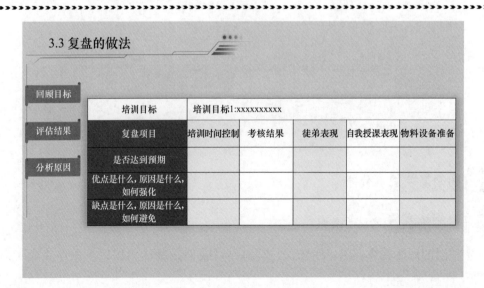

⏳ 【时间掌控】5 分钟

📚 【讲解要点】考试、复盘

下面我们一起按照这个复盘表格，来对今天整个师带徒培训技巧的培训课程进展进行复盘。

⏳ 【时间掌控】1 分钟

📚 【讲解要点】考试、复盘

让我们一同完成今天培训的复盘！

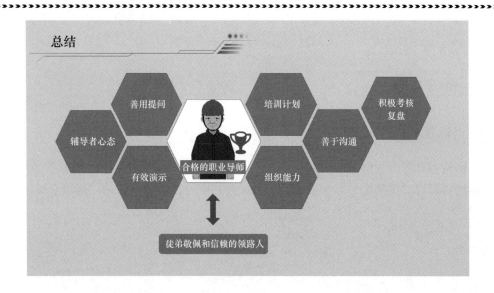

⧖ 【时间掌控】5 分钟

📖 【讲解要点】总结结构化师带徒的实质

　　通过今天的学习，大家对结构化师带徒培训的方法与技巧有了深入的认识，下面我们利用 5 分钟做一个总结。

　　如何高质量地完成师带徒培训？你有什么收获？讲师对每组的 1 个人进行提问。

　　好的，大家回答得很好。总结一下：合格的职业导师＝辅导者心态＋培训计划＋组织能力＋善于沟通＋有效演示＋善用提问＋积极考核复盘好的职业导师＝徒弟敬佩和信赖的领路人。

　　讲师计算各组得分，颁发小组奖品。

　　让我们共同努力，在结构化师带徒工作中携手奋进！

⧖ 【时间掌控】35 分钟

📖 【讲解要点】笔试闭卷考试

　　下面我们针对今天所学的内容，进行笔试考试。考试合格者可进入申请参加后续职业导师培训课程。讲师给每名学员颁发一张试卷，监考。收卷、评估、组织合影。

三、课程 3

（一）《始于课程 凝于经验》课程大纲

目标学员：职业导师
课程课时：6课时（300分钟）
培训形式：分组竞赛、小组讨论、案例分析、现场演练等多种授课形式
人数限制：60人

［课程说明］

为确保"师带徒"工作的顺利开展，特制订师带徒培训管理制度，开发了管理工具，以此为师带徒培训工作提供了详细的引导和规范。由于职业导师资格获取需要经过报名、选拔和培养三个步骤，其中培养环节就包括了制度及工具介绍、培训技巧、经验萃取三个课程。本课程是三个课程中的进阶课程，是对有积累了一定带徒经验的职业导师提供的帮助其开发和设计课程，萃取技能经验的课程，能帮助职业导师实现从"我会教课"到"我会做课"的跨越，实现"输出标准化课程"的目标，为其他职业导师提供教学资料的同时，更能促进技能的传承和发展。

通过《始于课程 凝于经验》课程，使职业导师了解课程内容梳理方法，学会总结经验、掌握并熟练应用课程开发，制作标准化课程和微课。

［课程目标］

√目标1：使职业导师了解课程内容选定标准，充分理解从需求出发的概念；

√目标2：使职业导师掌握课程内容梳理的方法，建立结构性思维；

√目标3：使职业导师能掌握并应用制作标准课程和微课的工具表；

［课程内容］

第一部分 课程的基础内容【40分钟】

1. 课程的分类

课堂课程——有讲师、互动性、综合性

自学课程——可读性、生动性、敏捷性

破冰活动（视频讨论）：中小学课程云平台的课程，属于哪种课程？

2. 课程的目标

课堂课程——掌握

自学课程——了解

3. 课程的内容

课堂课程——综合知识点

自学课程——单一知识点

小组讨论：写出本岗位最重要的1项工作任务，该工作任务可以拆分几个步骤？每

个步骤需要掌握几个知识点？给知识点分类：可自学、需课堂。

第二部分　课程内容与课程包的制作【120分钟】

1. 课程内容流程梳理：订目标-探需求-列内容-定结构

小组讨论：宴请点菜的流程分析

1.1 订目标：给谁讲、讲不讲、是知是行（从点菜案例类比）

小组练习：从本岗位关键工作任务中的一个知识点入手，展开后续分析。

1.2 探需求：懂多少、要多少、差多少（从点菜案例类比）

小组练习：如何培训对象对目前知识点的认知差距？

1.3 列内容：有资料、有能力、有成效（从点菜案例类比）

小组练习：列出针对这个知识点，可以讲的内容及其出处

1.4 定结构：分层次、排顺序、配资源（从点菜案例类比）

小组练习：定出这个知识点的结构，画出结构图

2. 课程包制作的流程：编大纲-写课件-出试题

2.1 编大纲：结构图填入大纲模板的技巧

小组练习：填写大纲模板

2.2 写课件：根据大纲制作课件的技巧

2.3 出试题：题量、题型、难度、分数

2.4 填写课程包自查表

结果呈现：小组总结课程内容梳理过程并展示结果，课程包留作业

第三部分　经验的凝练【100分钟】

1. 经验的传承意义

对个人：总结和提升

对组织：分享和发展

2. 经验的凝练方式

2.1 案例集（案例集编写方法）

小组练习：用案例集模板编写一个案例材料

2.2 视频微课（播放实操类的视频微课）

小组练习：用手机拍摄一个微课

2.3　总结经验的组织环节（组织方法）

小组练习：填写一个工作坊分享提纲

［课堂练习］角色扮演（请扮演师徒：经验萃取的结果如何应用在师带徒培训中）

结束部分【40分钟】

1. 总结回顾

2. 考试评估

3. 号召行动

4. 庆祝收获

（二）《始于课程　凝于经验》课程内容

⌛ 【时间掌控】 5 分钟

📖 【讲解要点】 重新选组长

欢迎大家来到"起于课程　凝于经验"培训课程。

本次课程的互动环节，我们将继续以小组的形式展开。这次我们通过一个新的方式选出组长，叫作"众人拾柴"。我给每个组发一张白纸，请大家以顺时针顺序轮流在白纸上写一个笔画，组成一个字，谁无法添加笔画了，谁就是本次课程的组长！

（游戏完成）掌声鼓励新上任的几位组长！希望在你们的带领下，小组取得更好的成绩。

⌛ 【时间掌控】 2分钟

📚 【讲解要点】 课程内容

　　今天，我们通过本次课程，使职业导师了解课程内容梳理方法，学会总结经验、掌握并熟练应用课程开发，制作标准化课程和微课。为日后开展师带徒培训工作打好基础，帮助职业导师实现从"我会教课"到"我会做课"的跨越，实现"输出标准化课程"的目标，为其他职业导师提供教学资料的同时，更能促进技能的传承和发展。

⌛ 【时间掌控】 8分钟

📚 【讲解要点】 生活技能获取方式

　　现在要给新组长第一个任务：请组织本组每个组员讨论一个问题——从校园到企业，我们学过很多课程，首先想问问大家：你对哪个课程印象最深？这个课程有什么特点？（各组讨论，回答）

　　小组分享，每人发言，各组选出最优特点的一个，给大家讲一讲。（分享结束）果然大家的课程印象深刻的课程，都各不相同，但都特点显著。我们在分享课程的时候，有没有考虑过，这些课程都有什么共同特点，是用什么方式让我们多年后都能记忆犹新的呢？今天我们就此问题将进行深入探讨。

01

课程的基础内容

· 课程的分类

· 课程的目标

· 课程的内容

⧗ 【时间掌控】 2分钟

📖 【讲解要点】 课堂概念、课程的分类

　　本章我们要来学习课程的分类、目标、内容。了解这些课程基础知识，对后续课程开发具有非常重要的意义。

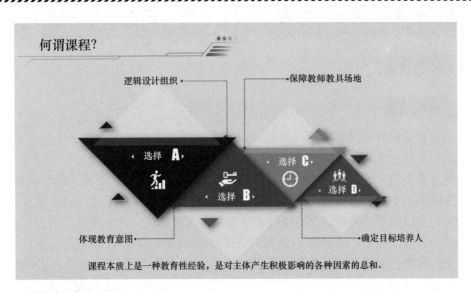

何谓课程？

逻辑设计组织

保障教师教具场地

选择 A

选择 C

选择 B

选择 D

体现教育意图

确定目标培养人

课程本质上是一种教育性经验，是对主体产生积极影响的各种因素的总和。

⧗ 【时间掌控】 8分钟

📖 【讲解要点】 课堂概念、课程的分类

　　我们先来明确一个概念，何为课程？课程只是一个课件吗？一节课吗？数学是一个

课程吗？课程都需要坐在教室里面吗？（提问，学员回答）

大家说得对，课程不是孤立的一个课件一份教材一节课，它是一个需要有完整的组织环节的。课程本质上是一种教育性经验，是对主体产生积极影响的各种因素的总和。

课程一般特点：课程是有科学逻辑组织的；课程是能体现教育意图的；课程需要有教师、教材、教具、场所等保障；课程旨在培养人。

课程需要经过调研、开发、试讲、组织等多个准备环节，才能来到学员面前正式上课的。所以，我们第一个要明确的就是：课程是一个综合体。

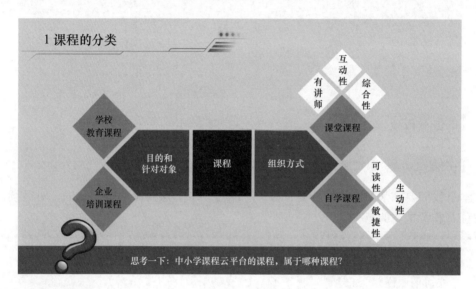

1 课程的分类

思考一下：中小学课程云平台的课程，属于哪种课程？

⌛ 【时间掌控】 5 分钟

📚 【讲解要点】 课堂课程和自学课程的分类方式

从课程目的和针对对象来看，我们可以把课程分为学校教育课程、企业培训课程。我们回忆一下：上学的时候，学校教育的目标是什么？对，是学文化知识、升学。等到我们走进企业大门，成为一名员工，企业课程的目标又是什么？没错，是学岗位技能、提升自身能力。学校教育的对象是谁？是学生；企业培训的对象是谁？是员工。

从课程的组织方式来看，我们可以把课程分为课堂课程、自学课程。

课程的地点在课堂，便于集中授课，讲师可以运用教学方式与学员互动，可以讲课、讨论、比赛、参观等，因此是综合的组织方式；自学课程往往是讲师提供学习材料，学员各自阅读理解。因为缺少互动，所以就要求学习材料必须有趣可读，知识需要拆解且不能太难以理解。因此，我们总结一下：

课堂课程的特点是：有讲师、互动性、综合性

自学课程的特点是：可读性、生动性、敏捷性

我们来讨论一下：中小学课程云平台的课程，属于哪种课程？（小组讨论）好，应该属于课堂课程，因为有讲师、有互动提问、也是讲的综合知识。

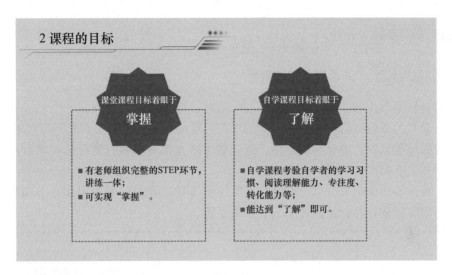

2 课程的目标

课堂课程目标着眼于
掌握
- 有老师组织完整的STEP环节，讲练一体；
- 可实现"掌握"。

自学课程目标着眼于
了解
- 自学课程考验自学者的学习习惯、阅读理解能力、专注度、转化能力等；
- 能达到"了解"即可。

【时间掌控】 3 分钟

【讲解要点】 不同课程形式的目标

　　课堂课程的目标着眼于：掌握。课堂课程有老师组织完整的 STEP 环节，讲练一体；可实现"掌握"。大家还记得 STEP 原则吗？（提问学员）好，正是因为有吸引注意力、讲主题、举例子、做练习这 4 个步骤，才有可能把知识点讲清楚、讲透彻。在学员做练习时，又能实现"掌握"这一目标。这在自学中，是不能实现的。自学课程的目标着眼于：了解。自学课程考验自学者的学习习惯、阅读理解能力、专注度、转化能力等；能达到"了解"即可。由于自学课程是学员独立完成的，在监督不足的情况下，需要学员具备较高的自身能力，才可以学明白，所以一般自学课程的内容不会太难，知识点也不能多，目标较低，能"了解"即可。

想一想

适合课堂的课程有哪些？
适合自学的课程有哪些？

不同课程所需时间有何不同？

结合师带徒培训，适合给徒弟讲、带徒弟练的知识有哪些？适合让徒弟自己看、自己思考的知识有哪些？

【时间掌控】2分钟

【讲解要点】不同课程形式的目标

下面我们做个练习：各组讨论以下三个问题，写在白板纸上。

适合课堂的课程有哪些？适合自学的课程有哪些？不同课程所需时间有何不同？

结合师带徒培训，适合给徒弟讲、带徒弟练的知识有哪些？适合让徒弟自己看、自己思考的知识有哪些？（各组讨论填写）

好，现在各组派代表分享。很好，大家说得不错，我们已经明白了，不同知识，需要安排不同的课程，才能达到效率、效果的平衡。

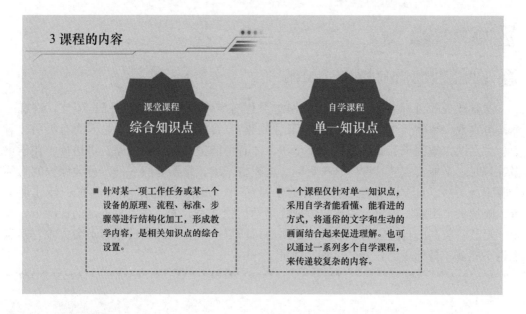

3 课程的内容

课堂课程
综合知识点

- 针对某一项工作任务或某一个设备的原理、流程、标准、步骤等进行结构化加工，形成教学内容，是相关知识点的综合设置。

自学课程
单一知识点

- 一个课程仅针对单一知识点，采用自学者能看懂、能看进的方式，将通俗的文字和生动的画面结合起来促进理解。也可以通过一系列多个自学课程，来传递较复杂的内容。

【时间掌控】4分钟

【讲解要点】课程内容的安排方式

经过我们的分析讨论，我们可以总结出：

课堂课程适合安排综合知识点。针对某一项工作任务或某一个设备的原理、流程、标准、步骤等进行结构化加工，形成教学内容，是相关知识点的综合设置。

自学课程适合安排单一知识点。一个课程仅针对单一知识点，采用自学者能看懂、能看进的方式，将通俗的文字和生动的画面结合起来促进理解。也可以通过一系列多个自学课程，来传递较复杂的内容。

企业培训课程，需要将课堂课程和自学课程有机结合。

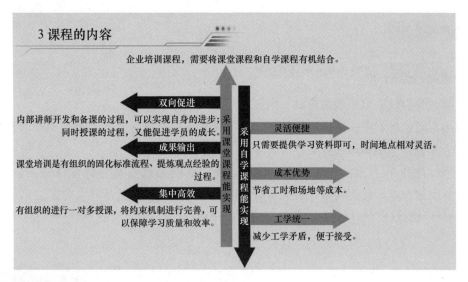

3 课程的内容

企业培训课程，需要将课堂课程和自学课程有机结合。

双向促进
内部讲师开发和备课的过程，可以实现自身的进步；同时授课的过程，又能促进学员的成长。

成果输出
课堂培训是有组织的固化标准流程、提炼观点经验的过程。

集中高效
有组织的进行一对多授课，将约束机制进行完善，可以保障学习质量和效率。

采用课堂课程能实现

采用自学课程能实现

灵活便捷
只需要提供学习资料即可，时间地点相对灵活。

成本优势
节省工时和场地等成本。

工学统一
减少工学矛盾，便于接受。

【时间掌控】 4 分钟

【讲解要点】 课程内容的安排方式

采用课堂课程能实现：

双向促进，内部讲师开发和备课的过程，可以实现自身的进步；同时授课的过程，又能促进学员的成长。成果输出，课堂培训是有组织地固化标准流程、提炼观点经验的过程。集中高效，有组织地进行一对多授课，将约束机制进行完善，可以保障学习质量和效率。

采用自学课程能实现：

灵活便捷，只需要提供学习资料即可，时间地点相对灵活。成本优势，节省工时和场地等成本。工学统一，减少工学矛盾，便于接受。

小组讨论

写出本岗位最重要的1项工作任务

该工作任务可以拆分几个步骤？

每个步骤需要掌握几个知识点？

给知识点分类：可自学、需课堂。

【时间掌控】2分钟

【讲解要点】课程内容的安排方式

下面，我们以小组形式讨论以下问题：

写出本岗位最重要的1项工作任务，该工作任务可以拆分几个步骤？每个步骤需要掌握几个知识点？给知识点分类：可自学、需课堂？

（小组讨论）请各组派代表发言，很好，我们已经筛选出适合课堂课程的知识点、适合自学的知识点，后面两章，我们将分别讲解这两类课程的设计开发方式。

02 课程内容与课程包的制作

· 课程内容流程梳理
· 课程包制作的流程

【时间掌控】2分钟

【讲解要点】第二章概述

下面这一章节，我们一起聊聊师带徒培训的课程内容流程梳理、课程包制作的流程。课程最终目的是解决"讲什么"的问题。当需要讲的内容比较多的时候，就需要我们分析判断，以什么结构什么顺序来安排和梳理课程内容。因此，我们先来学习课程内容梳理方式。

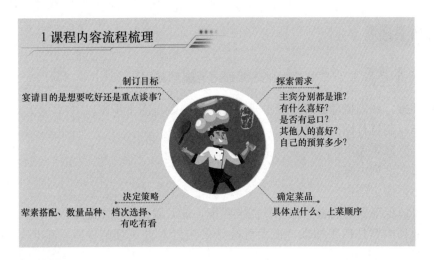

【时间掌控】 4 分钟

【讲解要点】 从点菜例子，讲述课程内容梳理流程

　　我们先来举个例子，梳理一下宴请点菜的流程。

　　当你想要请人吃饭，就要考虑怎么点菜。我相信大家都有经验，因此，咱们先以小组形成讨论一下：宴请点菜需要分几个步骤？（各组讨论、代表发言）

　　很好，我们总结一下：

　　第一步制订目标，我们要考虑宴请目的是想要吃好还是重点谈事？

　　第二步探索需求，我们要分析主宾分别都是谁？他有什么喜好？是否有忌口？其他人的喜好？自己的预算多少？

　　第三步决定策略，点菜需要注意荤素搭配、数量品种、档次选择、有吃有看。

　　最后一步确定菜品，也就是安排具体点什么以及上菜顺序。

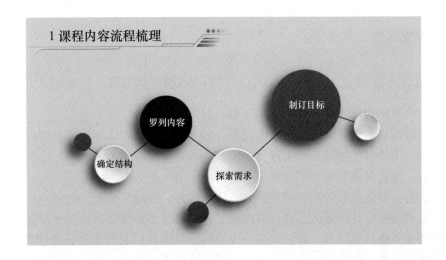

⌛ 【时间掌控】4 分钟

📚 【讲解要点】从点菜例子，讲述课程内容梳理流程

　　由此类推，我们梳理课程内容也是一样，需要经过四个步骤：
　　第一步：制订目标；
　　第二步：探索需求；
　　第三步：罗列内容；
　　第四步：确定结构。
　　由此可以保障课程内容是与学员需求匹配，能开发出能有效地解决问题的课程。相反，如果课程内容是信手拈来，很大可能开发出针对性不强的课程，培训效果也可想而知。

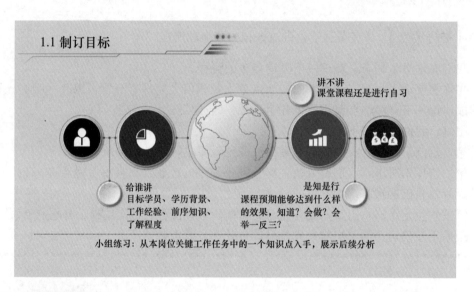

1.1 制订目标

给谁讲
目标学员、学历背景、工作经验、前序知识、了解程度

讲不讲
课堂课程还是进行自习

是知是行
课程预期能够达到什么样的效果，知道？会做？会举一反三？

小组练习：从本岗位关键工作任务中的一个知识点入手，展示后续分析

⌛ 【时间掌控】5 分钟

📚 【讲解要点】讲述制订目标的方法，明确给谁讲、讲不讲、是知是行

　　我们先来看课程内容梳理的第一步：制订目标。
　　制订目标的目的就是为了解决三个问题：分别是给谁讲、讲不讲、是知是行；
　　给谁讲：明确目标学员、学历背景、工作经验、前序知识了解程度；
　　讲不讲：确定是需要课堂课程还是进行自习；
　　是知是行：知晓课程预期能够达到什么样的效果，知道？会做？会举一反三？
　　目标就是我们设计课程的方向，方向错了，所有努力都没意义，甚至适得其反。
　　下面为了方便后续环节，我们先定一个目标：从本岗位关键工作任务中的一个知识点，明白学员是谁？学员的背景怎么样？采用什么方式？预期达到何种效果？

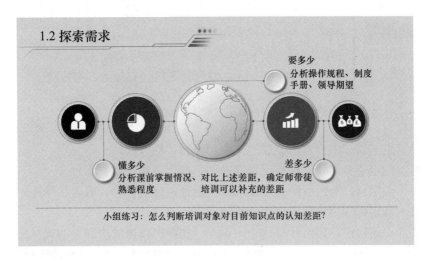

1.2 探索需求

要多少
分析操作规程、制度
手册、领导期望

懂多少
分析课前掌握情况、对比上述差距，确定师带徒
熟悉程度　　　培训可以补充的差距

差多少

小组练习：怎么判断培训对象对目前知识点的认知差距？

![沙漏图标] 【时间掌控】5 分钟

![书本图标】 【讲解要点】讲述谈需求的方法，明确懂多少、要多少、差多少

我们先来看课程内容梳理的第二步：探索需求。

探索需求是为了解决三个问题：

懂多少、要多少、差多少。懂多少，分析课前掌握情况、熟悉程度；

要多少，分析操作规程、制度手册、领导期望；

差多少，对比上述差距，确定师带徒培训可以补充的差距；

经过需求分析，我们摸清了学员的现状，也明确了培养的要求和目标，这就相当于知道了终点站在哪里，目前走到了哪里，能判断出距离目标的差距了。

下面展开小组讨论：怎样判断培训对象对目前知识点的认知差距？请结合上一个环节各组设定的知识点，探讨认知差距。

1.3 罗列内容

有能力
确定自己有足够的专业知识和经验
可以胜任课程，或寻求帮助

有资料
确定资料出处，检查资料
准确性，搜集视频及案例
素材

有成效
确定哪些内容会明显展示
培训效果

小组练习：列出针对这个知识点，可以讲的内容及其出处。

【时间掌控】5 分钟

【讲解要点】讲述罗列内容的方法，做到有资料、有能力、有成效

我们先来看课程内容梳理的第三步：罗列内容。

罗列内容时需要判断，培训内容是否足够，是否能有相关资料，讲师本人对该内容的掌握情况，讲了这一内容是否能弥补差距，达到预期效果。

有资料，确定资料出处，检查资料准确性，搜集视频及案例素材。

有能力，确定自己有足够的专业知识和经验可以胜任课程，或寻求帮助；

有成效，确定哪些内容会明显展示培训效果；

下面展开小组讨论：列出针对这个知识点，选择可以讲的内容，明确其出处。

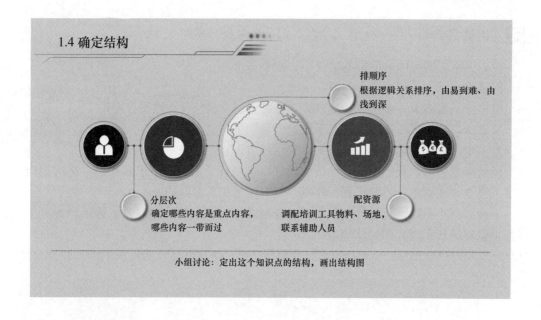

小组讨论：定出这个知识点的结构，画出结构图

【时间掌控】5 分钟

【讲解要点】讲述确定结构的方法，掌握分层次、排顺序、配资源的方法

我们先来看课程内容梳理的第四步：确定结构。

确定结构，就是将我们列出的内容，采用合理的逻辑方式呈现出来，以便于学员的理解和课程的开展。

分层次，确定哪些内容是重点内容，哪些内容一带而过。

排顺序，根据逻辑关系排序，由易到难、由浅到深。

配资源，调配培训工具物料、场地，联系辅助人员。

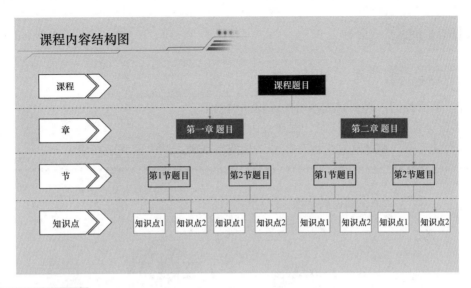

⏳ 【时间掌控】 5分钟

📖 【讲解要点】 讲述定结构的方法，掌握分层次、排顺序、配资源的方法

　　定结构最好的工具就是"课程内容结构图"。我们分为三级，章、节、知识点，来梳理一个知识架构，既有利于讲师更清晰地呈现逻辑，又有利于课件开发。

　　第一步，把课程标题写在结构图的最上面；

　　第二步，由此标题，可以设置哪几个章节的内容，作为第二层；

　　第三步，每个章节里，可以设置哪几个小节的内容，每个小节都符合 STEP 环节，这个作为第三层；

　　第四步，每个小节里，需要涉及哪些知识点，知识点是实现教学目标的保障。

⧗ 【时间掌控】5 分钟

▤ 【讲解要点】实践定结构的方法

好，下面我们一起来完成本组的课程结构图吧。

（各组分别绘制课程结构图，派代表讲解）

后面的环节，都是从这份课程内容结构图得来的，请大家张贴在墙上。

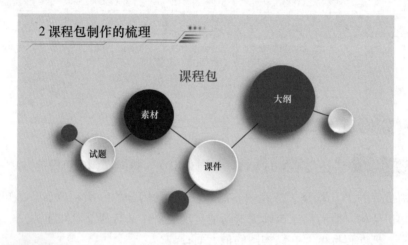

⧗ 【时间掌控】2 分钟

▤ 【讲解要点】课程包的基本知识

一个完整的课程包，需要有大纲、课件、素材和试题。课程开发人把完整的课程包可以提供给授课的本专业的所有职业导师，都是可以使用的，这就做到了经验的总结、固化和传递。

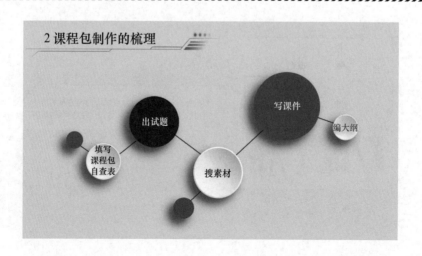

【时间掌控】 3分钟

【讲解要点】 课程包的基本知识

制作课程包的流程是编大纲，写课件，搜素材，出试题，填写课程包自查表。

一般情况下，我们要基于这样的流程，不能随意调整顺序。

上个小节我们学习了梳理课程内容的方法，已经有了课程内容结构图，下一步我们要做的就是把结构图转换为课程大纲，为制作课件作准备。

【时间掌控】 2分钟

【讲解要点】 根据结构图编写课程大纲

首先让我们来认识一下大纲模板。

大纲的基础信息包括课程名称、工作岗位、课程时长、课程目标、课程开发人、课程审核人。

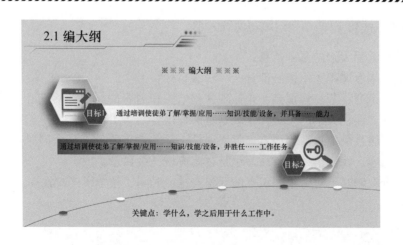

【时间掌控】2分钟

【讲解要点】根据结构图编写课程大纲

课程目标就是为了体现关键点："学什么，学之后用于什么工作中。"

填写方式推荐大家使用"目标1：通过培训使徒弟了解/掌握/应用……知识/技能/设备，并具备……能力。目标2：通过培训使徒弟了解/掌握/应用……知识/技能/设备，并胜任……工作任务"。

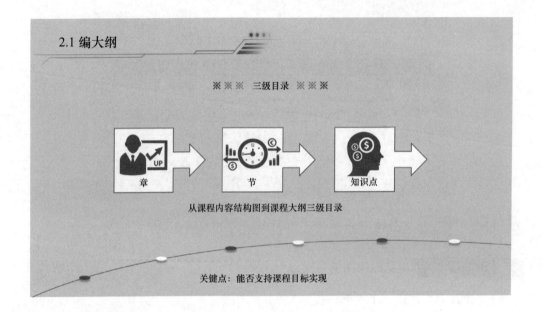

2.1 编大纲

※※※ 三级目录 ※※※

章　　节　　知识点

从课程内容结构图到课程大纲三级目录

关键点：能否支持课程目标实现

【时间掌控】4分钟

【讲解要点】根据结构图编写课程大纲

请先填写课程大纲的基础信息。

下面我们来看课程大纲核心部分——三级目标。

三级分别是章、节、知识点。是体现课程结构和内容的导引。其核心是是否支持课程目标的实现。课程大纲的三级目录就是从课程内容结构图转化来的。

大纲的三级目录上接课程内容，下引课件，是非常重要的一环，同时也是展示课程逻辑的重要内容。我们给领导审核，也是主要审核三级目录。

三级目录右侧时针对每个知识点的课程安排：时间、教学形式、教具。

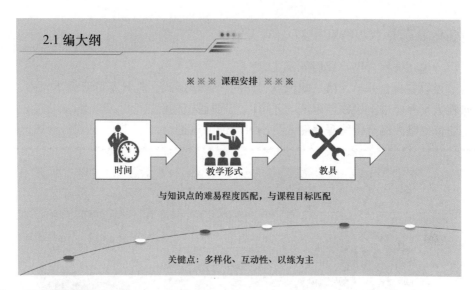

⧗ 【时间掌控】 3 分钟

📚 【讲解要点】 根据结构图编写课程大纲

课程时间长短应与知识点的难易程度匹配，与教学形式的互动性匹配。最重要的是与课程目标匹配。

一个关键内容，我们会完整设计 STEP，花费的时间就会长，教学形式就会有讨论、练习等，用到的教具也会多些。

所以，课程安排的关键点在于多样化、互动性、以练为主。

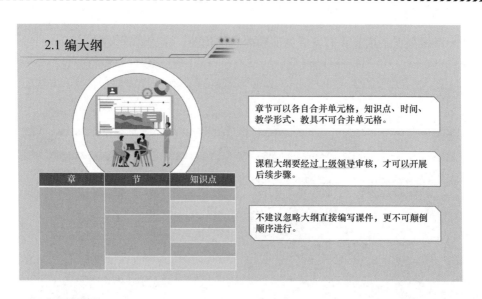

⧗ 【时间掌控】 3 分钟

【讲解要点】 根据结构图编写课程大纲

最后，编写课程大纲，我们需要注意：

章节可以各自合并单元格，知识点、时间、教学形式、教具不可合并单元格。

课程大纲要经过上级领导审核，才可以开展后续步骤。

不建议忽略大纲直接编写课件，更不可颠倒顺序进行。

【时间掌控】 1分钟

【讲解要点】 根据结构图编写课程大纲

请大家根据上一章节我们完成的课程内容结构图，完成课程大纲。

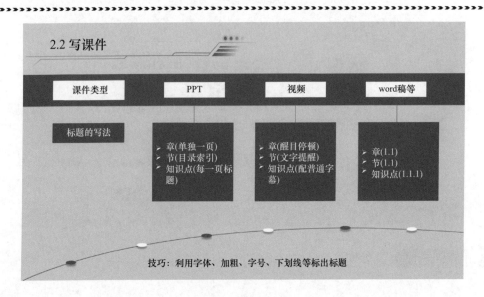

⏳ 【时间掌控】 4 分钟

📚 【讲解要点】 根据课程大纲编写课件

　　课件的依据是课程内容及课程大纲。课件的类型（PPT、视频、word 稿等均可）。下面我们来讲授从课程大纲转化课件的方法。

　　标题的写法：

　　PPT 课件的标题——章（单独一页）、节（目录索引）、知识点（每一页标题）。

　　视频的标题——章（醒目停顿）、节（文字提醒）、知识点（配普通字幕）。

　　word 稿的标题——章（1）、节（1.1）、知识点（1.1.1）。

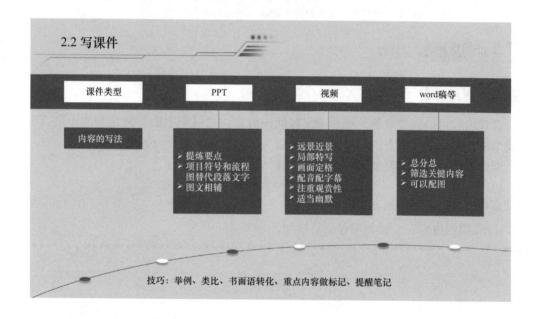

⏳ 【时间掌控】 4 分钟

📚 【讲解要点】 根据课程大纲编写课件

　　课件需要标题突出，让学员一眼就明白这里讲的是什么内容，所以可以利用字体、加粗、字号、下划线等标出标题。

　　内容写法：

　　PPT 课件的内容——提炼要点、项目符号和流程图替代段落文字、图文相辅。

　　视频的内容——远景近景、局部特写、画面定格、配音配字幕、注重观赏性、适当幽默。

　　word 稿的内容——总分总、筛选关键内容、可以配图。

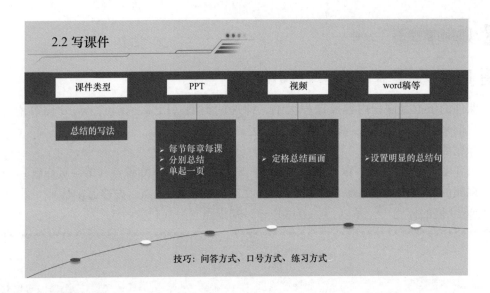

⏳ 【时间掌控】 5 分钟

📖 【讲解要点】 根据课程大纲编写课件

　　课程内容可以通过举例、类比来解释抽象内容，通过把书面语转化为简单语言，来帮助学员记忆；通过重点内容做颜色和加粗等标记来体现重点内容做笔记。

　　课件里每个小节需要加入一个总结，具体写法：

　　PPT 课件的总结——每节每章每课、分别总结、单起一页。

　　视频的总结——定格总结画面。

　　word 稿的内容——设置明显的总结句。

⧖ 【时间掌控】 2 分钟

📚 【讲解要点】 根据课程大纲编写课件

　　下面请各组根据上一环节做出的大纲，做出 PPT 课件的标题。

⧖ 【时间掌控】 4 分钟

📚 【讲解要点】 找素材：图片、视频、案例

　　为了使课件更丰富，我们需要搜集各种素材来支持课件。例如：图片、视频、案例等。
图片包括实物照片、案例照片、美化照片、幽默照片。

　　例如，我们要讲授灭火器这个知识点。我们需要搜集灭火器的实物照片、找到使用灭火器的实际案例照片、消防主题的海报或漫画、已经为了吸引学员注意力所使用的幽默的图片。

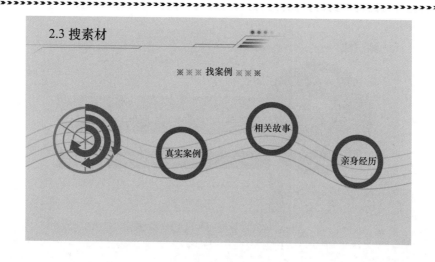

⌛ 【时间掌控】 2分钟

📖 【讲解要点】 找素材：图片、视频、案例

　　案例包括真实案例、相关故事、亲身经历。

　　案例来源可以是互联网、专业书籍、内部案例、他人分享的经历。案例最重要的作用就是形成敬畏心和现实意义。

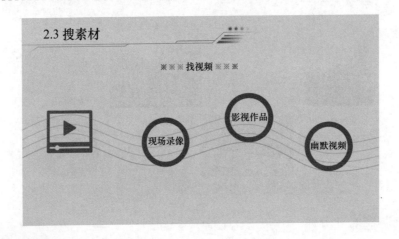

⌛ 【时间掌控】 2分钟

📖 【讲解要点】 找素材：图片、视频、案例

　　视频包括现场录像、影视作品、幽默视频。

　　视频来源最好是自己拍摄的，手机拍摄进行简单的剪辑即可作为课程素材。也可以从视频网站找一些影视作品或抖音等幽默视频。视频的主要作用是生动立体地说明知识点，或让学员放松心态。

【时间掌控】 2分钟

【讲解要点】 找素材：图片、视频、案例

下面，请大家思考，围绕你需要开发的课程，需要搜集哪些课程素材，请填写素材清单。

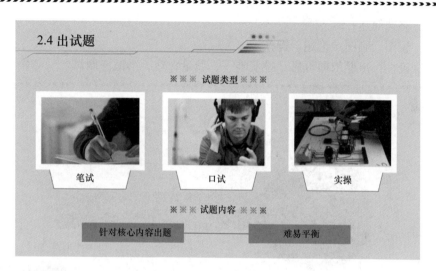

【时间掌控】 2分钟

【讲解要点】 试题编写技巧、清单编写

课程包里需要包含试题和答案，作为课程培训效果的评估方式。
试题类型：笔试、口试、实操
试题内容：针对核心内容出题、难易平衡

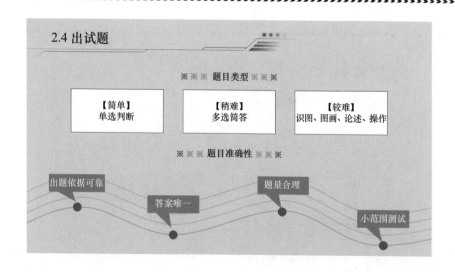

【时间掌控】2分钟

【讲解要点】试题编写技巧、清单编写

题目类型：

简单：单选判断；

稍难：多选简达；

较难：识图、画图、论述、操作。

题目准确性：出题依据可靠、答案唯一、题量合理、小范围测试。

练一练

同一个知识点，出不同题型各一道

功夫熊猫

【时间掌控】2分钟

【讲解要点】试题编写技巧、清单编写

试卷一定要严谨，不可出现错误和歧义。

各组找同一个知识点，出不同题型各一道。

2.5 填写自查表

最后一步，填写"课程包自查表"，查漏补缺

××××课程包自查表		
项目	计划	完成情况(完成画勾)
大纲		
课件		
素材		
试题		

⏳ 【时间掌控】 2分钟

📖 【讲解要点】 试题编写技巧、清单编写

最后一步，通过填写"课程包自查表"，进行查漏补缺

通过课程包自查表，来检查自己开发的课程包是否完备。

⏳ 【时间掌控】 2分钟

📖 【讲解要点】 试题编写技巧、清单编写

下面，我们要留一个作业，请大家在两周内，完成一个本岗位某设备使用/工作任务方面的课程包。

⌛ 【时间掌控】1分钟

📖 【讲解要点】经验传承对个人的意义

　　本章我们将探讨经验萃取的方法。分为两个小节：经验的传承意义和经验的凝练方式。

⌛ 【时间掌控】2分钟

📖 【讲解要点】经验传承对个人的意义

　　人们说"教会徒弟，饿死师傅"，经验传承对职业导师到底有无好处？

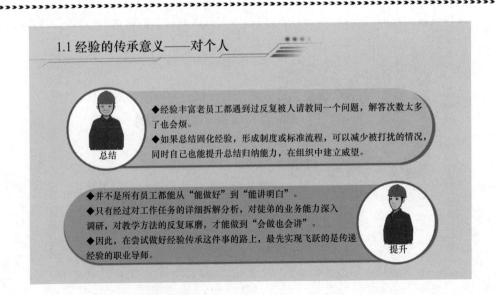

【时间掌控】 7分钟

【讲解要点】 经验传承对个人的意义

经过讨论，我们得知：经验传承有利于老员工养成及时总结的习惯。经验丰富老员工都遇到过反复被人请教同一个问题，解答次数太多了也会烦。如果总结固化经验，形成制度或标准流程，可以减少被打扰的情况，同时自己也能提升总结归纳能力，在组织中建立威望。

经验传承有利于老员工快速提升自我业务能力。并不是所有员工都能从"能做好"到"能讲明白"。只有经过对工作任务的详细拆解分析，对徒弟的业务能力深入调研，对教学方法的反复琢磨，才能做到"会做也会讲"。因此，在尝试做好经验传承这件事的路上，最先实现飞跃的是传递经验的职业导师。

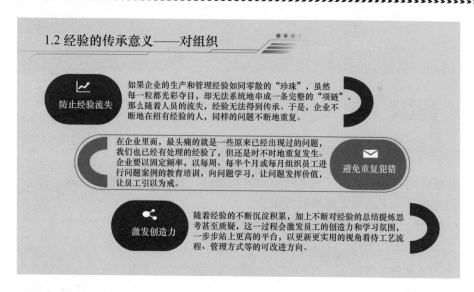

【时间掌控】 10分钟

【讲解要点】 经验传递对企业的意义

（1）防止经验流失。如果企业的生产和管理经验如同零散的"珍珠"，虽然每一粒都光彩夺目，却无法系统地串成一条完整的"项链"。那么随着人员的流失，经验无法得到传承。于是，企业不断地在招有经验的人，同样的问题不断地重复。

（2）避免重复犯错。在企业里面，最头痛的就是一些原来已经出现过的问题，我们也已经有处理的经验了，但还是时不时地重复发生。企业要以固定频率，以每周、每半个月或每月组织员工进行问题案例的教育培训，向问题学习，让问题发挥价值，让员工引以为戒。

（3）激发创造力。随着经验的不断沉淀积累，加上不断对经验的总结提炼思考甚至质疑，这一过程会激发员工的创造力和学习氛围，一步步站上更高的平台，以更新更实用的视角看待工艺流程、管理方式等的可改进方向。

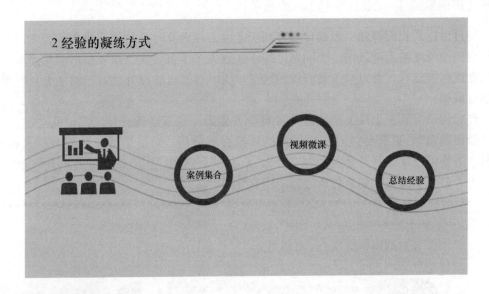

⏳【时间掌控】2 分钟

📚【讲解要点】编写案例集

经验凝练的方式有很多，最常用的是案例集合、视频微课、总结经验。

我们先来看一下编写案例集的方法。

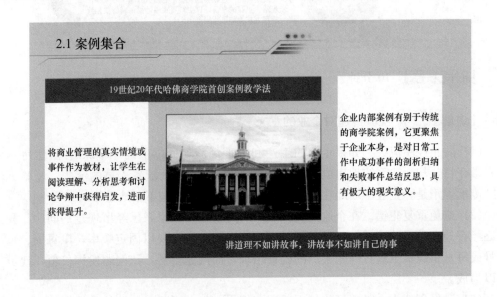

【时间掌控】3 分钟

【讲解要点】编写案例集

19 世纪 20 年代哈佛商学院首创案例教学法，将商业管理的真实情境或事件作为教材，让学生在阅读理解、分析思考和讨论争辩中获得启发，进而获得提升。

讲道理不如讲故事，讲故事不如讲自己的事。企业内部案例有别于传统的商学院案例，它更聚焦于企业本身，是对日常工作中成功事件的剖析归纳和失败事件总结反思，具有极大的现实意义。

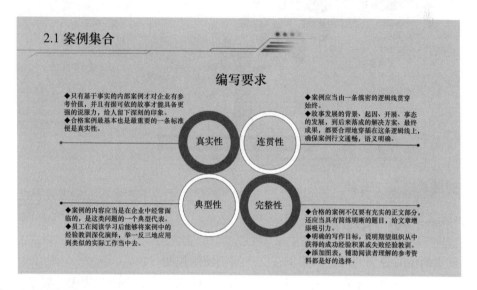

【时间掌控】10 分钟

【讲解要点】编写案例集

案例集的编写要求如下：

1. 真实性

只有基于事实的内部案例才对企业有参考价值，并且有据可依的故事才能具备更强的说服力，给人留下深刻的印象。合格案例最基本也是最重要的一条标准便是真实性。

2. 典型性

案例的内容应当是在企业中经常面临的，是这类问题的一个典型代表。员工在阅读学习后能够将案例中的经验教训深化演绎，举一反三地应用到类似的实际工作当中去。

3. 连贯性

案例应当由一条缜密的逻辑线贯穿始终，故事发展的背景、起因、展开、事态的发展，到后来落成的解决方案、最终成果，都要合理地穿插在这条逻辑线上，确保案例行文通畅，语义明确。

4. 完整性

合格的案例不仅要有充实的正文部分，还应当具有简练明晰的题目，给文章增添吸引力；明确的写作目标，说明期望组织从中获得的成功经验积累或失败经验教训；添加图表，辅助阅读者理解的参考资料都是好的选择。

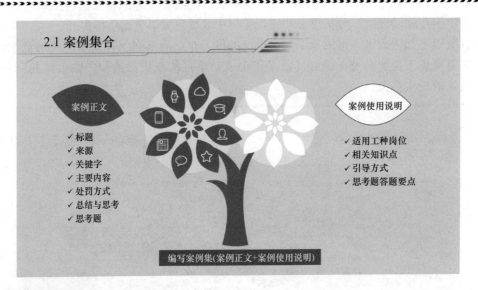

【时间掌控】 2分钟

【讲解要点】 编写案例集

案例集的编写分为两部分：案例正文＋案例使用说明

案例正文：标题、来源、关键字、主要内容、处罚方式、总结与思考、思考题。

案例使用说明：适用工种岗位、相关知识点、引导方式、思考题答题要点。

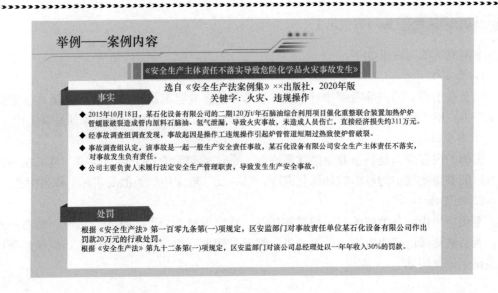

⧗【时间掌控】 10 分钟

▤【讲解要点】 编写案例集

下面给大家一个案例正文的例子。

《安全生产主体责任不落实导致危险化学品火灾事故发生》

选自《安全生产法案例集》××出版社，2020 年版

关键字：火灾、违规操作

事实：2015 年 10 月 18 日，某石化设备有限公司的二期 120 万 t/年石脑油综合利用项目催化重整联合装置加热炉炉管蠕胀破裂造成管内原料石脑油、氢气泄漏，导致火灾事故，未造成人员伤亡，直接经济损失约 311 万元。经事故调查组调查发现，事故起因是操作工违规操作引起炉管管道短期过热致使炉管破裂。事故调查组认定，该事故是一起一般生产安全责任事故，某石化设备有限公司安全生产主体责任不落实，对事故发生负有责任。公司主要负责人未履行法定安全生产管理职责，导致发生生产安全事故。

处罚：根据《安全生产法》第一百零九条第（一）项规定，区安监部门对事故责任单位某石化设备有限公司作出罚款 20 万元的行政处罚。根据《安全生产法》第九十二条第（一）项规定，区安监部门对该公司总经理处以上一年年收入 30％的罚款。

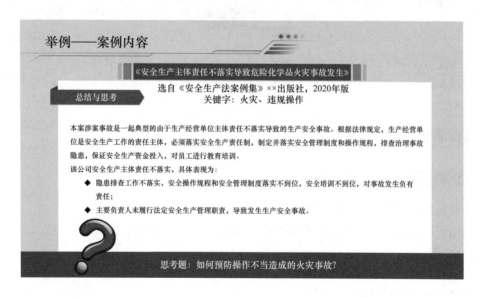

⧗【时间掌控】 8 分钟

▤【讲解要点】 编写案例集

总结与思考：本案涉案事故是一起典型的由于生产经营单位主体责任不落实导致的

生产安全事故。根据法律规定，生产经营单位是安全生产工作的责任主体，必须落实安全生产责任制，制定并落实安全管理制度和操作规程，排查治理事故隐患，保证安全生产资金投入，对员工进行教育培训。该公司安全生产主体责任不落实，具体表现为：隐患排查工作不落实，安全操作规程和安全管理制度落实不到位，安全培训不到位，对事故发生负有责任；主要负责人未履行法定安全生产管理职责，导致发生生产安全事故。

思考题：如何预防操作不当造成的火灾事故？

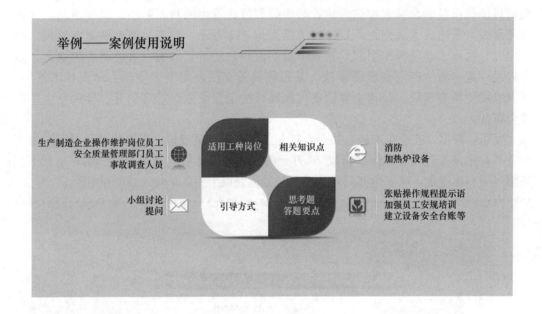

⌛ 【时间掌控】 3分钟

📖 【讲解要点】 编写案例集

下面是这一案例的案例使用说明：

适用工种岗位：生产制造企业操作维护岗位员工、安全质量管理部门员工、事故调查人员；

相关知识点：消防、加热炉设备；

引导方式：小组讨论、提问；

思考题答题要点：

（1）张贴操作规程提示语；

（2）加强员工安规培训；

（3）建立设备安全台账等。

练一练

功夫熊猫

用案例集模板编写一个案例材料

案例内容	
标题	
来源	
关键字	
主要内容	
处罚方式	
总结与思考	
思考题	

案例使用说明	
适用工种岗位	
相关知识点	
引导方式	
思考题答题要点	

【时间掌控】2分钟

【讲解要点】编写案例集

下面，各组用案例集模板编写一个案例材料。

2.2 视频微课

微课的"微"体现在哪些方面？

时间微	内容微	形式微
教学时间短	某个知识点	单一教学任务
◆ 3~5分钟为宜 ◆ 不超过10分钟 ◆ 集中注意力	◆ 1个内容 ◆ 1个知识点 ◆ 1个问题点 ◆ 1个技能项	◆ 积少成多 ◆ 形成系列 ◆ 灵活应用

【时间掌控】4分钟

【讲解要点】制作视频微课

微课的"微"体现在哪些方面？时间微、内容微、形式微。

时间微——教学时间短，3~5分钟为宜，不超过10分钟，集中注意力。

内容微——讲某个知识点，1个内容、1个知识点、1个问题点、1个技能项。

形式微——单一教学任务，积少成多、形成系列、灵活应用。

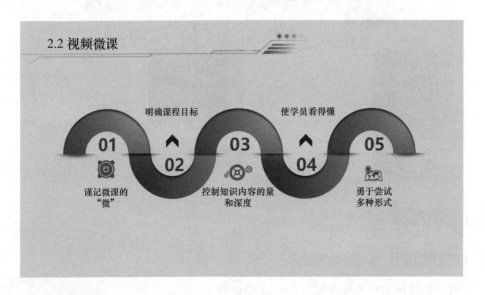

【时间掌控】4分钟

【讲解要点】制作视频微课

在制作微课前，需要先构思，构思尤其需要注意以下几点：

谨记微课的"微"、明确课程目标、控制知识内容的量和深度、使学员看得懂、勇于尝试多种形式。

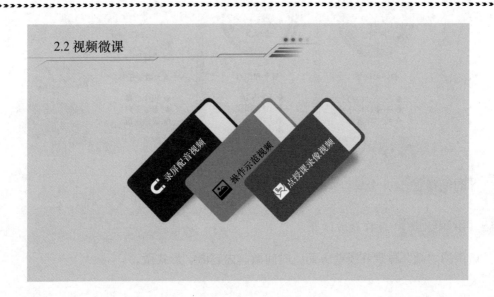

【时间掌控】1 分钟

【讲解要点】制作视频微课

　　视频微课常见的有录屏配音视频、操作示范视频、点授课录像视频。

【时间掌控】4 分钟

【讲解要点】制作视频微课

　　录屏配音视频制作方法：

　　编写一个 PPT 课件；使用录屏软件或手机录像功能，录制课件播放过程（只录屏，不拍讲师）；配上讲解录音和字幕。

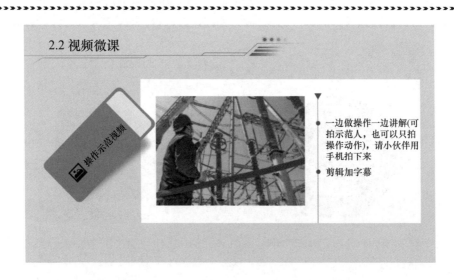

⏳ 【时间掌控】 4 分钟

📚 【讲解要点】 制作视频微课

操作示范视频制作方法：

一边做操作一边讲解（可拍示范人，也可以只拍操作动作），请小伙伴用手机拍下来；剪辑加字幕。

⏳ 【时间掌控】 3 分钟

📚 【讲解要点】 制作视频微课

点授课录像视频制作步骤：

在计算机或投影幕布前上课（需要拍讲师）；请小伙伴用手机拍下来；剪辑加字幕。

【时间掌控】10 分钟

【讲解要点】制作视频微课

小组练习：用手机拍摄一个 1～2 分钟的视频微课。

要求：介绍自己的专业特点，视频中提出一个核心问题，让观众初步了解你的专业，看完就能回答视频中的问题。

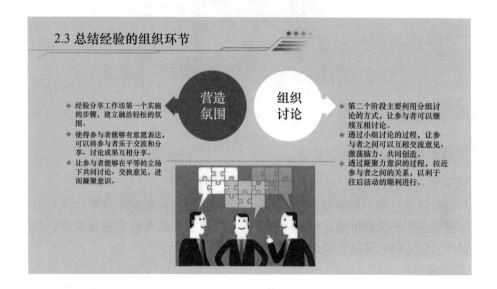

【时间掌控】6 分钟

【讲解要点】组织经验工作坊

经验工作坊是以一名在某个领域富有经验的主持人为核心，10～30 名左右的小团体在该名主持人的指导之下，通过活动、讨论、短讲等多种方式，共同探讨某个话题。

经验工作坊是以探讨和分享经验为主要议题的工作坊。

1. 营造氛围

经验工作坊第一个实施的步骤，建立融洽轻松的氛围。使得参与者能够有意愿表达，可以将参与者乐于交流和分享、讨论成果互相分享，让参与者能够在平等的立场下共同讨论、交换意见，进而凝聚意识。

2. 组织讨论

第二个阶段主要利用分组讨论的方式，让参与者可以继续互相讨论。通过小组讨论的过程，让参与者之间可以互相交流意见、激荡脑力、共同创造。通过凝聚意识的过程，拉近参与者之间的关系，以利于往后活动的顺利进行。

【时间掌控】 4 分钟

【讲解要点】 组织经验工作坊

3. 意见表达

最后的阶段就是各小组的发表时间。发表之前共同讨论出来的成果，和其他小组互相交流。随着各个小组的价值观与立场的不同，利用客观的角度来分析事情，共同思考出一个最适合的方向，延续伸展至之后的活动上。

4. 记录成果

活动中，工作坊的组织者要有意识地记录讨论成果。活动后，要编写形成工作坊日志，回顾和记录在这个工作坊中的收获。

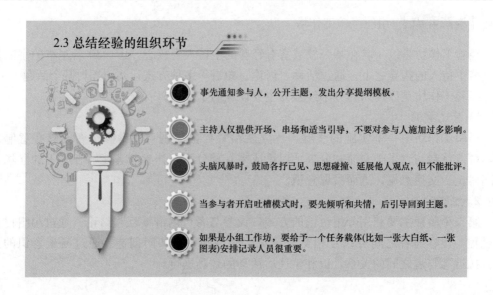

⌛ 【时间掌控】 4 分钟

📚 【讲解要点】 组织经验工作坊

经验工作坊的组织技巧：

事先通知参与人，公开主题，发出分享提纲模板。

主持人仅提供开场、串场和适当引导，不要对参与人施加过多影响。

头脑风暴时，鼓励各抒己见、思想碰撞、延展他人观点，但不能批评。

当参与者开启吐槽模式时，要先倾听和共情，后引导回到主题。

如果是小组工作坊，要给予一个任务载体（比如一张大白纸、一张图表），安排记录人员很重要。

⌛ 【时间掌控】 5 分钟

📚 【讲解要点】 组织经验工作坊

下面我们进行练习：

培训负责人：编写工作坊活动日程；

职业导师：填写分享提纲模板。

经验萃取的结果，如何应用于师带徒培训中？

⧗ 【时间掌控】1分钟

📚 【讲解要点】组织经验工作坊

　　思考：经验萃取的结果，如何应用于师带徒培训中？

⧗ 【时间掌控】2分钟

📚 【讲解要点】总结结构化师带徒的实质

　　通过今天的学习，大家对课程设计和经验萃取的技巧有了深入的认识，下面我们利用 2 分钟进行一个总结：

一门好课程，应该从实际需求入手，精心设计结构和环节，合理安排学习内容，制订完整的课程包，结合经验萃取的成果，才能达到解决徒弟的问题，满足组织的要求的目标。

【时间掌控】1 分钟

【讲解要点】总结结构化师带徒的实质

一名好的职业导师，甘于奉献，努力工作，善于总结，会开发课程，会讲课，有工匠精神，有传承意识。才不愧为徒弟的领路人、领导的好助手、企业的好榜样！

⏳ **【时间掌控】** 3 分钟

📖 **【讲解要点】** 总结结构化师带徒的实质

职业讲师计算各组得分，颁发小组奖品。

很高兴与大家共同学习和进步，送给大家一句话共勉！好好讲课，总有人因你改变！愿大家在职业导师的道路上，迈出国网人的昂扬姿态，将国网匠心一代代传递！

⏳ **【时间掌控】** 35 分钟

📖 **【讲解要点】** 笔试闭卷考试

下面我们针对今天课上内容，进行笔试考试。考试合格者可进入申请参加后续职业导师培训课程。

讲师给每名学员颁发一张试卷，监考。

收卷、评估、组织合影。

第二节　工匠传承者（师傅）培训案例

一、案例 1：制定计划，教学相长

【背景】

目前，企业越来越重视师带徒培训质量和成果。为了达到职业导师实现从"我会做"到"我会教"的跨越，在助力徒弟成长的过程中，师傅需要与徒弟沟通确认培训计划及目标，达到"教学相长"的目的。

【引入】

王师傅是资深培训导师，小李是今年新评选出的师傅，小李在办公室里向王师傅请教。

【正文】

小李：王师傅。您知道我是第一次当师傅，不懂的地方很多，希望您能不吝赐教，给以指点。

王师傅：小李，别客气。有什么不懂的你尽管问，我知无不言。

小李：谢谢您，我想知道怎么制订培训计划？

王师傅：这个啊，也不难。培训计划是按照一定的逻辑顺序排列的记录，它是从学员岗位任职能力要求出发，职业导师在全面、客观的培训需求分析基础上，做出的对培训内容、培训时间、培训地点、培训方式和结果评估方法等的预先系统设定。

小李：那我具体要怎么做呢？

王师傅：我们做师带徒培训，制订培训计划分 5 个步骤：明确目标和时限、拆分目标、设置关键节点、制订双方行动、计划调整。

第一步：明确目标和时限，就需要我们确定学员任职能力要求，评估学员目前能力差距、了解学员目标岗位、目前人才短缺情况、了解部门及领导对人才培养的要求。综合上述三点，确定培训总时长。

第二步：拆分目标，可以是按能力类别拆分——基础知识类、基础技能类、专业知识类、专业技能类、综合素养类；按工作地点类别拆分——车间作业类、户外作业类、办公室办公类；按设备类别拆分——测试设备类、防护设备类、切割设备类等。

第三步：设置关键节点，列出每个培训目标，具体明确的各项内容、任务，及其培训形式。从各项内容和任务里，以某种标准，确定关键内容和任务；确定关键内容和任务的前序课程；设定关键内容和任务的时间节点；灵活安排其他内容和任务。

第四步：制订双方行动，确定每个培训项目不同的培训形式；明确职业导师需要做的准备工作；明确徒弟前序知识的掌握情况；制订师徒双方培训中分别做什么、做到什么程度、做多长时间。

第五步：计划调整，考虑遇到天气环境、设备工具、职业导师知识储备、学员掌握情况、其他工作影响培训、其他特殊情况时，可以适时调整计划。

小李：王师傅，您说得真详细，我听明白了，真是太谢谢您了！我回去就着手制定计划。

王师傅：你能充分考虑培训计划，我想你一定会成为最优秀的师傅的！

【成效】

小李回到办公室后，经过思考、分析，为他的新徒弟量身定制了一份培训计划。

二、案例 2：坚守职业道德　追求与时俱进

【背景】

徒弟成长需要一定周期，如何通过行之有效的措施，帮助徒弟实现快速成长，成为独当一面的人才，是企业急需要解决的一道课题。为使徒弟尽快适应公司发展环境，进

入自己岗位角色，适应公司业务发展的需要，同时配合员工职业发展规划，发扬吃苦耐劳的精神，坚守职业道德，发扬优良的工作作风，追求与时俱进，实现人生价值，早日成为公司的核心人才。

【引入】

某办公室里，王师傅正在和他的新徒弟沟通职业培养计划。

【正文】

王师傅：小李，你看看这份《职业培养计划》，你有没有异议？

小李：好的师傅。（小李阅读一会之后）师傅，我半年就能出师了？

王师傅：还得看你的表现，每个月都要达到相应的要求才能在半年后独当一面。

小李：我明白，我会努力的，师傅。

王师傅：我还有几句话要叮嘱你。

小李：师傅您说。

王师傅：在岗培训时要注意三点：第一安全，第二要有责任心，第三注意事项。安全是第一位的，你要时刻谨记。在工作中要学会灵活运用知识、技能、经验，发扬吃苦耐劳的精神、坚守职业道德，发扬优良的工作作风。第三注意事项，能做什么，不能做什么？应该做什么，不应该做什么？你都应该熟记于心。

小李：师傅，我都记住了。放心吧。

王师傅：还要坚持学习，与时俱进，你们都是企业的未来啊。

小李：我会一直勤学向上，给自己加油的！

【成效】

在实际工作中，小李始终发扬吃苦耐劳的精神、坚守职业道德，发扬优良的工作作风，成为职场中的道德楷模。

三、案例3：亲身实践　提升技能

【背景】

目前，企业越来越重视师带徒培训质量和成果。为提高师带徒培训技巧，职业导师应掌握并熟练演示示范技巧，在助力徒弟成长的过程中，达成"教学相长"的目标。

【引入】

某阶梯教室里，一位师傅正在为徒弟演示如何佩戴安全帽。

【正文】

师傅头戴安全帽，指着屏幕内容说：技能培训有四步，分别是：

我说你听——讲授

我做你看——示范

你做我看——练习

你说我听——总结

接下来，师傅以如何佩戴安全帽为例具体阐述。

第一步：我说你听，也就是讲解。师傅强调头戴安全帽的重要性，徒弟做笔记。

第二步：我做你看，也就是示范。师傅将正确佩戴安全帽示范给徒弟看，边做边说佩戴步骤。正确与错误的佩戴方法做对比。让徒弟说明关键步骤出错可能带来的后果。

第三步：你做我看，也就是练习。徒弟尝试自己佩戴安全帽，师傅观察纠正。徒弟找差异，分析原因，多次练习。

第四步：你说我听，也就是总结。徒弟总结佩戴步骤。师傅给予点评和鼓励。

【成效】

经过多次练习，徒弟能够正确佩戴安全帽，并能教会他人。

四、案例 4：总结收获有方法，思维导图来帮忙

【背景】

近年来国内企业已经认识到培训在提高员工职业技能方面的重要性，因此越来越重视师带徒培训质量和成果。如何提高师带徒培训技巧，使职业导师掌握师带徒的总结方法？如何保证员工能够不断提升自身的能力、素质，进而与企业共同发展？成为摆在企业经营管理者面前所必须面对的问题。

【引入】

新徒弟小李培训结束后，王师傅和他在办公室谈话。

【正文】

王师傅：小李，这段时间的培训你表现不错，今天回去再交一份培训心得，总结自己的培训表现。

小李：师傅，是写一份总结，记录学习内容和学习心得吗？

王师傅：你理解得对。

小李：师傅，学习内容太多了，有没有更简单，更一目了然的方法啊？

王师傅：这个好办，你可以试试采用思维导图的形式。

小李：思维导图？

王师傅：对，思维导图运用图文并重的技巧，把各级主题的关系用相互隶属与相关的层级图表现出来，把主题关键词与图像、颜色等建立记忆链接。

小李：这个方法好。师傅快教教我具体怎么做？

王师傅：第一步，画出中心主题：你可以把纸张横过来放，这样宽度比较大一些。在纸的中心，画出能够代表你心目中的主体形象的中心图像。再用水彩笔任意发挥你的思路。

第二步，画分枝标关键词：绘画时，应先从图形中心开始，画一些向四周放射出来的粗线条。每一条线都使用不同的颜色。这些分枝代表关于你对中心主题的主要思想分类。在每一个分枝上，用大号的字清楚地标上关键词，这样，当你想到这个概念时，这些关键词立刻就会从大脑里跳出来。

第三步，丰富分枝：要善于运用你的知识网，丰富每一个分枝。利用你的想象，在每一个关键词旁边，画一个能够代表它、解释它的图形，更容易记忆。要记住：大脑的语言构件便是图像，使用彩色水笔以及一点儿想象。

第四步，画细枝写要素：用联想来扩展这幅思维导图。每一个关键词都会让你想到更多的词。例如：假如你写下了"汽车部件"这个词，你就会想到车门、方向盘、发动机等。你认为重要的细枝，可以继续发散，补充更多的要素。

小李：师傅，我听明白了。用思维导图的方法我就可以把我理解的培训内容全部写出来。回去我就开始写心得。

王师傅：嗯，内容和技术都可以采用这种方法。好好写吧。

小李：好的，谢谢师傅。

【成效】

小李用思维导图的方法完成了一份培训心得，获得了师傅的肯定。

五、案例 5：榜样引领，快速成长

【背景】

目前，国内企业开展师带徒培训工作如火如荼。越来越多的普通员工迫切需要快速成长为职业导师，大批职业导师急需快速实现从"我会教课"到"我会做课"的跨越，成为一位优秀的导师。

【引入】

某直播间，主持人正在采访国企优秀职业导师王老师。

【正文】

主持人：王老师，你好！很高兴您能接受我们的采访。您是国企十大优秀职业导师之一，能谈谈是什么原因使您成为一名职业导师的吗？

王老师：主持人好！是偶然发生的一件小事：我还是讲师时，遇到的一个学员总是问我同一个问题，我解释了很多次，也没让他明白。我开始思考：是不是我的讲述方式不正确，是不是我的经验不能直接让他接受，而应该让他自学？从此我开始认真研究课程设计与经验萃取，才让我越来越得心应手。

主持人：您提到的课程设计与经验萃取，我们比较感兴趣。能具体说说吗？

王老师：好的。首先，作为导师，要根据授课对象来确定授课方式。比如给企业员工培训，可以采用课堂和自学两种。课堂课程讲授综合知识点，自学课程一般是单一知识点。结合师带徒培训，导师要知道哪些知识适合给徒弟讲、带徒弟练？哪些适合让徒弟自己看、自己思考？等。其次，梳理课程内容后确定课程内容结构图，制作课程包。

主持人：课程包是什么？

王老师：课程包包含大纲、课件、素材、试题四部分。导师要根据课程内容编大纲，写课件、搜素材、出试题、填写课程表自查表制作好课程包。

主持人：课程设计我们已经大致了解了，很多讲师能做到。"能做好"到"能讲明白"还是有一定难度的，您有什么好的经验做法和我们分享吗？

王老师：可以采取制作案例、微课视频、创建经验工作坊等方式传承经验，让更多的学员学习相关知识，从而"讲明白"。既简单又时尚的方法是用手机拍摄一个 1～2 分钟的视频微课，大家都很喜欢看。我常常把知识点录成微课，帮助学员理解。我还创建了经验工作坊，常常和大家分享好的经验及做法。

主持人：非常感谢您的分享，我想今天的内容对想要发展的学员很有帮助。

【成效】

通过对王老师的访谈，使我们了解了课程设计与经验萃取的相关知识，帮助更多的学员快速成长，讲好一门课程，成为优秀导师。

第三节　工匠传承者（师傅）题库

　　师傅在电网企业中作为新员工前进路上的引路人，要让徒弟少走弯路，快速成长，充分发挥"一带一、一帮一"培养优势，并以"传、帮、带"的形式进行专业技术指导和职业道德培养，将专业技能与工匠精神薪火相传，使新员工尽快熟悉新岗位，掌握新技能，适应公司生产经营工作需要。这就要求师傅具备丰富的工作经验、优越的技术水平、良好的职业道德以及优良的工作作风。

　　为检验师傅对专业知识与技能的掌握程度，开发了针对师傅的培训题库。题库涵盖基础知识测试和技能测试两部分内容，题型多样，涵盖范围广，有单选题、判断题、填空题、简答题五大题型，对师傅自身的水平提高具有一定意义。

请使用手机扫描二维码进行答题考试

第四章　技术学习者（徒弟）培养资源

俗话说"得人者，得天下"，在快速发展的知识经济时代更是如此。传统的能源、材料、土地等资源已经不再是企业发展进步的中坚力量；与之对应的是人力资源越来越受到重视，同时核心人才培养也成为提高企业竞争力的关键要素。

企业选好、用好、育好企业所需的专业核心人才，将给企业带来不可估量的效益，因而核心人才培养成为企业当前的首要战略任务。企业即人，核心人才尤其受到重视，但由于薪酬、企业文化等各种因素的影响，企业出现核心人才跳槽现象。很多企业乃至国家都在为核心人才培养出谋划策。那么到底该如何培养企业所需的核心人才呢？

"师带徒"人才培养模式在培养专业技术技能人才、建设高素质人才队伍过程中具有显著作用。现代企业的"师带徒"是指企业挑选作风扎实、品行端正、责任心强、业务精湛、经验丰富的业务骨干作为师傅，通过签订师带徒协议，一对一或一对多地传授、帮助和指导新进员工或转岗员工快速提高职业道德、理论水平和实际操作能力，帮助和引导他们尽快适应岗位、迅速成长成才，为公司发展提供人才储备。

本章将提供各岗位的学习课件、QC创新成果展示、各岗位的新型技术、测试题库等培养资源，为"师带徒"人才培养的实施提供一些帮助，助力企业培养专业核心人才，形成师带徒，徒变师的良性循环，推动企业更好地发展。

第一节　技术学习者（徒弟）培训课程

电网企业高技能人才是掌握操作技能、解决生产实践中实际问题的人才。要高度重视高技能人才队伍建设，不断完善高技能人才培养机制，健全"师带徒"管理制度，建立一支数量相对充足、结构比较合理、素质较高的高技能人才队伍是企业发展的基石。本节将从电网调控运行、输电运检、变电运检、客户服务、乡镇及农村供电服务、信息通信运维六个方面展示高技能人才所涉及的部分业务课程，从"各岗位课件清单"（见表3-4-1）中，可以清楚了解到每个岗位对应的学习课件，每个课件均可通过扫描二维码观看详细内容。最后，列举了国网金昌供电公司党员及公司骨干发挥模范带头作用，全力打造结构合理的人才培养梯队，助力企业高质量发展。

表 3-4-1　　　　　　　　　　各 岗 位 课 件 清 单

序号	工种类别	专业	课件名称
1	电网调控运行	新设备投产方向（1个）	12.《新设备投产的知识"百科全书"》
		电网自动化运维（2个）	15.《小新的"调度自动化基础知识"之旅》
			3.《调度作业要做好，基础知识少不了——调度通信基础知识》

续表

序号	工种类别	专业	课件名称
2	输电运检	带电作业方向（2个）	5.《带电作业想学好，条件方法少不了——等电位作业的技术条件和方法》
			13.《110~220kV线路采用等电位作业法带电更换防振锤》
		常用仪器仪表的使用及排障（2个）	14.《跟孙师傅学会红外热像仪的使用》
			18.《学会经纬仪的基本使用》
		输电线路方向（1个）	8.《杆塔受力有保障——输电线路杆塔受力分析与计算简介》
3	变电运检	智能变电站方向（1个）	4.《开启智能化时代——智能变电站的知识普及》
		有载分接开关方向（1个）	9.《有载分接开关常见缺陷和处理方法》
		试验分析方向（2个）	6.《设备故障不要慌，色谱实验来帮忙——绝缘油色谱试验》
			17.《化身小小科学家，掌握化学分析的操作》
		继电保护（1个）	1.《继电保护的"铠甲"——保护压板》
4	客户服务	服务客户方向（1个）	2.《供电服务"十个不准"，优质服务我认真》
		用电信息采集（1个）	11.《认识集中器的功能架构及调试》
		电动汽车（1个）	19.《智能充电，连好最后"一米"线》
5	乡镇及农村供电服务	节能增效电费（1个）	20.《节能增效，从我做起——电度电费》
		杆塔作业（1个）	21.《杆塔作业记安全，安全规范来陪伴》
6	信息运维	交换机（3个）	7.《"沉浸式体验"——交换机端口镜像设置》
			10.《复杂知识轻松学——局域网接入交换机（H3C）的初始化配置方法》
			16.《要想系统运行好，Java虚拟机少不了》

一、电网调控运行专业

《调度作业要做好，基础知识少不了——调度通信基础知识》（课件序号：03）

开发单位：国网金昌供电公司
课件类型：动画微课
适用对象：电网调控运行岗位人员
课件时长：约9.5分钟
课件介绍：

　　本课程以调度作业要做好，基础知识少不了——调度通信基础知识为主题，整体以了解电力通信专网的情况、掌握电力通信的基本原理为线索，用生动有趣的动画，把知识传递给学员；以情景动画的形式呈现，作为一名调度通信人员，必须掌握电力通信网的基础知识，熟知电力通信网的现状以及它的基本原理，这样在工作中才能更好地发挥，调度员小宇为大家讲解电力通信网的基础知识、现状和基本原理。

　　通过这个教授的过程，将知识传递给学员。这是知识点类微课程最有效设计方法，这种方法知识点传递目的明确，效果明显，效率极高，可以在有限的课程时间内，将知识点最大限度地传递给学员。

课件截图示例：

 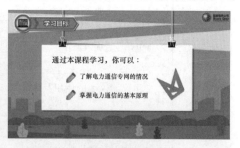

课件二维码：

《新设备投产的知识"百科全书"》（课件序号：12）

开发单位：国网金昌供电公司

课件类型：动画标课

适用对象：电网调控运行岗位人员

课件时长：约 6 分钟

课件介绍：

　　本课程以学习新设备投产的知识"百科全书"为主题，整体以了解新设备投产的定义及必备条件、熟知新设备投产试运行及正式运行的要求、掌握新设备投产中异常处置的原则为线索，用生动有趣的动画，把知识传递给学员；以情景动画的形式呈现，公司购买的一批新设备已送到厂内，现需验收，小王向班长提问公司的新设备是否应投产了。班长表示新设备不能直接投产，需要经过一系列流程并向小王讲解新设备投产及投产的必备条件。

　　通过这个教授的过程，将知识传递给学员。这是知识点类微课程最有效设计方法，这种方法知识点传递目的明确，效果明显，效率极高，可以在有限的课程时间内，将知识点最大限度地传递给学员。

课件截图示例：

课件二维码：

《小新的"调度自动化基础知识"之旅》（课件序号：15）

开发单位：国网金昌供电公司

课件类型：动画微课

适用对象：电网调控运行岗位人员

课件时长：约 8 分钟

课件介绍：

本课程以学习小新的"调度自动化基础知识"之旅为主题，整体以了解调度自动化的基本概念和结构——熟知 OS2 各模块的结构和功能要求为线索，用生动有趣的动画，把知识传递给学员；以情景动画的形式呈现，身为一名合格的调度人，必须要了解调度自动化基础知识。现在，请大家随我一起开启"调度自动化基础知识"之旅吧！通过旅行的形式，为大家呈现调度自动化基础知识介绍、OS2 各模块介绍等相关内容，帮助学员了解调度自动化的基本概念和结构，熟知 OS2 各模块的结构和功能要求。

通过这个教授的过程，将知识传递给学员。这是知识点类微课程最有效的设计方法，这种方法知识点传递目的明确，效果明显，效率极高，可以在有限的课程时间内，将知识点最大限度地传递给学员。

课件截图示例：

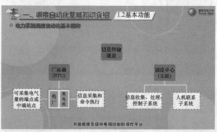

课件二维码：

二、输电运检专业

《带电作业想学好，条件方法少不了——等电位作业的技术条件和方法》（课件序号：05）

开发单位：国网金昌供电公司

课件类型：动画微课

适用对象：输电运检岗位人员

课件时长：约 8.5 分钟

课件介绍：

本课程以带电作业想学好，条件方法少不了——等电位作业的技术条件和方法为主题，整体以了解等电位作业法的技术条件、掌握进出电场的方法为线索，用生动有趣的动画，把知识传递给学员；以情景动画的形式呈现，小王站在培训室内，通过投影向大家介绍一下等电位作业的条件及方法以及进出电场的方法。

通过这个教授的过程，将知识传递给学员。这是知识点类微课程最有效的设计方法，这种方法知识点传递目的明确，效果明显，效率极高，可以在有限的课程时间内，将知识点最大限度地传递给学员。

课件截图示例：

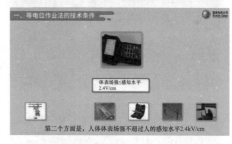
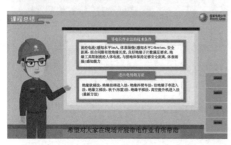

课件二维码：

《杆塔受力有保障——输电线路杆塔受力分析与计算简介》（课件序号：08）

开发单位：国网金昌供电公司
课件类型：动画微课

适用对象：输电运检岗位人员

课件时长：约 10.6 分钟

课件介绍：

本课程以杆塔受力有保障——输电线路杆塔受力分析与计算简介为主题，整体以了解杆塔荷载计算条件以及九种计算方法、掌握混凝土配比方式和其强度的计算方法、熟知预应力电杆的用途及特性、了解预耐张杆塔水平荷载的种类和计算方法为线索，用生动有趣的动画，把知识传递给学员；以情景动画的形式呈现，在长距离电力运输过程中，会经过地势险峻的山川，在气候条件恶劣的时候，输电杆塔会出现断线甚至倒塔的风险。这就需要对杆塔的受力情况进行细致的计算和分析，本节课从杆塔荷载、混凝土、预应力电杆、耐张杆塔水平荷载四个方面给大家详细讲解。

通过这个教授的过程，将知识传递给学员。这是知识点类微课程最有效的设计方法，这种方法知识点传递目的明确，效果明显，效率极高，可以在有限的课程时间内，将知识点最大限度地传递给学员。

课件截图示例：

课件二维码：

《110～220kV 线路采用等电位作业法带电更换防振锤》（课件序号：13）

开发单位：国网金昌供电公司

课件类型：动画标课

适用对象：输电运检岗位人员

课件时长：约 6 分钟

课件介绍：

本课程以学习 110～220kV 线路采用等电位作业法带电更换防振锤为主题，整体以了解 110～220kV 线路采用等电位作业法带电更换防振锤的作业流程、熟知 110～220kV 线路采用等电位作业法带电更换防振锤的技术要领、掌握 110～220kV 线路采用等电位作业法带电更换防振锤的作业方法为线索，用生动有趣的动画，把知识传递给学员；以情景动画的形式呈现，李老师从出发前准备、作业组织、作业实施以及作业终结四部分流程带领大家掌握 110～220kV 线路采用等电位作业法带电更换防振锤的作业方法。

通过这个教授的过程，将知识传递给学员。这是知识点类标课程最有效的设计方法，这种方法知识点传递目的明确，效果明显，效率极高，可以在有限的课程时间内，将知识点最大限度地传递给学员。

课件截图示例：

课件二维码：

《跟孙师傅学会红外热像仪的使用》（课件序号：14）

开发单位：国网金昌供电公司

课件类型：动画标课

适用对象：输电运检岗位人员

课件时长：约 6 分钟

课件介绍：

　　本课程以学习跟孙师傅学会红外热像仪的使用为主题，整体以了解常用红外热像仪的特点及维护注意事项、掌握红外热像仪的现场操作步骤、对输电线路发热缺陷进行判断为线索，用生动有趣的动画，把知识传递给学员；以情景动画的形式呈现，红外热像仪是一种利用红外热成像技术，通过对标的物的红外辐射探测，并加以信号处理、光电转换等手段，将标的物的温度分布的图像转换成可视图像的设备。孙师傅从常用红外热像仪的特点及维护、红外热像仪现场操作步骤和输电线路发热缺陷判断这三方面来认识"它"。

　　通过这个教授的过程，将知识传递给学员。这是知识点类标课程最有效的设计方法，这种方法知识点传递目的明确，效果明显，效率极高，可以在有限的课程时间内，将知识点最大限度地传递给学员。

课件截图示例：

 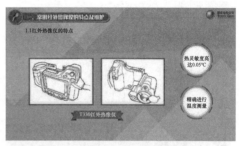

课件二维码：

《学会经纬仪的基本使用》（课件序号：18）

开发单位：国网金昌供电公司

课件类型：动画标课

适用对象：输电运检岗位人员

课件时长：约 5.5 分钟

课件介绍：

　　本课程以学习学会经纬仪的基本使用为主题，整体以了解经纬仪的分类及构造，掌握使用经纬仪测量的操作流程，独立使用经纬仪测量物体的角度、距离、交叉跨越、弧垂等为线索，用生动有趣的动画，把知识传递给学员；以情景动画的形式呈现，如果我们在测量时遇到很多树木怎么办？景老师表示可以使用测纬仪进行测量，能准确地测量出角度、距离、交叉跨越、弧垂，紧接着开始讲解经纬仪。

　　通过这个讲解的过程，将知识传递给学员。这是知识点类标课程最有效的设计方法，这种方法知识点传递目的明确，效果明显，效率极高，可以在有限的课程时间内，将知识点最大限度地传递给学员。

课件截图示例：

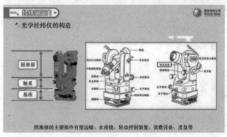

课件二维码：

三、变电运检专业

《继电保护的"铠甲"——保护压板》（课件序号：01）

开发单位：国网金昌供电公司

课件类型：动画微课

适用对象：变电运检岗位人员

课件时长：约 7.5 分钟

课件介绍：

本课程以学习继电保护的"铠甲"——保护压板为主题，整体以了解什么是保护压板和其功能、牢记智能变电站保护装置交流的基本内容、掌握保护压板的投退顺序为线索，用生动有趣的动画，把知识传递给学员；以情景动画的形式呈现，孙师傅在变电站全面巡视的过程中，给小王讲解了巡视的范围。孙师傅和小王遇到了保护指压，小王表示这是自已在培训或者试验外看到保护指压，孙师傅趁着这个机会给小王好好讲解了这其中的学问。

通过这个讲解的过程，将知识传递给学员。这是知识点类微课程最有效的设计方法，这种方法知识点传递目的明确，效果明显，效率极高，可以在有限的课程时间内，将知识点最大限度地传递给学员。

课件截图示例：

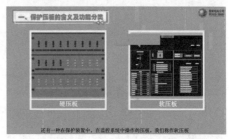

课件二维码：

《开启智能化时代——智能变电站的知识普及》（课件序号：04）

开发单位：国网金昌供电公司

课件类型：动画微课

适用对象：变电运检岗位人员

课件时长：约 7.3 分钟

课件介绍：

本课程以开启智能化时代——智能变电站的知识普及为主题，整体以辨别智能变电站与常规变电站的差异、明确智能变电站的特点、能够对智能变电站维护技术进行分析为线索，用生动有趣的动画，把知识传递给学员；以情景动画的形式呈现，智能通机器人向大家讲解智能变电站是采用先进、可靠、集成和环保的智能设备，以全站信息数字化、通信平台网络化、信息共享标准化为基本要求，自动完成信息采集、测量、控制、保护、计量和检测等基本功能。同时，具备支持电网实时自动控制、智能调节、在线分析决策和协同互动等高级功能的变电站，并继续深入讲解智能变电站。

　　通过这个讲解的过程，将知识传递给学员。这是知识点类微课程最有效的设计方法，这种方法知识点传递目的明确，效果明显，效率极高，可以在有限的课程时间内，将知识点最大限度地传递给学员。

课件截图示例：

课件二维码：

《设备故障不要慌，色谱实验来帮忙——绝缘油色谱试验》（课件序号：06）

开发单位：国网金昌供电公司

课件类型：动画微课

适用对象：变电运检岗位人员

课件时长：约 12.6 分钟

课件介绍：

本课程以设备故障不要慌，色谱实验来帮忙——绝缘油色谱试验为主题；整体以了解做色谱试验的意义、掌握气相色谱试验的操作步骤、对充油设备的故障进行诊断为线索，用生动有趣的动画，把知识传递给学员；以情景动画的形式呈现，李工询问小丽，明天要进行的绝缘油色谱试验的相关知识是否已经掌握，为了帮助小丽复习，李工对小丽进行了提问考验，包括色谱试验的意义、色谱试验的步骤和充油设备的故障诊断。

通过小丽的回答过程，将知识传递给学员。这是知识点类微课程最有效的设计方法，这种方法知识点传递目的明确，效果明显，效率极高，可以在有限的课程时间内，将知识点最大限度地传递给学员。

课件截图示例：

课件二维码：

《有载分接开关常见缺陷和处理方法》（课件序号：09）

开发单位：国网金昌供电公司

课件类型：动画标课

适用对象：变电运检岗位人员

课件时长：约 7.5 分钟

课件介绍：

本课程以学习有载分接开关常见缺陷和处理方法为主题，整体以识别变压器有载分接开关的常见缺陷、掌握变压器有载分接开关缺陷的处理方法为线索，用生动有趣的动画，把知识传递给学员；以情景动画的形式呈现，李老师站在讲台上带领大家学习有载分接开关的常见缺陷和处理方法。

通过这个教授的过程，将知识传递给学员。这是知识点类标课程最有效的设计方法，这种方法知识点传递目的明确，效果明显，效率极高，可以在有限的课程时间内，将知识点最大限度地传递给学员。

课件截图示例：

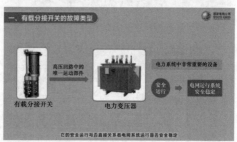

课件二维码：

《化身小小科学家，掌握化学分析的操作》（课件序号：17）

开发单位：国网金昌供电公司

课件类型：动画标课

适用对象：变电运检岗位人员

课件时长：约 6.5 分钟

课件介绍：

　　本课程以学习化身小小科学家，掌握化学分析的操作为主题，整体以准确阐述玻璃器皿清洗的步骤、按照正确步骤进行玻璃器皿清洗工作、熟练掌握标准溶液的配制方法。按照正确的制作方法进行标准溶液配制为线索，用生动有趣的动画，把知识传递给学员；以情景动画的形式呈现，华老师在实验室中欢迎大家来体验"奇妙实验"之旅，今天要做的实验是 KOH 乙醇标准溶液的配制。

　　通过这个实验演示的过程，将知识传递给学员。这是知识点类标课程最有效的设计方法，这种方法知识点传递目的明确，效果明显，效率极高，可以在有限的课程时间内，将知识点最大限度地传递给学员。

课件截图示例：

课件二维码：

四、客户服务专业

《供电服务"十个不准"，优质服务我认真》（课件序号：02）

开发单位：国网金昌供电公司

课件类型：动画微课

适用对象：客户服务岗位人员

课件时长：约 5 分钟

课件介绍：

本课程以学习供电服务"十个不准"，优质服务我认真为主题，整体以了解供电服务"十个不准"的要点、掌握供电服务"十个不准"的规定为线索，用生动有趣的动画，把知识传递给学员；以情景动画的形式呈现，国家电网有限公司曾向全社会公布了供电服务的"十个不准"。今年是开展全域优化电力营商环境的关键之年，为了进一步提升供电服务水平，提升客户满意度，需要将"十个不准"深入至每一位供电员工。通过观察同事的一天来讲解供电服务"十个不准"。

通过这个讲解的过程，将知识传递给学员。这是知识点类微课程最有效的设计方法，这种方法知识点传递目的明确，效果明显，效率极高，可以在有限的课程时间内，将知识点最大限度地传递给学员。

课件截图示例：

课件二维码：

《认识集中器的功能架构及调试》（课件序号：11）

开发单位：国网金昌供电公司

课件类型：动画微课

适用对象：客户服务岗位人员

课件时长：约 9 分钟

课件介绍：

　　本课程以学习认识集中器的功能架构及调试为主题，整体以懂得集中器的概念、架构及主要功能，牢记集中器的安装管理与维护内容，掌握集中器的调试步骤与问题分析为线索，用生动有趣的动画，把知识传递给学员；以情景动画的形式呈现，电网企业经营范围内电力用户的"全覆盖、全采集"，有效改变长期以来无法及时、完整、准确掌控电力用户信息的局面，满足电力公司系统各层面、各专业对于电力用户信息的迫切需求。而集中器则在用电信息采集系统中始终处于通信控制枢纽的位置，因此必须充分了解集中器的性能及相应的调试方法，保证其在运行过程中能长期处于最佳的工作状态，才能最大化地发挥其承上启下的重要作用。今天，就让我们来认识"它"，在用电采集信息系统中占据重要地位的集中器。

通过这个讲解的过程，将知识传递给学员。这是知识点类微课程最有效的设计方法，这种方法知识点传递目的明确，效果明显，效率极高，可以在有限的课程时间内，将知识点最大限度地传递给学员。

课件截图示例：

课件二维码：

《智能充电，连好最后"一米"线》（课件序号：19）

开发单位：国网金昌供电公司

课件类型：动画标课

适用对象：客户服务岗位人员

课件时长：约5分钟

课件介绍：

本课程以学习智能充电，连好最后"一米"线为主题，整体以了解国网充电设施的分类、掌握使用"e充电扫码"对汽车进行充电、熟悉一些充电的常见故障为线索，用生动有趣的动画，把知识传递给学员；以情景动画的形式呈现，小美新买了电车，第一次充电不知道应该怎么办，朋友小明恰好是国家电网有限公司员工，他仔细地向小美解释各种缘由。

通过这个解释的过程，将知识传递给学员。这是知识点类标课程最有效的设计方法，这种方法知识点传递目的明确，效果明显，效率极高，可以在有限的课程时间内，将知识点最大限度地传递给学员。

课件截图示例：

课件二维码：

五、乡镇及农村供电服务专业

《节能增效，从我做起——电度电费》（课件序号：20）

开发单位：国网金昌供电公司

课件类型：动画微课

适用对象：乡镇及农村供电服务岗位人员

课件时长：约 7.5 分钟

课件介绍：

　　本课程以学习节能增效，从我做起之电度电费为主题，整体以了解合理配置变压器的方法、能够从电度电费方面帮助用户合理用电为线索，用生动有趣的动画，把知识传递给学员；以情景动画的形式呈现，本次会议的主题是探讨一下如何从电度电费方面帮助用户合理用电，减轻用户电费负担。欢迎大家踊跃发言。其中一位同事发言，那我先说一下我遇到过的一个用户吧，这是一个建设实业有限公司，10kV 双电源，高供高计。

　　通过这个解释的过程，将知识传递给学员。这是知识点类标课程最有效的设计方法，这种方法知识点传递目的明确，效果明显，效率极高，可以在有限的课程时间内，将知识点最大限度地传递给学员。

课件截图示例：

课件二维码：

《杆塔作业记安全，安全规范来陪伴》（课件序号：21）

开发单位：国网金昌供电公司

课件类型：动画标课

适用对象：乡镇及农村供电服务岗位人员

课件时长：约 5.5 分钟

课件介绍：

　　本课程以学习杆塔作业记安全，安全规范来陪伴为主题，整体以了解登杆作业中的各种危害因素、掌握杆塔作业的相关注意事项、防范安全事故的发生为线索，用生动有趣的动画，把知识传递给学员；以情景动画的形式呈现，杆塔作业是电力行业最常见的作业类型之一，由于杆塔缺陷、作业的高度以及作业人员的不安全行为等各种危害因素的存在，导致作业易出现杆塔倒塌、高空坠落、人员触电等安全事故。所以，我们要有强烈的安全意识！小王向班长请教杆塔作业的注意事项。班长针对图片的违章点来讲解正确的作业规范。

　　通过这个讲解的过程，将知识传递给学员。这是知识点类标课程最有效的设计方法，这种方法知识点传递目的明确，效果明显，效率极高，可以在有限的课程时间内，将知识点最大限度地传递给学员。

课件截图示例：

课件二维码：

六、信息运维专业

《"沉浸式体验"——交换机端口镜像设置》（课件序号：07）

开发单位：国网金昌供电公司

课件类型：动画微课

适用对象：信息运维岗位人员

课件时长：约 10.5 分钟

课件介绍：

本课程以"沉浸式体验"——交换机端口镜像设置为主题，整体以了解交换机镜像概念、掌握交换机端口镜像设置方法为线索，用生动有趣的动画，把知识传递给学员；以情景动画的形式呈现，刘经理问小王是否准备好这周的操作考核，涉及交换机端口镜像设置方面的知识。小王表示在进行实际操作时，总是出现问题。刘经理给小刘补习他没掌握太透彻的理论知识。

通过这个讲解的过程，将知识传递给学员。这是知识点类微课程最有效的设计方法，这种方法知识点传递目的明确，效果明显，效率极高，可以在有限的课程时间内，将知识点最大限度地传递给学员。

课件截图示例：

 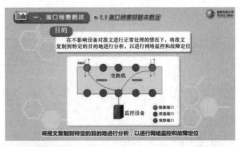

课件二维码：

《复杂知识轻松学——局域网接入交换机（H3C）的初始化配置方法》（课件序号：10）

开发单位：国网金昌供电公司

课件类型：动画标课

适用对象：信息运维岗位人员

课件时长：约 7 分钟

课件介绍：

本课程以学习复杂知识轻松学——局域网接入交换机（H3C）的初始化配置方法为主题，整体以了解交换机的相关基础知识、掌握交换机的工作原理、熟练运用代码进行 H3C 交换机的初始化配置为线索，用生动有趣的动画，把知识传递给学员；以情景动画的形式呈现，小王问刘经理能否向他请教局域网中接入交换机的相关问题，刘经理欣然应允并开始讲解。

通过这个讲解的过程，将知识传递给学员。这是知识点类标课程最有效的设计方法，这种方法知识点传递目的明确，效果明显，效率极高，可以在有限的课程时间内，将知识点最大限度地传递给学员。

课件截图示例：

课件二维码：

《要想系统运行好，Java 虚拟机少不了》（课件序号：16）

开发单位：国网金昌供电公司

课件类型：动画标课

适用对象：信息运维岗位人员

课件时长：约 5 分钟

课件介绍：

　　本课程以学习要想系统运行好，Java 虚拟机少不了为主题，整体以了解 Java 虚拟机的基本概念及内存结构、掌握 Java 虚拟机的基本参数、了解 Java 虚拟机基本的调优方法为线索，用生动有趣的动画，把知识传递给学员；以情景动画的形式呈现，小马新工作需要用到 Java 虚拟机，他坐在办公室计算机前表示自己要好好研究，并开始了搜索和学习。

通过小马学习的过程，将知识传递给学员。这是知识点类标课程最有效的设计方法，这种方法知识点传递目的明确，效果明显，效率极高，可以在有限的课程时间内，将知识点最大限度地传递给学员。

课件截图示例：

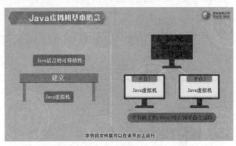

课件二维码：

第二节　技术学习者（徒弟）培训案例

创新是企业生存与发展的根本，技术创新是企业创新活动的核心内容。然而，技术的创新进步离不开高水平科研人员及团队的技术攻关，所谓"推陈出新"，谁来"推陈"，需要的是不同技术种类、不同技术级别的技术人员。技术创新基于扎实的技术基础，技术创新的成功概率基于基础性技术上研究的力度，而决定这个研究力度的主要是参与研究的人员及研究人员的平均研究水平，唯有扩大掌握重要技能的企业人数总基数，实现企业人员皆可贡献智慧，才能实现创新由量变到质变的可能。

追本溯源，技术技能的高效传承需要发挥"师带徒"职业模式的重要作用，这是任何简单的教育职业培训模式所无法替代的"生产力"培养高效途径。中国自古崇尚"名门正派"，这其中蕴含着巧妙的文化与技术传承各种联系，包括"师带徒"师承责任与义务关系、师门内部关系，师门与师门间的交流切磋合作关系等，对加快提升生产力水平，破解复杂性管理、技术等问题具有强大推动力。

长期以来，金昌供电公司大力营造宽松、自由的创新氛围，高度重视青年科技人才队伍培养，健全完善"师带徒"制度，实施优秀青年人才精准滴灌，提倡教学相长、学学相长，大力培养实践型、复合型、创新型卓越管理者和知识型、技能型、创新型电网工匠，为公司青年科技人才成长、成才保驾护航，并取得明显成效。

具体有哪些成效呢？以金昌供电公司自 2018 年至 2022 年间，培养出的大量高技能人才，且完成的多项创新成果为例，列举部分创新成果，可用作徒弟培养资源。

一、钢管杆攀登接续梯的研制（2018 年 11 月）

（一）研发背景

随着城市建设步伐加快，输电线路长度也逐年增加。钢管塔占地少，强度高，因此城区内线路架设普遍采用钢管塔。钢管塔装设有爬梯供检修人员进行登杆检修，为了防止无关人员攀爬，造成危险，钢管塔爬梯下端离地面较高，但爬梯远离地面也影响了检修人员工作。通过统计可以知道在人员检修过程中，梯子等工具高大难以运输，其他攀爬方式也存在着很大的安全风险，需要一种新型的攀爬辅助工具。

（二）研发步骤

小组成员经过多次头脑风暴，首先在网络上进行了检索，未检索到相关专利和文献，并咨询了甘肃省 13 家兄弟单位是否有类似工具，均无类似工具。后来小组成员在中国知网技术检测平台检索出 17 篇类似文献，其中《配电线路钢管杆攀登爬梯可移动接续梯》对本次 QC 活动借鉴意义较大。文献中针对攀登配网钢管杆人员安全的问题，进行了配电线路钢管杆攀登爬梯可移动接续梯的研发，对现场进行了实用，实现了人员攀登的目的，在国内处于先进水平。最终小组确定了本次课题研究的可行性。之后小组成员进行了定量和定性目标的设定，经过科学的分析论证验证了本次目标的可行性。下一步小组成员运用借鉴分析法提出了三种方案，对三种方案逐一进行分析、比较，并请现场一线工作人员结合自身工作经验和工作实际情况进行综合评价，最终经过论证研究确定最佳方案，辅助爬梯选用环氧树脂材料，辅助爬梯形式选择使用单杆插接，梯蹬选择单梯蹬，挂钩选择使用双挂钩，材质为铁质，并采用螺栓固定。针对以上确定的最佳方案，小组根据 5W1H 的原则制定了对策，针对小组人员的工作长项进行明确分工，经过一个多月的共同努力，最后将理论转换成了实物。之后针对实物进行各个方面的试验，通过不断地改进，成品满足各种实际需求。

2018 年 8 月小组在现场进行了 10 次攀登操作（见图 3-4-1），攀登平均用时 7.99 分钟，大大缩短了攀登时间，达到目标值。爬梯轻便携带方便，且研制的下爬梯能够适应各种高度，具有很强的实用性。

图 3-4-1　攀登操作

（三）项目创新

（1）总体方案新颖。本工具借鉴配网接续梯的工作原理，技术全面，实用性强。

（2）使用过程安全可靠。本工具的使用过程充分保证了操作人员的安全。同时，本工具还可以根据工作需要随时组装不同的功能模块进行组合或单独使用，满足了现场工作的实际需求。

（3）实现了预期目标，保证可靠供电。本工具的成功研制解决了人员攀登钢管杆费时费力等问题。

（4）携带方便、操作简便，"一具多用"、功能齐全。

（四）项目成果

1. 经济效益

（1）创新成果加工费用＝材料费＋购买工器具费用＋加工费≈600 元/件。

（2）钢管杆攀登接续梯投入使用节省的费用。

1）减少停电时间，节约运维成本；

2）每年按照工作 50 天来算，节省人员成本约为 15000 元。

2. 企业效益

（1）钢管杆攀爬辅助工具的研制应用，摒弃了以往攀爬过程中的不安全因素，提高了工作人员人身安全保障。

（2）辅助工具携带方便，提高了工作效率，取得了良好的效果。

3. 社会效益

提高供电连续性、可靠性，提升了企业形象；减少了现场操作安全隐患，保障了工作人员的安全。

4. 推广应用

输电运检室已在 2018 年试行推广该项成果，在输电运检室内部线路检修工作中使用钢管杆攀登接续梯，下一步将推广至其他兄弟单位。

二、多功能电动导线出线器的研制（2020 年 3 月）

（一）研发背景

随着城市建设步伐的加快，输电线路长度也在逐年增加，这也意味着输电线路运维工作强度日益加重。在 35kV 及以上电压等级的输电线路检修施工中很多地方需要出线作业，如导线、地线防振锤滑出，导线、地线散股、断股，以及加装绝缘包覆、检查导线压接和金属器具附件的质量等作业复杂的工作。目前，采用的出线方法是电力工作人员匍匐在电线上，并用保险带套在身上后悬挂在导线上，然后向前爬行至相应处进行工作。这种传统的作业方法需要电力工人具备极高的技术水平和良好的平衡能力，长距离的出线工作会消耗大量的体力和时间，而且出线过程中存在着明显的安全隐患。所以，小组决定研制一种新型的智能出线辅助工具。适合单人出线的辅助工具，使检修人员能够轻松、快捷、平稳地进行导线出线检修。

（二）研发步骤

通过对机械、电动出线器特点的分析，小组成员最终决定将电动出线器作为本次QC活动的初选方案，在对一级方案进行分解选择后，小组最终确定了最佳方案。并根据确定的最佳方案，制定活动对策（如图 3-4-2 所示），开展每一项的活动实施工作。

多功能电动导线出线器的研制成功顺利通过模拟试验后，2019 年 7 月小组在现场进行了 10 次导线出线操作（见图 3-4-3），检修人员能够轻松、快捷、平稳地进行导线出现作业，且出线器未出现异常现象。

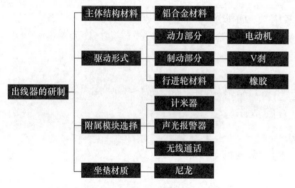

图 3-4-2　活动对策

图 3-4-3　导线出线操作

（三）项目创新

（1）方案创新。本工具借鉴飞车的工作原理，技术全面，实用性强。

（2）管理创新。首次提出采用智能出线器的方式进行作业，从根本上提高了传统出线作业的安全性。

（3）技术创新。充分利用新技术，将智能操作控制计数与出线器结合在一起，可实现距离测定、速度控制、危险报警及材料运送等功能，智能化的报警及控制系统给予了作业人员工作时的高质量安全保证。

（4）携带方便、操作简便，"一具多用"、功能齐全。

（四）项目成果

1. 经济效益

（1）创新成果加工费用＝材料费＋购买工器具费用＋加工费≈1800 元/件。

（2）导线出线器投入使用节省的费用。

1）减少停电时间，节约运维成本。

2）每年按照工作 60 天来算，节省人员成本约为 18000 元。

2．企业效益

（1）导线出线器的研制应用，摒弃了以往输电线路人工出线的不安全因素，提高了工作人员的人身安全。

（2）出线工具携带方便，提高了工作效率，取得了良好的效果。

3．社会效益

提高供电连续性、可靠性，提升了企业形象；减少了现场操作安全隐患，保障了工作人员的安全。

4．推广应用

金昌供电公司已在 2019 年试行推广该项成果，经过多个检修现场实际应用考验，实践证明达到了设计目的和使用要求，为设备检修维护中保障人身安全奠定了基础，提高了工作效率。该项目技术已趋于成熟，可邀请各地（市）公司推广使用。

三、多功能电动牵引器的研制（2020 年 7 月）

（一）研发背景

随着电网建设规模的不断扩大，输电线路长度也在逐年增加，加之早期建设的输电线路使用寿命的增加，输电线路出现的故障也就越多，这也意味着输电线路运检工作强度日益加重。众所周知，在任何电压等级的线路检修施工中但凡高空作业人员需要使用任何施工机具时按照安全规程规定都需要绳索上下传递，而在现实作业当中牵引绳索的动能大多来自于人力。目前，采用的牵引方法有三种：一是在传递较小和重量轻的物品时采用定滑轮人工手拉绳子的方法传递；二是在物品较重时采用动滑轮的方式传递；三是在传递物品人力无法达到牵引时采用机械绞磨的方式传递。通过统计可以知道在人员检修过程中，定滑轮人工牵引、动滑轮人工牵引等方式需要多人配合，且无法牵引较重物品。其他方式虽然能牵引重物但是附属设施较多，携带不便，还存在对使用场地要求较高，需要一种新型的多功能电动牵引器辅助工具。

（二）研发步骤

小组人员经过多次头脑风暴，首先通过借鉴查新的方式在知网等网站上进行了查新，未发现多功能电动牵引器的课题研究，同时在检测平台对关键词"牵引器"进行了检索，检索出 13 篇类似文献，其中《基于 Arduino 的便携式分体收线器设计与实现》对本次 QC 活动借鉴意义较大，最终确定了本次课题研究的可行性。之后小组成员进行了定量和定性目标的设定，经过科学的分析论证验证了本次目标的可行性。下一步小组成员运用借鉴分析法提出了三种方案，对三种方案逐一进行分析、比较，并请现场一线工作人员结合自身工作经验和工作实际情况进行综合评价，最终经过论证研究确定最佳方案，驱动电动机选择直流齿轮减速电动机，动力部分使用 24V 锂电池提供动能，直流调速器选择使用直流无线遥控控制器，设备主体支撑材料选用钛合金卡具支架，固定方式选用螺栓固定。针对以上确定的最佳方案，小组根据 5W1H 的原则制定了对策，针对小组人员的工作长项进行明确分工，经过两个月的共同努力，最后将理论转换成了实

图 3-4-4　多功能电动牵引器

物。之后针对实物进行各个方面的试验，通过不断地改进，成品满足各种实际需求。

2020 年 7 月，小组在现场进行了 10 次不同环境的物品牵引的试验操作（见图 3-4-4），检修人员能够轻松、快捷、平稳地进行重物牵引作业，且牵引器未出现异常现象。

（三）项目创新

（1）总体方案新颖。本工具借鉴塔式起重机的工作原理，技术全面，实用性强。

（2）使用过程安全可靠。本工具的使用过程充分保证了操作人员的安全。同时，本工具还可以根据工作需要随时组装不同的功能模块进行组合或单独使用，满足了现场工作的实际需求。

（3）实现了预期目标。本工具的成功研制解决了在大面积更换绝缘子过程当中地面配合人员不够的紧迫现状，以及在起吊大型重物人工无法牵引到高处的现状。

（4）携带方便、操作简便，"一具多用"、功能齐全。

（四）项目成果

1. 经济效益

（1）创新成果加工费用材料费＋购买工器具费用＋加工费≈1500 元/件。

（2）多功能电动牵引器研制成功投入使用节省的费用。

1）降低人力成本，较少了检修人员的体能损耗；

2）节约了检修成本，每年按照工作 50 天来算，节省人员成本约为 30000 元。

2. 企业效益

（1）多功能电动牵引器研制应用，减少了作业现场地面配合人员的数量，提高了工作效率，降低了检修环节当中的人工成本，从侧面降低了发生安全事故的概率，为公司降低了用人成本。

（2）辅助工具携带方便，提高了工作效率，取得了良好的效果。

3. 社会效益

提高供电连续性、可靠性，提升了企业形象；减少了现场操作安全隐患，保障了工作人员的安全。

4. 推广应用

输电运检中心已在 2020 年试行推广该项成果，在输电运检中心内部线路检修工作中使用多功能电动收绳器，下一步将推广至其他兄弟单位。

四、一种可以实现远方投退硬压板的智能压板管理系统（2020 年 11 月）

（一）研发背景

在配合有关设备不停电检修、维护等工作时，为有效防止误操作及检修维护期间的人身伤害，关于硬压板的投退，哪怕只是操作一个重合闸压板、切换主变压器的运行方式等简单的操作，也需运维人员亲自到现场，花费大量的人力物力却没有实现高效率，而且目前对于变电站出口压板无法在线监测其投退状态。

小组成员取一年的硬压板操作数据作为参考，通过统计发现，一年内仅重合闸出口硬压板操作次数已高达 268 次，其中 89 次为夜间操作，耗费人力 804 人次、时间 536 小时、车辆 268 台，耗费大量人力物力。

（二）研发步骤

2020 年 1 月 10 日，小组成员将搜集到的资料进行归纳、整理，并对课题背景进行讨论研究，通过统计上一年的硬压板操作数据并进行分析后，拟定研究课题名称；

1 月 18 日，小组成员通过关键词"智能压板投退管理系统"在专利检索及分析系统进行借鉴查新，对查询结果做出总结，最终确定研究课题名称为《一种可以实现远方投退硬压板的智能压板管理系统》；

1 月 25 日，我们在对研究课题进行梳理后，经过充分的调查和分析，对课题设定目标，并作了可行性分析，最终得出结论：该课题可行；

2 月 5 日，小组成员运用论证法提出了三个总体方案，并将各种方案的优缺点进行比较分析；

2 月 10 日，小组通过开展多次头脑风暴，提出了初步的一级方案：远方投退硬压板的智能压板管理系统；

2 月 20 日，我们将一级方案展开，并对其进行进一步细化分解，包括五个部分：电动远控硬压板驱动机构、信号传输方式、硬压板位置确认方式、网络通信方式以及"五防"系统；

3 月 27 日，小组成员对电动远控硬压板驱动机构方案进行二级分解，分为三种方式：交流电动机驱动、直流电动机驱动和步进电动机驱动，最终确定采用直流电动机驱动更为合适；

4 月 15 日，小组成员对硬压板位置确认方式进一步进行分解，通过比较和分析四种不同的选择方案，确定采用微动开关或使用霍尔元件对硬压板位置进行确认；

5 月 10 日，小组成员通过查阅相关资料提出了两个通信协议方案，对网络方式选择方案进一步优化选择，RS-485 总线通信方案更为适用；

6 月 9 日，小组成员通过查阅相关资料提出了两种防误操作方案，分为硬压板投退管理系统独立"五防"和与变电站现有"五防"相结合两种方式，结合实际情况使用变电站现有"五防"相结合方案；

6 月 20 日，根据各种方案的对比分析，小组通过讨论最终确定最佳方案；

6 月 25 日，针对最佳方案，小组结合 5W1H 原则制定了方案实施对策表；

7 月 5 日，首先对安装电动硬压板开始实施对策，霍尔元件及微动开关均对压板投退位置检测正确，微型步进电动机驱动电流小于 200mA，安全可靠，并且电动压板的双位置反馈采用霍尔元件和微动开关两种既不同源也不同原理的双位置反馈，满足了国家电网有限公司安全规范中有关双确认的技术要求；

7 月 15 日，智能压板采用 RS-485 总线进行通信，整体采用 12V 高压网络方式与智能压板适配器相连，智能压板适配器通过 RS-485 网络与上位机相连，上位机的每条 RS-485

总线可连接 127 个中继器，每个中继器可以连接 127 个电动压板，能够满足各电压等级变电站的需求，符合设计要求；

7 月 23 日，设置硬压板总数和 RS-485 子节点地址，设置完成后经过测试，智能压板适配器与保护、测控装置接线正确，并通信正常，在使用步进电动机控制压板进行投退时，当有多个压板需要投时可以实现自动逐个依次投退，避免了同时投退时电源及线路过载；

8 月 10 日，我们对安装完成的智能压板进行投退试验，结果实现了压板位置监测及远方遥控投退压板的自动化水平，压板位置双确认反馈，并且"五防"系统可对误操作进行有效闭锁，符合设计要求；

8—10 月期间，小组成员对智能压板进行了密集型投退现场测试，实际结果显示，智能压板可以实现远方和就地的多次投退，同时，"五防"闭锁时，智能压板无论在现场还是在 PC 端都无法投退。另外，小组成员还对智能压板进行周期性投退测试，在长期运行情况下，智能压板仍能进行可靠的闭锁和投退，因此，远方投退硬压板的智能管理系统可以实现对压板的长期可靠的闭锁和投退，本次活动的目标实现了；

11 月 2 日，远方投退硬压板的智能管理系统（见图 3-4-5）研发成功后，对智能压板进行了长时间多次数的远方和就地投退测试，试验合格；

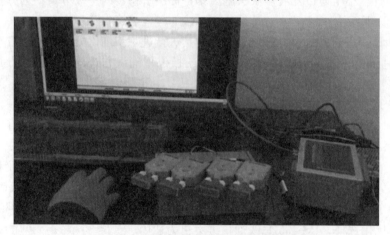

图 3-4-5　远方投退硬压板的智能管理系统

11 月 15 日，对远方投退硬压板的智能管理系统进行实用性检查和效益分析后得出：小组此次活动目标顺利实现，解决了操作人员需前往现场投退压板时费时费力的问题，极大地缩短了工作时间，提高了工作效率，实用性强，同时，也给公司带来了一定的活动效益；

12 月，针对该创新成果，编写了《远方投退硬压板的智能压板管理系统使用管理规定》，并开展现场专题培训，将此次 QC 活动中涉及的资料编写归档，交付变电运检中心存档，实施标准化，编写《远方投退硬压板管理系统使用说明书》，开展该工具使用的专项培训，并将该工具列入运行规程中。下一步小组将继续对该系统进行优化升级改造，提升该系统运行的可靠性，并着手制定有效的维护方法和周期，结合现场进行技术调整，确保能够在各类电站可靠投用的同时积极推广，扩大应用范围。

（三）项目创新

（1）方案新颖、实用性强、安全可靠；

（2）实现了预期目标，保证供电安全、可靠；

（3）针对该创新成果，编写了《远方投退硬压板的智能压板管理系统使用管理规定》《远方投退硬压板管理系统使用说明书》，并开展现场专题培训，将其纳入变电站运行规程。

（四）项目成果

1. 安全效益

（1）远方投退硬压板的智能管理系统的研制应用，改变了以往需前往现场投退压板的方式，大大减少了路程上花费的时间，消除了工作过程中存在的不确定的危险因素，保障了工作人员的人身安全；

（2）远方投退硬压板的智能管理系统可实现压板的远方投退，提高了工作效率，取得了良好的效果，使企业效益变得更加高效；

（3）节省了现场投退压板所花费的大量人力、物力、财力；

（4）压板远程操作、防误闭锁、状态锁定，提高了继电保护动作的可靠性，为电网安全稳定运行提供了保障。

2. 经济效益

（1）创新成果加工费用＝材料费＋加工费≈800元/套。

（2）远方投退硬压板的智能管理系统投入使用节省的费用。

1）减少压板投退时间，节约运维成本；

2）每年按照投退268次计算，每次3人工作，节省人员成本＝300元/（次·人）×3人×268次＝241200元

节省车辆成本＝100元/次×268次＝26800元

合计＝241200＋26800＝268000（元）

3）每年按照投退268次计算，每次3人工作，节省时间成本（60－4）分钟/次×3人×268次＝45024分钟＝750.4小时

3. 社会效益

（1）提高供电连续性、可靠性，提升了企业形象；

（2）减少了前往现场操作安全隐患，保障了工作人员的安全；

（3）避免了因压板误投、漏投造成的继电保护装置误动作，大大提升了供电的可靠性、连续性；

（4）产品的创新性为社会风气树立了榜样，有利于弘扬社会正能量。

4. 推广应用

在中心的大力支持下，该系统已在110kV城东变电站试点使用重合闸出口硬压板远方投退功能，截至2021年5月，该系统已应用至7座110kV变电站，接下来，将结合技改项目，完成公司所辖所有变电站的硬压板智能化工作，并将其推广至同行业其他单位使用。

五、无人机移动式智能巡检机巢的研制（2021年11月）

（一）研发背景

架空输电线路是电网的重要组成部分，而架空输电线路巡视又是线路运维工作的重点。巡视的频度、准确率越高，成果越及时全面，线路设备管控水平就会越高，这也是输电运检工作精益化管理的要求和行业发展方向。

目前，输电线路巡视已由以往单纯的依靠人工地面巡视，发展成为无人机＋人工＋直升机的协同立体巡检模式。虽然巡视的精度有了提升，但是无人机巡视仍然存在着一些不足，制约着输电线路无人机巡视向自主化、智能化、高效化方向发展。

1. 巡视方案不智能

现有的无人机巡视方式对人的依赖极大，所有操作都需要人来干预，巡视质量取决于人员的状态水平，人员审查巡视照片需要大量的时间精力。

2. 巡视工作不高效

现阶段单人只能操控单架无人机，巡视速率相较传统人工巡视速率并没有很大提升。

3. 作业平台固定化

固定式无人机巡检平台作业范围小，维护成本高，架设数量多。

4. 缺陷发现不及时

拍摄照片-下载照片-审阅照片，整个流程中现场巡视与缺陷识别不同步，缺陷识别往往滞后，且人工审阅照片速度慢、数量多、易遗漏，不能够在第一时间发现缺陷。

针对以上问题，小组决定对症下药，将问题一一攻破。最终小组决定研制一种全自主的、高效的、可移动的、能够及时发现缺陷的无人机巡检平台。

（二）研发步骤

经过充分的调查和分析现阶段无人机现场飞行数据，单人操控单架无人机巡视一基直线塔的时间平均为16分钟。小组经过与甘肃省电力公司电力科学研究院以及其他行业无人机应用团探讨、交流后决定设定如下活动目标：研制一种全自主、高效的、移动式、能够实时发现缺陷的无人机巡检平台。单人每架次无人机巡视单基直线杆塔时间缩短至4分钟。综上所述，经小组成员讨论决定确定课题为输电线路无人机移动式智能巡检机巢（见图3-4-6）的研制。

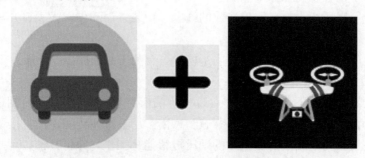

图3-4-6　输电线路无人机移动式智能巡检机巢

小组成员针对问题并决定依次进行解决，提出了总体方案，见图 3-4-7。

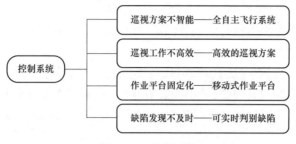

图 3-4-7 控制系统

小组通过对各种方案的对比分析，最终确定最佳方案，见图 3-4-8。

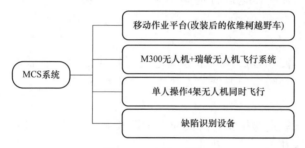

图 3-4-8 MCS 系统

小组通过 10 条线路的检验发现无人机移动机巢车（见图 3-4-9）能够适应各种无人机作业场景，且远程控制无人机自主飞行均在预先设定的航线内，具有很强的实用性。

（三）项目创新

1. 智能巡检，自主作业

图 3-4-9 无人机移动机巢车

无人机移动机巢车通过 AI 机载控制盒，搭载行业场景自动飞行算法，实现无人机自主起飞、自主巡检、精准降落，无需人工操控，自动飞行作业。

2. 远程操控，高效运维

车载 4G/5G 通信模块实现远程数据交互，无需离车，远程作业，1 人即可操控 4 台无人机同时执行飞行任务，实现"三多"协同巡检——"多机、多任务、多巡视点"协同巡检，智能高效。

3. 智能诊断，实时预警

通过边缘 AI 智能识别系统可根据无人机回传巡视画面，实时判别缺陷并发出报警，缺陷照片自动存储。

4. 状态监控，及时可靠

通过输电全景智慧管控平台系统，实现数据统一维护、信息及时上报及获取、状态实时监控、缺陷快速处置。

（四）项目成果

1. 经济效益

（1）减少人工无人机巡视时间，节约运维成本每年按照工作 200 天来算，累计节约共 600 工时。

（2）无人机移动机巢车投运以来完成各类航巡、巡检作业 58km，发现缺陷 100 余件（危急、严重缺陷 3 件）。同时，小型旋翼机、中型旋翼机每千米巡线成本远低于人工巡线成本，平原、丘陵、山地三类地形总体可降低巡线成本 25.11%～72.06%。

2. 企业效益

（1）无人机移动机巢车的研制应用，摒弃了以往人工巡视、传统无人机巡视的不安全因素，提高了工作人员的人身安全。

（2）无人机、车辆一体化运行提高了工作效率，减少了劳动强度，取得了良好的效果。

3. 社会效益

公司在全省率先使用该成果，很好地迎合了目前企业发展需求，提升了企业形象；减少了现场巡视的安全隐患，保障了人员、设备的安全。

4. 可推广性

无人机移动式智能巡检机巢可广泛应用于涉及无人机应用的各行各业，具有很强的推广应用价值，现已获得 2 项专利。

六、多功能架空地线金具更换工具的研制（2021 年 11 月）

（一）研发背景

输电线路在运行过程中，由于受到外界环境、气候变化、外力破坏以及设备老化锈蚀等情况的影响，容易造成架空地线金具损坏，金具损坏直接影响到输电线路的安全运行。

架空地线金具损坏后，需要将架空地线抬起，消去地线的荷载，再对金具进行更换，更换完成后再恢复地线荷载，目前抬起架空地线的方式有两种：一是依靠人力相互配合抬起，二是利用简易的倒挂滑车和小型倒链相互配合进行提升。虽然这两种方式均符合现场检修实际及相关工艺标准，且都不存在问题，但是小组为了现场实际检修作业过程中更加便捷、快速，且检修工艺进一步的提升，针对以上需求，本 QC 小组决定研制一种架空地线金具更换工具，使架空地线的抬起更加快速、方便，便于金具的更换。

（二）研发步骤

小组成员通过需求进行借鉴，对水泥杆抱箍及双钩提升器进行借鉴，对液压提升装置进行借鉴，最终确定课题为多功能架空地线金具更换工具的研制。之后小组成员进行了定量和定性目标的设定，经过科学的分析论证验证了本次目标的可行性。下一步小组成员运用借鉴分析法提出了三种方案，并对三种方案逐一进行分析、比较，并请现场一线工作人员结合自身工作经验和工作实际情况进行综合评价，最终经过论证研究确定最佳方案（见图 3-4-10）。

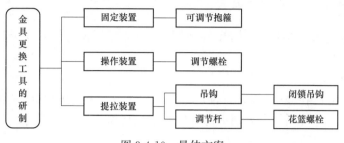

图 3-4-10　最佳方案

　　针对以上确定的最佳方案，小组根据 5W1H 的原则制定了对策，针对小组人员的工作长项进行明确分工，经过一个多月的共同努力，最后将理论转换成了实物。之后针对实物进行各个方面的试验，通过不断地改进，成品满足各种实际需求。

　　多功能架空地线金具更换工具（见图 3-4-11）通过现场试验后，2021 年 8 月小组在 110kV 宗水一线、双大一线、岗双线等 15 处不同位置、不同杆塔的输电线路进行地线金具更换作业，该工具均能够实现单人完成检修作业任务，作业过程中检修人员能够方便、高效地进行检修更换作业，且工具未出现使用异常现象。

　　2021 年 9—10 月期间，小组成员对架空地线金具更换工具的用时进行统计发现单人更换单基直线杆塔地线金具作业时间由之前的 31.08 分钟缩短至 6.8 分钟，小组预先设置的目标顺利实现了。

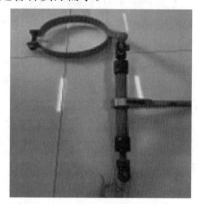

图 3-4-11　多功能架空地线
金具更换工具

（三）项目创新

　　（1）方案创新：本工具设计方案新颖、技术全面、实用性强。

　　（2）管理创新：提出解放人力的检修作业方式，不仅提高了以往地线金具检修更换作业的时效，更主要的是安全性也进一步提升。

　　（3）携带方便、操作简便，"一具多用"、功能齐全。

（四）项目成果

　　1. 经济效益

　　（1）创新成果加工费用＝材料费＋购买工器具费用＋加工费≈1500 元/件。

　　（2）地线金具更换工具投入使用节省的费用。

　　通过统计与以往检修作业比较发现减少停电时间每年可达到 60 个工作日，由此可节省人员成本≈300 元/（天·人）×1 人×60 天≈18000 元。

　　2. 企业效益

　　（1）地线金具更换工具的研制应用，摒弃了以往输电线路人工利用肩膀抬线的不安全因素，提高了工作人员的人身安全。

　　（2）地线金具更换工具携带方便，提高了工作效率，取得了良好的效果。

3. 社会效益

提高供电连续性、可靠性，提升了企业形象；减少了现场检修安全隐患，保障了工作人员的安全。

4. 推广应用

输电运检中心已在 2021 年试行推广该项成果，在输电运检中心内部线路检修工作中使用该工具，并在金昌供电公司内部检修现场进行推广，下一步将继续推广至其他兄弟单位。

七、 GIS 设备柔性可拆卸 "智能保温衣" 的研制（2021 年 11 月）

（一）研发背景

1. 背景 1：GIS 设备内 SF_6 气体液化

GIS 设备，即气体绝缘全封闭组合电器，由断路器、隔离开关、接地开关、互感器、避雷器、母线、出线终端等组成。中心所辖 28 座变电站中，装有 GIS 设备的共 4 座，330kV 金昌变电站较为典型，站内 110kV 设备均为 GIS 设备。筒体全长近 400m，包含三通、四通等形状各异管道，共计 26 个间隔，设备气室全部单独隔开，共计 198 个气室，安装有密度继电器 198 块。

SF_6 气体灭弧能力高达空气 100 倍，目前 GIS 设备普遍采用 SF_6 气体作为绝缘介质。金昌变电站 GIS 设备各气室额定压力在 0.4～0.6MPa 之间，根据 SF_6 压力-温度曲线，如果 20℃时充气压力为 0.6MPa，对应液化温度约为 -30℃；如果 20℃时充气压力为 0.45MPa，对应液化温度约为 -40℃。在过低温度和过高压力环境下，SF_6 气体有液化的可能。一旦设备内 SF_6 气体液化，将会导致设备绝缘大幅降低，造成瞬间闭锁或绝缘击穿。

2. 背景 2：气温降低，GIS 设备各气室补气频次增加

依据近三年 330kV 金昌变电站 GIS 设备在冬春季运行经验及补气情况统计，2018、2019、2020 年 GIS 设备冬春季低温下低气压报警故障率（补气频次）分别达到 20%、22%、25%。仅 2020 年 10 月—2021 年 3 月期间，受气温降低影响，对金昌变电站 GIS 设备各气室补气近 50 次。

3. 背景 3：靠人员应急

目前处理该类问题主要是靠人员应急。为防止因气温骤降而造成的 GIS 设备气压降低，检修人员 24 小时待命，随时准备补气消缺。此方法费时费力，且无法预防低气压报警故障发生，同时，充气设备投入年限的增长会加大漏气风险。

4. 背景 4：开关补气一次的时长与事件价值不相符

结合 330kV 金昌变电站 1113 金白一开关补气，发现金昌变电站 1113 金白一开关补气一次花费 120 分钟，且需要检修人员 3 人＋司机，运维人员 2 名＋司机共 7 人·次/日。由此可知，开关补气一次花费的时长与事件价值不相符。

5. 背景 5：急需一种措施保证 GIS 设备可靠运行

2023 年，受双 "拉尼娜" 影响，预计出现极寒天气，依据理想气体方程，在温度急剧降低的情况下，可以使气室压力降低，甚至达到报警值。针对当前 GIS 设备气压受低

温影响的问题，急需采取一种措施，以保证 GIS 设备能够在双"拉尼娜"极寒天气下可靠运行。

（二）研发步骤

为解决上述问题，小组应用中国知网、国家知识产权局专利检索系统及互联网网站，对相关技术进行检索，均未发现相关资料。同时，小组成员咨询了甘肃省 13 家兄弟单位、甘肃电投金昌发电有限公司，均无 GIS 设备柔性可拆卸"智能保温衣"及其他类似智能保温装置。经多次现场勘查及本小组成员充分讨论，结合 GIS 设备筒体形状各异及冬季运行特点，小组最终确认本次 QC 的课题为 GIS 设备柔性可拆卸"智能保温衣"的研制。之后小组成员进行了定量和定性目标的设定，经过科学的分析论证验证了本次目标的可行性。确定了研究难点：如何保证安装在 GIS 设备上的智能温控加热装置随环境温度变化而自主调整温度，并对 GIS 设备实现良好的保温功能。

针对以上研究难点，小组召开"头脑风暴法"会议，集思广益，在设计理念、方案特点分析等方面提出三种设计方案，进行详细的分析，最终确定将"保温＋温控＋加热"作为总体方案。并对该方案进行逐级分解，最终经过论证研究确定最佳方案（见图 3-4-12）。

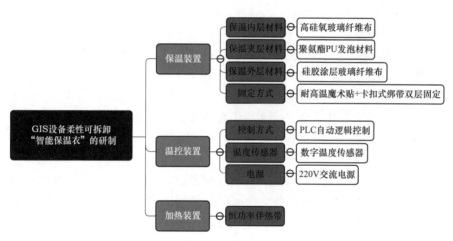

图 3-4-12　"保温＋温控＋加热"总体方案

针对以上确定的最佳方案，小组制定了对策，针对小组人员的工作长项进行明确分工，经过一段时间的共同努力，最后将理论转换成了实物。之后针对实物进行各个方面的试验，通过不断地改进，成品满足各种实际需求。

2021 年 9—11 月，小组结合目前 330kV 金昌变电站 110kV GIS 设备运行受低温环境严重影响的问题，将 GIS 设备柔性可拆卸"保温衣"应用在该设备上，并与 2020 年作出效果对比。通过对比可知，GIS 设备柔性可拆卸"保温衣"现场使用试验情况良好，在外界温度为－13℃时，监测到 GIS 设备温度达到-5℃时，智能温控加热系统启动并实时监测温度，GIS 设备温度升至 10℃时，停止加热。柔性可拆卸保温衣能够使 GIS 设备温度在－5～＋10℃持续 6 小时左右，未发生反复加热。如此往复形成良性循环，排除 GIS 设备漏气等原因，可使 GIS 设备低温下低气压报警故障率明显大幅降低至 1％。

（三）项目成果

1. 安全效益

GIS设备柔性可拆卸"智能保温衣"的零部件选材经过生产厂家多次的高、低温试验验证，确保阻燃、耐高温、耐低温。该"智能保温衣"能够可靠、智能地实现设备保持在合适范围内运行，有效避免了GIS设备低温下低气压报警故障率。

2. 经济效益

（1）制造成本：450元（材料）＋100元（加工费）＋80元（温控器）＋20元（温度传感器）＋50元（伴热带）＝700元（1个气室）

（2）GIS设备柔性可拆卸"智能保温衣"投入使用节省的费用。

1）每次补气需要人员及费用，每次5人工作（检修3人、运维2人）节省人员成本＝300元/（次·人）×5人×50次＝75000元

节省车辆成本＝100元/次×50次＝5000元

2）减少SF_6气体使用近100kg，每千克120元，则为100×120＝12000（元）

合计＝75000＋5000＋12000＝92000元

3）每次补气需要最少120分钟，节省时间成本为120分钟/（人·次）×5人×50次＝30000分钟＝500小时。

（3）间接经济效益：

1）减少GIS设备因低温严寒天气造成设备迫停、分闸闭锁等电网风险；

2）节约的人力可以投入到其他生产工作任务中。

3. 社会效益

纯净的SF_6气体对人体无毒、无害，作为绝缘介质在电网内广泛使用。但同时它却是能量巨大的温室气体，如何正确、合理地减少SF_6气体的使用是当前面对的一项巨大挑战。

以往，在GIS设备因低温严寒天气而气压降低时，需及时补气以防发生低气压报警及闭锁而导致的设备迫停。GIS设备柔性可拆卸"智能保温衣"的研制，可有效地避免这个问题，寒冷天气不再会造成GIS设备气压降低。

4. 可推广性

该创新成果完全面向生产一线，可以有效地解决GIS设备在低温下而造成气压低的缺陷。

柔性可拆卸"智能保温衣"具有以下特点：

（1）方便拆卸：可反复拆装，方便设备检修。

（2）量身定制：适用于各种形状器身。

（3）寿命长久：方便维护，寿命可达10年。

（4）适应性强：耐温－40～＋100℃。

（5）绿色环保：不含石棉等有害物质。

（6）节能经济：保温隔热效果好，有效减少热量损失。

可应用于充气设备、管道、阀门等需要保温、防冻的设备，量体裁衣，专门定制，方便快速安装和拆卸，适用于不同温度范围，不同形状管道、设备。外观平整、美观，

抗酸碱，易清洁。可推广适用于电网、石油、化工等行业。

八、便携式环网柜万能操作把手的研制（2021 年 11 月）

（一）研发背景

环网柜是将高压架空线路转入地下电缆后的首先接入设备，通过环网柜向外配电。这样的好处是，每一个配电支路既可以从它的左侧干线取电源，又可以从它右侧干线取电源。当左侧干线出了故障，它就从右侧干线继续得到供电，而当右侧干线出了故障，它就从左侧干线继续得到供电，这样一来，尽管总电源是单路供电的，但从每一个配电支路来说却得到类似于双路供电的结果，从而提高了供电的可靠性。然而，随着城市里的环网柜使用数量的增多，电力人员检修维护的次数也在增多。国内环网柜生产厂家众多，柜体的原理基本一样，但是制造的形式和操作的方式却有所不一样。

国网金昌供电公司所管辖区内使用的环网柜种类共有 33 种，而他们的操作把手各不相同，给电力检修维护人员带来了许多的不便，有时一天在外检修和进行停送电工作时，抢修人员需要携带大量的操作把手赶赴抢修现场，负重大导致劳动强度大，携带不便。特别是手边的操作把手与环网柜的型号并不相符时，会导致需要耗费大量的时间寻找合适的操作把手才能完成停复电作业的问题发生，如此会大大影响抢修工作效率，造成较大的经济损失。

（二）研发步骤

小组成员通过关键词"环网柜操作把手"在中国知网技术检测平台检索，未检索到相关专利和文献，同时咨询了甘肃省 13 家兄弟单位是否有类似管理系统或方法，均无类似系统，后来在万方平台对关键词"环网柜操作把手"进行了检索，检索出 5 篇相关文献，其中 1 篇文献对本次 QC 活动都有较大的借鉴意义，最终确定了本次课题研究的可行性。之后小组成员进行了定量和定性目标的设定，经过科学的分析论证验证了本次目标的可行性。下一步小组成员运用论证法提出了三种方案，对三个方案逐一进行分析、比较，查找相关文献，并请现场一线工作人员结合自身工作经验、工作实际情况、设备状况进行综合评价，最终经过论证研究确定最佳方案（见图 3-4-13）。

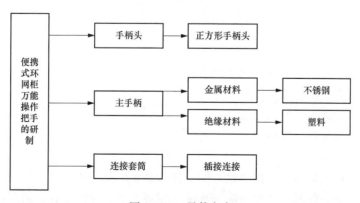

图 3-4-13　最佳方案

针对上述确定的最佳方案，小组成员根据 5W1H 的原则制定了对策。针对小组人员的工作长项进行明确分工，经过一个多月的共同努力，最后将理论转换成了实物。之后针对实物进行各个方面的试验，通过不断地改进，成品满足各种实际需求。

图 3-4-14　便携式环网柜万能操作把手

2021 年 9 月小组对 110kV 市政变电站 114 泰安路线 22 区 2 号环网柜和 10kV 上海路开闭站 112 南昌路线南京路 04 号环网柜等环网柜应用便携式环网柜万能操作把手（见图 3-4-14）进行了停复电作业，该工具使用简单，方便携带，使作业人员能够快速、高效地完成停复电工作，且工具在操作过程中未出现异常现象。2021 年 10—11 月期间，应用便携式环网柜万能操作把手对环网柜进行停电所需要的时间和准确率进行了统计，发现时间由原来的 33.75 分钟缩短至 11.4 分钟，准确率由原来的 56.25％变为 100％。

（三）项目创新

1. 方案创新

方案新颖，实用性强。便携式环网柜万能操作把手的研制，从根本上解决了因环网柜操作把手的种类多、进行抢修作业时难于找到相对应的操作把手而浪费时间的问题，实用性强。

2. 管理创新

以前需要很大的空间来专门整理和摆放各类操作把手，并且抢修工作人员进行抢修任务时携带不便，现在只需要一个操作把手箱就可以，不仅携带方便，而且也能快速地找到所需要的。

（四）项目成果

1. 经济效益

（1）创新成果加工费用＝材料费＋购买工器具费用＋加工费＝2000 元/件。

（2）便携式环网柜万能操作把手投入使用节省的费用。

每年节省时间按 182 小时计算，均为 30 元/（小时·人）×6 人×182 小时＝32760 元。

2. 企业效益

（1）便携式环网柜万能操作把手的研制应用，减轻了抢修人员的负担，不用每次去抢修现场都携带大量的操作把手；

（2）提高了抢修人员的工作效率；

（3）节省了大量的抢修时间。

3. 社会效益

（1）提高了供电可靠性、连续性，同时使得企业形象同步提高；

（2）缩短了抢修时间，使停电时间也随之缩短，从而保证了客户的利益。

4. 推广使用

城区供电分公司已试行推广该项目成果，在城区供电分公司内所进行的抢修作业，需要对环网柜停电作业时，只需携带便携式环网柜万能操作把手赶赴抢修现场，大大地缩短了抢修时间，提高了工作效率。并在金昌供电公司内部需要对环网柜停电的抢修现场进行了推广。

笃行致远，砥砺前行。金昌供电公司将持之以恒，持续开展"师带徒"活动，大力拓展"师带徒"活动内涵，帮助职工互帮互学、取长补短，建立一支年龄结构合理、综合素质高、业务技能强的职工队伍，为企业创新发展注入不竭动力，实现企业更高质量、更高效益、更可持续地发展。

第三节　技术学习者（徒弟）题库

师傅领进门，修行看个人。徒弟作为公司新生力量，在经验丰富的老师傅带领下，才能快速茁壮成长。青年徒弟们需树立高尚的职业道德情操，练就过硬的岗位技能本领。这就要求徒弟们在实践中练就本领实现提升，真正做到在实践中增长知识、锤炼品格、增长才干、练就本领，为公司实现高质量发展贡献聪明才智。

为了使徒弟传承师傅爱岗敬业、吃苦耐劳的精神，提升技能水平和业务能力，努力达到"青出于蓝而胜于蓝"，因此开发了徒弟培训题库。题库涵盖电网调控运行、输电运检、变电运检、客户服务、乡镇及农村供电服务、信息通信运维六大专业，涉及各个工种，包含单选题、多选题、判断题三大题型，最大限度地检验徒弟们的知识技能掌握水平。

一、电网调控运行

调度运行值班技能测试　　　　电网自动化运维技能测试

请使用手机扫描二维码进行答题考试

二、输电运检

输电线路运检技能测试　　　输电电缆运检技能测试　　　输电带电作业技能测试

请使用手机扫描二维码进行答题考试

三、变电运检

换流站运维技能测试

继保及自控装置运维技能测试

电气试验/化验技能测试

变电设备检修技能测试

直流设备检修技能测试

请使用手机扫描二维码进行答题考试

四、客户服务

配电线路及设备运检技能测试

配网自动化运维技能测试

客户代表技能测试

智能用电运营技能测试

抄核收技能测试

装表接电技能测试

配网调度及供电服务指挥技能测试

请使用手机扫描二维码进行答题考试

五、乡镇及农村供电服务

农网配电营业工技能测试

请使用手机扫描二维码进行答题考试

六、信息通信运维

通信运维检修技能测试　　信息工程建设技能测试　　通信工程建设技能测试

信息运维检修技能测试　　通信调控技能测试

请使用手机扫描二维码进行答题考试

第四节　前　景　展　望

电网调控岗位、输电岗位、变电岗位、客户服务、乡镇及农村供电服务及信息通信岗位是供电公司的主要岗位，作为技能学习者，从事任何一个岗位，都要掌握好相关岗位技能和知识。但随着科技的迅猛发展，仅掌握相关岗位的基本技能和知识还远远不够，还要紧跟科技发展的脚步，不断充实完善自己，掌握各岗位的理论前沿知识，时刻站在科技发展的前沿。本节主要介绍了以上六个岗位的基本知识及前沿科技，并对各个岗位进行前景展望。

一、展巧手之不凡，秀大国之匠风——电网调控岗位

为了适应我国快速的经济发展，电网建设的发展也十分迅猛。当今社会的电网在更好地服务于社会，更好地保障着电网系统运行的安全与稳定。电网的建设采用了更加科学、合理的调度运行管理，更好地促进了我国电力事业的健康发展。本部分主要讲述电网调度管理，智能电网调度技术，电网、变电站一次监控信息处置原则，电网调控，智能电网的构想及未来发展。

（一）电网调度管理

1. 电网调度的概念

《电网调度管理条例》中所称的电网调度是指电网调度机构（简称调度机构）为保障电网的安全、优质、经济运行，对电网运行进行的组织、指挥、指导和协调。电网调度应当符合社会主义市场经济的要求和电网运行的客观规律。

2. 电网调度管理的基本任务

电网调度管理的基本任务指的是对电力系统运行的组织、指挥、指导以及协调，并保证实现以下基本要求：

（1）按最大范围优化配置资源的原则，实现优化调度，充分发挥电网的发电、输电、供电设备能力，最大限度地满足社会和人民生活用电的需要。

（2）按照电网的客观规律和有关规定使电网连续、稳定、正常运行，使电能质量（频率、电压和谐波分量等）指标符合国家规定的标准。

（3）按照有关合同或协议，以"公平、公正、公开"为原则，保护发电、供电、用电等各方的合法权益。

（4）根据电网的实际运行情况，将一次能源充分且合理地加以利用，使全电网在供电成本最低或者发电能源消耗率及网损率最小的条件下运行。

（5）按照电力市场调度规则，协调组织电力市场运营。

3. 我国电网调度的结构

调度系统包括各级电网调度机构以及调度管辖范围内的发电厂、变电站的运行值班单位。《电网调度管理条例》中明确规定我国电网调度机构分为五级：国家调度机构，跨省、自治区、直辖市调度机构，省、自治区、直辖市级调度机构，省辖市级调度机构，县级调度机构（通常也将这五级调度简称为国调、网调、省调、地调和县调）。各级调度在电网业务活动中是上、下级关系，下级调度机构必须服从上级调度机构的调度。

电网调度机构是电网运行的一个重要指挥部门，负责领导电网内发电、输电、变电、配电、用电设备的运行、操作和事故处理，以保证电网安全、优质、经济运行，向电力用户有计划地供应符合质量标准的电能。电网调度这一重要作用决定了其地位，即调度机构既是生产运行单位，又是电网管理部门的职能机构，代表本级电网管理部门在电网运行中行使调度权。

4. 电网调度管理的基本概念

电网调度管理是指电网调度机构为确保电网安全、优质、经济运行，依据有关规定对电网生产运行、电网调度系统及其人员职务活动所进行的管理。一般包括调度运行管理、调度计划管理、继电保护和安全自动装置管理、电网调度自动化管理、电力通信管理、水电厂水库调度管理、调度系统人员培训管理等。

5. 电网调度管理的基本原则

（1）电网调度遵循统一调度、分级管理的原则。

（2）按照调度计划发电、用电的原则。

（3）维护电网整体利益，保护有关单位和电力用户合法权益相结合的原则。

（4）值班调度员履行职责受法律保护的原则。

（5）调度指令具有强制力的原则。

（6）电网调度应当符合社会主义市场经济的要求和电网运行客观规律的原则。

6. 电网调度管理的主要工作

电网调度管理具体包括以下主要工作：

（1）组织编制和执行电网的调度计划（运行方式）。

（2）组织负荷预测及负荷分析。

（3）指挥调度管辖范围内的设备操作。

（4）指挥电网的频率调整和电压调整。

（5）指挥电网事故的处理，负责电网事故分析，制定并组织实施提高电网安全运行水平的措施。

（6）编制调度管辖范围内设备的检修进度表，根据情况批准其按计划进行检修。

（7）负责本调度机构管辖的继电保护、安全自动装置、电力通信和电网调度自动化设备的运行管理；负责对下级调度机构管辖的上述设备、装置的配置和运行进行技术指导。

（8）组织电力通信和电网调度自动化规划的编制工作，组织继电保护及安全自动装置规划的编制工作。

（9）参与电网规划和工程设计审查工作。

（10）参加编制发电、供电计划，严格控制按计划指标发电、用电。

（11）负责指挥电网的经济运行。

（12）组织调度系统有关人员的业务培训。

（13）统一协调水电厂水库的合理运用。

（14）协调有关所辖电网运行的其他关系。

（二）智能电网调度技术

1. 智能电网的概念

智能电网是现代化的电能传输系统，能监视、保护和自动优化所有相联元件的运行，包括集中式和分布式电源、高压输电网络和配电系统、储能装置、工业用户、楼宇自动化系统、终端用户及用户恒温调节器、电动汽车等。

智能电网是指一个完全自动化的供电网络，其中的每个用户和节点都能得到实时监控，并保证从发电厂到用户端电器之间的每一点上的电流和信息的双向流动。在广泛应用的分布式智能和宽带通信，以及自动控制系统的集成的保证下，实现了实时的市场交易及电网上各成员之间的无缝连接与实时互动。

2. 电网智能调度控制技术

智能调度是建设统一坚强智能电网的关键内容，是维系电力生产过程的基础，是智能输电网的神经中枢，是保障智能电网运行和发展的重要手段。

智能调度主要包括调度运行管理系统、调度日志系统、调度信息发布系统、电网负荷电源辅助决策系统、电网实时信息系统、省调自动化值班日志、继电保护信息管理系统、三项分析制度系统、电源管理系统、二次专业管理系统、智能电网数据上报系统、电网网损系统、电网检修计划管理系统、操作票系统等。

3. 智能电网发展愿景

在全球气候变化的持续影响下，为了降低对化石能源的依赖程度，实现能源产业的可持续发展，世界能源发展格局正发生着翻天覆地的变化，新一轮的世界能源产业正走向一个新的纪元。新纪元的能源发展目标是通过科技创新，实现能源的清洁化、低碳化、高效化，实现以低碳能源为核心的低碳经济。由此，引入可再生能源和发展清洁火电，降低电力输送损耗，全面优化电力生产、输送、消费全过程，将有助于推动低碳电力、低碳能源乃至低碳经济的发展。与此同时，数字时代的发展使用户对供电可靠性和电能质量的要求也越来越高。综合多重因素，智能电网作为当今世界能源产业发展变革的最新技术前沿，在全球范围内得到了广泛认可和接受，世界主要发达国家纷纷把发展智能电网作为抢占未来低碳经济制高点的一项重要战略措施。我国电力工业也面临着新的形势，能源发展格局、电力供需状况、电力发展方式正在发生着颠覆性的变化。

加快建设具有中国特色的智能电网，努力实现从传统电网向智能电网的转变，加快新能源、新材料、信息网络技术、节能环保等高新技术研究和新兴清洁能源产业的发展，对促进我国经济又快又好发展将起到关键的支撑作用。

(三) 电网、变电站一次监控信息处置原则

本部分主要介绍断路器、GIS、隔离开关等各类告警信息的信息释义、原因分析及处置原则。

1. 断路器

(1) SF_6 断路器。

1) 断路器 SF_6 气压低告警。

a. 信息释义：监视断路器本体 SF_6 数值，反映断路器绝缘情况。由于 SF_6 密度降低，所以密度继电器动作。

b. 原因分析：①断路器有泄漏点，压力降低到告警值。②二次回路故障。③密度继电器损坏。④根据 SF_6 压力—温度曲线，温度变化时，SF_6 压力值变化。

c. 造成后果：如果 SF_6 压力继续降低，造成断路器分合闸闭锁。

d. 处置原则：监控员应通知运维单位，根据相关规程处理。调度员应做好事故预想，安排电网运行方式。运维单位现场检查，采取现场处置措施并及时向调度和监控人员汇报。

现场运维一般处理原则：

a) 检查现场压力表，检查信号报出是否正确、是否有漏气。

b) 如果检查没有漏气，是因运行正常压力降低或者温度变化而引起压力变化造成，则由专业人员带电补气。

c) 如果有漏气现象，SF_6 压力未闭锁，应加强现场跟踪，根据现场事态发展确定进一步现场处置原则。

d) 如果是压力继电器或回路故障造成误发信号应对回路及继电器进行检查，及时消除缺陷。

2) 断路器 SF_6 气压低闭锁。

a. 信息释义：监视断路器本体 SF_6 数值，反映断路器绝缘情况。由于 SF_6 压力降低，压力继电器动作。

b. 原因分析：①断路器有泄漏点，压力降低到闭锁值。②回路故障。③压力继电器损坏。④根据 SF_6 压力—温度曲线，温度变化时，SF_6 压力值变化。

c. 造成后果：造成断路器分合闸闭锁，如果当时与本断路器有关设备故障，则断路器拒动，断路器失灵保护出口，扩大事故范围。

d. 处置原则：监控员应通知运维单位，根据相关规程处理。调度员应核对电网运行方式，下达调度处置指令。运维单位现场检查，采取现场处置措施并及时向调度和监控人员汇报。

现场运维一般处理原则：

a）检查现场压力表，检查信号报出是否正确、是否有漏气。

b）如果有漏气现象，SF$_6$压力低闭锁，应采取断开断路器控制电源的措施，并立即上报调度和监控，并根据调度指令设法将故障断路器隔离，做好相应的安全措施。

c）如果是压力继电器或回路故障造成误发信号应对回路及继电器进行检查，及时消除故障。

（2）液压机构。

1）断路器油压低分合闸总闭锁。

a. 信息释义：监视断路器操动机构油压值，反映断路器操动机构情况。由于操动机构油压降低，压力继电器动作，正常应伴有控制回路断线信号。

b. 原因分析：①断路器操动机构油压回路有泄漏点，油压降低到分闸闭锁值。②回路故障。③压力继电器损坏。④根据油压温度曲线，温度变化时，油压值变化。

c. 造成后果：如果当时与本断路器有关设备故障，则断路器拒动无法分合闸，后备保护出口，扩大事故范围。

d. 处置原则：监控员应通知运维单位，根据相关规程处理。调度员应核对电网运行方式，下达调度处置指令。运维单位现场检查，采取现场处置措施并及时向调度和监控人员汇报。

现场运维一般处理原则：

a）检查现场压力表，检查信号报出是否正确、是否有漏油痕迹。

b）如果检查没有漏油痕迹，是因运行正常压力降低或者温度变化而引起压力变化造成，则由专业人员带电处理。

c）如果有漏油现象，操动机构压力低闭锁分闸，应断开断路器控制电源和电动机电源，并立即上报调度和监控，并根据调度指令设法将故障断路器隔离，做好相应的安全措施。

d）如果是压力继电器或回路故障造成误发信号应对回路及继电器进行检查，及时消除故障。

2）断路器油压低合闸闭锁。

a. 信息释义：监视断路器操动机构油压值，反映断路器操动机构情况。由于操动机构油压降低，压力继电器动作。

b. 原因分析：①断路器操动机构油压回路有泄漏点，油压降低到分闸闭锁值。②回路故障。③压力继电器损坏。④根据油压温度曲线，温度变化时，油压值变化。

c. 造成后果：造成断路器无法合闸。

d. 处置原则：监控员应通知运维单位，根据相关规程处理。调度员应核对电网运行方式，下达调度处置指令。运维单位现场检查，采取现场处置措施并及时向调度和监控人员汇报。

现场运维一般处理原则：

a）检查现场压力表，检查信号报出是否正确、是否有漏油痕迹。

b）如果检查没有漏油痕迹，是因运行正常压力降低或者温度变化而引起压力变化造成，则由专业人员带电处理。

c) 如果有漏油现象, 操动机构压力低闭锁合闸, 应立即上报调度, 同时制定相关措施和方案, 必要时向相关调度申请将断路器隔离。

d) 如果是压力继电器或回路故障造成误发信号应对回路及继电器进行检查, 及时消除故障。

3) 断路器油压低重合闸闭锁。

a. 信息释义: 监视断路器操动机构油压值, 反映断路器操动机构情况。由于操动机构油压降低, 压力继电器动作。

b. 原因分析: ①断路器操动机构油压回路有泄漏点, 油压降低到分闸闭锁值。②回路故障。③压力继电器损坏。④根据油压温度曲线, 温度变化时, 油压值变化。

c. 造成后果: 造成断路器故障跳闸后不能重合。

d. 处置原则: 监控员应通知运维单位, 根据相关规程处理。调度员核对电网运行方式, 下达调度处置指令。运维单位现场检查, 采取现场处置措施并及时向调度和监控人员汇报。

现场运维一般处理原则:

a) 检查现场压力表, 检查信号报出是否正确、是否有漏油痕迹。

b) 如果检查没有漏油痕迹, 是因运行正常压力降低或者温度变化而引起压力变化造成, 则由专业人员带电处理。

c) 如果有漏油现象, 操动机构压力低闭锁重合闸, 应立即上报调度, 同时制定相关措施和方案, 必要时向相关调度申请将断路器隔离。

d) 如果是压力继电器或回路故障造成误发信号应对回路及继电器进行检查, 及时消除故障。

4) 断路器 N_2 泄漏告警。

a. 信息释义: 断路器操动机构 N_2 压力值低于告警值, 压力继电器动作。

b. 原因分析: ①断路器操动机构油压回路有泄漏点, N_2 压力降低到报警值。②回路故障。③压力继电器损坏。④根据 N_2 压力温度曲线, 温度变化时, N_2 压力值变化。

c. 造成后果: 如果压力继续降低, 可能造成断路器重合闸闭锁、闭锁合闸、闭锁分闸。

d. 处置原则: 监控员应通知运维单位, 根据相关规程处理。调度员应核对电网运行方式, 下达调度处置指令。运维单位现场检查, 采取现场处置措施并及时向调度和监控人员汇报。

现场运维一般处理原则:

a) 检查现场 N_2 压力表, 检查信号报出是否正确、是否有漏 N_2。

b) 如果检查没有漏 N_2, 是由于温度变化等原因造成, 检查油泵运转情况并由专业人员处理。

c) 如果是压力继电器或回路故障造成误发信号应对回路及继电器进行检查, 及时消除故障。

2. GIS (HGIS)

(1) ××气室 SF_6 气压低告警 (指隔离开关、母线 TV、避雷器等气室)。

1) 信息释义: ××气室 SF_6 压力低于告警值, 密度继电器动作发告警信号。

2）原因分析：①气室有泄漏点，压力降低到告警值。②回路故障。③密度继电器失灵。④根据 SF_6 压力温度曲线，温度变化时，SF_6 压力值变化。

3）造成后果：气室绝缘降低，影响正常倒闸操作。

4）处置原则：监控员应上报调度，通知运维单位，采取相应的措施。调度员应核对电网运行方式，下达调度处置指令。运维单位现场检查，采取现场处置措施并及时向调度和监控人员汇报。

现场运维一般处理原则：

a. 检查现场压力表，检查信号报出是否正确、是否有漏气，检查前注意通风，防止 SF_6 中毒。

b. 如果检查没有漏气，是因运行正常压力降低或者温度变化而引起压力变化造成，则由专业人员带电补气。

c. 如果有漏气现象，则应密切监视断路器 SF_6 压力值，并立即上报调度，等候处理。

d. 如果是压力继电器或回路故障造成误发信号应对回路及继电器进行检查，及时消除故障。

（2）断路器汇控柜交流电源消失。

1）信息释义：断路器汇控柜中各交流回路电源有消失情况。

2）原因分析：①汇控柜中任一交流电源小空气开关跳闸，或几个交流电源小空气开关跳闸。②汇控柜中任一交流回路有故障或几个交流回路有故障。

3）造成后果：无法进行相关操作。

4）处置原则：监控员应上报调度，通知运维单位，采取相应的措施。调度员应核对电网运行方式，下达调度处置指令。运维单位现场检查，采取现场处置措施并及时向调度和监控人员汇报。

现场运维一般处理原则：

a. 检查汇控柜内各交流电源小空气开关是否有跳闸、虚接等情况。

b. 由相关专业人员检查各交流回路完好性，查找原因并处理。

（3）断路器汇控柜直流电源消失。

1）信息释义：断路器汇控柜中各直流回路电源有消失情况。

2）原因分析：①汇控柜中任一直流电源小空气开关跳闸，或几个直流电源小空气开关跳闸。②汇控柜中任一直流回路有故障或几个直流回路有故障。

3）造成后果：无法进行相关操作或信号无法上送。

4）处置原则：监控员应上报调度，通知运维单位，采取相应的措施。调度员应核对电网运行方式，下达调度处置指令。运维单位现场检查，采取现场处置措施并及时向调度和监控人员汇报。

现场运维一般处理原则：

a. 检查汇控柜内各交流电源小空气开关是否有跳闸、虚接等情况。

b. 由相关专业人员检查各交流回路完好性，查找原因并处理。

3. 隔离开关

（1）隔离开关电动机电源消失。

1) 信息释义：监视隔离开关操作电源，反映隔离开关电动机电源情况。由于隔离开关电动机电源消失，继电器动作发出信号。

2) 原因分析：①隔离开关电动机电源开关跳闸。②继电器损坏，误发。③回路故障，误发。

3) 造成后果：造成隔离开关无法正常电动拉合，如果有工作或故障，无法隔离相关设备。

4) 处置原则：监控员应通知运维单位，了解异常对相关设备的影响，了解现场处置的基本情况和处置原则。根据处置方式制定相应的监控措施，及时掌握消缺进度。运维单位现场检查，采取现场处置措施并及时向调度和监控人员汇报。

现场运维一般处理原则：

a. 检查现场设备，信号报出是否正确，确认电源是否消失。

b. 如果电源消失，应尽快查明原因，如运维人员能处理尽快处理，使异常设备恢复正常；如自行无法处理，应尽快报专业班组解决。

c. 如果是继电器或回路故障造成误发信号应对回路及继电器进行检查，及时消除异常。

（2）隔离开关电动机故障。

1) 信息释义：监视隔离开关电动机运行，反映隔离开关电动机运行情况。由于隔离开关电动机故障，继电器动作发出信号。

2) 原因分析：①隔离开关电动机本身发生故障（如运转超时、电动机过温等）。②继电器损坏，误发。③回路故障，误发。

3) 造成后果：造成隔离开关无法正常电动拉合，如果有工作或故障，无法隔离相关设备。

4) 处置原则：监控员应通知运维单位，了解异常对相关设备的影响，了解现场处置的基本情况和处置原则。根据处置方式制定相应的监控措施，及时掌握消缺进度。运维单位现场检查，采取现场处置措施并及时向调度和监控人员汇报。

现场运维一般处理原则：

a. 检查现场设备，信号报出是否正确，确认电动机是否故障。

b. 如果电动机故障，应尽快查明原因，如运维人员能处理尽快处理，使异常设备恢复正常；如自行无法处理，应尽快报专业班组解决。

c. 如果是继电器或回路故障造成误发信号应对回路及继电器进行检查，及时消除异常。

4. 电流互感器、电压互感器

（1）电流互感器 SF_6 压力低告警。

1) 信息释义：电流互感器 SF_6 数值，反映断路器绝缘情况。由于 SF_6 压力降低，继电器动作。

2) 原因分析：①SF_6 电流互感器密封不严，有泄漏点。②SF_6 压力表计或压力继电器损坏。③由于环境温度变化引起 SF_6 电流互感器内部 SF_6 压力变化，一般多发生于室外设备和环境温度较低时。

3) 造成后果：如果 SF_6 压力进一步降低，有可能造成电流互感器绝缘击穿。

4) 处置原则：调度员应根据运维单位现场检查结果确定是否需要拟定调度指令。

监控员应通知运维单位，采取相应的措施。运维单位现场检查，采取现场处置措施并及时向调度和监控人员汇报。

现场运维一般处理原则：

a. 检查现场压力表，检查信号报出是否正确、是否有漏气。

b. 如果检查没有漏气，是因运行正常压力降低或者温度变化而引起压力变化造成，则由专业人员带电补气。

c. 如果漏气现象严重，需要停电时，应立即上报调度，同时制定隔离措施和方案。

d. 如果是压力继电器或回路故障造成误发信号应对回路及继电器进行检查，及时消除故障。

（2）TV 保护二次电压空气开关跳开。

1）信息释义：监视 TV 保护二次电压空气开关运行情况。

2）原因分析：①空气开关老化跳闸。②空气开关负载有短路等情况。③误跳闸。

3）造成后果：造成正常运行的母线、变压器等相关保护失去电压值，使相关保护可靠性降低，对自投装置产生影响。

4）处置原则：调度员应根据运维单位现场检查结果确定是否需要拟定调度指令。监控员应通知运维单位，了解异常对相关设备的影响，了解现场处置的基本情况和现场处置原则，根据检查情况上报调度。根据处置方式制定相应的监控措施，及时掌握消缺进度。运维单位现场检查，采取现场处置措施并及时向调度和监控人员汇报。

现场运维一般处理原则：

a. 现场检查信号报出是否正确，TV 保护二次电压空气开关是否跳开。

b. 如果检查 TV 回路没有异常，可能属于空气开关误跳，可立即将 TV 保护二次电压空气开关合上。

c. 如果有问题，应采取防止相关保护及自动装置误动的措施，并立即上报调度。

d. 如果是继电器或回路故障造成误发信号应对回路及继电器进行检查，及时消除故障。

5. 主变压器

（1）主变压器冷却器电源消失。

1）信息释义：主变压器冷却器装置失去工作电源。

2）原因分析：①冷却器控制回路或交流电源回路有短路现象，造成电源空气开关跳开。②监视继电器故障。

3）造成后果：影响变压器冷却系统正常运行，导致变压器不能正常散热。对于强油风冷（水冷）变压器，当两路电源全部失去时，造成变压器停电。

4）处置原则：监控员应通知运维单位到现场检查。运维单位现场检查，采取现场处置措施并及时向调度和监控人员汇报。

现场运维一般处理原则：

a. 检查现场监控机是否发此信号，检查变压器运行情况、冷却系统运行是否正常。

b. 检查变压器温度及负荷情况。

c. 如果现场监控机未发此信号，冷却系统运行正常。变压器温度及负荷情况正常，属于误发信号，应进行上报，让专业班组进行处理。

d. 如果冷却系统运行电源有问题，造成一路或两路电源失电，应检查电源回路，能否立即恢复，如果未发现明显故障或不能立即恢复，运维单位应进行上报，让专业班组进行处理。

（2）主变压器冷却器故障（强油风冷、水冷变压器）。

1）信息释义：强油风冷、水冷变压器冷却器故障，发此信号。

2）原因分析：①冷却器装置电动机过载，热继电器、油流继电器动作。②冷却器电动机、油泵故障。

3）冷却器交流电源或控制电源消失造成的后果：影响变压器冷却系统正常运行，导致变压器不能正常散热。

4）处置原则：监控员应通知运维单位到现场检查。运维单位现场检查，采取现场处置措施并及时向调度和监控人员汇报。

现场运维一般处理原则：

a. 检查变压器温度及负荷情况。将故障冷却器切至停止位置，检查备用冷却器有无自动投入，必要时手动投入。

b. 如果冷却器故障（风扇、油泵故障电源故障，热耦继电器动作，二次回路断线、短路等），应检查冷却器回路，能否立即恢复，如果未发现明显故障或不能立即恢复，应进行上报，让专业班组进行处理。

c. 如果现场监控机未发此信号，冷却系统运行正常。变压器温度及负荷情况正常，属于误发信号，应进行上报，让专业班组进行处理。

（四）电网调控

1. 负荷及出力调整

（1）负荷构成及分类。电力系统中，负荷是指发电厂或电力系统在某一时刻所承担的某一范围内耗电设备所消耗的电功率之和。

负荷是由用电负荷、线损（网损）及厂用电负荷组成的。其中，用电负荷是指电能用户的用电设备在某一时刻向电力系统取用的电功率的总和，它是电力系统负荷中的主要部分。线损（网损）是指电能从发电厂到用户的输配电过程中，产生的损耗，主要包括线路损耗和变压器损耗。厂用电负荷是指发电厂在发电过程中厂用设备所消耗的有功负荷。

负荷按照对用电可靠性要求分类，可分为一类负荷、二类负荷及三类负荷。

（2）负荷预测。从已知用电需求出发，考虑多重因素（如经济、气候等）对未来用电需求做出的预测。其包括两方面的含义：对未来需求量（功率）的预测和未来用电量（能量）的预测。

负荷预测内容主要分为电量预测和电力预测，电量预测包括全社会用电量、网供电量、各行业电量、各产业电量；电力预测包括最大负荷、最小负荷、峰谷差、负荷率、负荷曲线等。

（3）负荷调整原则及方法。负荷的性质不同，各类用户的最大负荷出现的时间也不同。当用电负荷增加时，电力系统发电机出力也应随之增加；当用电负荷减少时，电力系统的发电机出力也须相应减少。如果各种用户最大负荷出现的时间过分集中，电力系统就得有足够的发电机出力满足用户需要，否则就会出现电力系统的发电小于需求，造成低频率运行、拉闸限电。

根据电力系统的运行实际情况，参照各类用户不同的用电规律，合理地规划用电时间，分散用电系统高峰，使一部分高峰时间的负荷转移到低谷时间使用，达到"削峰填谷"的目的，保证发电、供电和用电之间的平衡。

负荷调整的主要目的是节约国家对电力工业的基建投资；提高发电设备的热效率，降低燃料消耗，降低发电成本；充分利用水利效率，使之不发生弃水状况；增加电力系统运行的安全稳定性和提高供电质量；有利于电力设备的检修工作。

负荷调整的原则如下：

1）保证电网安全：只有保证电网安全才能避免电网崩溃带来的巨大损失，最大范围保证用户供电。

2）统筹兼顾：调整负荷时，要考虑各种因素，照顾到各方面的利益。

3）保住重点：调整负荷时以国家利益为重，优先保证居民用电，优先保证各级重点企业和一类负荷的企业用电。

4）个性化对待：根据不同的电力系统、不同的电源结构，拟定不同的调整负荷方案。

5）兼顾生活习惯：在日负荷中的晚高峰时段，要尽力照顾居民的生活照明；尽量减少对居民生活的影响。

6）明确限电和其他负荷调整手段的关系。

负荷调整的方法主要有政策性负荷调整方法和技术性负荷调整方法。

（4）发电厂出力调整。电力生产的同时性决定了电能的生产与消耗总是同时进行并时刻保持平衡。由于电网频率的高低与电网中运行发电机的转速成正比，而转速又与原动机输入功率（进汽量或进水量）的大小，以及机组有功负荷水平有关。当负荷变化而发电机原动机输入功率不能紧随其后调整时，电力供需失衡，将造成发电机转速变化，导致电网频率波动。

电力系统运行时，要保持频率偏移在允许范围之内，频率质量是电能质量的一个重要指标，根据 GB/T 15945—2008《电能质量　电力系统频率允许偏差》规定："我国电网频率正常为 50Hz，对电网容量在 300 万 kW 及以上者，偏差不超过±0.2Hz；对电网容量在 300 万 kW 以下者，偏差不超过±0.5Hz。"

2. 有功功率及频率调整

（1）电网频率特性。电网频率特性包括发电机频率静态特性、负荷频率静态特性及电网频率静态特性。

当系统频率变化时，在发电机组技术条件允许范围内，调速器可以自发地改变汽轮机的进气量或水轮机的进水量，从而增减发电机功率，对系统频率进行有差的自动调整。这种反映由频率变化而引起发电机组功率变化的关系，称为发电机调速系统的频率静态特性。

当电源与负荷失去平衡时，频率将立即发生变化。由于频率变化，整个系统的负荷也随频率的变化而变化。这种负荷随频率变化而变化的特性称为负荷的频率静态特性。

电网频率静态特性取决于负荷频率特性和发电机频率特性。

（2）电网频率调整。

1）频率调整的必要性。在电力系统的实际操作中，若不采取频率调整措施，则负荷的变化将引起频率的大范围变化，对于用户、发电机组和电力系统本身都会产生不良的影响甚至危害。

对用户来说，由于电动机的转速与系统频率近似成正比，频率变化将会引起电动机转速的变化，对纺织、造纸等产品质量受到影响；对使用电子设备的行业，如现代工业、国防和科学技术等，频率的不稳定将会影响它们的正常工作。

对发电机组和电力系统本身来说，当频率下降时，汽轮机叶片的振动将增大，从而影响其使用寿命甚至产生裂纹。在火力发电厂中，生产设备大多为感应电动机驱动，当频率降低时，将会使其机械出力减少，引起锅炉和汽轮机出力降低，从而可能使频率持续下降而产生恶性循环，甚至会导致频率崩溃。

2）频率调整的目标。频率是衡量电能质量的基本指标之一，是反映电力系统电能供需平衡的唯一标志。电力系统的负荷随时都在变化，系统的频率也相应发生变化。因此，必须对频率进行调整来实现。

频率调整的目标如下：

a. 维持系统额定功率（我国为 50Hz），不使其偏移超过规定的允许值。以东北电网为例，频率偏差不得超过（50±0.2）Hz。在自动发电控制（AGC）投运时，电网频率应在（50±0.1）Hz 以内运行。当部分电网解列单运，其单运电网容量小于 3000MW 时，单运电网的频率偏差不允许超过（50±0.5）Hz。

b. 经济分配电厂和机组负荷，使得全系统燃料总耗量最低，降低网络损耗。

c. 控制联络线功率，防止过负荷，维持系统稳定运行。

d. 进行电钟和天文钟之间的时间差校正，保持电钟的准确。

3）发电机组的有功调节性能。并网发电厂机组必须具备一次调频功能，且正常投入运行。各发电厂应按照日调度计划曲线、调度 AGC 指令接带负荷，不得自行增减出力。遇特殊情况需变更发电出力时，必须得到省调的同意。省调有权修改各发电厂的日调度计划曲线，并做好相应记录。各级调度、发电厂、变电站及监控中心的控制室内应装有频率表和标准钟，并保证其准确性。

4）电网频率调整的方式与方法。各机组并网运行时，受外界负荷变动影响，电网频率发生变化。这时，各机组的调节系统参与调节作用，改变各机组所带的负荷，使之与外界负荷相平衡。同时，还尽量减少电网频率的变化，这一过程即为一次调频。

一次调频是发电机组调速系统的频率特性所固有的能力，随频率变化而自动进行频率调整。其特点是频率调整速度快，但调整量随发电机组不同而不同，且调整量有限，值班调度员难以控制。一次调频是有差调节，不能维持电网频率不变，只能缓和电网频率的改变程度。因此，还需要利用同步器增、减某些机组的负荷，以恢复电网频率，这一过程称为二次调频。只有经过二次调频后，电网频率才能精确地保持恒定值。

一次调频是汽轮机调速系统根据电网频率的变化，自发地进行调整机组负荷以恢复电网频率；二次调频是人为地根据电网频率高低来调整机组负荷。三次调频是为使负荷分配得经济合理，达到运行成本最小的目标，按最优化准则将区域所需的有功功率分配于受控机组的调频方式。

5）电网频率波动的原因。电网的频率是指交流电每秒变化的次数，在稳态条件下各发电机同步运行，整个电网的频率相等，是一个全系统运行参数。但电网频率并不是固定的，是时刻波动的，由于电力生产具有同时性，即发电、输电、变电、配电、用电必须同时完成，不能存储，这一特点决定了电能的生产与消耗总是同时进行并时刻保持平衡。由于电网频率的高低与电网中运行的发电机的转速成正比，其转速又与原动机输入功率的大小及发电机所带的有功负荷多少有关，因此，当电网的有功功率负荷发生变化，而发电机原动机输入功率不能紧随其后进行调整，将导致用电负荷与发电负荷的失衡，造成发电机转速变化，导致电网频率波动。当电网负荷减小时，会造成系统有功过剩，结果导致发电机转速上升，电网频率升高。当电网负荷增加时，会造成系统有功不足，导致发电机转速下降，电网频率降低。

6）调频厂选择。在电网运行中，所有有调整能力的发电机组都自动参与频率的一次调整。为了使电网恢复于额定频率，需要电网进行二次调频，同时为了避免在调整过程中出现过调或频率不能长时间稳定的现象，须将电网中所有电厂分为主调频厂、辅助调频厂和非调频厂三类。主调频厂（一般是1～2个）负责全电网的频率调整（即二次调频）工作，辅助调频厂也只有少数几个，只在电网频率超出某一规定值后才参加频率调整，其余大多数电厂则都是非调频厂，在电网正常运行时，按预先给定的负荷曲线带固定负荷。

调频厂选择应遵循的原则如下。

a. 应有足够的调整容量和调整范围，以满足电网最大的负荷增、减变量需要。

b. 调频机组具有与负荷变化速度相适应的较快的调整速度，以适应电网负荷增、减最快的速度需要。

c. 机组具备实现自动调频的条件和在电网中所处的位置及其与电网联络通道的输送能力。

d. 调整机组的有功功率时，应符合安全和经济运行的原则。

e. 某些中枢点的电压波动不得超出允许范围。

f. 对联合电网，还要考虑由于调频而引起联络线上交换功率的波动是否超出允许范围。

7）调频厂的出力调节。在调频过程中，应优先发挥水电、火电机组调峰能力，然后依次为风电、核电机组。特别要防止由于电网频率严重降低，火电大机组低频率保护动作跳闸的恶性循环而扩大事故。电网在发生解列单运事故的紧急情况下，当两部分电网频率差很大且电源无法调整时，可以降低频率高的电网频率进行并列，但不得降至49.50Hz以下，将频率低的电网的部分负荷切换到频率高的电网受电或直接限制频率低电网负荷。当电网频率降低并延续至危及发电厂安全时，发电厂为保证厂用电，可解列一台或一部分机组供厂用电。电网事故等紧急情况解除时，应根据省（区）间联络线送受电力情况，解除全部或部分限制的负荷（包括送出低频减载装置动作所切负荷）。电网恢复送电过程中如电源仍不足时，可根据情况重新分配各地区用电计划指标。

8）电网备用容量。电网中电网备用容量是指电网为在设备检修、事故、调频等情况下仍能保持电力供应而设的大于发电负荷的部分容量。

电网负荷一直处在变动之中，当电网出现电源故障致使电网运转电源容量不足时，旋转备用、冷备机组能否及时投入运行，抽水蓄能机组能否迅速转换，限制对预先协议调荷用户的供电能否实现等因素，决定着电网频率能否迅速回升至正常值。只有有了备用容量，电网在负荷预测偏差、大机组跳闸、电网事故等情况下，才能确保电网频率的及时调整，保证电能质量和电网安全、稳定运行，保证对用户可靠供电，才有可能按最优化准则在各发电机组间进行有功功率经济分配。备用容量一般可分为负荷备用、事故备用、检修备用及国民经济备用四类。

9）电网频率调整注意事项。电网安全稳定运行方面，主要表现在满足电网安全约束条件，不允许出现设备过载、联络线潮流超过稳定限制运行，满足《电力系统安全稳定导则》要求；保证电能质量，满足频率及电压调整的需要；开机方式须满足安全约束，满足电压稳定需要；出力调整应留有足够的备用，满足备用容量需要；单一联络线相连的两个系统，为避免联络线跳闸后出现频率稳定问题，应将该联络线潮流调低；要进行超短期负荷预测，带有前瞻性，及时开停机。

满足电网经济运行和节能调度需要方面，主要表现在充分合理地利用水利资源，尽量避免弃水，提高水能利用率；降低系统的总煤耗，合理分配机组间的负荷，减少功率损耗；执行国家的燃料政策，减少烧油电厂的发电量，增加烧劣质煤电厂和坑口电厂的发电量；适当选用旋转备用机组，充分发挥抽水蓄能机组的静、动态效益。

满足"三公"调度需要方面，认真落实国家电网有限公司"三公"调度十项措施，严格执行购售电合同和并网调度协议，坚持依法公开、公平、公正调度。

（3）自动发电控制（automatic generation control，AGC）。

1）AGC功能。AGC是能量管理系统（EMS）的重要组成部分，是并网发电厂提供的有偿辅助服务之一。发电机组在规定的出力调整范围内，跟踪电力调度交易机构下发的指令，按照一定调节速率实时调整发电出力，以满足电力系统频率和联络线功率控制要求的服务，是按电网控制中心的目标函数将指令发送给有关电厂的机组，通过电厂或机组的自动控制装置，实现自动发电控制，从而达到电网控制中心的调控目标，是保证电网安全经济运行、调峰、联络线关口电力调整的重要手段之一。

AGC主要功能包括：调整全网电力供需静态平衡，保持电网频率在±0.1Hz正常范围内运行；在联合电网中，按联络线功率偏差控制，使联络线交换功率在计划值允许偏差范围内波动；在EMS系统内，AGC在安全运行前提下，对所辖电网范围内的机组间负荷进行经济分配，从而作为最优潮流和安全约束、经济调度的执行环节；在电网故障时，AGC将自动或手动退出运行，不能自动开停机组。而在非事故情况下，当电网出现功率缺额和频率下降，或当电网负荷下降且频率上升时，AGC均可具有自动开停机组的功能。

2）AGC运行状态。AGC运行状态有在线（RAN）、离线（STOP）、暂态（PAUSE）三种。AGC处于在线状态下，所有功能都投入正常运行，进行闭环控制；处于离线状态下，对机组的控制信号均不发送，但测量监视、ACE计算、AGC性能监视等功能投入正常运行，可以在画面上监视所有工作情况和运行数据，接受调度人员更改数据，离线状态 STOP 可以由调度人员手动转换成在线状态 RUN；暂停状态并非调度人员选择的状态，而是由于无有效的频率量测使得 AGC 不能可靠地执行其功能而设置的暂时停止状态，在给定的时间内，一旦得到可靠的测量数据，立即恢复原工作状态。但如果在规定的时间内不能得到可靠的测量数据，则自动转至离线状态。暂停状态与离线状态执行同样的功能。

3）AGC 常用控制模式。AGC 常用控制模式包括自动、计划、基点及超短期。

4）AGC 调频时注意事项。

a. 电网安全约束。通过 AGC 进行负荷调整时，必须满足电网所有安全约束条件，不能造成设备过载或者超过稳定控制极限。对于调整过程中跟踪联络线进行调整可能造成设备过限的电厂，调度指挥中心对于该部分机组可以将其 AGC 投入"设定"负荷模式，其机组只能带调度员设定负荷，或者设置其 AGC 上下调节范围，保证机组出力在允许范围内波动。

b. 节能经济调度。避免水力发电厂弃水，提高水能利用率，同时满足防洪及灌溉、航运等要求。在这种情况下，调度中心需要根据实际情况，协调不同水力发电厂之间和水力发电厂、火力发电厂 AGC 投入方式，当进入丰水期后，水力发电厂根据来水情况，投入"设定"模式，以水定电，而火力发电厂投入"等比例"或者"超短期负荷预测"模式，负责跟踪联络线，火力发电厂尽量不要投入"自动模式"。正常情况下，可由水力发电厂投入"自动"模式，跟踪负荷变化，而火力发电厂投入"计划"模式，跟踪负荷变化趋势，并使水电机组目标功率逐渐恢复到应有的水电机组二次调频的目标功率。煤耗低、损耗小、污染小电厂多发。可以在 AGC 中增加相关的程序判断，同时，该项原则在发电计划中也有所体现。

c. 满足"三公"调度。保证各个电厂按照年度计划发电。在该种情况下，将需要的机组投入"计划"模式。

（4）低频减载。由于频率反映电网的有功平衡，当所有发电机的总有功出力与总有功负荷出现差额时，电网频率要发生变化。有功备用不足的电网，在发生忽然大量的功率缺额时，因为负荷功率大于发电功率，电网频率会下降。而频率的下降会使有功负荷按频率静态特征下降，使电网发电功率和负荷功率在一个较低的频率下达到平衡。当电网运行频率与额定值相差较大时，会降低网内各电厂发电机机械输入功率，减少输出功率，从而加剧供需的不平衡，有功缺额继续增大，会使频率进一步下降，使电源和负荷的平衡彻底破坏，最终造成频率崩溃。因此，各电网要求配置低频减负荷装置，以防止电网频率过低和频率崩溃事故的发生，当电网出现故障引起有功功率缺额时，分级快速切除部分负荷，防止频率下降，从而防止频率崩溃的发生。

（五）智能电网的构想

在 21 世纪先进电网的观念中，虽然关于智能电网的定义和术语各有不同，但是都包括多种数字计算、通信技术与服务和功率传输基础设施相结合。双向能量流、双向通信和控制能力将带来一系列的新功能和应用。

1. 智能电网的总体设想

(1)智能电网的主要特征。为了使智能电网能够满足各种需要,需要具有如下特征。

1)高效。少增加乃至不增加基础设施就能满足日益增长的消费需求,并且降低网损。

2)包容。能够容易和透明地接受任何种类的能量,包括太阳能和风能;能够集成各种各样已经得到市场证明和可以接入电网的优良技术,如体积小、质量轻、成本低、功率大、可靠和寿命长的储能技术(其对体积小和质量轻这两条要求不像电动汽车的要求那样高)。

3)智能化。具有可预测和遥感系统运行状态越限的能力和网络自动重构,即"自愈"(self-healing)的能力,以防止或减轻潜在的停电风险;在系统需要做出人为无法实现的快速反应时,能根据电力公司、消费者和监管的要求,自主地工作。

4)韧性。自愈、更为分散,并采用了安全协议,使系统具有承受蓄意的攻击、偶然事故或自然发生的威胁的能力,以及从中恢复的能力。

5)重视质量。能够提供数字化经济所需要的可靠性和电能质量(如极小化电压的凹陷、尖峰、谐波、干扰和电力中断)。

6)激励。使消费者与电力公司之间能够实时地沟通,从而使消费者可以根据个人喜好(如出于电价和/或环境考虑)制定其电能消费。

7)机遇。具有随时随地利用即插即用创新的能力,从而创造新的机遇和市场。

8)环保。减少污染气体的排放和减缓全球气候变化,提供可大幅度改善环境的切实有效的途径。

(2)智能电网与传统电网功能的比较见表 3-4-2。

表 3-4-2 智能电网与传统电网功能的比较

特征	传统电网	智能电网
用户能够积极参与电网的优化运行	用户无信息,不能参与系统的优化运行	消费者拥有信息,并可介入和积极参与系统的优化运行——需求响应和分布式能源
优化资产利用和高效运行	很少把运行数据与资产管理结合起来——竖井式的业务进程	极大地扩展了电网参数的采集——重视防止和最小化对消费者的影响
容纳全部发电和储能选择	中央发电占优,对分布式发电接入电网有许多障碍	有高渗透率的、即插即用的分布式可再生能源(发电和储能)
为数字经济提高电能质量	关注停运,但对电能质量问题响应很慢	保证电能质量,有各种各样的质量/价格方案可供选择——问题可快速解决
预测并对系统干扰作出相应处理(自愈)	为防止设备损毁而作出响应,扰动发生时只关注保护资产	自动检测所存在的问题并作出响应——聚焦于防止和最小化对消费者的影响
使新产品、新服务和新市场成为可能	有限的趸售市场,未很好地集成——用户只有有限的机会	建立成熟的、很好集成的趸售电力市场,为消费者扩大新的电力市场
袭击和自然灾害发生后迅速恢复运行	面对恐怖的恶意行为和自然灾害时很脆弱	对袭击和自然灾害能复原,具有快速恢复能力(可再生能力)

2. 智能电网的十大关键技术

（1）特高压交、直流输电技术。2011年12月，特高压科技工程顺利投入运行，特高压交流输电技术顺利通过了500万kW的输电能力考验，具备了大电源在集体外送输电工程中往外运送的条件，一期工程最大只能输送240万kW左右的能力，经过扩建以后，增加了变压器，输送能力超过了500万kW。

（2）智能输变电装备技术。智能电网的基础是装备技术，通过将智能技术整合到输变电装备中，使其向大容量、低损耗、环境友好、智能化方向发展，是提高供电可靠性的重要保障。

（3）新型电力电子器件及应用技术。电力电子技术和装备应用于交、直流输电系统，可以显著提高电网发电、输电、配电、用电各个环节的可控性，推动风能、太阳能等可再生能源的开发和利用，是实现坚强智能电网的重要保障。

（4）大规模交、直流混合电网安全稳定控制技术。电力系统是对可靠性要求极高的庞大系统，被誉为最复杂的人造系统，必须应用现今的安全稳定控制技术，建立完善的大规模交直流混合电网协调控制体系。

（5）电网调度的全局优化与协调控制技术。电网智能化调度在智能电网体系中起到"神经中枢"的作用。借助先进的计算机、通信、电力系统分析和控制理论及技术，实现对电网调度的全局优化与协调控制，保证大电网的安全、经济运行。

（6）可再生能源发电友好接入技术。开发和应用间歇性电源友好接入技术，将直接推动风电、太阳能等可再生能源的开发利用。实现各种类型可再生能源发电过程建模，掌握可再生能源大规模接入后的系统运行特性。建立可再生能源发电的功率预测系统和运行控制装置，实现对大规模间歇式电源有功、无功等物理量的全面控制。

（7）大容量储能技术。大容量电池储能技术是最有可能实现突破并能得到实际推广应用的一项技术。该项技术一旦突破，将使目前的配用电体系发生重大变革，并且也将对风电、太阳能等可再生能源的间歇性问题提供一种可行的解决方案。

（8）智能配电网和微电网技术。配电网对分布式电源、微网、电动汽车等新型配用电设备或系统的接纳和适应，能很好地提高配电网的智能化水平。开发高级配电自动化系统，适应分布式电源、储能系统、用户定制电力技术、电动汽车充放电设施等方面的要求；构建智能配电终端软、硬件平台，实现短路接地故障的快速自愈以及电压和无功综合优化控制等功能。

（9）灵活接入、双向互动的综合用户服务技术。智能用电技术实现在供电侧与用户之间的双向互动，从用户的角度来看，未来电网不再局限于传统的"供电"，而形成既是综合供能的现代能源网络，又是提供信息服务等新型功能的综合网络。

（10）低碳、高效的电力市场技术。电力市场应具有低碳环保、开放有序、竞争充分、高效协调、促进安全、服务用户的特点。将可再生、分布式新能源与电动汽车、储能元件等新型市场成员纳入市场配置平台，提供安全、清洁、优质的电能服务。

（六）智能电网的未来发展

1. 做好顶层设计，加强行业指导

坚持规划先行，基于新形势新要求进一步组织深化智能电网研究，明确新时代智能电网发展的技术路线和发展模式，建立健全智能电网相关标准体系，推动智能电网国际合作创新；统筹加强对行业发展的指导，加大各行业之间的协调力度，为智能电网未来发展指明方向。

2. 试点示范先行，统筹协调推进

鼓励试点示范，因地制宜开展各类创新示范项目建设，加强对创新示范项目的科学评估和闭环管理，着重考察创新示范项目的技术经济性和市场前景，逐步探索形成可复制、可推广的经验和成果，通过试点示范统筹引领智能电网规模化建设。

3. 完善配套机制，培育创新土壤

逐步完善智能电网配套政策体系，在各个方面予以政策支持，如项目建设、并网、交易等；完善相关机制建设，培育开放共享的市场环境，支持储能、微电网、分布式能源等能源形态健康发展；推动构建智能电网创新创业体系，引导各方共同参与，激发产业链发展活力，培育创新土壤。

4. 全面加快智能电网建设

全面加快智能电网建设是落实新时代能源转型与能源革命要求的有效途径，同时也面临着巨大的挑战。应准确把握我国新形势智能电网的发展定位，科学谋划合理可行的发展路线，以创新示范统筹引领智能电网建设，推进能源电力行业高质量发展。

二、展巧手之不凡，秀大国之匠风——输电岗位

电能的传输，是电力系统整体功能的重要组成环节。发电厂和电力负荷的中心通常有一定的距离。常见的是在一次能源资源，如水力、煤炭等条件适宜的地点建立发电厂，通过输电可以将电能输送到远离发电厂的负荷中心，使电能的开发和利用超越地域的限制。输电与其他能源输送方式相比较，具有效益高、损耗小、易于调节控制、灵活方便、减少环境污染等优点。

由于输电线路（见图 3-4-15）长期在户外暴露，它的运行情况被自然环境因素和人

图 3-4-15　输电线路

为活动因素所影响，所以及时发现线路设备安全隐患对电网的稳定运行至关重要。输电线路巡检是架空输电线路运行规程的基本要求，是掌握线路运行状况，及时发现线路本体、附属设施和线路保护区缺陷或隐患的基本手段。通过对输电线路两侧的环境状况进行详细和及时的巡视工作，以及输电线路及周边对应的设备情况、设备状态参数等，能够查找出潜在的安全风险和隐患，并能够及时排查故障点位置，减少故障发生的概率，确保电力设施安全运行。

2020 年，国家电网有限公司提出了输变电设备智慧物联、输配电线路杆塔共享建设等重点任务，并指出输电线路巡检的智能化和数字化是推动"大云物移智链"（大数据、云计算、物联网、移动互联、人工智能、区块链）等信息通信新技术与传统电网设备业务融合发展，加快设备管理数字化转型和智能化升级的需要；要加强基于智能装备的自主巡检、深化人工智能技术应用；加快无人机自主巡检体系建设，强化输电线路及通道环境多维协同巡检，结合图像（视频）监拍、智能巡检机器人、三维激光扫描等手段，实现在线智能巡检。本章主要讲述智能巡检概述、5G 技术在智能监测技术中的应用、无人机巡检、机器人巡检、输电线路巡检及输电线路智能巡检技术的发展趋势。

（一）智能巡检概述

1. 输电线路的智能巡检

传统的输电线路巡检模式是指巡检工人依靠人眼或利用望远镜和红外热像仪等设备巡视和检测输电线路设备和通道的运行情况，并记录相关设备缺陷和通道环境安全隐患，操作方法主要有条形识别法、信息钮采集法、特殊标记法和射频卡采集法。这些方法一定程度上提高了管理人员对巡检工人的监督质量以及巡检记录的保存与管理水平。但是这些方法对线路工人的要求较高，需要线路工人前往现场巡视和检测输电线路设备，在巡视过程中发现缺陷，并将缺陷记录在纸质材料上，所以巡检工作存在巡检效率低、劳动强度大以及不可避免地存在巡检盲区的缺点。尤其是在地势险峻、路途崎岖的区域，越山和跨江线路，巡检难度就更大。因此，采用传统手段对线路实施巡检已不适应电网的快速发展和现代化管理的需求。

在现今社会电网的规模持续增长，在科学技术的迅猛发展下，输电线路巡检模式逐步由传统的人工巡检模式向基于 GPS＋GIS＋PAD 的无人机巡检模式、机器人巡检模式、智能巡检模式、在线设备实时监控模式等智能化模式发展。

（1）GPS＋GIS＋PAD 智能巡检模式。全球卫星定位系统（global positioning system，GPS）、地理信息系统（geographical information system，GIS）和基于掌上平板电脑（portable android device，PAD）相结合的智能巡检方式正处于广泛的研究与应用中。

GPS＋GIS＋PAD 智能巡检模式基本的工作原理和各设备功能是这样的，GPS 主要用来定位目标，它能提供卫星指路，保证巡检人员到位；而 GIS 主要用来实现数据的收集和传输，能够为巡检人员提供线路信息、杆塔信息、巡视项目信息以及周边环境信息等服务。利用 PAD 进行数据接收和存储提高线路的巡检质量，实现线路巡检的无纸化办公，在现场巡检过程中发现缺陷或是工作记录可以快捷方便地在系统中填写，现场即可在 PAD 上执行作业指导书，并且通过无线网络设备实时地将巡检信息反馈回控制中心，既能保证时效，又可避免数据丢失。

（2）无人机巡检模式。无人机（unmanned aerial vehicle，UAV）是一种由无线电遥控设备和自身程序控制操作的无人飞行器。因其操作方便、飞行灵活、能有效保障人身安全等特性被广泛应用于国土资源和海洋领域的航拍测绘、农畜业的分析应用以及紧急灾害的救援服务等领域。目前国内外电力行业研究人员已经开始通过飞行控制技术、无人机导航技术、红外检测技术、抗电磁干扰技术以及通信链路中断安全返航技术等方面的研究，将无人机逐步应用于输电线路巡检作业过程中。

无人机巡检技术采用 GPS 自动导航技术，利用机载远红外热成像仪和可见光摄像机全程拍摄输电线路设备和周边环境情况，通过无线通信技术将拍摄图像传递到地面站系统进行分析检测。通过无人机巡检技术能够及时发现线路的各类设备缺陷，以及线路附近可能对线路造成威胁的各类安全隐患。目前，无人机巡检模式主要分为手动操作巡检和自主巡检两种。

无人机手动操作巡检是带脉冲编码调制（pulse code modulation，PCM）遥控的人工纯手动飞巡，这种巡检方式通常由小型旋翼无人机和中大型无人直升机执行。地面人员实时操控无人机飞行状态，利用无人机的悬停功能对线路设备进行多角度、有针对性的拍摄和检测，主要用于输电线路故障巡视和特殊巡视，对发现设备本体类缺陷具有很高的效率。

无人机自主巡检是事先在无人机的飞行控制系统和拍摄控制系统中预置飞行路线和巡检任务模式，无人机按预定的航线飞行的同时开展相关的巡检任务。无人机自主巡检的航线规划按照不同的技术路线，分为人工示教航线规划和激光三维建模航线规划两种。人工示教指的是通过手动飞行记录航拍点，再通过深度学习算法优化拍照位置，形成平滑连接的飞行航线。激光三维建模航线规划通过对输电线路进行激光点云三维建模，规划最精准、高效的巡检路径，自主完成杆塔巡检。这种飞行模式通常由固定翼无人机执行，适用于正常巡视工作，对发现通道类缺陷具有极高效率。

由于无人机的飞行高度离输电线路相对比较近，在飞行巡检过程中遇到突出状况（如大风、强电磁干扰、导航系统出错等）的机会率较大，会造成无人机与输电线路或是障碍物发生碰撞，因此在巡检工作中还有许多相关的关键技术需要完善和突破，如无线通信技术、飞行姿态控制技术、电力线路视觉跟踪技术、线路故障探测技术和自主避障技术等。

（3）机器人巡检模式。机器人巡检模式（见图 3-4-16）是指巡检机器人，代替巡检人员的工作，在机器人身上佩戴摄像头，通过无线电设备与地面、空间进行数据传输。国内的巡检机器人研究始于 20 世纪 90 年代，经过多年研究实践工作，智能巡检机器人的发展取得了一定的成果。尤其是在变电站中的应用，智能巡检机器人取代了传统人工巡检，保证了巡检工作的顺利开展。随着近年来智能巡检机器人技术的提升，如"AApe"系列电力检测与作业机器人系统、500kV 超高压环境下机器人机构、自主控制、数据和图像传输、电磁兼容等关键技术的应用，促进了智能巡检机器人的应用。

图 3-4-16　机器人巡检

目前，机器人巡检方式按悬挂线路的不同分为两大类：

第一种是在地线上进行操作，这类机器人需自带电能设备，巡线过程中不可以进行充电，续航能力较差。但基于并非所有电压等级的线路都是全程安装地线的，所以这种巡线方式不适用于所有的线路。

第二种是在三相线上进行操作，这种方式中机器人能将线路周围分布的磁能转化为电能，给自身提供能量，续航能力强。机器人巡检具有性能安全稳定、经济可靠，且能够在极端天气下工作等优点，使得它具有大范围应用的可行性。

（4）开启在线实时监控模式。为保证全天候地观测输电线路设备运行状态和通道环境，及时并准确地发现隐患、消除隐患，近年来国内外先后研制开发出多种输电线路的远程监测装置，能够根据图像和数据发现问题并及时发出报警信息。实现在线实时监控必须要建立一个在线监控的信息处理平台，并在输电线路杆塔上或者附近安装在线监控设备终端，在线监控终端 24 小时对输电线路设备状态和周围环境进行监控，这是在线监控的基本工作原理。针对 220kV 及以上线路，部署线路分布式故障监测装置，实时监测线路故障电流及波形；通过边缘计算，对线路本体和走廊雷击进行波形分析，实现故障定位和原因初步分析；在应用层，融合国家电网有限公司六大监测预警中心监测预警信息、调度录波动作信息和现场无人机巡视信息，建立基于多源信息的输电线路故障原因综合诊断机型，实现故障原因的精确分析，大幅缩短故障原因的诊断时间，并依托人工智能算法迅速判断故障影响范围，提供后续处理方案和决策建议。在输电线路特殊区段推广应用异常状态智能监测终端，实时侦测采集线路导线异常放电行波电流；通过边缘计算，对绝缘子劣化、金具放电、植被超高、覆冰、污秽五类典型异常放电进行定位、辨识及预警；通过气象数据、可视化数据、设备台账数据及历史检修数据融合分析，智能评估设备风险等级，辅助制定检修消缺策略，并为调度部门合理安排电网运行方式提供依据。目前，输电线路在监测装置有杆塔倾斜监测、图像/视频监测、微气象环境监测、现场污秽度监测和覆冰监测、导线舞动监测、导线微风监测、导线温度监测、线路风偏监测等装置。随着信息技术的发展及应用成本的降低，在线监控装置及系统将得到更加广泛的应用，尤其是在人工守候输电线路设备不方便的环境恶劣的偏远山区。

2. 输电线路智能巡检新技术的应用

（1）北斗卫星导航系统的应用。北斗卫星导航系统（beidou navigation satellite system，BDS）和 5G 技术，作为国家安全和经济社会发展需要的重要时空基础设施，是中国战略性新兴产业发展的重要领域。2020 年，国家电网有限公司在《加快推进新型数字基础设施建设的意见》（国家电网互联〔2020〕260 号）中提出积极推广 BDS，将 BDS 应用于输电线路智能巡检系统，在输电线路智能巡检中具有巨大的潜力。

1）BDS 应用于在线设备实时监控。除了通常在输电杆塔关键位置安装监测点设备、附近架设基准站的方式外，借助 BDS 的地基增强系统，覆盖不同电压等级和更大范围的输电杆塔，同时构建省级或区域级的输电杆塔状态自动监测及预警平台，实现输电杆塔全时段集中监测、预警，突破目前检测的范围小，等级受限的局面，实现全网范围内的全覆盖监测。以天地协同方式构建输电线路物联网架构，在空中采用遥感卫星对输电线路通道异物、杆塔倾斜以及山火等较大缺陷进行广域高效监测，地面以输电线路导线上的监测装置作为边缘计算设备，再通过 BDS 短消息通信网络实现海量小数据的回传，有效解决山区输电线路的信号盲区问题。BDS 定位技术和地基增强技术为电力设备状态感知、通信和位置服务提供了更加灵活的应用手段。

2）人工巡检对 BDS 的应用。基于 BDS 定位技术和 5G 技术的智能可穿戴类设备，如智能安全帽，通过集成检修人员生理状态的采集单元、视频采集单元和语音通信单元，实现对现场故障情况、检修人员的位置定位以及人员生理健康水平的实时监测、实时语音对讲和视频传输，有效提高检修工作效率的同时保障检修人员的安全。

3）智能化巡检对 BDS 的应用。优化人工巡检以及无人机、直升机的配置方式来形成有效协同的立体化巡检模式，是提高输电线路运维检修水平的趋势。通过研制支持高精度定位的无人机设备，满足无人机对杆塔的精细化自主巡检要求。要实现无人机巡检智能化，需要解决巡检数据智能化处理、无人机自主导航和续航三大核心问题。其中，自主导航是实现无人机自主巡检的核心技术，本质上需要高精度定位技术的支持。借助高精度北斗定位导航、GPS 组合导航和定高控制功能，使无人机在悬停时达到要求范围内的导航精度和高度，保证任一导航系统出现问题或信息屏蔽时设备定位的有效性和无人机飞行的安全性。

移动巡检机器人采用的定位导航技术主要有 GPS 导航、轨道导航、磁导航、惯性导航及激光雷达导航等。GPS 导航技术的定位精度通常为米级，无法满足定点精确测量的需求，而且 GPS 信号会受到电力设备电磁扰动的影响，使导航的可靠性受到制约。采用激光雷达和惯性导航组合的精确地形匹配的导航定位精度达到 1cm，相比于米级，更加精确。截至 2019 年底，在中国范围内已建设 155 个框架网基准站和 2200 多个区域网基准站。充分利用北斗地基增强系统能够在系统服务区内提供实时米级、分米级、厘米级和后处理毫米级增强定位服务的能力，开展尝试探索 BDS 在巡检机器人的可行性研究，为精确的巡检工作提供坚实而有力的后盾。

（2）智能巡检对 5G 技术的应用。在电力系统的巡检业务中，需要做到高清视频监控、实时数据实时分析、智能在线分析识别。当前基于短距离无线、WiFi 或有限的智能巡检设备受到很多局限，如移动或飞行距离短、可靠性低、需要有人近距离操控、数据不能实时处理等问题。当前，我国正在快速推进 5G 网络，5G 网络数据传输具有高效率、高清晰度、高性能等优势，且覆盖面积更广。在传统网络数据传输中难免存在数据包丢失、图像模糊等现象，但将 5G 技术融入电力巡检机器人巡检技术和无人机巡检技术中，可以满足在强电磁干扰环境下的稳定运行以及超高清视频、图片数据传输的需求的同时兼具更好的数据加密能力。

目前，无人机自主巡检主要依赖于 4G 网络信号，控制信号存在 200ms 左右的延迟，不利于无人机的精准悬停和对杆塔本体部件位置的精准拍摄，同时易造成无人机在飞行中出现碰撞等事故。因此，开发利用 5G 通信技术低延迟、高效的优势，能够更有利于无人机自主巡检影像数据的精准采集以及巡检过程的安全可靠，解决了自主巡检中实时动态（real time kinematic，RTK）通信链路信号差的问题。

利用基于 5G 技术的无人机巡检和机器人巡检，可以实现单位时间内传输更多的视频和图像，效率更高，并实现数据实时回传、直播互动、远程作业、远程 VR/AR 专家指导。在 5G 环境下，机器人巡检和无人机巡检具备与智能电网信息网络互通能力，发挥人工智能和智能电网信息网络互通的能力，快速、高效、准确地完成电网运检工作。

（二）5G 技术在智能监测技术中的应用

数据共享与交换是智能监测架构的基础，其中通信网络贯穿智能监测系统全部的体系架构。通信技术是实现万物互联的基本组成部分，更是智能监测系统的核心技术之一。智能监测系统可以通过多种不同类型的通信网络进行互联，而最新发展的 5G 通信（见图 3-4-17）在智能检测系统中具有独特的优势。

图 3-4-17　5G 通信

1. 5G 通信的特征

5G 被视为物联网发展的基础。基于不同场景的 5G 切片网络通信技术被认为是解决电力系统全息感知、泛在连接的关键所在。未来 5G 通信应该至少包含以下 5 个方面的基本特征，即低时延、低能耗、高速率、高容量和高可靠性。

（1）低时延。通信时延是指信息从一端传输到另一端需要的时间，传统 4G 通信的时延约为 50ms，对平时生活中人与人之间的通话影响不大，但并不适用于某些工业应用场景。电力系统存在许多协同控制的场景，电力以光速传播，5G 通信空口时延达到 1ms，端到端时延小于 10ms，为电力系统及时灵活响应各种变化提供支撑。

（2）低能耗。如果传感器与通信设备需要经常更换电池或者充电，则会给万物互联的物联网带来极大阻碍。5G 通信通过优化通信硬件协议等而具备的低能耗特点将有效解决该问题。

（3）高速率。5G 通信速率包含峰值速率、区域速率和边缘速率三个指标。峰值速率是指最好条件下的最大速率，要求不低于 20Gbit/s；区域速率是指通信系统同时支持的总速率，一般用单位面积速率描述，较 4G 通信将提升 1000 倍以上；边缘速率（5%速率）是指最差的 5%分位数用户获取的通信速率，一般要求为 100M～1Gbit/s。电力服务面广，需要采集包括系统实时量测数据、视频监控数据等在内的海量数据，高速率为海量数据传输提供了强有力支撑。

（4）高容量。传统 4G 通信所连的终端数量有限，一般以手机为主，而 5G 通信能够连接海量设备，每平方千米可以支撑 100 万个移动终端，包括家用电器、各种穿戴设备等，为实现电力系统中的万物信息互联提供了巨大的想象空间。

（5）高可靠性。5G 发送一个 32 字节的第 2 层协议数据单元的成功概率高达 99.999%，电力通信可靠性也将有效提升电力系统本身可靠性。

2. 5G 通信的应用

对于电力物联网，5G 通信将在精准控制、海量量测、万物互联、宽带通信、高效计算 5 个方面具有广泛的应用。

（1）精准控制。电力以光速传播，需要及时响应电力系统中的各种变化，实现精准控制。

在需求响应方面，传统需求响应主要是为了减小需求侧峰谷差，但随着高比例可再生能源并网，面向调频等更短时间尺度的动态需求响应显得尤为重要。海量用电设备之间的协调控制对通信低时延提出了要求，而 10ms 的通信时延能够很好满足秒级的调频需求。

在配电自动化方面，配电网可能会出现短路、断路等各种故障，这种情况下需要快速故障切除。此外，继电保护装置需要对信号进行综合分析，判断故障类型以正确作出动作。以差动保护为例，需要实时计算比较线路两端保护装置的量测值，如果两端量测存在较大时差，就有可能"差之毫厘，谬以千里。"在电力电子设备控制方面，未来配电网将接入越来越多的电力电子装置，以实现可再生能源接入、储能接入、无功补偿、电能质量改善等。电力电子装置对控制精度要求较高，特别是有时候需要 2 个甚至多个电力电子装置的分布式协调控制。

在储能控制方面，无论网端还是用户侧的储能安装量不断增加，储能等并网需要考虑不同储能系统之间的协调控制。此外，在云储能、共享储能这样全新的商业模式下，储能的运营还需要考虑海量用户的差异化需求与互动，海量的控制信号交换需要在较短时间内完成。

（2）海量量测。在电力设备状态监测方面，变压器、配电线路等电气设备的健康运行是整个配电系统运行的重要保障。传统电力系统主要对高压设备运行状态进行检测，而 5G 通信时代的电力物联网中，配电网中海量电力设备也将感知外界环境（如温度等）的变化，并实现信息互联互通，实时监测电力设备各项参数，评估电力设备运行状态，帮助调度决策者进行综合分析，为电力设备检修安排等提供参考。

在电动车管理方面，如今电动汽车普及率不断提高，交通网和电力网的耦合程度不断提升，如果海量电动汽车的出行规律、电池使用状态以及充电桩放电等数据能够实现实时获取并交换，对于道路交通，甚至是车主和配电网运营商的最优决策都可以提供相应的帮助。

在电网运行状态监测方面，目前主要是对输电网络的运行状态进行监控，而对配电网络的监测较少。5G 通信较光纤通信成本更低，能保证通信的可靠性和实时性，降低成本的同时实现高效运营。由此，可以在配电网不同节点安装传感单元，实时感知配电网络的运行状态（电压幅值相角、注入有功无功等），为配电网拓扑辨识、潮流分析、参数估计等提供支撑。目前已有相关实践工作在逐步地开展推进中，在配电网某些关键区域安装微型同步相角量测单元（micro-PMU），为配电系统中的各种故障监测提供支撑。在这种情况下，海量的 PMU 数据传输也需要 5G 通信的支撑。此外，低时延的 5G 通信数据传输也为微型 PMU 的同步对时提供了新的机遇。

在大数据时代，采集多元化的海量数据是开展大数据分析的基础。传统的电力系统虽然已经安装大量的传感器，但限于通信压力较大，很多数据仅保留了最基本的信息，细粒度信息的缺失极大地制约了大数据分析在电力系统中的实际应用。5G 通信互联万物，可以促进电力系统多重传感器的更多元化数据的采集和传输。在海量用电数据采集方面中国虽然具有较高的智能电能表普及率，但很多智能电能表并不上传 0.5 小时的用电数据，仅保留每天的用电量，使用户用电行为分析不够精确。5G 通信速率高，能够实现海量用电数据的及时采集，甚至包括某些更细粒度的家庭设备用电数据。在 20 世纪 70 年代就开始研究非侵入式辨识技术，但至今仍没有大规模地使用，其重要原因之一就是非侵入式辨识需要至少秒级的用电功率数据，对于传统载波通信而言难以实施；而 5G 通信时代使秒级甚至更细粒度的数据采集和传输成为可能，也为构建电力用户行为模型、用电大数据分析、促进广泛的用户互动提供了数据基础。

（3）万物互联。我国几乎实现了电力网络的全覆盖，电力网络末端连接成千上万个用电设备，让绝大多数电力相关实物实现信息互联将给电力系统带来无限想象空间。电动汽车互联，不仅为未来的充电桩的运营提供支撑，还能够打造智慧城市和智能交通；家用电器互联，不仅能实现每个家庭的智能家居，还能协调不同的家庭，实现楼宇、小区甚至某个区域的集群智能用电，实时进行电力调配，提高效率的同时降低故障率；配变电装置互联，能够实现实时监测、评估甚至预测电力系统的运行健康状态，保障整个配电系统的安全可靠运行。在没有 5G 通信的时代，虽然输电网主要由输变电设备构成，通过同步光纤已经实现了信息互联。但是对于配电网，最后一公里的信息互联互通目前仅仅是电气物理连接，距离信息互联的实时通信还远远不够；而 5G 通信恰恰实现了我们对最后一公里的憧憬和无限的遐想,其真正经济而高效地使能配电网络,实现万物互联。

(4)宽带通信。在5G通信时代,电力物联网(见图3-4-18)可以打造电力虚拟现实。例如,对量测到的配电网的海量数据及视频进行处理,展现配电网络全景图,还能够根据运营商选择不同区域来了解其细节,助力打造透明配电网。同时还可以通过虚拟现实的模拟,设计不同的仿真培训系统,有针对性地对员工进行巡检、管理等方面的培训,节约培训成本。

图 3-4-18　电力物联网

海量量测数据采集主要面向结构化的电气量等数据,而在电力物联网中还需要采集语音、视频等海量的非结构化数据,以实现全方位的配电网感知和更优质的个性化服务。在视频远程监控方面,无人机巡检是一种高效的电力网络监测方式,5G通信能够高速率传输相应的视频通信,通过无人机拍摄电力线路或者设备的视频,工作人员以此判断线路或者设备的健康状态。

除传统变压器、线路等需要巡视机器人或者无人机之外,分布式光伏板、储能等装置有时也需要进行视频监测,获取光伏板沾灰量、储能外部装置安全程度等信息,以便开展清洗、加固等运维工作。5G通信在未来物联网中的一个典型应用就是远程医疗,通过对病人身体指标各方面的量测及视频监测,医生能够开展远程诊断,或者通过远程的精细化机器操控,实现远程手术等医疗服务,极大方便患者就医治疗。配电系统也是如此,需要通过各方面海量量测及视频监测,使配电网运营商等通过远程监控与操作实现对配电系统的"健康诊断和治疗"。

(5)高效计算。保证电力系统的安全可靠运行,除了实时的数据传输,还需要进行大量运算。例如稳定性计算、最优控制计算、最优潮流计算等。除此之外,还有随着海量数据采集带来的大数据计算,例如海量曲线聚类分析等。这些计算可能存在较高的时空复杂度,需要高效的计算方法,将使电力物联网时代云计算和边缘计算有广泛的"用武之地"。

在云计算方面,小型售电商或者用户不拥有大量的计算资源,此时可以通过云计算开展运营决策、智能家庭能源管理等，把计算任务搬到云端，通过 5G 通信来保障计算边界条件与计算结果的高效传递，从而实现各种控制。不同配电网参与主体还能够对自己的数据进行云存储，打造相应的数据云平台。

在边缘计算方面，由于数据大致分布在不同节点，此时若将所有数据集成到一个云端则必要性不大，也存在信息安全隐患。分布式的数据在边缘侧直接进行计算，通过不同边缘计算的协调获取全局结果。举个例子来说，在多主体配电网中开展最优潮流分析或者电压控制时，可以设计相应的分布式优化算法来开展边缘计算，既提升效率又保护隐私；又或者，海量用电数据存储在不同的数据中心，可以设计分布式聚类算法，通过边缘之间的通信迭代，来获取全局聚类结果，从而实现海量用户用电模式的提取。

5G 通信将重塑未来生活方式，也将重塑"物理—信息—社会"深度耦合的电力与能源系统。5G 通信时代下的电力物联网将焕发更多生机，更好地促进电力和信息的互联互通。

（三）无人机巡检

1. 无人机巡检作业

为了安全、可靠地供电，巡线维护自动化和现代化已日益显示出其迫切性。传统的人工巡检方法工作量大、条件艰苦，甚至是难以实现，我国国土辽阔，地形复杂，在山区和大江大河的输电线路巡检工作中存在很大困难，甚至是根本无法完成的任务，因此随着技术的发展无人机巡检（见图 3-4-19）应运而生。

图 3-4-19　无人机巡检

无人机巡检在巡检范围、内容和频次上可对人工和直升机巡检进行有效协同，提升巡检效率和巡检作业的质量，促进以无人机为主的协同自主巡检模式转变。通过人工控制或者是自动导航的方式对输电线路进行图像或视频信息的采集，工作人员根据图像和视频可以及时且直观地巡视检测输电线路设备缺陷及通道环境内建（构）筑物、树木生长状况、施工机械等异常情况。

无人机巡检的广泛应用凸显了其特点和优势。

（1）无人机速度可控范围大，智能化程度高，可实现程控自主飞行及自动返航等先进功能；系统性能稳定可靠、机动灵活，运营成本低；操作十分简便有效，有较强的容错能力。

（2）无人机飞行精度高，可长时间悬停、前飞、后飞、侧飞、盘旋等。多旋翼无人机能在平原、湖泊、高山等地形地貌下飞行巡检，可以利用空中优势，全方位、高精度检查输电线路运行情况，能够很好地弥补人工巡检的不足。

（3）无人机可垂直起飞和降落，无需任何辅助装置，不需要专门的机场和跑道，对环境要求极低，可在野外随处起飞和降落。

（4）无人机光电吊舱可搭载设备丰富，除了可见光还有紫外成像仪和红外热像仪，在夜晚也能发挥作用。紫外成像仪能够利用电晕和表面局部放电的产生和增强间接评估运行设备的绝缘状况，并及时发现绝缘设备的缺陷；红外热像仪能够通过温度异常变化对比值，发现隐蔽性较强的发热故障点。紫外成像仪和红外热像仪是一种互补性技术，结合传统可见光巡线，能够大大提高故障点检测的准确性，为故障抢修赢得宝贵的时间。

直升机、无人机和人工协同巡检模式能够充分发挥直升机、无人机和人工巡检各自的优势，实现巡检质量和效益的最优化。据统计，无人机不仅能够发现杆塔异物、绝缘子破损、防振锤滑移、线夹偏移等人工巡检发现的缺陷，还能够发现人工难以发现的缺陷，如金具锈蚀、均压环错位或变形、金具安装错误、开口销与螺栓螺帽缺失、雷击闪络故障等，发现缺陷量是人工巡检发现量的 2～3 倍。应用固定翼巡检通道发现缺陷的能力在巡检效率、地形复杂程度（如深山区、冰灾区）适用性方面比人工巡检更具优势，日巡检量为人工巡检的 8～10 倍。

2. 无人机巡检模式

根据无人机巡检对象、巡检业务场景、巡检控制方式的不同，无人机巡检可分为不同的巡检模式。

（1）巡检对象。根据巡检对象，无人机巡检可分为快速巡检、精细巡检和扫描巡检。

1）快速巡检是指无人机搭载可见光相机/摄像机、红外成像仪、紫外成像仪等装置对线路通道环境及部分线路设备进行的快速巡视检测，主要巡检对象包括倒塔、断线、杆塔异物、导/地线异物、通道下方树木、违章建筑、违章施工、通道环境等。

2）精细巡检是指无人机搭载可见光成像仪、红外成像仪、紫外成像仪等装置对线路设备、设施进行全面详细、精细化的巡视和检测，可实现对微细颗粒度的线路设备缺陷的巡视检测。精细巡检作业前应提前设计自动飞行航线，包括起降点、作业点等，航线规划应满足对设备的最小安全距离要求。一般采用具备悬停功能的多旋翼无人机巡检系统，自动开展精细巡检应选用具备 RTK 的多旋翼无人机巡检系统，精细巡检主要对象为线路本体设备（含导地线）及附属设施，适用于在首次开展无人机巡检的线路、存在缺陷或异常的线路以及需要开展精细化巡检的线路。

3）扫描巡检包括激光扫描巡检和可见光扫描巡检。扫描巡检是指无人机搭载三维激光扫描仪、可见光传感器等对线路设备及通道环境进行激光扫描或可见光扫描，获取点云数据，主要巡检对象包括通道下方树木、违章建筑、违章施工、通道环境等，适用于对线路通道安全测距以及线路走廊整体三维建模。多旋翼无人机或固定翼无人机巡检系统均可用于扫描巡检。

（2）巡检业务场景。根据巡检业务场景，无人机巡检可分为日常巡检、故障巡检和特殊巡检。

1）日常巡检主要是采用无人机搭载可见光成像仪、红外成像仪、激光扫描设备等对杆塔、金具、绝缘子、导地线、附属设施等线路设备及线路通道、周边环境、施工作业、沿线交叉跨越等情况进行常规性检查。

2）故障巡检是指线路发生故障后，根据故障信息，确定重点巡检区段和部位，查找故障点及其他异常情况，一般是采用多旋翼无人机进行精细巡检。故障巡检主要是查找或确认故障点，检查设备受损和其他异常情况。

3）特殊巡检是指在特殊情况下（如发生地震、泥石流、山火、严重覆冰等自然灾害后）或根据特殊需要，采用无人机进行灾情检查和其他专项巡检，特殊巡检是无人机巡检的特有优势，通常通过人工巡检难以实现。灾情检查主要是对受灾区域内的输电线路设备状态和通道环境进行检查和评估。其他专项巡检主要是针对专项任务，搭载相应设备对架空输电线路进行巡检。

（3）巡检控制方式。根据无人机控制方式，无人机巡检可分为手动操作巡检和自主巡检。

1）手动操作巡检。无人机手动巡检是由操作人员手动操作控制无人机开展的巡检。是传统的无人机巡检方式。但手动巡检依赖于飞行操作人员的巡检经验和操作技能水平，经常存在无人机巡检作业自主性差、装备智能化水平低、操作技能水平不过关、巡检拍摄影像质量得不到保障等问题，制约了无人机巡检作业自主化和智能化水平提升。

2）自主巡检。自动巡检是采用实时动态定位（real time kinematic，RTK）等高精度定位技术，无人机按照预先规划好的航线自动开展巡检，不需要人工手动操作，巡检自动化和智能化水平高。航线规划是无人机自动巡检的基础和前提，常用的航线规划方法主要有示教学习模式规划航线和基于点云三维模型的规划航线。

3. 无人机巡检的重点技术

（1）巡检影像人工智能识别技术。巡检影像人工智能识别技术，采用基于深度学习的图像识别算法，融合多种深度卷积神经网络模型，主干网络基于 FPN 方法，覆盖各种尺寸物体，RPN 输出薄征层加速模型推理，头部使用单层的 RCNN 子网络，减少权重，避免过拟合，采用在线困难样本挖掘技术，强化对于困难样本的检测能力，根据数据集特点，实现数据增强和详细的参数分析与对比试验。攻关无人机巡检影像人工智能识别算法研发，组建类型全面、标准统一的巡检影像缺陷样本库，为人工智能算法训练奠定数据基础。制定人工智能算法分级量化评价规则，开展智能识别算法入网检测与效果评价，促进算法优化。部署不同单位的不同类型算法识别模型；探索算法应用激励及市场化运营机制，构建人工智能算法业务应用生态，建成灵活高效、公平公正、开放共享的巡检影像智能识别算法训练与效果验证云平台。

（2）全自主巡检的精准定位及拍摄技术。根据光照、现场环境风速、巡检塔型等条件，制定不同塔型的无人机定位巡检拍摄航线，固化拍摄距离、角度等拍摄参数，实现精准定位拍摄，使巡检影像具备"历史比对"特征，为巡检影像缺陷智能识别实用化奠定基础。其操作技术方案可以参考下面内容：一种便于快速定位的摄像机巡检系统包括移动巡检设备车和高清摄像头，移动巡检设备车的表面四周均粘接有外观圆点图案，移动巡检设备车的内部均安装有车辆时钟和 GPS 自动定位模块。高清摄像头的输出端单向电连接有 MCU 控制模块，MCU 控制模块的输出端单向电连接有画面成像模块，画面成像模块的输出端单向电连接有图案采集模块，图案采集模块的输出端单向电连接有图案对比模块，图案对比模块的输出端单向电连接有处理器，处理器的输出端单向电连接有无线发射模块，无线发射模块的输出端无线连接有无线接收模块，无线接收模块的输出端无线连接有语音振动模块，语音振动模块的输出端电连接有移动终端。MCU 控制模块的输出端单向电连接有与车辆时钟相同配置的后台时钟。无线发射模块、无线接收模块、语音振动模块和移动终端均基于 GPRS 网络连接。移动终端设置为移动智能手机，语音振动模块位于智能手机的内部，MCU 控制模块的输出端单向电连接有存储模块。

在精准定位拍摄基础上，统一规范自主巡检航线的内容和格式，组建标准化的自主巡检航线库，攻关"一键作业"、多机协同自主巡检、现场环境自适应拍摄等自主智能巡检关键技术，组建自主巡检航线库，促进无人机全自主巡检规模化应用。

除此之外，还有智能检测与辅助检修作业技术和巡检作业信息化管控技术。

4. 无人机巡检的未来发展趋势

（1）巡检数据分析实时智能化。攻关智能识别算法模型，完善无人机巡检影像人工智能识别技术训练与效果验证平台，常态化智能识别算法模型效益评测，促进算法快速优化，构建无人机巡检影像人工智能识别业务生态体系，逐步实现智能识别技术实用化水平。攻关无人机前端实时智能识别和边云协同技术，实现电网设备缺陷在机载前端实时识别和就地自动研判，实现数据分析智能、实时、精准可靠。

融合红外影像、可见光影像、激光点云和倾斜摄影等多源数据，实现电力设备与巡检装备的智能互联、业务数据高效互通，解放人员生产力，提高设备巡检质量和效率，实现诊断决策智慧化，促进电网智能化、数字化转型需求。

（2）无人机全自主巡检技术推广应用。推广实用化无人机航线自主精准规划、现场交互操控、现场环境自适应拍摄、多机编队协同巡检、基于 5G 的作业数据实时传输和远程实时监控等智能自主巡检关键技术，提高无人机设备智能化、作业自主水平，逐步实现无人机自主巡检替代人工巡检，提升电网运维质效。

（四）机器人巡检技术

巡检机器人技术的发展为架空电力线路巡检提供了新的移动平台。巡线机器人能够带电工作，以一定的速度沿输电线路爬行，并能跨越防振锤、悬垂线夹、耐张线夹、杆塔等障碍，利用携带的检测装置对杆塔、绝缘子、线路金具、导线及避雷线、线路通道等进行近距离检测，特别是对于直升机、无人机等非适航区，机器人巡检可代替人工进行电力线路的巡检工作，可以进一步提高巡线的工作效率和巡检精度。

1. 机器人巡线技术（见图 3-4-20）

图 3-4-20　机器人巡线技术

（1）巡检机器人。巡检机器人需要跨越输电线路上的压接管、单悬垂和双悬垂、防振锤、耐张线夹等障碍，并需要具有一定的爬坡角度。为了达到这些要求，巡检机器人具备灵活的机械臂，因此巡检机器人结构复杂。要达到结构紧凑、重量轻盈的要求，就必须简化机构模型，共用运动机构完成更多的越障。高压架空输电线路巡检机器人的结构简图如图 3-4-21 所示，主要包括行走刹车机构、避障机构、夹具开合机构、配重辅助设计等部分，具体分为机械设计和系统设计。

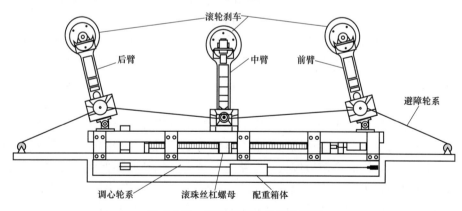

图 3-4-21　巡检机器人的结构简图

1）机器人本体机械设计。根据输电线路的结构特征以及巡检作业的任务要求，巡检机器人本体主要包括驱动装置、刹车制动装置、柔性臂、手掌开合装置、整体式电源箱和控制箱等。该机构综合了多节分体机构和轮臂复合机构的优点，行车运动机理兼容了轮式移动和步进式蠕动爬行的特点，刚度大，姿态稳定性好，跨越障碍能力强，巡检速度有保证。

2）机器人控制系统设计。为保证机器人能在输电线路的多个档距间巡检，需要机器人在导线上具有自主运行和自主越障功能又能够可靠接收地面基站的遥控命令，同时能采集与巡检内容相关的图像，并能把巡检的视频实时地远距离传输到地面监控中心，以便于对线路情况进行分析。

为增强控制系统的安全性和可靠性，该控制系统设计了自主控制方式和主从遥控方式这两种工作方式。在自主控制方式下，机器人能够实时处理与分析各种传感器信息，从而获取周围环境信息，并自动生成动作规划，实现机器人在输电线上的自主爬行和越障。当机器人所处局部环境过于复杂，不能自动提供可靠的导航信息或机器人本体发生故障时，机器人发出报警信号，改为采用主从遥控方式，由操作人员辅助机器人完成爬行、越障、巡视任务，或使机器人停止运行。根据巡检机器人的功能要求，机器人采取分层控制技术，整个控制系统分为上、中、下三层结构，可满足机器人多自由度运动控制和多种传感器信息处理等任务的控制要求。其三层结构分别为位于地面基站的管理层（上层）、机器人控制和规划层（中间层）、运动命令的执行层（下层）。

a. 控制系统软件设计。控制系统的软件分为两部分，即机器人本体控制系统软件和地面基站控制系统软件，均采用模块化设计。机器人本体控制软件主要包括导航模块和自主越障模块等；地面基站控制系统软件主要包括遥操作模块、巡检图像处理模块等。针对不同的障碍物类型，需采取不同的越障策略，而这些越障策略就构成了动作规划模块的各种行为。由于输电线的柔性，难以精确控制巡检机器人各关节的位置和姿态，带有一定的随机性和不可预测性。因此，为降低控制难度，该模块采用粗略和精确两级控制方式。粗略控制采用离线规划的方式，即通过大量实验来获取巡检机器人跨越各种障碍物的大致动作序列，包括各关节的运动顺序、位移变化量和速度等参数的设置，类似于示教的方式。在程序实现中，将离线规划的各种越障动作集合在越障知识库中，因此离线规划也称为基于知识库的控制方法。精确控制采用基于传感器信息的伺服控制方法，即根据巡检机器人各关节上的传感器所反馈的信号，判断各关节是否运动到适当的位置。如果没有检测到正确的信号，此时需对各关节进行相应的调整，以保证机器人运动的准确性。

b. 巡检机器人工作过程。首先通过绝缘斗臂车或人工爬到线塔上吊装的方式将机器人本体安装到输电线路导线上；然后地面监控计算机发出开机控制命令，机器人本体计算机在接收到运行命令后，驱动机器人沿输电线行走。行走过程中，检测装置不断检测前方障碍物的情况，同时高速摄像机对线路进行拍摄，拍到的图像通过无线设备实时传输到地面工作基站，地面工作基站对线路的情况进行分析并判断，同时记录故障情况，决定是否对线路实施维护，并且对机器人本身的工作状态进行实时监控，决定是否对机器人的运动给予干预。当机器人检测到前方有防振锤时，由于手掌采用中空设计，因此机器人无需做任何调整，直接爬越即可。

机器人由跳线到直线的跨越方法与上述过程相同，由于是一个上坡过程，为了使机器人不至于滑下来，需使用刹车装置。当中间手刹车后，打开前手抱线，再打开刹车装置。当检测到转弯跳线时，运动过程与跨越直线跳线不同的地方是柔性臂的姿态除了上下调整外，还需要水平调整，其余完全相同。

完成规定的巡检任务后，直接在线路上待命。若机器人本体上设计有高压线路自备电源，配合大容量可充电蓄电池，可彻底解决需频繁更换动力电池、续航能力差的问题。只要机器人本身没有大的故障或特别恶劣的天气，把机器人放置在线路上即可。

（2）巡检机器人工作原理。巡检机器人悬挂在柔性的架空输电线路上，越障时应保证机器人姿态平稳，并保证与其他导线和杆塔金属部件的安全间距及足够的越障行程。针对高压输电线路的实际情况和障碍物类型，多档距巡检机器人要实现输电线路上多个档距之间的自主爬行和越障，并能完成所要求的巡检任务。机器人要具备合理的机械结构，没有一个良好的机构平台，巡检机器人可能无法完成既定的工作任务，即使勉强完成也会极大地增加控制系统的难度，影响巡检效率。巡检机器人的机械结构应具有如下特点。

1）从机器人系统的角度要求机构要有一定的负载能力，便于安装各种监测仪器、信息传输设备，并与导线形成等电势体。

2）从运动控制的角度要求机构的自由度尽量少，能实现简单控制，并且具有符合要求的控制精度。

3）从机构运动学角度要求机构能实现滚动、蠕动、跨越和避让输电线路上的各种障碍物，并且末端执行器能够进行空间位置姿态的灵活调整。

4）机器人不仅要自主爬行和越障，还要进行图像采集并实时传输绝缘子破损情况检测、导线断股情况检测等，因此需合理分配各种任务，以确保控制系统各模块之间协调工作。

5）由于机器人工作在距离地面 20～30m 的输电线路上，所以巡检机器人的硬件系统必须要做到质量轻、体积小、可靠性高；又由于巡检机器人通常巡检的线路较长，而且经常是在野外和深山等条件比较恶劣的地方工作，所以要求巡检机器人的硬件系统功耗低，一次巡检的时间足够长。

2. 巡线机器人关键技术

巡线机器人是以移动机器人作为载体，以可见光摄像机、红外热成像仪、其他检测仪器作为载荷系统，以机器视觉-电磁场-GPS-GIS 的多场信息融合作为机器人自主移动与自主巡检的导航系统。它以嵌入式计算机作为控制系统的软硬件开发平台，具有障碍物检测识别与定位、自主作业规划、自主越障、对输电线路及其线路走廊自主巡检、巡检图像和数据的机器人本体自动存储与远程无线传输、地面远程无线监控与遥控、电能在线实时补给、后台巡检作业管理与分析诊断等功能。其共性关键技术如下。

（1）机械机构设计技术。巡线机器人是机电一体化系统，涉及机构、控制、通信、定位系统、移动平台上传感器的集成和信息融合、电源等，而机械机构是整个系统的基础，也是目前制约巡线机器人发展的技术障碍之一。巡线机器人机械机构的设计要求如下。

1）具有一定的爬坡能力；

2）能在架空高压线上以期望的速度平稳爬行；

3）在故障情况下有可靠的自保措施，防止机器人摔落；

4）能够避开高压线路上的防振锤、线夹、绝缘子、线塔等障碍；

5）提供足够的空间安装所携带的电源以及探测、记录和分析处理仪器。

越障机构是巡线机器人的关键机构。巡线机器人越障操作模仿人类的空中攀援行为，因此，仿生设计是解决这一难题的有效方法。一种很有前景的方案是采用多只可伸缩机械臂结构，机械臂上部为爬行驱动机构，下部通过旋转关节相互链接。遇到障碍时，机械臂之间相互配合，采用仿人攀援策略调整姿态跨越障碍。由于采用多只多自由度机械臂，机器人可以完成更为复杂的空中姿态调整，因而可跨越各种类型的线路障碍。

（2）通信技术。通信模块是完成基站和巡线机器人之间的双向数据传输的必要保障，包括来自机器人的线路探测传感器数据、实时视频图像、机器人位姿状态和由地面基站发出的各种遥控命令等，要求具有距离远、抗干扰能力强、带宽高等特点。可利用移动网络进行传输，若在信号很差或者没有信号的地区可架设无线网络进行传输，或者利用线路载波通信。通信技术可以实现工作人员的远程遥控，在长距离或高压危险环境下进行巡检可及时发现设备的缺陷、异物悬挂等异常现象，进行报警或进行预先设置好的故障处理，真正起到线路检修减员增效的作用。

（3）管理工作电源技术。为了保证巡线机器人在野外大范围内长时间工作，提供持续可靠的电源十分必要。巡线机器人功率一般为几百瓦，由于受体积和重量的限制，蓄电池组不能满足长时间的供电要求。

由于巡线机器人一般沿大工作电流的电力线爬行，因此，最好直接从电力线上获取能源，即耦合供电，可以实现最及时便捷的供电方式。采用电力线耦合供电虽然解决了巡线机器人长期工作的电源问题，但同时也导致了机械机构及控制系统的复杂化。因为机器人越障时，电流互感器磁芯要从电力线上脱离，所以要解决磁芯分离机构控制和备用电源切换等问题。

（4）线路损伤探测技术。巡线机器人需完成的基本巡检任务有杆塔巡视检查、导线及避雷线巡视检查、绝缘子巡视检查、线路金具巡视检查、线路通道检查。巡线机器人需携带必需的探测仪器完成上述探测任务，故障和损伤探测方法有以下几类：

1）非接触探测方法。

a. 视觉检查。视觉检查是应用最为广泛的线路检查方法，采用高分辨率电荷耦合器件（charge coupled device，CCD）摄像机摄取目标图像，实时传输到地面基站或存储下来，由基站操作人员根据图像中导线、绝缘子等设施的外观来确定是否损坏。

b. 无线频谱分析。架空线路设备的一些故障会导致其周围电离空气层中出现不规则强烈电子活动，这些高频扰动表现为对交变电场闭合曲线的干扰。架空线上不同的故障类型和位置表现为上述干扰信号的形状、强度和位置，因此，对上述情况进行测量和评估能够提供输电线路异常和故障的线索。

c. 红外探测技术。热成像技术是一种广泛用于检测输变电系统局部温升故障的技术，它可以摄取表面温度超过周围环境温度的异常温升点的红外光谱图像，然后根据图像人工或自动判读可能的故障器件。该方法已成功用于探测架空电力线上早期的发热故障点。使用时，被测点的温度要高于系统环境温度，天气应干燥晴朗。

2）接触探测方法。

a. 电阻测量探测法。测量一段带电导线或连接器两端的电阻，将测量值与正常值比较，就可断定该段导线或连接器件的状态，从而发现早期故障。这种方法比红外线测量更直接，准确度高，不受电磁辐射、天气、负荷电流的影响。

b. 电涡流探测法。电涡流探测法能准确探测钢芯铝绞线断股、钢芯腐蚀程度、光纤复合架空地线（optical fiber composite over head ground wire，OPGW）铠装层损伤等故障。其基本原理是将激励线圈贴近导线，通以 40kHz 交变电流激励线圈以产生交变磁场，使输电线表面产生电涡流，而电涡流又会产生反向磁场作用于测量线圈，从而改变测量线圈的电参数，导致测量线圈阻抗或电压发生变化。

（5）导航及定位技术。导航是规划巡线机器人的行走路径，包括全局路径规划和局部越障规划等，巡线机器人沿架空电力线路爬行，要跨越防振锤、悬垂绝缘子、线夹、杆塔等障碍，行走环境介于结构化和非结构化环境之间，因此导航问题主要为局部越障规划。由于巡线机器人环境中障碍物反射面较小，基于 CCD 摄像机视觉传感器更适合作为巡线机器人的环境传感器。另外，悬挂在导线上的机器人，由于风力作用和自身姿态调整时中心的偏移会产生摆动，加大了越障控制难度。

（五）输电线路智能巡检技术发展趋势

根据能源互联网的建设思路和目标，构建输变电设备数字化转型升级，实现设备状态全景化、数据分析智能化、设备管理精益化的输变电设备物联网，未来输电线路巡检将满足全天候、全视角、全业务，并可实现多元辅助智能检修。

1. 全天候远程通道可视

在"三跨"（跨越高速公路、铁路和重要输电通道）输电线路等重要交叉跨越区段、外力破坏多发区段以及线路高风险区段，规模化安装具备边缘计算能力的智能可视化监拍装置采集线路通道环境数据，融合基于深度学习的图像识别方法，实现可视化装置的管理和通道的全天候远程巡视，并将预告警信息实时推送至运维人员现场作业移动终端。打通调控云与可视化系统的信息通道，实现线路跳闸与通道拍照的在线协同，为调控人员处置跳闸故障及运维人员分析故障提供支撑。

2. 全视角协同自主巡检

采用无人机、直升机、机器人等巡检手段，搭载可见光相机、红外成像仪、激光雷达对线路进行精细巡检，实现线路状态全方位实时感知和预测。当状态量异常时，应用层主动调用数据中台相关数据，实现历史数据纵向分析；调用同类设备信息，实现状态量横向比较；开展关联数据高级分析，进行输电通道三维建模、树障和交叉跨越检测等应用，实现线路状态自主快速感知和预警。

3. 全业务智能移动巡检

利用移动作业终端、可穿戴设备等智能装备，对输电线路设备及通道开展标准化巡视。通过电网设备实物 ID，获取线路和杆塔的详细参数和缺陷隐患信息，结合语音识别、图像分析等先进技术，实现巡视签到、轨迹自动记录与回放、巡视到位智能判断等作业全过程管控；利用历史缺陷隐患的智能提醒、查询和校核等功能，及时消除缺陷隐患，实现缺陷隐患的全过程管理，实现线路收资、验收缺陷隐患登记、影像资料上传等功能智能化。

4. 多元辅助智能检修

借助前端图像识别，自动实现典型缺陷比对分析、等级确认；综合历史数据信息及典型处置方案，辅助编制检修作业指导书，提出标准化工器具配置、人员要求和工期测算建议。借助无人机、直升机、机器人等开展异物处置、导/地线修补等带电作业及精细化检修验收，利用移动巡检远程视频技术，实现检修难题专家远程视频会诊与技术支持。

三、展巧手之不凡，秀大国之匠风——变电岗位

变电环节，顾名思义就是改变电压的环节，主要是在变电站和变电所完成的。本部分主要讲述变电基础知识、变电运维"一岗多能"培养、智慧变电站及智慧变电站未来的发展前景。

（一）变电基础知识

1. 变电的定义

变电是指电力系统中，通过一定设备将电压由低等级转变为高等级（升压）或由高等级转变为低等级（降压）的过程。电力系统中发电机的额定电压一般为 15～20kV 以下。常用的输电电压等级有 35～60kV、220～110kV、500kV、765kV 等；配电电压等级有 3～10kV、35～60kV 等；用电部门的用电器具有额定电压为 110V、220V、380V 等低压用电设备和 3～15kV 的高压用电设备。因此，电力系统就是通过变电把各不同电压等级部分连接起来形成一个整体。

2. 变电站的定义

变电站又称"变电所"。电力系统的一部分，其功能是变换电压等级、汇集配送电能，主要包括变压器、母线、线路开关设备、建筑物及电力系统安全和控制所需的设施。

（二）变电运维"一岗多能"培养

1. 变电岗位专业背景

近年来社会的发展迅猛，电力系统不断进步，变电站的规模增长迅速，变电设备不断更新换代，随着从传统电力系统到智能电网的逐步转化，变电站也经历了从传统变电站到综合自动化变电站再到智能变电站的进化过程。现存的大部分变电站为综合自动化变电站和智能变电站，设备种类繁多，既有传统变电站的老旧设备，又有智能站的各种新型设备，而且电网运行方式越发复杂，运维、检修工作压力日益增大。因此，需要对变电运检人员的专业技术水平提出更高的要求，单一专业的技术已经难以满足变电站对运检人员的工作需求，"运检合一、一岗多能"成为新时代运检人员需要具备的专业素质。

通过实现"一岗多能"，打破传统模式上运维、检修的分工模式，优化运检工作业务流程，实现安全高效的新运检工作模式。"一岗多能"打破了运维、检修两个专业的壁垒，由于不同专业在学习运维知识时需要掌握的内容及深度有所区别，因此在工作上，要充分发挥各个不同专业的特长，发掘各位员工的工作潜能，实现专业互补，达到人力资源的优化，提升运检工作效率。

2. 变电工作的预期目标

对青年员工开展"阶梯式"培训，以第一年、第三年、第五年三个阶段应当掌握的运维知识及技能要点为培训目标。使员工能胜任所在岗位各阶段的工作以及第二岗位的基础业务，促进员工技术技能水平的有序提升。

（1）第一年"一岗多能"培养目标。青年员工第一年"一岗多能"培养目标如表 3-4-3 所示。

表 3-4-3　　　　　　　　　　　第一年"一岗多能"培养目标表

	变电运维第一岗位预期目标	
精通	（1）掌握运维人员的职责及运维工作中的安全生产知识	
	（2）掌握变电站基本情况，包含设备种类、地理位置等信息	
	（3）掌握各类设备的日常巡视要点，会填写各项记录	
	（4）掌握变电站交、直流系统相关知识	
	（5）掌握倒闸操作规范，掌握微机"五防"系统使用方法	
	（6）能对巡视中发现的缺陷进行基本定性	
	（7）掌握各类变电站典型接线方式	
熟悉	（1）熟悉变电站运行规程、变电站接线图、变电站主接线及运行方式	
	（2）熟悉相关应用系统（尤其是 PMS3.0 系统）	
	（3）熟悉安全工器具的使用方法和存放要求及送检周期	
了解	（1）班组的日常运维工作内容、周期和人员分工情况	
	（2）了解运维班所在相关设施、备品等存放情况	
	（3）了解主要进线、出线对侧变电站和重要程度	
	（4）了解各间隔主要一、二次设备厂家	
	（5）了解防误操作管理规定，了解防误闭锁逻辑	
	变电运维第二岗位预期目标	
精通	（1）掌握运维人员的职责及运维工作中的安全生产知识	
	（2）掌握各类设备的日常巡视要点	
	（3）掌握变电站基本情况	
熟悉	（1）熟悉变电站接线图	
	（2）熟悉变电站包含的各类设备	
	（3）熟悉各类设备的各项记录填写方法	
	（4）熟悉倒闸操作规范	
	（5）微机"五防"系统使用方法	
	（6）熟悉缺陷，进行基本定性规定	
	（7）熟悉各类变电站典型接线方式	
了解	（1）了解主要进线、出线对侧变电站和重要程度	
	（2）了解各主要一、二次设备厂家	
	（3）了解变电站运行规程	
	（4）了解各类应用系统	
	（5）了解防误操作管理规定	

（2）第三年"一岗多能"培养目标。青年员工第三年"一岗多能"培养目标如表 3-4-4 所示。

表 3-4-4　　　　　　　　　　　第三年"一岗多能"培养目标表

	变电运维第一岗位预期目标
精通	(1) 掌握各变电站主接线、正常运行方式、主设备的相关作用和原理
	(2) 掌握操作票填写相关要求、熟练掌握合格的操作票的票面格式
	(3) 掌握工作票填写相关要求、熟练掌握合格的工作票的票面格式
	(4) 熟练掌握倒闸操作六要（要有考试合格并经批准公布的操作人员名单；要有明显的设备现场标志和相别色标；要有正确的一次系统模拟图；要有经批准的现场运行规程和典型操作票；要有确切的操作指令和合格的倒闸操作票；要有合格的操作工具和安全工器具）、七禁（严禁无资质人员操作；严禁无操作指令操作；严禁无操作票操作；严禁不按操作票操作；严禁失去监护操作；严禁随意中断操作；严禁随意解锁操作）、八步（接受调度预令，填写操作票；审核操作票正确；明确操作目的，做好危险分析和预控；接受调度正令，模拟预演；核对设备名称和状态；逐项唱票复诵操作并勾票；向调度汇报操作结束及时间；改正图版，签销操作票，复查评价）
	(5) 掌握微机"五防"系统使用方法
	(6) 掌握各类设备操作要领
	(7) 掌握班组各项日常工作、定期工作和各项工作流程
	(8) 掌握运维一体化工作：掌握各项运维一体化工作项目
	(9) 掌握外包单位开展的运维一体化项目的施工安全与验收标准
熟悉	(1) 熟悉相关调度规程、变电站运维管理规范
	(2) 熟悉设备异常处理相关流程，具备一般设备异常的处理能力
	(3) 熟悉各类技改、基建工程的运维准备工作
	(4) 熟悉大型工作前现场踏勘内容、清楚现场踏勘应做好哪些记录
了解	(1) 了解复杂事故处理工作流程和汇报流程
	(2) 了解防误闭锁逻辑及带电闭锁装置原理和作用
	变电运维第二岗位预期目标
精通	(1) 掌握各变电站主接线、主设备的相关作用和基本原理
	(2) 掌握操作票填写相关要求，熟练掌握合格的操作票的票面格式
	(3) 掌握倒闸操作"六要""七禁""八步"
	(4) 掌握工作票填写相关要求，掌握合格的工作票的票面格式
	(5) 掌握微机"五防"系统使用方法
	(6) 掌握各类设备正确操作方法
熟悉	(1) 熟悉各类技改、基建工程的运维准备工作
	(2) 熟悉变电站运维管理规范
	(3) 熟悉设备异常处理相关流程，具备一般设备异常的处理能力
	(4) 熟悉相关调度规程
	(5) 熟悉运维一体化工作
了解	(1) 了解事故处理基本工作流程和汇报流程
	(2) 了解各类技改、基建工程的运维准备工作
	(3) 了解防误闭锁逻辑及带电闭锁装置原理和作用
	(4) 了解五类解锁的流程

（3）第五年"一岗多能"培养目标。

青年员工第五年"一岗多能"培养目标如表 3-4-5 所示。

表 3-4-5　　　　　　　　　　第五年"一岗多能"培养目标表

变电运维第一岗位预期目标	
精通	（1）掌握变电站事故处理方法、重要缺陷的处理方法
	（2）能够监护复杂的倒闸操作，具备现场分析能力
	（3）掌握重要设备电气二次回路，能判断设备可能存在的问题
	（4）具备突发事件应急响应、信息报送、人员力量调配能力
	（5）能完成大型作业事前踏勘、危险点分析和预控
	（6）具备编写新建变电站运行规程、典型操作票的能力
	（7）掌握保护的相关原理、各种光字牌亮时处理原则和方法
	（8）掌握 SF_6 断路器及液压操动机构闭锁及信号机理
	（9）掌握新变电站投产运维准备、工程验收的相关工作流程
	（10）掌握省公司、市公司各项管理规定和执行要求等
	（11）掌握重大事故处理方法、变电站设备所存在的问题和注意事项
熟悉	（1）熟悉常见的电气二次设备故障处理方法
	（2）熟悉各类设备常见的缺陷处理方法
	（3）熟悉各类电气一次设备故障处理方法
了解	（1）了解整个电网系统运行方式、各个变电站之间的配合方式
	（2）了解重大工程的统筹管理方法
	（3）了解各类一、二次设备典型事故处理方法
变电运维第二岗位预期目标	
精通	（1）变电站事故处理方法、重要缺陷的处理方法
	（2）能够完成复杂的倒闸操作，具备现场分析能力
	（3）国家电网有限公司、省公司、市公司重要运维管理规定
	（4）变电站设备间电气二次回路，能判断异常设备可能存在的问题
	（5）掌握大型作业事前踏勘、危险点分析和预控的能力
	（6）掌握 SF_6 断路器及液压操动机构闭锁及信号机理
熟悉	（1）新变电站投产运行准备、工程验收的相关工作流程
	（2）省公司、市公司各项管理规定和执行要求等
	（3）班组各项工作的安排管理
	（4）重大事故的处理方法、变电站存在的问题和注意事项
	（5）编写新建变电站运行规程、典型操作票的方法
了解	（1）了解整个电网系统运行方式、各个变电站之间的配合方式
	（2）重大事故处理方法、班组考核及管理工作
	（3）变电站设备所存在的重大问题和注意事项、工区相关工作的最新要求实施
	（4）了解各类一、二次设备典型事故处理方法

3. 变电岗位培训的具体内容

为保证青年员工能更好地适应变电运维岗位，能够全面深入掌握变电运维专业相关理论及技能水平，提高变电运维人员的业务素质，做好青工的"运检合一、一岗多能"的创新培训，并且从实际情况出发，对青年员工制订运维岗位的培训内容及培训规划。

（1）变电运维基础知识。

1）运维人员的职责及运维工作中的安全生产知识。

运维人员的基本职责主要包括按照班长（副班长）安排开展工作；接受调控命令，填写或审核操作票，正确执行倒闸操作；做好设备巡视维护工作，及时发现、核实、跟踪、处理设备缺陷，同时做好记录；遇有设备的事故及异常运行，及时向调控及相关部门汇报，接受、执行调控命令，对设备的异常及事故进行处理，同时做好记录；审查和受理工作票，办理工作许可、终结等手续，并参加验收工作；负责填写各类运维记录。具体细节参考规程：Q/GDW 1799.1《国家电网公司电力安全工作规程 变电部分》、国家电网公司"十不干"（无票的不干；工作任务、危险点不清楚的不干；危险点控制措施未落实的不干；超出作业范围未经审批的不干；未在接地保护范围内的不干；现场安全措施布置不到位、安全工器具不合格的不干；高处作业防坠落措施不完善的不干；杆塔根部、基础和拉线不牢固的不干；有限空间内气体含量未经检测或检测不合格的不干；工作负责人（专责监护人）不在现场的不干）、《国家电网公司变电运维通用管理规定》等。

运维班组的安全职责主要包括负责所辖变电站设备台账、设备技术档案、规程制度、图纸资料等管理工作；正确配备、使用安全工器具及劳动保护用品；负责所辖变电站的运行、检修与管理；对所辖变电站正确开展运维、检修相关业务；对班组员工开展业务培训；定期开展安全检查、隐患排查和专项安全检查等活动；负责新、扩、改建工程的各项生产运行准备和验收工作；修订与完善所辖变电站现场运行规程、典型操作票、防全停预案等编制工作；负责运维班及所辖变电站消防、保卫、车辆的管理。

2）各类设备的日常巡视方法和要求，会填写各项记录。

学习各类设备日常巡视方法、红外测温仪的使用方法，以及温度异常时缺陷判断标准。学习PMS（生产管理系统）运行日志的填写方法和规范。

运维班负责所辖变电站的现场设备巡视工作，应结合每月停电检修计划、带电检测、设备消缺维护等工作统筹组织实施，提高运维质量和效率。巡视应执行标准化作业，保证巡视质量。现场巡视工器具应合格、齐备。备用设备应按照运行设备的要求进行巡视。巡视人员应注意人身安全，针对运行异常且可能造成人身伤害的设备应开展远方巡视，应尽量缩短在瓷质、充油设备附近的滞留时间。运维班班长、副班长和专业工程师应每月至少参加1次巡视，监督、考核巡视检查质量。若有不具备可靠的自动监视和告警系统的设备，应适当增加巡视次数。巡视设备时运维人员应着工作服，正确佩戴安全帽。雷雨天气必须巡视时应穿绝缘靴、着雨衣，不得靠近避雷器和避雷针，不得触碰设备、架构。为确保夜间巡视安全，变电站应具备完善的照明。

例行巡视是指对站内设备及设施外观、异常声响、设备渗漏、监控系统、二次装置及辅助设施异常告警、消防安防系统完好性、变电站运行环境、缺陷和隐患跟踪检查等方面的常规性巡查，具体巡视项目按照现场运行通用规程和专用规程执行。一类变电站每2天不少于1次，二类变电站每3天不少于1次，三类变电站每周不少于1次，四类变电站每2周不少于1次。配置机器人巡检系统的变电站，机器人可巡视的设备可由机器人巡视代替人工例行巡视。

全面巡视是指在例行巡视项目基础上，对站内设备开启箱门检查，记录设备运行数据，检查设备污秽情况，检查防火、防误闭锁、防小动物等有无漏洞，检查接地引下线是否完好，检查变电站设备厂房等方面的详细巡查情况。全面巡视和例行巡视可一并进行。一类变电站每周不少于1次，二类变电站每15天不少于1次，三类变电站每月不少于1次，四类变电站每2月不少于1次。需要解除防误闭锁装置才能进行巡视的，巡视周期由各运维单位根据变电站运行环境及设备情况在现场运行专用规程中明确。

特殊巡视指因设备运行环境、方式变化而开展的巡视。遇有以下情况，应进行特殊巡视，如雷雨后；大风后；冰雪、冰雹后，雾霾过程中；新设备投入运行后；设备经过检修、改造或长期停运后重新投入系统运行后；设备发生过负载或负载剧增、超温、发热、系统冲击、跳闸等异常情况；设备缺陷有发展时；法定节假日、上级通知有重要保供电任务时；电网供电可靠性下降或存在发生较大电网事故（事件）风险时段。

（2）变电运维进阶知识。

1）变电站交、直流系统相关知识。

交流系统巡视要点：站用电运行方式正确，三相负荷平衡，各段母线电压正常。低压母线进线断路器、分段断路器位置指示与监控机显示一致，储能指示正常。交流电源柜支路低压断路器位置指示正确，低压熔断器无熔断。站用交流电源柜电源指示灯、仪表显示正常，无异常声响。站用交流电源柜元件标志正确，操作把手位置正确。站用交流不间断电源系统（UPS）面板、指示灯、仪表显示正常，风扇运行正常，无异常告警、无异常声响振动。站用交流不间断电源系统（UPS）低压断路器位置指示正确，各部件无烧伤、损坏。备自投装置充电状态指示正确，无异常告警。

2）能对巡视中发现的缺陷进行基本定性。

a. 一般缺陷：危急、严重缺陷以外的设备缺陷，指性质一般、情况较轻、对安全运行影响不大的缺陷。

b. 重要缺陷：对人身或设备有严重威胁、暂时尚能坚持运行但需尽快处理的缺陷。

c. 紧急缺陷：设备或建筑物发生了直接威胁安全运行并需立即处理的缺陷；否则，随时可能造成设备损坏、人身伤亡、大面积停电、火灾等事故。

危急缺陷处理不超过24小时；严重缺陷处理不超过1个月；需停电处理的一般缺陷不超过1个检修周期，可不停电处理的一般缺陷原则上不超过3个月。

3）熟悉变电站运行规程、各类设备信息、变电站主接线及运行方式。

学习变电站运行规程中的一次部分，包含一次设备种类、基本知识、地理位置等信息；掌握主变压器型号的含义、联结组别、额定容量等基本参数；掌握变电站一次设备的主要结构及部件名称；掌握断路器（特别是西门子液压机构）型号含义及铭牌主要参数。例如：主变压器型号为SFSZ-240000/220中第一个S表示三相变压器，F表示风冷，第二个S表示三线圈，Z表示有载调压，240000代表容量，220代表电压等级为

220kV，例如主变压器配置情况、断路器、闸刀类型，各类设备运行维护的注意事项等。能识别各类设备铭牌上代表的含义。

学习变电站运行规程中的二次部分，熟悉变电站重要设备的保护及自动装置的配置情况，掌握自动化设备的配置，了解基本功能及基本知识。

4）掌握各变电站主接线、正常运行方式、主设备的相关作用和原理。

要掌握断路器的机构及设备特点；主变压器各部件原理及作用（有载分接开关、冷却器、气体继电器、油枕、呼吸器、各阀门、冷却系统）；各种厂家设备的差异在哪里，操作注意事项有什么要求；主变压器、出线间隔相关保护配置情况，保护的相关要求。熟悉变电站备自投配置情况及动作要求。

5）掌握综合自动化变电站与智能变电站的差异、安全措施布置的方法。

a. 信息传输差异：常规站使用电缆、空气开关、大电流端子、压板，而智能站使用光纤、软压板、交换机。此外，智能站含有合并单元、智能终端等新装置。

故障隔离差异：常规站使用出口硬压板，智能站使用软压板、检修压板。

b. 智能变电站各类装置异常处理时的安全措施布置方法：保护装置异常时，投入装置检修状态硬压板，重启装置一次。智能终端异常时，退出装置跳合闸出口硬压板、测控出口硬压板，投入检修状态硬压板，重启装置一次。母线合并单元异常时，投入装置检修状态硬压板，关闭电源并等待5s，然后上电重启。间隔合并单元异常时，若保护双重化配置，则将该合并单元对应的间隔保护改信号，投入合并单元检修状态硬压板，重启装置一次。

6）掌握各类设备操作要领。

a. 线路停送电要点。线路停电检修时应拉开该线路电压互感器的一次隔离开关和二次空气开关，防止电压互感器向该线路反送电。线路停电操作应该先断开线路断路器，然后拉开负荷侧隔离开关，最后拉开电源侧隔离开关。线路送电操作与此相反，线路两侧纵联保护，保护通道应同时投入、停用。开关合闸前，运维值班员必须检查继电保护已按规定投入。新建、改建的输电线路，冲击合闸后应核对相位，核对无误后方可继续进行其他操作。

b. 母线停送电要点。

母线停电在拉开母联断路器之前，应再次检查需倒回路是否均已倒至另一组运行母线上，并检查母联断路器电流指示为零。母线倒闸操作中，"切换继电器同时动作"信号不能复归时不得拉开母联断路器，严防TV二次回路反送电。母线倒闸操作时，应考虑对母差保护的影响和二次回路相应的切换、各组母线电源与负荷分布是否合理，应避免在母差保护退出的情况下进行母线倒闸操作。

双母线分段接线方式母线倒闸时应逐段进行。一段操作完毕，再进行另一段的母线倒闸操作。不得拉开与操作无关的母联、分段断路器控制电源。

母线的倒换操作必须使用母联断路器。合上母联（分段）断路器前，应尽量减少两母线的电位差。用母联断路器向母线充电时，运维人员应在充电前投入母联充电保护或启用母差充电保护，充电正常后退出。母线倒闸操作前应先投入母差保护屏手动互联压板，然后拉开母联断路器控制电源，倒闸操作完毕后应检查电压切换良好，母差及一次设备保护隔离开关辅助触点位置与一次设备状态对应，母差及一次设备保护无异常报警信号，再合上母联断路器控制电源并退出手动互联压板。母线停电前，有站用变压器接于停电母线上的，应先做好站用电的调整。

c. 主变压器停送电要点。新装变压器投入运行时，应以额定电压进行冲击，冲击次数和试运行时间按有关规定或启动措施执行；变压器空载运行时，应防止空载电压超过允许值。新投运的变压器应经 5 次全电压冲击合闸。进行过器身检修及改动的老变压器应经 3 次全电压冲击合闸无异常后方可投入运行。励磁涌流不应引起保护装置的误动作。

新投或保护回路检修后的变压器在冲击合闸前，差动、气体等所有保护都必须投入跳闸；冲击成功后退出差动保护，待带负荷检查正确后再投入。

变压器充电时，应选择保护完备、励磁涌流影响较小的电源侧进行充电。充电前检查电源电压，使充电后变压器各侧电压不超过其相应分头电压的 5%。一般应先合电源侧开关，后合负荷侧开关；停电时则反之。三绕组变压器的停电顺序应按照低、中、高的顺序依次进行，送电时顺序相反。并列运行的变压器，倒换中性点接地开关时，应先合上要投入的中性点接地开关，然后拉开要停用的中性点接地开关。变压器在停、送电前，中性点必须接地，并投入接地保护。变压器投入运行后，再根据继电保护的规定，改变中性点接地方式和保护方式。

7）熟悉各类设备常见的缺陷处理方法。

a. 控制回路断线处理方法。

a）检查控制电源空气开关或者保险有无故障：用万用表测量控制电源的电压是否正常，如果确定控制电源没有问题，继续进行排查，查看操作箱的 TWJ 或者 HWJ 的灯是否亮。如果灯不亮，用万用表测量合闸回路的端子对地电压；如果灯亮，说明控制回路是完好的。如果测量出来是正电，说明问题出在端子排到机构箱的合闸回路上；如果测量出来是负电，说明合闸回路是正常的。

b）检查开关端子箱、开关机构箱控制回路接线端子排是否腐蚀，是否有松动、断线等现象。正常情况下控制回路接线应紧固无松动，回路导通良好。检查分合闸线圈是否烧坏，分合闸线圈烧坏也是控制回路断线最常见的现象。由于在分合瞬间此线圈一般会承受 2A 左右的电流，而分合闸线圈的线径比较小，不能长时间通过大电流。引起线圈烧坏的原因包括辅助开关不能可靠切换、分合闸机械故障、线圈质量差或者是老化。

c）通常情况下应更换新的分合闸线圈。目前的微机保护控制回路全部带有分合闸自保持回路，无论是手动操作还是自动操作，只要合闸命令发出，合闸回路就一直处于自保持状态，直到开关合上以后，依靠断路器辅助触点的切换，断开合闸回路合闸电流。如果开关由于其他原因没有合上，或者是合上以后断路器辅助触点没有切换到位，则合闸保持回路将一直处于保持状态，这样一直持续下去，将会烧坏合闸线圈。检查弹簧是否未储能或者是否储能不到位。在弹簧未储能或者储能不到位时，由于触点未导通会发控制回路断线告警信号。由于弹簧储能触点直接被用来控制电机是否运转，通常情况下应该检查储能指示灯是否变亮，如电机不能正常储能，可以手动进行储能，并用万用表测量储能辅助触点是否接通。如果不是辅助触点有问题，则应该是储能电机出现故障，需更换新的储能电机。如果是辅助触点接触有问题，应该找是否有备用的触点，如果没有备用的辅助触点，则应该更换新的弹簧储能辅助开关。

检查远方/就地切换开关是否有故障。当远方/就地切换开关有故障时会发"控制回路断线"报警信号。远方/就地切换开关常见的问题是切换开关触点接触不良或者是断开，从而使合闸监视回路断开操作箱 TWJ 失电，发"控制回路断线"报警信号。出现此问题时应该更换远方/就地切换开关。

b. 直流接地处理方法。

对于 220V 直流系统两极对地电压绝对值差超过 40V 或绝缘降低到 25kΩ 以下，应视为直流系统接地。直流系统接地后，运维人员应记录时间、接地极、绝缘监测装置提示的支路号和绝缘电阻等信息，汇报调度及专业人员。根据接地选线装置指示或当日工作情况、天气和直流系统绝缘状况，找出接地故障点，并尽快消除。如二次回路上有工作时，应立即停止其工作，并要求检修人员排除可能造成直流接地的因素。雨季及潮湿天气，应重点对端子箱和机构箱直流端子排进行检查，对凝露的端子排用干抹布擦干或用电吹风烘干，并投入驱潮加热器。

同一直流母线段，当出现同时两点接地时，应立即采取措施消除，避免由于直流同一母线两点接地，造成继电保护或开关误动故障。对于非控制及保护回路可使用拉路法进行直流接地查找，如事故照明、防误闭锁装置回路；其他回路的接地点查找，应在检修人员到现场后配合进行查找并处理。如用拉路法检查未找出直流接地回路，则接地故障点可能出现在母线、充电装置、蓄电池等回路上，也可认为是两点以上多点接地或一点接地通过寄生回路引起的多个回路接地，此时可用转移负荷法进行查找。配合检修人员将所有直流负荷转移至一块主充电屏，用另一块主充电屏单供某一回路，检查其是否接地，所有回路均做完试验检查后，则可以检查发现所有发生接地故障的回路。

直流接地注意事项：查找和处理必须由两人进行，查找接地点禁止使用灯泡寻找的方法，直流发生接地时禁止在二次回路上工作，用仪表检查时所用仪表的内阻不应低于 2000Ω/V，当处理时不得造成直流短路和另一点接地。

（3）事故、异常处理相关知识。

1）熟悉设备异常处理相关流程，具备处理一般设备异常的能力。

事故处理原则：尽快限制事故的发展，消除事故的根源，并解除对人身和设备的威胁，防止系统稳定破坏、系统瓦解和大面积停电。用一切可能的方法保持设备继续运行和不中断或少中断重要用户的正常供电，首先应保证变电站所用电的正常供电。尽快对已停电的用户恢复供电，对重要用户应优先恢复其供电。及时调整变电站的运行方式，并使其恢复正常。

事故发生时，应由现场运行人员立即清楚、准确地向有关调度和指挥中心汇报以下内容：异常设备及其现象、发生时间；事故跳闸断路器名称、编号和继电保护及自动装置动作情况；人身及设备损坏情况；负荷潮流、频率、电压等变化情况。

当事故情况比较严重、出现光字信号较多时，为避免耽误调度对事故的处理时间，监控值班长应先向调度对事故性质做简要汇报，告知开关跳闸、重合、保护动作等情况，不要因为记录光字信号而耽误了汇报调度。

任何 500kV 或 220kV 线路不得非全相运行。当发现二相运行时，现场值班人员应自行恢复全相运行。如无法恢复，则可立即自行拉开该出线开关。事后迅速汇报当班调度员。当现场值班人员发现线路的二相开关跳闸、一相开关运行时，应立即自行拉开运行的一相开关，事后迅速报告当班调度员。1个半开关接线在接线正常方式下，若发生某一开关非全相运行，且保护未动作跳闸，值班人员应立即汇报当班调度员，若无法联系时可以自行拉开非全相运行的开关，事后迅速报告当班调度员。

开关允许切除故障的次数应在现场规程中规定。开关实际切除故障的次数，现场应做好记录。开关允许跳闸次数少于两次时，应汇报调度停用重合闸（不切断故障电流的开关不应统计切除故障次数）。

变压器的主保护（包括重瓦斯、差动保护）同时动作跳闸，未经查明原因和消除故障之前，不得进行强送。事故发生后，无关人员应尽快撤离主控室，工作人员应撤离工作现场。事故处理过程中，在使用个人防护器具和安全工器具前应检查状态良好。如需接近可能发生 SF_6 等有害气体泄漏的设备、场所，应佩戴防毒面具，并从"上风"侧进入。事故处理过程中应及时记录调度命令、工区领导指示。事故处理过程中要及时与调度、工区领导交换意见，听取对事故处理的指导意见。事故处理要严格遵守 Q/GDW 1799.1《国家电网公司电力安全工作规程　变电部分》其他相关要求。

2）掌握班组各项工作流程，发现各类缺陷时，知道处理汇报流程。

发现缺陷后，运维班负责参照缺陷定性标准进行定性，及时启动缺陷管理流程。各级人员将情况汇报相应班、组管理人员，由班、组管理人员根据异常性质，告知室管理组相应专职，由管理组专职协调落实处理事宜，处理完毕由相应班、组安排专人进行验收或确认，做好记录，并向管理组专职及时反馈处理结果。

在 PMS 系统中登记设备缺陷时，应严格按照缺陷标准库和现场设备缺陷实际情况对缺陷主设备、设备部件、部件种类、缺陷部位、缺陷描述以及缺陷分类依据进行选择。对于缺陷标准库未包含的缺陷，应根据实际情况进行定性，并将缺陷内容记录清楚。对不能定性的缺陷应由上级单位组织讨论确定。对可能会改变一、二次设备运行方式或影响集中监控的危急、严重缺陷情况应向相应调控人员汇报。缺陷未消除前，运维人员应加强设备巡视。

3）熟悉变电站设备间电气二次回路，能判断设备可能存在的问题。

当继电保护及自动装置发生动作或异常情况时，根据变电站上传的故障异常信息、图像监控画面信息对事故异常情况进行初步判断，及时准确地有时间段分类记入相关记录中，同时汇报调度及监控中心，当监控系统发出信号，不论能否确认复归都必须查明保护屏的信号情况，先复归保护的信号后再复归监控中央信号。

异常处理注意事项：对异常情况的检查及需停投用保护的操作，都必须事先汇报调度，征得其同意后再进行。无论是在正常运行中的操作还是处理事故时的操作，运行人员均应考虑到二次运行方式应与一次运行方式相配合。

4）能够监护复杂的倒闸操作，掌握各类常见异常的检查处理方法。

基本要求：倒闸操作过程中无论操作人还是监护人，发现缺陷及异常情况时应停止操作，不准擅自更改操作票，不准随意解除闭锁装置，必须立即向值班负责人或值班调度员报告，待异常查清消除后才能继续操作。现场操作开始前，汇报调控中心监控人员，由监护人填写操作开始时间。操作地点转移前，监护人应提示，转移过程中操作人在前，监护人在后，到达操作位置，应认真核对。远方操作一次设备前应对现场人员发出提示信号，提醒现场人员远离操作设备。

监护人唱诵操作内容，操作人用手指向被操作设备并复诵。使用计算机钥匙开锁前，操作人应核对计算机钥匙上的操作内容与现场锁具名称编号一致，开锁后做好操作准备。监护人确认无误后发出"正确、执行"动令，操作人立即进行操作。操作人和监护人应注视相应设备的动作过程或表计、信号装置。监护人所站位置应能监视操作人的动作以及被操作设备的状态变化。

操作人、监护人共同核对地线编号。操作人验电前，在临近相同电压等级带电设备测试验电器，确认验电器合格，验电器的伸缩式绝缘棒长度应拉足，手握在手柄处不得超过护环，人体与验电设备保持足够安全距离。为防止存在验电死区，有条件时应采取同相多点验电的方式进行验电，即每相验电至少 3 个点，间距在 10cm 以上。操作人逐相验明确无电压后唱诵"×相无电"，监护人确认无误并唱诵"正确"后，操作人方可移开验电器。当验明设备已无电压后，应立即将检修设备接地并三相短路。每步操作完毕，监护人应核实操作结果无误后立即在对应的操作项目后打"√"。全部操作结束后，操作人、监护人对操作票按操作顺序复查，仔细检查所有项目全部执行并已打"√"（逐项令逐项复查）。检查监控后台与"五防"画面设备位置确实对应变位。在操作票上填入操作结束时间，加盖"已执行"章。向值班调控人员汇报操作情况。操作完毕后将安全工器具、操作工具等归位。将操作票、录音归档管理。

操作中防误闭锁装置失灵或操作异常时应按规定办理解锁手续。不准擅自更改操作票，不准随意解除闭锁装置。

5）掌握保护的相关原理、各种光字牌亮时处理原则和方法。

学习各类保护装置的说明书，掌握变电站内各类保护装置的基本操作方法，了解保护装置的基本原理。

6）掌握 SF_6 断路器及液压操动机构闭锁及信号机理。

a. 断路器拒分、拒合。将拒分断路器再分、合一次，确认操作正确。检查电气回路是否有故障，若是合闸电源消失，可试合就地控制箱内合闸电源小开关。若属于控制回路断线，同期回路断线，分、合闸绕组及分、合闸继电器烧坏，操作继电器故障等原因造成，应立即汇报调控部门，由检修人员处理。

b. 断路器操动机构压力异常。压力不能保持，油泵频繁启动，若液压机构有明显漏油，则说明是机构内漏，高压油漏向低压油，严重时可以听到泄漏的声音，应申请调控人员停电处理。

检查液压机构没有明显漏油，压力不断降低，则判断为漏氮气，压力高则说明高压油渗入氮气中，应申请调控人员停电处理。报"打压超时"信号时，应断开仍在运行的电动机电源，监视液压压力，查找故障原因。若是电动机故障，可以手动打压，然后汇报调控人员；若是管道严重漏油，应立即汇报调控人员，由检修人员处理。运行中断路器液压机构突然失压，说明液压机构存在严重漏油，同时会有分、合闸闭锁信号出现。若断路器已经处于闭锁操作状态，此时运维人员应立即断开油泵电动机电源，禁止人工打压。拉开断路器操作电源，禁止操作。汇报调控人员，根据调控人员指令将该断路器隔离。气动机构操动压力异常时，运维人员应用听声音的方法确定漏气部位。对管道连接处漏气及工作缸活塞磨损造成的异常，应汇报调控人员，申请停电处理。断路器送电操作时，合闸后如果听到压缩机有漏气声，则压缩机止回阀被灰尘堵住的可能性较大，可申请调控人员对该断路器进行分、合操作，一般能消除这种异常现象。弹簧储能操动机构的断路器在运行中发出"弹簧机构未储能"信号时，运维人员应现场检查交流回路及电动机是否有故障，电动机有故障时，应用手动将弹簧储能。交流电动机无故障并且弹簧已储能，应检查二次回路是否误发信号。如果是由于弹簧有故障不能恢复，应汇报调控人员，申请停电处理。

c. 断路器 SF_6 气体压力异常。运行中 SF_6 气压泄漏，发出报警信号，未降到闭锁值时，在保证安全的情况下，可以用合格的 SF_6 气体进行补气处理。运行中 SF_6 气压降到闭锁值或者直接降至零值时，应拉开断路器操作电源，立即汇报调控人员，根据调控指令将故障断路器隔离。

d. 断路器非全相运行异常处理。根据断路器在运行中出现不同的非全相运行情况，分别采取如下措施：

a）母联断路器非全相运行，应立即调整降低母联断路器电流，然后进行处理，必要时将一条母线停电。

b）非全相运行断路器无法拉开时，应汇报调控人员，立即将该断路器的潮流降至最小，通知检修人员，尽快采取措施隔离故障断路器。

c）断路器因本体或操动机构异常，应尽快采取措施消除异常。如闭锁跳闸无法消除，则应隔离故障断路器。

e. 断路器偷跳。

a）若属人为误动、误碰造成，可立即合上该断路器恢复正常运行。

b）如果有同期装置，则应投入同期装置，实现检同期合闸；若无同期装置，确认无非同期并列的可能时，方可合闸。

c）若属于二次回路上有人工作造成的，应立即停止二次回路上的工作，恢复送电，并认真检查防误安全措施，在确认做好安全措施后，才能继续二次回路上的工作。

d）若属于操动机构自动脱扣或机构其他异常所致，应检查保护是否动作（此时保护应无动作），重合闸是否启动。

e）若重合闸动作成功，运维人员应做好记录，检查断路器本体及机构无异常，继续保持断路器的运行，汇报调控人员，待停电后再检查处理。

f）若重合闸不成功，检查确认为机构故障，应立即汇报调控人员，根据调控指令将故障断路器隔离。

此外，还需要进一步学习变电站内各个类型的断路器控制回路图纸。

（4）大型工程准备、验收。

1）熟悉各类技改、基建工程的运维准备工作。

学习运维准备工作相关要求：《220kV 变电站样板化手册》《国家电网公司变电运维管理规定》《国家电网有限公司变电验收管理规定》。

生产准备任务主要包括人员配置、人员培训、运维单位明确、规程编制、工器具及仪器仪表、工程前期参与、办公与生活设施购置、验收及设备台账信息录入等。新建变电站核准后，主管部门应在1个月内明确变电站生产准备及运维单位。运维单位应落实生产准备人员，全程参与相关工作。运维单位应结合工程情况对生产准备人员开展有针对性的培训。运维单位应在建设过程中及时接收和妥善保管工程建设单位移交的专用工器具、备品备件及设备技术资料。应填写好移交清单，并签字备案。

工程投运前1个月，运维单位应配备足够数量的仪器仪表、工器具、安全工器具、备品备件等。运维班应做好检验、入库工作，建立实物资产台账。工程投运前1周，运维单位组织完成变电站现场运行专用规程的编写、审核与发布，相关生产管理制度、规程、规范、标准配备齐全。工程投运前1周，运维班应将设备台账、主接线图等信息按照要求录入PMS系统。在变电站投运前1周完成设备标志牌、相序牌、警示牌的制作和安装。运维单位应根据《国家电网有限公司变电验收管理规定》的要求开展验收工作。变电站启动投运后即实行无人值守（特高压站除外）。工程竣工资料应在工程竣工后3个月内完成移交。工程竣工资料移交后，根据竣工图纸对信息系统数据进行修订、完善。

2）熟悉大型工作前现场踏勘内容，清楚现场踏勘应做好哪些记录。

a. 确认检修设备状况、型号及检修需要的备品备件。

b. 认真核对施工区域，确认作业现场的工作条件、周边环境、地形是否便于开展工作。

c. 确认工作现场是否需要搭设脚手架。

d. 确认需要的施工运输车辆和吊车情况。

e. 检查施工电源情况，确认是否有足够的施工电源。

f. 需要动火工作的还要查看现场是否具备条件，现场还要配备足够且合格的灭火设备。

g. 提前确认好工作中应采取的安全措施，如接地线挂设地点遮栏、围栏布置方式，标识牌悬挂位置等，确保现场安全且检修工作不受影响。

3）掌握新变电站投产运维准备、工程验收的相关工作流程。

a. 工程验收标准及流程学习：《国家电网有限公司变电验收管理规定》。

b. 变电站投产运维准备学习：《国家电网有限公司变电运维管理规定》。

c. 验收项目：变电运检专业现场验收成员须熟悉竣工（预）验收方案，掌握竣工（预）验收标准卡内的验收标准、安装、调试、试验数据等内容。现场验收过程必须持卡标准化作业，逐项打勾，关键试验数据要记录具体测试值，异常数据需向各专业组长汇报，必要时可组织专家开会讨论，或者要求重新测试等。验收完成后，各现场验收人员应当详细记录验收过程中发现的问题，形成记录存档，并在验收卡上签字。建设管理单位（部门）应组织设计、施工、监理单位配合做好现场竣工（预）验收工作。竣工（预）验收开始时间，由运检单位与建设管理单位根据实际情况沟通，并保证充足的验收时间。参考如下：110（66）kV及以下变电站基建工程提前计划投运时间10个工作日；220kV变电站基建工程提前计划投运时间15个工作日；500（330）kV变电站基建工程提前计划投运时间 20 个工作日。

d. 验收内容：工程质量管理体系及实施；主设备的安装试验记录；工程技术资料，包括出厂合格证及试验资料、隐蔽工程检查验收记录等；抽查装置外观和仪器、仪表合格证，电气试验记录，现场试验检查，技术监督报告及反事故措施执行情况，工程生产准备情况。

（三）智慧变电站

1. 智慧变电站体系框架

智慧变电站是在智能变电站基础上，采用一次设备状态感知、主辅设备全面监视、一键顺控、压板在线感知、冗余测控、站域保护、设备智能标签、智能电能质量监测、远程智能巡视、变电站作业现场安全管控、智慧运维管控等技术建设的智慧型变电站。

（1）一次设备按照一键顺控、状态感知、智能表计、免少维护等要求开展设备配置、设计优化，通过设备操作顺序控制、组合电器在线感知系统、变压器在线感知系统、开关柜在线感知系统等，全面提升一次设备健康状态智能监测水平。

（2）二次系统按照就地采集、冗余测控、站域保护、智能应用、智慧管控等要求，通过变电站智慧物联管控平台、作业现场安全管控系统、智能压板监测系统、智能电能质量监测系统、智能直流控制系统等，全面提升二次系统可靠性和智能化水平。

（3）远程智能巡视系统通过高清视频、红外热成像测温等，由巡检主机下发控制、巡检任务等指令，开展室内外设备联合巡检作业，对采集的数据进行智能分析，形成巡检结果和巡检报告，及时发送告警。同时具备实时监控、与主辅监控系统智能联动等功能，构建变电站立体智能巡视体系。

（4）辅助系统按照一体设计、精简层级、数字传输、标准接口、全面监控、智能联动等要求进行设计，新建站端辅助设备监控系统，通过智能照明系统、智能标签系统、消防信息传输控制单元、就地模块等，实现数据共享、设备联动，全面提升辅助设备管控能力。

智慧变电站围绕"云、管、边、端"架构体系协同开展建设。其中，"云"为物联网平台（公司端为主站、变电站端为子站），"管"为通信方式，"边"为变电站内的边缘计算，"端"为智能终端、汇聚节点。"云、管、边、端"协同技术通过利用云服务器的强大计算能力及统一管控能力、边缘计算的就近服务能力和终端设备的数据感知能力，整合电力物联网通信、计算、存储、能量等多维资源，实现变电站物联网大数据的实时处理与智能研判。

2. 建设智慧物联管控平台

智慧物联管控平台采用超融合虚拟化平台，超融合将计算虚拟化、存储虚拟化及网络虚拟化整合到同一个系统平台，能够充分利用服务器的 CPU 以及内存资源。通过超融合虚拟化平台就可以拥有虚拟化服务和提供分布式共享存储，不必提供额外的物理存储服务器。超融合虚拟化平台具有以下几方面的优势：

第一，易管理。超融合虚拟化平台具备简单明了的部署管理操作页面，使运维人员完全可以实现对存储器、存储节点和磁盘的日常监控和管理。

第二，易扩展。当虚拟化环境中因虚拟机数量的增加，需要对存储扩容时，只需要简单增加数据存储节点的磁盘数量或增加节点数量即可实现，扩容操作可快速在线完成。

第三，可靠性高。超融合虚拟化平台将每台计算的存储资源进行融合，组建存储池。内部数据自动备份，某一节点离线不会影响数据的正常使用。

第四，容错机制强。超融合虚拟化平台具有较强的容错机制，数据默认有多个备份，当某一计算节点离线时，虚拟机的实际运行会在极短的时间内完成计算资源切换，恢复正常运行。

（1）智慧物联管控平台典型硬件配置。

1）UPS。部署 6kW 容量、后备电池 1h 以上的 UPS 电源，用于保障服务器、工作站、交换机等核心设备的供电质量及可靠性。

2）工作站。部署 2 台装有专业显卡的工作站，用于支撑统一展示应用的显示，提供友好、流畅的网页以及全景三维、视频等界面。

3）服务器。部署 1 套超融合虚拟化平台，包含 1 套平台软件和 4 台机架式服务器，用于承载通信、数据融合、数据分析、界面展示、三维、容器等应用。

4）交换机。部署 2 台千兆交换机，用于超融合虚拟化平台的管理以及业务接入。部署 2 台万兆交换机，用于组建核心数据交换网。部署 2 台网关机，用于汇聚系统各监测模块的数据及数据交互，并负责向智慧物联管控平台转发。

5）运行环境智能调控装置。部署 1 套运行环境智能调控装置，包含视频子系统、安全警卫子系统、门禁子系统、环境监测子系统、智能灯光控制子系统、微气象子系统、智能巡检机器人、大屏显示系统。

（2）智慧物联管控平台软件功能架构。智慧物联管控平台软件功能架构如图 3-4-22 所示，可以看出，架构包含传感采集接入层、基础平台服务层、通信层、基础服务层、高级分析服务层、界面交互服务层。

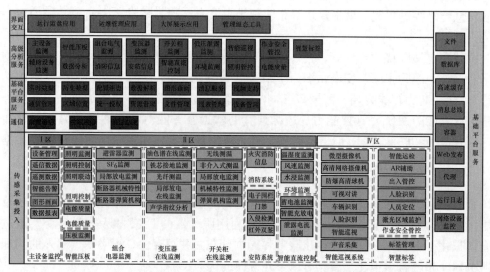

图 3-4-22　智慧物联管控平台软件功能架构

1）基础平台服务层。在操作系统层面，安装第三方软件，提供系统运行所需的文件、数据库、高速缓存、消息总线、容器、Web 发布、代理、运行日志、网络设备监控等服务。

2）传感采集接入层。

a. 主设备监控。

主设备遥控预置信号联动，根据一次设备的遥控预置指令，选择设置联动，对应的视频预览、录像等功能。

主设备变位信号联动，根据断路器、隔离开关、接地开关等一次设备的变位信号选择设置联动，对应视频预置位预览等功能。

主设备监控系统告警联动，根据主变压器及断路器等一次设备的非电量告警信号、继电保护动作跳闸信号等选择设置联动，对应视频预置位、召唤在线感知数据、联动开启灯光照明等功能。在主设备检修状态时，不应发送联动信息。

辅助设备监控系统与主设备监控系统通过防火墙通信，采用 100M 或更高速率工业以太网 RJ 45 接口通信；辅助设备监控系统应采用 DL/T 634.5104《远动设备及系统第 5-104 部分：传输规约　采用标准传输协议集的 IEC 60870-5-101 网络防问》协议，接收主设备监控系统发送的一次设备（断路器、隔离开关、接地开关等）遥控预置、一次设备变位信号、一次设备监控系统告警（含主变压器及断路器等一次设备的非电量告警信号、单体一次设备融合后的总告警信号、保护动作跳闸信号），共 3 种联动信息。

b. 电能质量。变电站配置数字化电能质量监测装置，采集电能质量监测数据并通过 IEC 61850 标准上送至辅助设备监控系统。

c. 照明控制。变电站应配置照明控制子系统，由照明控制器、灯具组成，通过就地模块接入辅助设备监控系统，实现变电站灯具运行状态数据采集、人工及自动控制功能。

变电站室内及室外相关场所、辅助房间、地下变电站均应设置正常照明；在控制室、二次设备室、开关室、GIS 室、电容器室、电抗器室、消弧线圈室、采集装置电缆室应设置事故应急照明，事故应急照明的数量不低于正常照明的 15%；疏散通道、安全出口应设置符合规定的消防安全疏散指示和应急照明设施。

照明控制器按照照明分区进行配置，室内每个设备房间为一个照明分区压力监测室外按照电压等级、方便运维操作、节能要求等合理划分照明分区。每个照明的采集，分区配置的照明控制器数量应合理，每组灯具回路通断电流不大于 6A。照明控制子系统采用 RS 485 就地模块，接入照明控制器信号并远传，采集灯具开关状态并实现对灯具的遥控。

d. 开关柜在线感知。变电站配置开关柜在线感知系统，由无线测温、非介入式测温传感器、局部放电在线感知、机械特性监测单元、断路器弹簧机构压力监测单元组成，实现开关柜温度、局部放电、机械特性、弹簧压力等数据的采集，并通过 IEC 61850 标准上送至辅助设备监控系统。

e. 智能直流控制系统。变电站配置智能直流控制系统，由站用电低电压系统泄漏电流监测系统及智能蓄电池监测系统组成，采用分散采集、就地控制和集成管理的网络架构，通过故障关联性分析，实现直流系统故障定位功能，以本地或远程一键操作的方式完成蓄电池自动核容、故障支路隔离。通过维修旁路组件，在不中断直流馈线回路供电的前提下，实现非开口式直流互感器、直流馈线开关等快速更换。监测数据采用 IEC

61850 上送至辅助设备监控系统。

f. 智能压板。变电站配置智能压板在线感知系统,由通信管理单元、智能压板状态采集器、智能压板传感器等组成,实现各压板状态数据采集并上送至智慧物联管控平台。智能压板传感器采用非电量接触原理检测各分立压板的投退状态,部署于各开关柜和汇控柜内部。智能压板状态采集器用于采集开关柜及汇控柜内部压板传感器的投退状态,并上送至智能压板控制器。通信管理单元用于收集各压板状态采集器数据,并上送至辅助设备监控系统。

g. 消防系统。变电站配置消防系统,由区域火灾报警控制器、固定灭火装置、消防专用传输单元及各类前端监测装置等构成。除独立固定灭火装置(其控制、反馈信号接入主设备监控系统)外,各类消防信息通过消防专用传输单元接入辅助设备监控系统,实现对变电站消防报警信息、固定灭火装置动作及状态信息的监控。

变电站区域火灾报警控制器作为变电站消防核心设备,统一接入手报、各类型传感探测器,实现火灾报警信息的站内集中监视。

3) 通信层。

a. 前置通信服务。提供电力系统常用的前置通信服务,用于获取 I 区、II 区数据,并负责通过规约接入 IV 区的其他系统的数据。

b. 消息总线服务。提供基于消息总线方式的数据交互通信服务。

c. 物联通信服务。提供基于 MQTT 协议方式的端、边设备接入服务。

4) 基础服务层。

a. 实时数据服务。合理使用内存、远程字典服务 Redis 维护一份实时数据,并通过操作应用程序编程接口 API、处理平台 Kafka 等方式实现数据的更新与取用;根据预设的策略对数据进行计算,产生计算数据,触发事件告警;提供实时数据的监视工具;提供计算公式的编辑工具。

b. 通信管理服务。提供对系统前置通信、物联通信、消息总线通信方式的管理和报文分析服务。

c. 消息服务。提供统一的消息服务,提供基于 API、接口、Kafka 等方式的消息存储服务,并提供对外的消息调用接口服务。配套提供消息检索、简单分析的功能。

d. 组态服务。提供对应用配置信息的管理和配置服务,提供配置组态工具。

e. 历史数据服务。通过配置的策略,实现从实时数据库定时、动态备份数据的功能,配套提供历史数据检索、简单分析以及策略配置的功能。

f. 数据解析服务。实现通过对地理位置、逻辑分组、管理权责、监测点、传感器、子系统等维度的数据划分功能,对采集的多元数据进行分组整理。并提供基础的数据趋势、同比、环比分析,提供折线图、柱状图、面积图的展示界面。

g. 视频支持服务。提供对摄像头等视频设备的接入、分发,实现媒体转换,提供 Web 形式的视频调用、设备操作接口。实现视频联动的组态配置,并通过监测相关触发条件实现对目标视频信息的调用,最终对外提供视频联动服务。

h. 图形画面服务。通过在线或离线工具的方式绘制厂站画面,用于形象地展示设备位置、系统接线、信号逻辑等信息,并提供 Web 接口式的画面展示调用功能。

i. 区域位置服务。提供对系统内地理信息位置的管理服务，主要提供对区域一位置各层级的划分支持，用于实现对数据的分层汇聚。

4）高级分析服务。

a. 主设备监测服务。根据接入的主设备数据，按区域、间隔、设备、位置划分，综合遥信、遥测、控制、传感器、图形画面、数据分析、视频等主设备相关数据，采用友好直观的界面进行数据聚合展示。

b. 辅助设备监测服务。智慧变电站建设包含部署于Ⅱ区的辅助设备监控系统，实现电能质量、一次设备在线感知信息、火灾消防、安全防范系统、环境监测数据、压板监测、智能直流控制信息、照明控制信息的采集汇聚，并进行一定的数据分析，实现火灾告警、人员入侵等异常情况联动控制功能，并将Ⅱ区汇聚数据及数据分析结果传送给Ⅳ区智慧物联管控平台。

Ⅱ区火灾消防报警后，应联动门禁系统紧急开门提示、确认和操作，方便火灾区域的人员逃生；开启现场灯光照明，启动现场声光报警；联动报警区域视频预置位，弹出视频监控预览窗口；支持现场空调、风机的开闭联动提示、确认和操作。

安全防范系统入侵报警联动，开启报警防区灯光照明；启动防区现场、主控室、门卫室警笛报警；联动防区视频预置位，弹出视频监控预览窗口，开启录像。

c. 智能巡视服务。智能巡视服务对接和调用智能巡视系统的相关数据和组件，实现数据统一接入，界面有机融合。

d. 环境监测服务。环境监测服务汇聚温湿度传感器、水位传感器、水浸传感器、风速传感器、风向传感器、雨量传感器等信息，采用阈值分析、相关性分析等技术手段对重点区域的温湿度、声音、风速、雨量等环境参量进行评估和异常预警。自动对温湿度环境进行不间断监测和记录，记录时间间隔可根据实际情况设定。具备历史数据查询、环境变化趋势展示和异常展示，配套提供界面展示服务，环境信息展示如图 3-4-23 所示。环境监测服务预设自动控制策略，在变电站发生温湿度、水浸等越限时，对站内空调、风机、水泵等设备进行自动控制，调整室内温湿度、集水井水位，恢复正常后自动停止运行。支持环境数据越限告警联动、室内温湿度越限告警、联动空调（风机）启停、运行模式调节等；集水井水浸报警时联动水泵启停；室外微气象（台风、暴雨等）数据越限告警，联动弹出视频监控预览窗口。

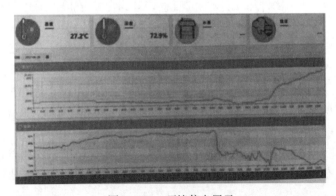

图 3-4-23 环境信息展示

e. 照明管控服务。照明管控服务提供对场地内照明系统的状态监测、控制、联动支持，并提供变电站内照明设施分布，配套提供综合的展示界面服务。

照明管控服务提供对变电站内照明设备的状态监测，包括灯具开启状态、累计记录、异常启动、自动保护、使用年限、在线统计等。支持对变电站照明进行远程集中控制，实现感应调光，提高照明质量，延长照明设备使用寿命。发生供电故障时，支持故障告警，具备双回路供电自动切换并立即启动应急照明灯组。服务支持多系统联动功能，火灾告警发生、安防入侵告警等发生时，联动照明管控服务远程开启对应分区照明设备，节省人力，在事故发生时快速响应，可靠性高。

f. 智慧标签服务。智慧标签服务获取智慧标签的相关数据和服务，提供统一展示页面。

g. 消防信息服务。变电站消防专用监视单元接收区域火灾报警控制器实时火灾报警信息及消防设备（设施）运行状态信息，实现全站消防信息的统一汇聚。消防信息服务依据电压等级和地理位置对信息进行分类分组，配套提供和综合展示界面服务。

消防信息服务实现全站消防信息监视，包括温度、湿度、气体、液位、压力、流速等，提升消防感知能力，提供重要信息展示界面，消防信息服务包括系统运行状态、消防水池液位、告警分类提示信息、全站消防状态、重要消防分区图等。

变电站内火灾报警信号产生后，通过主设备运行数据和消防监控数据的多维实时数据关联分析和历史数据对比，产生火警智能分析诊断结果，上送智慧物联管控平台，运维人员同时结合视频监控进行人工确认，为火灾快速消除和高效处置提供依据。实现火灾主动预警、主动应急、智能处置、安全预控。

h. 安防信息服务。安防信息服务接收各种报警探测器的信号，包括红外探头、对射探测器、门禁、电子围栏、声音等信号，对全站主要电气设备、关键设备安装地点以及周围环境进行全天候的状态监视和智能控制，以满足电力系统安全生产的要求的同时，满足变电站安全警卫的要求。

安防信息服务配套提供综合展示界面服务，实现自动报警并进行入侵报警联动，开启报警防区灯光照明；启动防区现场、主控室、门卫室警笛报警；联动防区视频预置位，弹出视频监控预览窗口，开启录像。安防信息服务通过监测、预警和控制三种手段，实现变电站内部关键部位的防火、防入侵、防盗窃，提高变电站安全防范水平。

i. 智能压板服务。组织智能压板主机信息，分组分析数据，提供数据接口服务，配套提供界面展示服务。

j. 数据分析服务。数据分析服务以汇聚的综合数据为基础，以设备为单位，提供同测点同类型数据比对、筛选查询、历史曲线图形显示等功能，并提供相应的展示服务。

k. 作业安全管控服务。作业安全管控服务对接和调用作业安全管控系统的相关数据和组件，实现数据统一接入，界面有机融合。

5）界面交互服务。

a. 管理组态工具。为负责系统管理维护的人员提供管理组态工具，推荐提供客户端工具，以提高组态过程的效率，配套提供 Web 版组态工具，用于应对日常少量的组态需求。

b. 运维管理应用。提供面向运维管理人员的集中统一页面，将系统内涉及的众多子系统的数据进行组织，扁平化层级设计，简化数据查询过程，提供友好丰富的交互界面。

变电站配置三维可视化技术，构建变电站整站级、设备级的三维可视化模型，还原设备实际结构，接入设备监测数据，实现变电站运行状态远程监视、缺陷隐患三维展示、设备故障精准研判、抢修方案快速制定、检修实施模拟操作等高级应用。

c. 运行监盘应用。提供支持运行人员集中监盘使用的页面及应用，突出显示重要指标和数据，聚焦关键系统和告警信息，呈现方便、快捷、美观的综合信息监视界面。

d. 大屏展示应用。针对大屏（或重要指标）展示的具体需求，定制大屏展示应用突出关键指标、分析图表、地理信息、重要告警数据等。

（四）智能变电站未来的发展前景

近些年来，我国的电力网络建设进入了崭新阶段，数字化技术、通信技术等的应用，实现了变电站的智能化。随着智能化技术的不断普及，许多城市都纷纷实现了电网建设的智能化。为了促进电力行业的全面发展，应立足于长远角度，对未来智能变电站的建设提出合理化的意见。

（1）制定标准，落实应用。应制定严格的智能变电站建设标准，遵循 IEC 61850 标准进行设计，将该标准与智能变电站技术的重要理论知识点相结合。

（2）技术创新，搭建平台。将以太网技术作为重要前提，开展深度的研究与设计，借助以太网来实现对变电站通信平台的架构。

（3）技术升级，方案先行。对电子互感器技术进行不断的升级与优化，制定科学的技术方案，为后续智能变电站的运行提供条件。

（4）设定目标，提升价值。优化智能调度技术，以更高等级的应用为重要目标，以提升技术的实用价值。

四、展巧手之不凡，秀大国之匠风——客户服务

社会经济飞速发展，电力需求持续增加，对供电质量的要求也不断提高。对于供电企业而言，为了企业能够更好地发展，必须不断提高自身的供电服务质量，为电力用户提供更加优质的服务。本章主要讲述客户服务的基本知识、供电服务的热点问题、互联网环境下电力客户服务及电力消费服务创新与展望。

（一）服务为本　优质为先

1. 电力客户服务的基本概念

电力客户服务指的是以电能商品为载体，用以交易和满足客户需要的，本身无形和不发生实物所有权转移的活动，即以无形的方式解决客户问题的一种或一系列行为。

2. 现代电力客户服务理念

现代电力客户服务理念是以客户需要和欲望为导向，通过售前、售中和售后服务，将电能销售出去，使企业获利并满足客户需要的经营思想。

3. 电力客户服务的意义

在现今社会的市场经济条件下，电力的竞争也越发激烈，要想增强市场竞争力，获

得更大的发展，就必须不断地改革和创新，努力开展优质化服务。优质化服务是指在营销过程中，采取各种有效的方式，为客户提供快捷、方便和高效的服务，以此来提高电网企业的市场竞争力，进一步扩展电力市场，为企业创造更高的效益。优质服务是电力产品的重要组成部分，在电力营销中的地位也越来越重要。

（二）供电服务热点问题

1. 业扩报装

（1）什么是新装用电？

应答话术：新装用电是指您初次申请用电。

（2）新装用电包括哪些？

应答话术：按照您的用电性质、电压等级不同，申请新装的业务类型有低压居民新装、低压非居民新装、高压新装和临时用电新装等。

（3）什么是增容用电？

应答话术：增容用电是指您在现有基础上增大容量的用电。

（4）增容用电包括哪些？

应答话术：按照您的用电性质、电压等级不同，申请增容的业务类型有低压居民增容、低区非居民增容和高压增容等。

（5）什么是报装容量？

应答话术：报装容量是指您向供电企业申请用电时的申请容量，也就是供电公司允许您可以同时使用的最大容量。

（6）什么是用电容量？

应答话术：是指您申请后，供电企业核准使用的最大功率或视在功率。

（7）什么是合同容量？

应答话术：是指合同中约定的由供电企业提供给您的最大供电容量。

（8）什么是装接容量？

应答话术：是指您实际装设的用电设备容量。

（9）办理新装、增容用电的渠道有哪些？

应答话术：您可以到附近的供电营业厅办理，也可以通过电子渠道线上办理。

（10）线上直接办电需要哪些申请资料？

应答话术：如果您是个人办电，上传身份证、军人证或护照等公安部门颁发的有效身份证明；如果您是企业或行政事业单位，上传营业执照或组织机构代码证等工商行政部门颁发的有效证件即可。

（11）何谓"一证受理"？

应答话术：营业厅实行"一证受理"。所谓"一证"，对个人来说指居民身份证、军人证、护照等公安部门颁发的个人有效身份证明；对单位来说指营业执照、组织机构代码证等工商行政部门颁发的有效证明。

（12）如何实现微信预约办电？

应答话术：您可以登录"××微信公众号"，点击营业厅进入，再点击预约办电弹出"预约新装业务""预约增容、减容业务"或"预约其他业务"，根据需要点击进入办理相应的业务。以办理"新装业务"为例，按提示依次输入姓名、用电地址、用电需求、预约办理时间、联系电话，然后获取验证码，提交申请成功后，即完成微信预约办电。

（13）新建居民住宅楼或商业区可否以住户（商户）个人名义进行单独报装？

应答话术：新建居民住宅楼或商业区在建成交付客户使用之前，开发商（建设方）应将电力基础设施建设完成后，才能交付客户，所以只能由开发商（建设方）统一到供电部门申请办理。

（14）符合什么条件才能申请装设低压三相（动力）表？

应答话术：如果您的单位（或家中）用电设备总容量超过 10kW 或使用有三相（动力）用电设备，即可申请装设低压三相（动力）电能表。

（15）居民低压用电申请提交后多长时间能用上电？

应答话术：我们接到您提交的居民用电申请后，服务人员会与您联系，在约定的时间内开展上门服务，如现场有空表位具备装表条件，2 个工作日内完成装表送电；如现场没有空表位，现场施工在 3 个工作日内完成，然后装表接电。

（16）非居民低压用电申请提交后多长时间能用上电？

应答话术：我们接到您提交的非居民用电申请后，服务人员会与您联系，在约定的时间内开展上门服务，如现场有空表位具备装表条件，2 个工作日内完成装表接电，如现场没有空表位，现场施工在 5 个工作日内完成，然后装表接电。

（17）低压用电投资界限如何划分？

应答话术：供电公司负责投资电能表箱以上部分（包括负荷侧空气开关），表箱内负荷侧低压断路器下端头以下部分由您自己负责投资建设。

（18）什么情况下需要办理高压新装用电？

应答话术：一般情况下，如果您申请报装用电设备容量在 100kW 及以上或装设变压器容量在 50kVA 及以上的，需办理高压新装用电。

（19）重要客户高压报装设计文件提交供电部门后，多长时间内反馈审核意见？

应答话术：供电公司窗口服务人员自接到您的设计文件之日起，3 个工作日内完成设计文件审查，并以书面形式答复您设计审查意见。

（20）高压客户内部工程竣工检验合格后，供电公司多长时间内完成接电工作？

应答话术：自您的内部工程竣工检验合格后，3 个工作日内完成装表接电工作。

（21）高压用电投资界限如何划分？

应答话术：您如果是省级以上园区、电能替代或充换电设施用电项目，供电部门负责投资到您规划红线外；其他项目供电部门负责第一道开断装置和电能计量装置的投资建设。

（22）申请双路电源供电手续如何办理？

应答话术：如您使用的用电设备中拥有二级以上的重要负荷时，可以向供电企业提出双路电源供电申请，然后按照要求提供拥有二级以上负荷的证明材料，按新装手续办理。

（23）申请临时用电手续如何办理？

应答话术：按新装手续办理。

（24）临时用电转为永久性用电，应如何办理？

应答话术：在临时用电和永久性用电属同一受电点时，临时用电可以改为永久性正式用电，但需按新装用电办理。

2. 用电变更

（1）什么是变更用电业务？

应答话术：是指您在不增加报装容量和供电回路的情况下，由于自身生产、经营、生活等变化向供电企业提出申请，要求改变原《供用电合同》中约定用电事宜的业务。

（2）什么是暂拆？

应答话术：是指您暂时停止用电并要求拆表。

（3）什么是暂停？

应答话术：是指您暂时停止全部或部分受电设备的用电。

（4）暂停用电次数有限制吗？

应答话术：您可以在一个日历年内多次办理暂停用电业务。

（5）暂停时间有要求吗？

应答话术：您在一个日历年内申请办理整台或整组变压器暂停用电后，每次不得少于 15 天，累计不得超过 6 个月。

（6）暂停申请提交后，手续多长时间能办完？

应答话术：供电企业收到您单位提交的暂停申请后，2 个工作日内办理完成。

（7）暂停恢复申请提交后，手续多长时间能办完？

应答话术：供电企业收到您单位提交的暂停恢复申请后，2 个工作日内办理完成。

（8）什么是减容？

应答话术：是指您减少合同约定的用电容量。

（9）什么是非永久性减容？

应答话术：您提出的减容期限不超过 2 年的减容，称为非永久性减容。

（10）什么是永久性减容？

应答话术：您减容期限超过 2 年的减容，称为永久性减容。减容超过 2 年后再用电，按新装、增容手续办理。

（11）减容申请提交后，手续多长时间能办完？

应答话术：供电企业收到您单位提交的减容申请后，单电源不超过 5 个工作日办理完成，双电源不超过 6 个工作日办理完成。

（12）减容恢复申请提交后，手续多长时间能办完？

应答话术：供电企业收到您单位提交的减容恢复申请后，单电源不超过 5 个工作日办理完成，双电源不超过 6 个工作日办理完成。

（13）暂停和减容有什么区别？

应答话术：减容和暂停的最大区别就是停止用电的时间要求不同，暂停时间每次不得少于 15 元，累计不得超过 6 个月；减容时间最短不得少于 6 个月，最长不得超过 2 年。

（14）什么是移表？

应答话术：是指您提出移动用电计量装置安装位置。

（15）什么是改类？

应答话术：是指您提出改变用电类别，例如，将居民生活用电改为商业用电。

（16）什么是过户？

应答话术：是指您提出改变原有报装用电客户的名称。

（17）什么是销户？

应答话术：是指您提出终止用电或合同到期不再延续。

（18）办理过户时，有啥要求？

应答话术：首先，原户应与供电企业结清电费和其他相关债务；其次，新户用电地址、用电容量或用电类别保持不变。

（19）变更用电业务如何办理？

应答话术：您需要办理变更用电业务时，持相关证明到供电企业营业厅或通过电话、微信预约提出变更用电申请，并根据变更事宜变更相应的《供用电合同》条款或重新签订《供用电合同》。

（20）调整需量申请提交后，手续多长时间能办完？

应答话术：供电企业收到您单位提交的调整需量申请后，1个工作日内办理完成。

（21）如何通过电话预约申请变更用电？

应答话术：您可以拨打当地供电部门公布的预约报装电话，接通后将您的变更用电需求、用电地址、联系人、联系电话和预约办理时间，告知我们的坐席人员即可。

（22）如何通过微信预约申请变更用电？

应答话术：您可以登录"××电力公司微信公众号"，点击营业厅进入，再点击"预约办电"，弹出"预约新装业务""预约增容，减容业务"或"预约其他业务"，根据需要点击进入办理相应的业务。以办理"减容业务"为例，按提示依次输入用电户号、用户名称、用电地址，减容用电需求、预约办理时间、联系电话，然后获取验证码，提交申请成功后，即完成微信预约变更用电。

3. 智能交费

（1）相较传统模式，用户采用智能交费有什么优势？

应答话术：您好，第一，随购随用，购电灵活，避免占压客户资金；第二，高低压用户每日测算，为客户提供更加细化的用电情况；第三，预警提醒，服务更加贴心；第四，全自动运行，服务更加规范。

（2）我交费成功后会不会收到交费成功的短信？

应答话术：您好，如果您没有订阅过交费提醒业务的话就不会收到。

（3）居民客户咨询晚上可以缴纳电费吗？怎么办理复电？

应答话术：您好，您可通过掌上电力APP、支付宝、网上银行、代收网点等途径进行交费，交费成功且可用余额大于0元后，自动停复电客户2h（小时）内系统发起复电指令；安全复电客户接短信提示回复内容后，系统2h（小时）内发起复电指令，如自动复电失败请联系当地客服电话。

（4）智能交费客户欠费后会马上停电吗？交费后多长时间可以恢复供电？

应答话术：您好，费控客户可用余额小于 0 后，系统会发送停电第一次提醒短信，告知客户应于 7 日内缴纳电费。若 7 日后仍未缴纳足额电费，系统将再次发送停电短信，在短信发送成功 30 分钟后实施远程停电。客户续交电费后，系统会自动发送复电指令，供电公司负责在 24 小时内恢复供电。因为您为智能交费客户，系统可以自动复电，复电时间预计在 2 小时内。

（5）交了费，为什么会再次收到欠费短信？

应答话术：您好，实行智能交费业务后，每日会进行电费测算。但供电公司依然是按月进行实际结算（每月或两月），故在您交费后若可用余额仍低于预警阈值，系统会自动再次发送电费预警短信，提醒您再次交费，确保可用余额充裕。

（6）我已经足额交清电费了，为什么还不来电？

应答话术：如足额交费后 2 小时内仍未来电，请联系当地客服电话。

（7）客户反映自己是智能交费客户，为什么还会收到"催费通知单"和"停电通知单"？

应答话术：您好，智能交费客户一般采取电费短信的形式进行催费和停电，但客户未及时预存电费，导致本周期发行电费未及时缴纳，供电公司才会粘贴"欠费通知单"和"停电通知单"。

注：此类情况仅针对智能交费审批停电客户。

（8）智能交费客户欠费或余额不足时，电能表是否有提示？

应答话术：您好，智能交费客户欠费或者余额不足时，电能表不会出现报警灯提示，显示屏也没有提醒，客户会收到"催费预警"短信提醒。

（9）智能交费的计费中是否包含阶梯/分时电价？

应答话术：您好，系统在进行电量电费计算时，已按阶梯/分时电价进行了计算，请您放心。

（10）智能交费客户变更了手机号码，如何办理？

应答话术：您好，交更联系方式需携带户主身份证明到营业厅办理变更联系方式业务。

（11）客户家无电，系统查询显示未实施停电且客户 2 小时内有交费记录，如何处理？

应答话术：您好，您可以到您家电能表处观察电能表跳闸指示灯是否长亮？如跳闸指示灯不亮，请观察表计低压断路器是否合闸，未合闸请推上合闸。如果您自行复电未成功或跳闸指示灯处于"长亮"状态，我们会尽快联系工作人员为您复电。

（12）客户家无电，系统查询显示已实施停电且客户 2 小时内有交费记录，如何处理？

应答话术：您好，我们会尽快联系工作人员 24 小时内为您复电，请您耐心等待。

4. 电动汽车

（1）申请办理国家电网有限公司充电卡需要准备哪些资料？

客户分为个人客户和集团客户，办理实名制充电卡时，个人客户应提供本人身份证或护照原件（港澳台同胞需提供往来大陆通行证），集团客户应提供加盖公章的营业执照及法人代表身份证复印件；如为代理人办理，还需提供授权委托书及代理人身份证原件。办理非实名制充电卡时，无须提供任何证件。

（2）充电卡都有哪些充值方式？

营业厅工作人员可为客户办理充电卡充值业务，充值方式有现金充值、POS机刷卡、支付宝圈存和账户圈存。

（3）电动汽车充电过程中要停止充电，如何操作？

正在充电的充电桩显示屏会显示"停止充电按钮"，客户点击该按钮，系统会计算出相应费用，有充电卡的客户输入充电卡密码进行结算，无充电卡的客户输入支付密码进行结算。

（4）如果充电卡被锁，该如何处置？

客户充电时由于未完成结算操作或直接拔充电卡等造成充电卡被锁，可到营业厅办理充电卡解锁业务。解锁时，客户须提供与原办理实名制充电卡相一致的有效证件。

（5）在高速公路充电时，发现充电卡故障或卡内余额不足的情况，如何处理？

客户下载e充电APP，采用充电二维码、充电账户和密码等方式进行充电。如果客户需要马上充电，可以通过手机下载e充电APP软件，然后注册账号充值，并通过充电二维码扫码或者输入充电账号和密码等方式使用充电服务。

（6）在e充电网站可以进行哪些操作？

客户可以在e充电网站进行充电桩查找、实用信息查询、账户注册、账户登录、个人主页查询、充电记录查询、发票申请及查询、退费申请以及查询、销卡申请和查询、修改密码等操作。

（7）什么情况下充电桩才会停运？

极端天气、设备故障无法运行、充电设施计划检修、充电设施升级改造、外部线路检修改造、充电站场地封闭改造、充电设施布局优化迁址。

（8）如遇雷电、大雨等恶劣天气，电动汽车能进行充电吗？

如遇雷电、大雨等恶劣天气，电动汽车是可以充电的。但是为保证充电人员和设备的安全，建议先不要充电，等大雨天气过后再进行充电。充电时因空气湿度大，宜将充电机先接通电源，待机工作一段时间后再开始对电动汽车充电。

（9）发生什么情况充电桩需发起退运？

充电桩由于拆除或易址，需要退出运行，并且不再回复需发起退运流程。

（10）目前电动汽车所用锂离子电池的主要结构和充放电原理是什么？

目前应用于新能源汽车的锂离子电池主要有磷酸铁锂电池和三元锂离子电池。锂离子电池的主要结构包括正极材料、负极材料、隔膜以及电解质几个部分。充电过程是锂离子从正极材料中脱出，通过电解液扩散至负极材料并嵌入负极材料层间，相应地，电子从外电路由正极（氧化反应）流向负极（还原反应）以保持整个系统的电中性。放电过程与充电相反，锂离子从负极材料中脱出，通过电解液扩散至正极材料并嵌入正极材料结构中，相应地，电子从外电路由负极（氧化反应）流向正极（还原反应）以保持整个系统的电中性。

（11）怎么办理电动汽车充电卡销卡退费业务？

实名制电卡办理销卡退费业务，销卡时，请客户出示与原卡相一致的有效证件，并提供本人银行借记卡账户信息（户名、卡号、开卡银行）和联系电话。销卡后，作废卡由营业网点暂存，由国网电动汽车公司统一回收销毁。告知客户自受理之日起 15 日内，通过网银转账方式将清算后的卡内余额存入客户银行借记卡账户中。营业网点应严格执行"收支两条线"制度，不允许支出现金。

（12）电动汽车无线充电技术基本原理和无线充电方式是什么？

电动汽车无线充电不需要用电缆将车辆与充电系统连接，在发射端将电能转换成电磁波并发射出去，在接收端接收到电磁波之后，再将其转换成电能对电动汽车动力电池进行供电。目前来说。无线充电主要有电磁感应式、微波传输式及磁场共振式三种不同实现方式。

（13）如何确定电动汽车充电已完成？

当电动汽车充电完成时，手机 APP 会发送消息，提醒客户充电已完成；在充电桩显示屏上，也会显示"充电完成"字样，此时客户可拔出充电枪，结束充电操作。

（14）充电桩分哪几类？

交流慢充和直流快充。

（15）充电桩有哪几种充电方式？如何区分自己的车辆符合哪种充电方式？

应答话术：一般充电桩分为 7 孔、9 孔直流桩。您需要确认本车是否支持交流或直流快充接口。通常交流柱充电时长较长，而直流充电较快。

（16）客户可以通过哪些通道申请电动汽车充换电设施用电？

应答话术：您好。您可以通过营业厅申请电动汽车充换电设施用电。

（17）客户申请电动汽车充换电设施用电，是否需要交纳相关服务费用？

应答话术：您好，不用。客户充换电设施受电及接入系统工程由客户投资建设，其设计、施工及设备材料供应单位由客户自主选择，在充换电设施用电申请、设计审查、装表接电等全过程服务中，不收取任何服务费用。

（18）充电设施抢修时限要求是什么？

充设施巡视。95598 客户维修、车联网平台监控发现故障后均可发起检修工单。地市公司检修管理员应在 15 分钟内接单并转发检修员。检修员 45 分钟内到达现场，2 小时内完成处理，处理过程同计划检修。对 2 小时内不能完成处理的应申请停运，并在停运时间内完成检修和上报。

（19）国家电网的充电桩充电有哪几种充电支付方式？

应答话术：先生/女生您好，有三种。第一种，充电卡充电：将电卡放在感应区进行刷卡，充电检卡后输入预设金额即可充电。第二种，e 充电账号充电：选择充电方式后，进入全额选择界面及输入账号密码界面，通过后台进行验证后充电。第三种，二维码充电：选择二维码支付方式后，预设金额，屏幕会跳到扫描二维码界面，采用手机APP 扫描进行充电。

（20）公交集团用户来到供电营业厅办理大额电动汽车充电卡业务时，线下流程步骤有哪些？

1）与用户确定金额和卡数。告知用户国网电动汽车服务有限公司中国农业银行总账户，留下用户联系方式，告知用户转账后联系营业网点并且提供转账凭证。

2）收到用户凭证后联系车联网平台专责，等待与财务部确认到账情况。

3）收到财务到账凭证后，通知客户前来办理实名制集团充电卡，在平台中以现金方式，一次性将所有金额开卡充值并将所有充值记录解款成一笔解救记录报给车联网平台专责。

（21）办理充电卡挂失和补卡需要准备什么资料？

如实名制充电卡丢失，客户可申请办理挂失。客户可以通过拨打 95598 客户服务热线或在营业厅进行充电卡挂失和解挂，挂失 10 日后可进行补卡操作，补卡时需持与原卡相一致的有效证件去营业厅办理补卡业务。挂失的充电卡可在 10 日内解挂。

（22）客户办理充换电设施业扩报装业务需要提供哪些资料？

居民低压客户需提供居民身份证或户口本、固定车位产权证明或产权单位许可证明，物业出具同意使用充换电设施的证明材料：本居民客户需提供身份证、固定车位产权证明或产权单位许可证明、停车位（库）平面图，物业出具允许施工的证明等资料，高压客户还需提供政府职能部门批复文件等证明材料。

（23）客户反映在自家小区安装使用充电桩，多少钱一度电？

应答话术：您好，在自家小区安装使用充电桩，执行居民用电价格中的合表用户电价，即 0.568 元/（kW·h）。

（24）客户办理充电卡换卡需要准备什么资料？

营业厅工作人员可为实名制充电卡客户办理换卡业务。换卡时，客户常出示与原卡相一致的有效证件。原卡有灰锁记录的应先完成解灰操作。若是将非实名制充电卡换成实名制充电卡，客户需持充电卡和个人有效身份证件到营业厅办理实名认证业务。

（25）客户反映充电过程中遭遇充电桩损坏或充电时系统显示扣费却充不上电，如何处理？

1）客户应停止在目前故障充电桩上充电。

2）客户可拨打供电服务电话 95598 进行故障报修。如客户采用的是有卡充电方式，报修时应提供卡号及联系方式；如客户采用的是无卡充电方式（二堆码、验证码、账号），报修时应提供相应信息（二维码信息、验证码号、具体账号）和手机号码。

3）客户可选择充电站内的其他正常充电桩进行解灰，充电。

（26）客户询问在国家电网有限公司充电柱上充电，怎么收费？

应答话术：您好！充电费价格按照一般工商业及其他用电的峰谷分时电价来执行。

高峰时段：08：00—12：00、18：00—22：00，为 1.05025 元/（kW·h）（峰）。

平段时段：12：00—18：00、22：00—24：00，为 0.6206 元/（kW·h）（平）。

低谷时段：00：00—08：00，为 0.25635 元/（kW·h）（谷）。

充电服务费按地方政府出台标准执行。

（27）电动汽车充换电设施用电报装业务分哪几类？

应答话术：第一类：居民客户在自有产权或拥有使用权的停车位（库）建设的充电设施。第二类：其他非居民客户（包括高压客户）在政府机关、公用机构、大型商业区、居民社区等公共区域建设的充换电设施。第三类：向电网企业直接报装接电的经营性集中式充换电设施。

（28）申请电动车充换电设施用电报装业务的渠道有哪些？

应答话术：目前河南省用户可通过掌上电力手机 APP、95598 网站、供电营业厅进行办理。

（29）电动汽车充换电设施的电价标准是什么？

应答话术：对向电网经营企业直接报装接电的经营性集中式充换电设施用电，执行"大工业用电价格"。2025 年前，暂免收基本电费。其他充电设施按其所在场所执行合类目最低电价。

居民家庭住宅、居民住宅小区、执行居民电价的非居民用电中设置的充电设施用电，执行居民用电价格中的合表用户电价。

党政机关、企事业单位和社会公共停车场中设置的充电设施用电执行"一般工商业及其他"用电价格。

（30）充电桩都有哪些运行状态？

应答话术：一般而言，充电设施有充电、待机、离线及故障状态，详细说明如下。

1）充电状态。充电设施正在运行，充电状态下，充电指示灯闪亮。

2）待机状态。充电设施处于待机状态，与控制后台连接稳定，可以随时通过三种充电方式启动充电桩。待机状态下，电源指示灯常亮。

3）离线状态。充电设施与控制后台连接断开。但可以通过线下方式（刷电动汽车充电卡）启动充电桩。

4）故障状态。充电设施由于各种原因发生故障并无法启动。故障状态下故障指示灯亮。

（31）专用充电站的命名规则是什么？

应答话术：省＋市＋区（县）＋单位或场站＋充电站＋内部，如安徽省合肥市瑶海区临东路龙商公交停车场充电站（内部）。

（32）什么是充换电设施建设项目前期？

应答话术：充换电设施建设项目前期是指从工程规划到开工实施前开展的全部工作，主要工作内容包括政策实施、网络规划、选址布局、工程许可、用地协调、配套准备等。

（33）充换电设施工程建设的主要工作内容是什么？

应答话术：主要工作内容包括建立组织体系和管控机制、制定里程碑计划、组织招标采购、初步设计、施工组织设计、施工许可办理、物资供应与检测、充电设备接入、竣工验收等内容。

（34）《关于免征新能源汽车车辆购税的公告》中表明，列入《免征车辆购置税的新能源汽车车型目录》的插电式混合动力乘用车须符合什么条件？

应答话术：插电式混合动力乘用车综合燃料消耗量（不含电能转化的燃料消耗量）与现行的常规燃料消耗量国家标准中对应目标值相比小于 60％：插电式混合动力商用车结合燃料消耗量（不含电能转化的燃料消耗量）与现行的常规燃料消耗量国家标准中对

应限值相比小于 60%。

5. 分布式光伏发电

（1）什么是分布式光伏发电？

应答话术：分布式光伏发电是指在屋顶或附近场地建设安装的以"自发自用剩余电量上网"或"全额上网"等模式且规模较小的光伏发电设施。

（2）分布式光伏发电有几类？

应答话术：有两类。

1）10kV 及以下电压等级接入且单个并网点总装机容量不超过 6MW 的分布式光伏发电。

2）35kV 电压等级接入，年自发自用电量大于 50% 的分布式光伏发电；或 10kV 电压等级接入且单个并网点总装机容量超过 6MW 年自发自用电量大于 50% 的分布式光伏发电。

（3）申请办理分布式光伏发电业务有哪些渠道？

应答话术：您可到当地供电营业厅或手机 APP 直接办理，也可以通过电话或微信预约申请办理。

（4）办理分布式光伏发电业务的线上渠道有哪些？

应答话术：您可以通过"电 e 宝"手机 APP 直接办理，也可以通过本地值班电话或关注"国网××省电力公司"微信公众号进行预约办理。

（5）线上直接办理分布式光伏发电业务需要哪些申请资料？

应答话术：如果您是个人办电，上传身份证、军人证或护照等公安部门颁发的有效身份证明；如果您是企业或行政事业单位，上传营业执照或组织机构代码证等工商行政部门颁发的有效证明即可。

（6）办理分布式光伏发电业务是否也实行"一证受理"？

应答话术：办理分布式光伏发电业务，与办理新增业务一样也实行"一证受理"。

（7）如何才能查到预约办理分布式光伏发电业务的联系电话？

应答话术：您可以通过支付宝搜索"国网××省电力公司"，找到"国网××省电力公司生活号"，点击进入后下方中间出现的"预约报装"，点开"预约报装"，选择"所属地市"及"所属区县"，即弹出选择的当地供电公司公开的预约办理电话。

（8）如何实现电话预约办理分布式光伏发电业务？

应答话术：您可以拨打当地供电公司公布的预约电话，接通后将您的并网需求、详细地址、联系人、联系电话和预约办理时间，告知我们的坐席人员即可。

（9）如何通过"电 e 宝"直接办理分布式光伏发电业务？

应答话术：您通过手机登录"电 e 宝"中的"光 e 宝"，点击"光 e 宝"，在弹出的页面左上方找到"线上并网"，也可以通过电话或微信预约申请办理。

（10）可否告知"光 e 宝"办理分布式光伏发电并网业务操作步骤？

应答话术：以办理"个人并网业务"为例，进入"光 e 宝"中的"线上并网"对话框，按提示依次输入"安装地区、详细地址，上传产权证明，选择计划开始时间、计划投产时间，输入光伏发电安装容量，选择发电量意向消纳方式，填写户主信息（包括证件类型、上传证件照片、填写户主姓名、证件号码）和经办人信息（包括上传委托书、选择证件类型、上传证件照片、填写经办人姓名及联系电话）"，获取并填写验证码后，生成申请单，提交成功后，即完成线上办理操作程序。

（11）个人并网申请提交后，多长时间答复接入系统方案？

应答话术：供电企业受理您提交的光伏并网申请后，如需低压（380/220V）单点并网，两个工作日内答复接入系统方案；需低压（380/220V）多点并网，5个工作日内答复接入系统方案。

（12）高压并网申请提交后，多长时间答复接入系统方案？

应答话术：供电企业受理您提交的光伏并网申请后，如是10kV并网，10个工作日内答复接网意见函（包括接入系统方案）；如是35kV并网，13个工作日内答复接网意见函（包括接入系统方案）。

（13）什么是接入系统方案？

应答话术：您向供电企业提出并网申请后，供电企业需要给您的书面答复，其主要内容就是接入方案，包括接入点电压、并网点电压、并网容量、发电量上网模式、发电电能质量、电能计量（含上网电量、发电量）、并网线路、断路器及保护装置配置要求等。

（14）接入系统方案的作用是什么？

应答话术：供电企业答复给您的接入系统方案是作为分布式光伏发电项目内部工程设计的依据之一，也是发电项目业主和供电企业之间签订发（用）电合同的主要内容。

（15）哪些分布式光伏发电项目不需要进行设计审查？

应答话术：您如果是低压（380/220V）单点并网，无需进行设计审查，接到供电企业答复的接入系统方案后可直接开展下一步工作。

（16）分布式光伏发电项目设计文件提交供电公司后，多长时间内反馈审核意见？

应答话术：工作人员自接到您的设计文件之日起，低压多点并网项目设计文件审查时限为3个工作日，高压并网项目设计文件审查时限也是3个工作日。

（17）分布式光伏发电项目内部工程竣工，并向供电公司申请检验后，多长时间内完成竣工检验？

应答话术：工作人员自接到您的内部工程竣工通知后，低压并网项目3个工作日内完成竣工检验，高压并网项目也是3个工作日内完成竣工检验。

（18）分布式光伏发电项目内部工程竣工检验合格后，供电部门多长时间内完成并网工作？

应答话术：自您的分布式光伏发电项目内部工程竣工检验合格后，低压并网项目3个工作日内完成并网调试运行，高压并网项目也是3个工作日内完成并网调试运行。

（19）个人分布式光伏发电项目并网发电后，多长时间能见到收益？

应答话术：供电企业根据您提供的个人及项目信息建立台账，同时上报政府主管部门进行集中备案，在备案未纳入国家财政补贴目录前，供电企业按月（或按合同约定时间）给您结算上网电费。

（20）非自然人分布式光伏发电项目并网发电后，多长时间能见到收益？

应答话术：供电企业根据您提供的单位及项目信息建立台账，在您单位的项目未纳入国家财政补贴目录前，供电企业按月（或按合同约定时间）给您结算上网电费。

（三）互联网环境下电力客户服务

信息技术迅猛发展，智能用电的需求也大量提升，随着智能用电的推广，在建设互联网环境下的电力运营平台的催动下，手机已经成为客户服务的常用终端，客户可以通过手机随时查询电费、办理业务等。把"互联网＋"和电力营销服务相结合，不仅进一步优化了供电服务的各个环节，提升了客户满意度，还大大提高了工作效率，使客户享受到更加快捷便利的供电服务。

国家电网有限公司指出，主动适应售电侧改革和"互联网＋"技术发展新形势，整合 95598 网站、"电 e 宝""掌上电力"手机 APP 及在线客服资源，打造线上线下一体化流程，深化营、配、调信息系统贯通和实施数据共享，优化前端触角敏感、后端高度协同的 O2O 线上线下闭环服务链，提高供电服务智慧化水平，实现营销服务数字化、线上化、互动化。

1. 95598 业务流程有关介绍

（1）咨询流程。从图 3-4-24 中可以看出，从客户联络中接收到客户的咨询请求，通过查询电力知识库与公共信息，答复客户相关的政策法规、业务办理的程序、事务处理的流程、电费电价的标准、停电的信息、用电优惠的政策、新装和增容与变更用电方面的有关规定和收费、用电安全方面知识、电力百科等信息咨询。

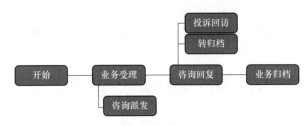

图 3-4-24　咨询流程

（2）投诉流程介绍。从客户联络中接收到客户的投诉请求，受理客户对服务的行为、服务的渠道、业扩的工程、装表接电、用电的检查、抄表和催费、电价和电费、电能的计量、停电问题、抢修质量、供电质量等方面进行投诉，转移到相关部门进行处理，并且对处理的过程进行有效跟踪和督办的流程图（见图 3-4-25）。投诉处理的结果应当及时反馈给客户，进而形成闭环管理。

图 3-4-25　投诉流程介绍

（3）举报流程介绍。从客户联络中接收客户对违章窃电、破坏电力设施、偷盗电力设施、违约用电、作风廉政等方面进行举报，转到相关部门进行处理，并对处理过程进行跟踪和催办的流程图（见图3-4-26）。举报处理结果及时反馈给客户，形成闭环管理。

图 3-4-26　举报流程介绍

（4）建议流程介绍。从客户联络中接收客户对电网建设、服务质量等方面的建议或意见，并转到相关部门进行处理。根据相关部门的处理结果回访客户，了解客户对建议处理的满意程度，形成闭环管理，见图3-4-27。

图 3-4-27　建议流程介绍

（5）订阅服务流程介绍。受理客户订阅或退订申请的流程图（见图3-4-28）。根据客户订阅的内容及要求，向客户发送订阅的相关信息。让用户真正享受到足不出户的待遇。

图 3-4-28　订阅服务流程介绍

2. "掌上电力"和"电e宝"

（1）"掌上电力"。"掌上电力"是公司供电服务移动营业厅，分低压版和企业版两个版本。其中，低压版主要面向低压居民及低压非居民用户提供电力营销全业务服务，于2013年7月开始建设；企业版主要面向企业客户提供电力营销全业务服务，于2015年11月开始建设。

"掌上电力"低压版APP设计以用户体验为基础，以内容为中心，为满足用户办理用电业务，提供登录认证服务、交费购电服务，业务办理服务、用电查询服务、客户服务、辅助服务等不同类型服务。

"掌上电力"企业版APP为满足企业客户线上办理用电业务需求，提供登录认证服务、业务办理服务、用电查询服务、客户服务、辅助服务等不同类型服务。

（2）"电e宝"。"电e宝"是国家电网有限公司自有全网通互联网交费平台，为广大用电客户提供安全可靠，优质高效的支付服务。"电e宝"是国家电网有限公司互联网线上供电服务的主营载体之一，该 APP 集支付结算和金融服务于一体，为国家电网有限公司电力营销、供电窗口、国网商城、国网商旅等多项业务提供全方位的资金结算服务，便捷又高效。有力地支撑着国家电网有限公司电力服务水平，为国家电网的整体实力提升提供强有力的后援。

3. 支付宝缴费

随着互联网支付的发展，现今社会足不出户办理各种业务和生活事项已经普及，支付宝缴费也是现在民众常用的缴费手段之一，下面为大家介绍支付宝缴纳电费的方法（如图 3-4-29 所示）。

图 3-4-29　支付宝缴纳电费的方法

（1）下载支付宝 APP，登录支付宝账号（没有的注册下）。登录后点底部"首页"，再点中间的"更多"，选择"生活缴费"。

（2）点击"电费"。

（3）选择电网公司或电网公司（银行代收）。

（4）在用户编号后面输入自家平时缴费的用户号。

（四）智慧电力服务发展前景

现在信息技术发展飞速，移动互联网早已成为一种重要的传播媒介走进千家万户。电力行业作为信息技术的支撑行业，国民经济的基础行业，随着需求必要性的增强也逐步面临着营销竞争的压力，它的营销服务方式也变得更加多样化，与用户之间的有效互动，提升用户满意度，提高运营的服务效率。虽然移动互联网的快速发展使得电网企业的电力系统稳定性在不断加强，消费者用电安全也得到进一步的保障。可是，随着经济的持续发展与人民生活水平的日渐提高，人民对其服务质量的要求也在不断提高。于是在这种背景下，如果要想保障电网企业的高速发展，解决两者之间的矛盾，那么电网企业就必须不断地创新营销服务的方式，满足消费者当前的用电需求和服务要求。

从电网企业行业发展的情况来看，信息技术的发展，移动互联网技术与电力系统的进步相辅相成，随着移动互联网的进一步发展，智能电网的技术提升，极大地提高了电力服务的安全性与稳定性。当前，在对电力能源提出更高需求的背景下，以"互联网＋"全天候智能电力营业厅"电力营销服务新平台"为依托的新型营销模式，能够有效拉近电网企业产品和服务与电力用户之间的距离，进而提高电力营销和电力服务质量。目前，移动互联网技术取得了突飞猛进的发展，在物联网、云计算和大数据等新技术的帮助下，社会的各行业生产营销活动都在倾向于凭借移动互联网技术，对营销服务进行创新，使之趋于精细化。

1. 电力消费服务云平台

近几十年来，中国特色社会主义发展迅速，经济增长日益腾飞，电网规模也不断扩大，电网结构日趋复杂，能源结构逐步改革，市场化变革日益深入，电力系统的安全与经济运行以及系统控制等变得越来越困难。为了解决上述问题，美国电力研究协会在 2001 年提出了智能电网的概念。随后，欧洲成立"智能电网欧洲技术论坛"，将智能电网上升到战略地位。在国内，国家电网有限公司确立了建设坚强智能电网的发展战略，

图 3-4-30　智能电网
发展目标

提出了以特高压电网为骨干网架，各级电网协调发展，具有"数字化、自动化、信息化、互动化"特征的坚强智能电网发展目标。如图 3-4-30 所示，依靠计算机、通信和控制等技术构建各种信息平台是国家电网所提出的"四化"坚强智能电网的重要手段。

随着分布式处理、并行计算、网格计算和效用计算的快速发展，云计算为智能电网下的数据规模海量信息处理、分析、存储、管理与计算平台提供了新的解决思路。

云计算常被形容为在互联网环境下的一种分布式计算模式，它强调面向服务（SOA）的概念和"数据中心"的架设，通过虚拟化技术，向用户提供各种服务，并实行"按需供给，按需付费"的思想，以比传统分布式计算更加经济的方式提供服务。计算机学术界和产业界普遍认为，云计算可向用户提供三个层面的服务，即"基础设施即服务""平台即服务"以及"软件即服务"。

2. 电力消费大数据智能分析技术

电网公司服务的对象主要是当地的居民用户。随着居民消费水平的提高、用电量的增加，居民对电力的消费也有所增加。根据居民的大数据消费资料显示，当气温升高时，居民的用电量会增加。为了更好地为居民供电以及进行其他的电力服务，电网公司需要对居民用电消费所受影响的相关因素进行调查统计，并且掌握居民用电习惯及其主要影响因素之间的联系。这就需要借助大数据平台进行分析，搭建相关数据挖掘模型，最终实现居民用电消费和用电负荷预测分析。建立数据挖掘模型不仅可以了解居民用电的消费习惯、提高负荷预测的准确性、保证电网运行的高效与安全，也是为了验证大数据技术应用于电力行业的有效性，为以后高效的服务提供保障。

（1）电力大数据。电力大数据主要包括数据采集层、数据存储层、数据处理层、数据应用层以及平台管理层级框架。其中，数据采集层是采集和整合数据的统一场所。数据存储层的作用是大规模存储、快速查询读取。数据处理层是提供数据的加工、分析、处理和挖掘服务的场所，主要是对数据进行查询和计算。数据应用层是通过对数据进行挖掘分析，实现新的价值，为大数据分析技术提供依据。平台管理层级框架的功能是为大数据开发人员提供稳定高效的大数据分布式系统开发、运维和管理。

（2）云计算技术的描述。根据目前的信息整理，对云计算技术始终没有一个固定的概念，它在网络上的说法有很多种。目前网上所能查找到的最多的一种说法是："基于互联网的相关服务的增加、使用和交付模式，通常涉及通过互联网来提供动态、易扩展且经常是虚拟化的资源。"云是网络、互联网的一种比喻说法。过去我们常用云来表示电信网，后来也用来表示互联网和底层基础设施的抽象。因此，云计算甚至可以让你体验每秒 10 万亿次的运算能力，拥有这么强大的计算能力可以模拟核爆炸、预测气候变化和市场发展趋势。

如今，社会正向着信息化的方向发展，电网企业也开始沿用了信息化的管理模式。但是，电力公司的信息化管理依旧存在信息系统管理落后、信息的安全缺乏保障对策以及信息技术利用不够全面等情况。为了加强对电力公司的信息管理，电力公司应该在电力系统中运用云计算技术。居民用电消费所涉及的相关数据信息量繁多冗杂，应用云计算技术不但能够有效地解决这些信息，而且可以高效处理电力系统中海量存储和计算复杂的问题，提高了电网企业工作效率。因此，云计算数据分析处理技术是应用于电力系统中的一种必不可少的技术。

科技的发展是迅速的。大数据时代的到来虽然给人们带来了海量的数据，但是也给人们带来了分析它们的智能技术，给人们的生活带来越来越多的便利。通过运用智能分析技术来处理电力行业客户的消费信息，能够促进电网企业的服务改善与升级，提供令消费者更满意的服务。

3. 网络环境下的电力消费体验中心

互联网环境下的电力消费体验中心在能源互联网及电力消费模式中，将发挥实验、实训、科研、服务职能，成为一个能源互联网推广应用的创新载体。在电力消费的基础软件平台和能源互联网虚拟环境中，利用云计算和大数据技术支撑体验中心智能化和网络化。电源企业、电力装备企业、售电企业等既可以在体验中心部署其服务，又可以开展服务创新和技术研发，同时将其解决方案或者智能装备以服务的形式在体验中心进行部署，协助完成体验中心的生产服务功能。

建设模式：电力公司作为建设主体，整合现有的数据资源、软件资源、实验室、设备资源，形成电力消费服务软硬件集成平台，完成能源互联网电力消费模式与技术的学习、科研、体验，推动云平台在体验中心部署互联网环境下的能源互联网技术的推广与普及。体验中心建设模式的优势包括：

（1）电力公司作为建设主体，在基础条件设施、能源联网技术研究、智能设备、电力数据资源等方面具有优势，可以最大限度地降低体验中心建设的成本，发挥体验中心的作用。

（2）电力消费生态体系各方的参与有助于为体验中心搭建真实的电力消费环境和交易模式展示，并成为企业的培训基地。

（3）协同与创新应用体验。企业可以利用公有云和私有云构建和部署移动互联的业务工作协同平台，实现 IT 资源集约化管理，降低运维成本，实现快速服务产品创新目标。

（4）云平台的参与，既为体验中心配置了"互联网＋智慧售电"软环境，又有助于平台自身产品的用户体验和推广应用。

（5）示范用户成功案例。参观者在体验中心还可以了解典型行业的解决方案和示范用户的成功案例等。

4. 优化精准供电服务

随着能源互联网战略推进及售电侧放开，将逐步形成竞争性的售电市场，供电服务需求由低级阶段向高级阶段发展，用户不仅需要更安全、可靠的供电服务，减少停电次数，还需要优化能效，提高电力消费体验，获得个性化的能源服务。第一，供电服务需要开展双赢的增值服务业务，如基于大数据和云服务技术的综合用能方案、综合能源管理、能源互联网运营等能源服务；第二，电力服务要着重于满足电网感知的基本服务需求，如提高电能质量、减少停电时长、加快接电效率、降低投诉频率等；第三，供电服务需要挖掘客户多元化延伸服务需求，如制定电生产策略、实时互动用电数据、设备代维与租赁等。

5. 消费服务展望

随着智能用电的推广，客户能够通过手机实现能效分析、用电查询、电费缴纳、家电控制和与互联网互动等功能。如图 3-4-31 所示，智能电网的应用范围越来越广，用途越来越多。

图 3-4-31　智能电网的用途

互联网与传统电网结合，能够利用互联网发展传统电网，增强用户体验感，促进价值共享，打破行业发展边界，提高能源利用率，实现真正意义上的能源资源共享。能源互联网可以通过分布式发电设备、储能设备、用电设备等环节部署各类能效监测终端、控制器、环境传感器、视频监控等采集控制单元，实现发电、用电、环境及安全数据的实时采集。2009 年，国家电网有限公司正式启动智能电网建设，国家电网有限公司在电网智能化、信息化等方面已经走在前端。能源互联网必将成为电网发展的主要特征。在能源互联网的推动下，智能用电将得到普及，电力将实现智能化应用。未来的个人或工业将与电网形成良好的互动关系。客户与电网之间积极的互动能够提高用电能效，对电网的能效平衡也起到关键的作用。未来的能源管理将以能源互联网为基础，以"保证区域能源可靠供应，实现区域能源协调互给"为目标，以电能为支撑，综合冷、热、电、热水等多种分布式能源，构建"源-网-荷"互动的区域型能源互联网络。它能够建立合理的能源分配网络，并且设计出有效的节能策略，降低用能开支，保障能源的持续可靠供应，保障终端用能的安全，从而实现区域中各种能源的协调控制和综合能效的有效管理。

"互联网＋"电力营销会催生更多种类更新型的服务模式，电力服务模式在不远的将来终会产生显著的变化。移动互联网服务的方式将得到更加广泛的普及，客户与电网之间的双向互动将得以实现。随之而来的将会是电网发展理念的一场巨大变革。一方面，电能替代和绿色替代将成为能源发展的主力军，电能替代主要指"以电代煤，以电代油，电从远方来，来的是清洁电"；绿色替代就是指大幅度增长的水能、风能、太阳能等清洁能源以代替火电。另一方面，需求侧管理也将变得更加科学合理，分布式能源并网容量的增多也将会加大用电客户与电网之间的互动需求。智能用电、移动终端等的广泛使用同样将促进电网与用电客户之间的互动。这有利于供电侧作出更加合理的调度判断，使用电需求更加科学合理。

五、展巧手之不凡，秀大国之匠风——乡镇及农村供电服务

随着经济体制改革的不断深入，电力体制改革的速度也在不断地加快，在市场经济下，电网企业的垄断地位被打破，电力企业失去了往日的优势，同时处于激烈的市场竞争当中，且电网企业之间产品的差异性较小，因此，电网企业之间的竞争归根结底就是

服务的竞争。只有为用户提供优质的服务，树立以客户满意为中心的思想，企业才能在竞争中赢得市场，以优质的服务提高企业的经济效益。

供电企业树立良好社会形象的一项重要工作就是优质服务工作，一直以来，供电所在优质服务工作中做了大量工作，但在新形势下，"人民电业为人民"的服务宗旨赋予了新的内涵，供电所仅仅让客户有电用已远远不够，能否让客户用上质优、安全、可靠的电力，能否让客户感受到方便、快捷、满意的服务是对我们优质服务工作提出的新的要求。本章主要从农村电力基本知识、供电服务的优质案例与不良案例、国网金昌供电公司助力农村建设的举措、新形势下农村配电网智能化发展方向四个方面进行讲解。

（一）农村电力基本知识

1. 定义

农村电力是指农村经济发展、农业生产和农民生活所需要的电力。农村电力网是主要为县（县级市、区）区域内的城镇、农村、农垦区及林牧区用户供电的配电网，简称农网。

2. 农网的构成

农网由各级配电线路、农村变电站和农村配电变压器台（室）构成，分为农村高压配电网、农村中压配电网和农村低压配电网。我国的农村电力网主要由 110kV 及以下输电、配电线路和变电站构成。农村供电的电源主要来自大电力系统，也有来自各种类型的中小型发电厂和发电机组。

3. 农村供电的特点

农村供电具有用户分散、负荷密度小、小型用电设备多、自然功率因数低、用电季节性强、装置容量利用小时数小、供电成本高等特点。有的国家农村电力网 6～20kV 配电线路平均每公里的年送电量只有城市电力网的 1/20 左右。我国农村区域广阔，农村供电的上述特点尤为明显。

（二）供电服务的优质案例与不良案例

营销服务人员不仅要具备过硬的专业知识，还要将专业知识应用到为人民服务上。下面，结合日常工作开展情况，针对业扩报装、电能计量、抄表收费、供电服务及新型业务等，选定了具有代表性的不良服务事件和优秀服务案例，供广大员工学习借鉴、警示参考。

1. 业扩报装

（1）不良服务事件：新装超期无人问，惹恼客户遭投诉。

【事件经过】

6月30日，张先生通过微信办理居民新装业务，预约时间为7月3日，但由于工作人员操作失误，误将该工单进行流程终止。因此直到7月5日仍没有工作人员与他联系，后来已经超出规定时限，仍未解决。由于张先生急需用电，遂进行投诉，希望相关部门能尽快处理。

【应急处理】

接到投诉后，供电所立即核实情况属实，派工作人员上门向客户致歉，为客户办理了新装用电手续，取得客户谅解。

【违规条款】

1）违反《国家电网有限公司供电服务规范》第二章第四条第二款："真心实意为客户着想，尽量满足客户的合理要求。对客户的咨询、投诉等不推诿、不拒绝、不搪塞，及时、耐心、准确地给予解答。"

2）违反《国家电网有限公司员工服务行为"十个不准"》（修订版）第三条："不准无故拒绝或拖延客户用电申请，增加办理条件和环节。"

3）违反《国家电网有限公司员工服务行为"十个不准"》（修订版）第六条："不准漠视客户合理用电诉求，推诿、搪塞、怠慢客户。"

4）违反《国家电网有限公司供电服务"十项承诺"（修订版）》第六条："获得电力快捷高效。低压客户平均接电时间：居民客户5个工作日，非居民客户15个工作日。高压客户供电方案答复期限：单电源供电15个工作日，双电源供电30个工作日。高压客户装表接电期限：受电工程检验合格并办结当天相关手续后5个工作日。"

【暴露问题】

1）工作人员责任心不强，在未进行核实的情况下终止流程工单。

2）供电服务过程监督管理不到位，未能及时发现工作中出现的问题。

【规避投诉要点】

加强工作人员服务意识，提升工作责任心；建立工单终止回访机制，发现问题及时处理。

（2）优质服务案例：足不出户，用电快人一步。

【案例提要】

××供电公司秉承"人民电业为人民"的服务理念，把提升客户"获得电力"满意度作为工作目标，聚焦降成本、压时间、减环节，大力推行线上办电，减少客户往返营业厅次数，提升客户"电力获得感"。

【事件经过】

5月7日10：15，赵先生在网上申请了低压居民用电报装。10：18，赵先生便接到供电公司工作人员电话，并约定现场服务时间为当日14：00。供电公司工作人员提前赶到现场，核实赵先生办电资料齐备且具备直接装表条件，确定了供电电源后，于当天15：50完成装表接电工作。赵先生从申请到用上电仅用了不到8小时。压环节、减时限，让客户用电省心又放心。

【取得效果】

"省力、省时、省钱"是客户的高度评价和称赞，道出供电公司深化"放管服"改革、优化电力营商环境采取的新举措，带来的新风气，产生的新效果。同时实现了不见面、不接触，足不出户就解决居民、企业的用电问题，办理用电服务。

2. 电能计量

（1）不良服务事件：换表停电未告知，用户投诉没商量。

【事件经过】

6月8日晚上，张先生正在和家人看电视，突然家里一片漆黑，张先生及家人对此很疑惑。其原因是工作人员要在该小区更换电能表，但更换前未在张先生所在小区和单元张贴告知书，换表过程中影响了张先生家正常用电，为此张先生十分气愤，在现场沟通过程中，情绪较为激动，从而引发投诉。

【应急处理】

供电公司核实情况后，立即派人上门致歉，并取得了客户的谅解。

【违规条款】

1）违反《国家电网有限公司供电服务质量标准》6.27："低压客户电能表换装前，应在小区和单元张贴告知书，或在物业公司（村委会）备案；换装电能表前应对装在现场的原电能表进行底度拍照，拆回的电能表应在表库至少存放1个抄表或电费结算周期。"

2）违反《国家电网有限公司供电服务规范》第二章第四条第五款："熟知本岗位的业务知识和相关技能，岗位操作规范、熟练，具有合格的专业技术水平。"

【暴露问题】

相关单位未在小区内做到公示公告，换表停电影响客户正常用电且工作人员服务意识不强，未真正使服务规范、工作标准和员工行为规范落到实处，缺乏应有的责任心，没有及时对客户进行安抚、解释，给公司造成了负面影响。

【规避投诉要点】

加强工作人员服务意识，提高工作责任心，加强业务技能培训，应严格执行电能表装换相关规定。

（2）优质服务案例：带电更换旧表箱，主动服务获称赞。

【案例提要】

某老旧小区部分电能表锈蚀，供电公司主动服务，解决客户用电隐患，获得客户的认可。

【事件经过】

2021年6月，某供电公司台区经理在例行巡视中发现某老旧小区21个电能表箱严重锈蚀，涉及居民客户200余户，随即将巡视情况上报供电公司营销部。供电公司立即成立专项整治小组，组织对该小区开展现场勘查和整改计划。为不影响客户正常用电，供电公司实施不停电更换表箱，并张贴了警示标识，提醒广大客户安全用电。

在工作开展过程中，生产和营销等部门相互配合，一边积极进行现场整治处理，加强低压配电网巡视；一边同客户进行有效沟通，片区经理主动与小区的街道办负责人、小区业主代表沟通换表事宜，向客户介绍公司处理流程和具体措施，确保客户了解事情经过，及时消除客户疑虑，提升客户对供电公司主动服务的认可度。

【取得效果】

供电公司对该小区21个表箱进行了更换，未发生一起安全事件，未发生一起客户投诉事件。表箱更换后，保障了客户的用电安全。客户对供电公司的工作给予支持，并表示满意。

3. 抄表收费

（1）不良服务事件：业务技能不熟练，客户问题被推诿。

【事件经过】

某日，供电公司小王去某小区抄表催费，路上巧遇客户张先生。小王告诉张先生家里的电费该交了，而此时张先生也恰巧要去供电公司交费，小王告诉张先生他们公司新推出了线上交费 APP，安装一个 APP，就不必每次都去营业厅了。随后小王从身上掏出一张宣传单，向张先生介绍"掌上电力"APP，张先生觉得这个很不错，便请小王帮其安装注册，由于小王对"掌上电力"APP 操作不熟练，在注册过程中，一直无法收到验证码，向同事打电话咨询后，仍未解决。之后，留给张先生一个电话，以手头还有点急事为由，便匆匆离开了。

【造成影响】

工作人员小王对"掌上电力"APP 操作不熟练，无法解决张先生遇到的问题，以工作为由推诿。张先生非常不满，随即投诉。

【应急处理】

事件发生后，供电公司立即派熟悉"掌上电力"APP 操作的专业人员联系张先生，帮其注册，并向张先生详细介绍其使用方法。同时在企业内部开展"掌上电力"APP 操作培训，确保每个工作人员都能熟悉基本操作。

【违规条款】

本事件违反了以下规定：

1)《国家电网有限公司供电服务规范》第四条第二款：真心实意为客户着想，尽量满足客户的合理要求。对客户的咨询、投诉等不推诿、不塞责，及时、耐心、准确地给予答复。

2)《国家电网有限公司供电服务规范》第四条第五款：熟知本岗位的业务知识和相关技能，岗位操作规范、熟练，具有合格的专业技术水平。

【暴露问题】

1）工作人员未熟练掌握新业务技能，未能提供可靠优质服务。

2）人员面对问题时，以不熟悉业务、工作忙为由推诿塞责。

3）供电公司对现场服务工作人员的技能培训不到位。

（2）优质服务案例：智能缴费新模式，精准服务获称赞。

【案例提要】

供电公司开启智能服务新模式，工作人员依托互联网、大数据分析技术主动、精准服务客户，降低客户用电成本，获得大力称赞。

【服务过程】

国家电网有限公司秉承"人民电业为人民"的服务理念，坚持创新驱动、客户体验为导向深化"互联网＋营销服务"。创新智能缴费、用电成本效益评估等举措深入服务客户。

智能缴费是线上交费和 24 小时在线响应的供电服务模式，具备在线、灵活、互动的特点。用电客户享有余额不足提醒、每日用电查询、峰谷效益评估等新功能及时调整用电习惯，帮助用电客户做到科学合理用电，避免欠费影响信用记录和带来停电麻烦。开通智能缴费后还可享受相应的特色服务，如积分加倍赠送等福利。

供电公司还定期协助客户分析其用电情况，对于综合均价过高、力调电费折价水平过高、基本电费折价水平过高以及峰谷效益不良的企业，用电检查人员或客户经理主动联系客户，协助其分析用电情况，通过投入无功补偿装置、办理暂停减容、自主选择峰谷标识等减少用电成本支出。如某企业的电费综合均价一度达到 0.85 元/(kW·h)，客户经理分析发现用户在报装时误选择峰谷分时电价，但是其用电集中在高峰期，导致均价过高，随即联系客户并上门收资办理峰谷标志变更手续，自此其均价降至了 0.55 元/(kW·h) 左右，得到客户的大力称赞。

【取得效果】

智能缴费模式帮助客户及时调整了用电习惯，帮助用电客户做到科学合理用电，协助客户分析用电情况，减少了客户的用电成本支出，得到客户的一致好评，提升了国家电网有限公司的品牌形象，体现了中央企业的责任与担当。

4. 供电服务

（1）不良服务事件：费用结清未送电，服务技巧有欠缺。

【案例提要】

李先生已结清电费，要求送电，工作人员没有掌握实际情况就回复李先生，且服务态度不好，造成客户不满，引发投诉。

【事件过程】

李先生给工作人员打电话，说明自家电费已结清，要求送电。但工作人员回复内容为张先生属欠费停电，已结清电费恢复送电。由于工作人员电话沟通时，欠缺服务技巧，造成客户不良感知，以致客户挂断电话再次投诉，投诉内容为工作人员与客户联系时存在态度恶劣，语气不好。

【造成影响】

影响李先生家正常用电，影响供电公司形象。

【应急处理】

供电公司了解情况后，立即派人赶赴现场，经查李先生家中空气开关故障，现已帮其送电。回访李先生，李先生表示满意。

【违规条款】

1）违反《国家电网有限公司供电服务规范》第二章第四条第五款："熟知本岗位的业务知识和相关技能，岗位操作规范、熟练，具有合格的专业技术水平。"

2）违反《国家电网有限公司供电服务规范》第二章第四条第二款："真心实意为客户着想，尽量满足客户的合理要求。对客户的咨询、投诉等不推诿、不拒绝、不搪塞，及时、耐心、准确地给予解答。"

3）违反《国家电网有限公司员工服务"十个不准"》（修订版）第六条："不准漠视客户合理用电诉求、推诿搪塞怠慢客户。"

【暴露问题】

1）工作人员责任心不强，没有掌握实际情况就回复客户。

2）工作人员与客户电话沟通，缺乏服务技巧，造成客户不满。

【规避投诉要点】

1）加强工作人员业务技能、工作规范培训，提高工作人员责任意识、服务水平。

2）对工作人员供电服务行为进行不定期抽查。

(2) 优质服务案例：供电连心卡，服务零距离。

5. 新型业务

(1) 不良服务事件：充电桩故障盼维修，抢修人员姗姗来迟。

【案例提要】

充电桩故障导致电动汽车不能充电，维修人员未按时到达现场，也未打电话解释说明情况，耽误客户行程，引发投诉。

【事件经过】

中秋节，张先生和家人驾驶新购的电动汽车回老家探望父母，行至某省高速公路服务区充电站时，张先生准备给电动汽车充电，却发现充电桩故障，于是张先生立即拨打了充电桩上的报修电话。但由于高速公路服务区充电站距离供电公司较远，加上假期交通不畅，2 小时过去了，张先生依然没有等到维修人员，也没有接到维修人员的电话解释情况，张先生十分愤怒随即拨打了投诉电话，希望相关部门能尽快解决。

【造成影响】

充电桩故障导致客户在高速公路服务区充电站无法正常充电，耽误了客户行程；检修人员未在规定时间内到达，也未做任何解释，使客户产生不满情绪引发投诉。

【应急处理】

检修人员抵达现场后，核实故障原因为主回路铜排螺栓松动，当即主动向客户道歉，解释迟到原因并及时排除故障，最后得到客户谅解。

【违规条款】

1)《国网营销部关于加强电动汽车充电网络运营服务工作的通知》（营销智用〔2017〕1 号）：设备故障要在 15 分钟内发现并派发工单，充电桩离线 30 分钟或在 1 小时内连续断网 4 次应派发离线工单，省公司必须做到 15 分钟接单、45 分钟到现场、2 小时完成处理，确保充电设施可靠运行，不能立即完成处理的要及时报国网电动汽车服务有限公司办理停运手续，在充电站点现场张贴公告，并尽快安排消缺复投。

2)《电动汽车充电网络及车联网平台运维管理工作指南（试行）》：地市公司检修管理员应在 15 分钟内接单并转派给检修员，检修员应在 45 分钟内到达现场、2 小时内完成处理，处理过程同计划检修。

【暴露问题】

1) 相关单位优质服务意识不强，对充电设施的日常巡视检修不到位。

2) 国庆节等节假日期间的抢修服务工作没有提前考虑应急措施，未能在规定时限内到达高速公路服务区充电站，影响客户出行并引起客户不满。

3) 抢修人员服务意识不强，在因故不能及时到达抢修现场的情况下没有及时与客户有效沟通，未能做好解释工作。

【规避投诉要点】

1) 相关单位加强优质服务的意识，加强对充电设施的日常巡视检修，节假日期间的抢修服务工作应提前做好应急措施。

2) 加强抢修人员服务的意识，因故不能及时到达现场应提前跟客户解释沟通。

(2) 优质服务案例：光伏扶贫遭误解，积极沟通来化解。

【案例提要】

政府部门精准扶贫，建议供货厂商转移矛盾，引起客户集体投诉，供电公司及时沟通，说明情况，并做好提前筹备工作，最后按时完成工作，获得认可。

【服务过程】

截至 2020 年 3 月，某供电公司累计收到 256 份光伏扶贫客户并网资料，共涉及 5 家建设供货厂商。政府要求该公司按时间节点完成精准扶贫项目，客户也希望能早日获得收益。因并网验收时客户侧工程存在缺陷，需要厂商进行缺陷处理后才能并网。但个别厂商私下将矛盾转向该供电公司，鼓动客户要求并网，不明情况的客户出现集体投诉倾向。

供电公司发现苗头后，积极主动与客户沟通，并及时上报地方政府，很快就建立起了一个光伏客户微信群，群内人员包括政府扶贫办工作人员、乡镇各级负责人员、各厂商以及有智能手机的客户或经办人等。工作人员在群内上传业务流程、行业规定及验收现场缺陷照片，并及时向客户说明不合格的产品与施工工艺对今后的影响，明白真相的客户认可了供电公司的服务行为。

同时，供电公司提前筹备计量表计安装工作，解决部分光伏客户核算数据采集难题，协助客户填写并网调试和验收申请表，准备相关材料。最终，供电公司按时间节点完成了全部光伏扶贫项目的验收并网工作，得到了地方政府和广大客户的认可。

【取得效果】

该供电公司服务的光伏客户数量多，但从并网验收到核算数据推送，一直到费用结算，每个环节都与客户积极沟通，主动做好服务，提前防范服务风险，既赢得了政府支持，又得到了客户的理解和好评。

（三）国网金昌供电公司助力农村建设的举措

一直以来，国网金昌供电公司始终将努力让老百姓过上好日子作为工作的出发点和落脚点，始终坚持"人民电业为人民"的企业宗旨，以实际行动架起党联系群众的"连心桥"，不断提升人民群众的获得感、幸福感、安全感。下面，我们通过两个具体的事件来了解下国网金昌供电公司是怎样助力美丽乡村建设，"电"亮美好新生活的。

1. 服务光伏发电，助力乡村振兴

为了全面贯彻"碳达峰、碳中和'3060'"战略决策，推动金昌市风、光等新能源产业结构转型升级，2021 年 7 月 18 日，国网金昌供电公司会同金昌市发展改革委，就永昌县整县推进分布式光伏 50 万 kW 项目进行现场调研，并对该项目接入方案进行评审，该公司针对该项目实施后的风险进行评估，为金昌市合理开发建设分布式光伏提供参考依据。

永昌县隶属于甘肃省金昌市，位于甘肃省西北部，河西走廊东部，祁连山北麓，境内地形主要以山地高原为主，自然资源非常丰富，全县辖 9 镇 1 乡、17 个社区，总面积 7439km^2。全县境内山地、平川、戈壁、绿洲相连，属大陆性季风气候。年平均日照 2884.2 小时，日照率 65%，丰富的太阳能资源为建设大型太阳能光伏发电项目提供良好的资源条件。

随着乡村振兴战略的深入推进，2021 年 6 月 16 日，甘肃省发展和改革委员会正式

下发《关于开展分布式光伏整县推进试点工作的通知》，结合永昌县太阳能资源条件、光伏发电发展现有基础及布局等因素，按照"3＋10＋X"框架开展户用光伏整县推进试点工作势在必行。

农村家庭主要是以院落式的居住方式为主，户均居住面积大，清洁能源获取更便捷。整县分布式光伏的建设既是乡村振兴的战略方向，更为整体带动和提升农村居民的绿色用电水平和生活水平，为乡村经济社会发展提供强大动力。

永昌县分布式光伏整县推进试点工作方案，包括永昌县辖9镇1乡农户屋顶及具备条件的公共设施、工商企业厂房、闲置空地等，经分析统计，预计分布式光伏建设总体估算容量约为400MW，其中屋面光伏规划容量约为170MW，未利用的地面光伏装机容量约为230MW。本工程总体规划400.0087MW，总体项目静态投资159945万元，动态总投资162689万元。

经统计，永昌县分布式光伏整县推进试点项目，预计光伏装机容量约为400MW，年平均发电量为66522.32万kW·h，年均减排二氧化碳55.783万t，减排一氧化碳128.636t，减排氮氧化物126.636t，减少烟尘排放126.469t。

2. 立足新起点，谱写新篇章

灯光璀璨如星河，夜间的镍都小城华灯初上（如图3-4-32所示），绚丽多彩的灯光点亮了这座城市的繁华，城市高质量发展的背后，是电力在增光添彩。

图3-4-32　镍都小城华灯初上

（1）勇担使命扛起责任保障电力安全可靠。当前正值迎峰度夏的关键阶段，保障重要用户及企业的安全用电显得极为重要，国网金昌供电公司变电运维人员抢速度、抢时间，用最短的时间完成110kV西坡变1111西能线甲刀闸发热缺陷检修，为华能东大滩光伏新能源场站迅速恢复运行赢得时间，提供坚强电力保障。

该公司加强水电站来水情况跟踪及用户余热机组管理，做好机组调峰调度，提升区域电源发电顶峰能力。强化大客户负荷监控，细化负荷分类预测，科学做好电力电量平衡工作，有力确保了电力可靠供应。

该公司在人工监控的基础上，首次创新采用无人机高空多维监控的方式，监控输电线路重要的作业环节，落实安全专项整治活动要求，保持现场反违章氛围，极大地提高了输电线路安全稳定性，为迎峰度夏供电提供了坚强保障。

日常工作的点滴，如电力设备巡检、红外线测温、故障检修等，都是金昌供电人每时每刻的"必修课"，也是他们日复一日、年复一年积累在心中的那份沉甸甸的国网责任。

（2）切实履职尽责，提供坚强电力保障。随着分布式光伏接入规模"井喷式"增长，金昌配农网多条线路的公用变压器都接带有分布式光伏用户。为破解消纳难题，实现分布式光伏信息采集、稳态监控、功率预测、发电控制和调度管理智能化，该公司组织人员多次开展现场走访，实地勘察，编制最佳供电方案。同时，加快电力基础设施更新，促进电网结构转型升级，为服务城市多元化建设和乡村振兴发展提供坚强电力保障。

该公司全力服务国家能源战略重点工程，成立陇电入浙工作专班，建立信息共享机制，推进河西第二条直流及配套工程属地化任务落地落实，积极助力市政府打造"千亿千瓦级"新能源基地。

该公司全力提升供电可靠性，聚焦110kV开发区输变电工程全力打造"三新四全"变电站，实现金昌电网建设技术的全新升级，有效减轻金昌城区负荷压力，提高金昌电网整体供电可靠性。

（3）坚守责任担当，办电更加省心省力。确保中小微企业用电稳定供应是供电企业义不容辞的职责，该公司会同市工信局研究制定《金昌市2022年有序用电方案》，有效应对用电高峰可能出现的电力供应缺口，坚决避免拉闸限电。截至目前，产业链关键环节中小微企业用电需求均能有效保障。2022年通过输配电价顺价模式执行直购电降价，截至5月，全市共有136家企业（1981户用电客户）申报直购电交易电量19.09亿kW·h，实际完成直购电交易电量17.43亿kW·h，成交均价336.7元/（kW·h）。

该公司严格落实160kW及以下小微企业"三零"（"零投资""零审批""零上门"）服务，实现办电零投资、接电2个环节、多渠道远程用电业务办理及线上缴费，提供预约客户经理上门服务，有效减少客户临柜次数，通过"群众少跑腿，信息多跑路"，让用户少跑腿多办事，切实落实小微企业表箱（含表箱）前设施由供电公司投资的要求，取消供电方案审批环节，小微企业客户在供电企业办电时间严格控制在5个工作日以内。

截至目前，该公司纾困帮扶215个中小微企业客户已实现接电投运生产，减少停电时间和停电次数，为中小微企业提供更好用电保障，今年开展带电作业262次，减少停电57802时·户，不停电接火率达到100%。

（4）强化企业责任，持续提升品牌价值。2022年6月29日，该公司正式发布《国网金昌供电公司2021社会责任实践报告》，积极面向利益相关方和社会各界披露国网金昌供电公司履责意愿、行为、绩效及承诺。

长期以来，该公司自觉接受政府监管和社会监督，保证重大决策公开透明，全面推动利益相关方参与，加快建设可持续发展伙伴关系，以沟通赢信任、增共识、促合作，不断增进社会各界对公司的情感认同、价值认同。连续3年在市政府新闻办举办新闻发布会，累计举办100余次各类公众开放日、利益相关方沟通活动，共计10000人·次参与。

国网金昌供电公司积极回应社会关切的实践举措是 2021 社会责任实践报告。在 2021 年社会责任实践报告中，共披露企业在经济、社会、环境方面的履责行为和 80 余项绩效指标，并参考全球环境、社会和公司治理（ESG）披露框架，首次系统披露公司在服务"双碳"、低碳运营及电网高质量发展、透明运营管理等方面的履责行动和绩效数据，公布 2022 年履责承诺，主动回应社会关切。

在充分践行国企"三大责任"的基础上，勇做落实新发展理念的排头兵。助力地方经济社会发展和人民美好生活的向往。该公司通过打造党支部联建等多种方式，促进利益相关方对电网的理解和支持，赢得各方价值认同，营造促进高质量发展的良好社会生态，获得更广泛利益相关方对企业价值和使命的认同。

立足新起点，谱写新篇章。该公司将抓住有利时机，适应高质量发展要求，全力满足人民日益增长的美好生活需要。突出稳字当头和风险防控，统筹做好疫情防控，完善各类应急预案，做好工作的前瞻性、系统性、针对性、有效性，为维护平稳健康的经济环境、国泰民安的社会环境、风清气正的政治环境贡献国网力量！

（四）新形势下农村配电网智能化发展方向

在新形势下，农村配电网建设必须同时具有智能化的水平和扎实的基础，这是农村配电网改革的必然趋势。为了实现农村配电网的智能化发展，必须做好强大的通信和电网，在发展智能电网时，有必要在 GIS 系统下有效地集成生产系统和营销系统，以确保可以使用各种系统有效地交换各种信息，逐步将农网推向在线监控和智能用电。要充分考虑农村配电网在整个农网中的重要地位，根据国家电网的发展环境，积极建设智能化配电网。

1. 改善乡镇及农村配电网的智能化改造设施

在进行农村配电智能转型过程中，计算机技术是最重要的技术之一。使用计算机技术不仅可以提高电力数据分析的准确性和速度，还能使电负载测量更加有效。农村配电网智能化发展的过程中最重要的部分是具备技术设备和设施的支持，从技术角度进行分析，如果基本的设备和设施都不够完善，将很难实现真正的智能化效果，因此在智能化配电网的建设过程中，不应该只考虑价格成本，特别是在一些农村地区，更需要增加对电网设备、设施的投资，从资源配置的优化入手，只有在整体配置到位的情况下，才能真正实现农村配电网的智能化发展。

2. 提供智能化的技术支持

根据农村配电网建设的实际情况，为农村配电网建设提供了合适的结构，促进了相关技术的研发和应用，完善了农村配电网的建设体系，建立了农村配电网建设监督机制。在智能化建设农村配电网中，有必要根据农村的实际发展，如实执行农村配电网建设计划，并根据农村经济条件和标准，完善农村配电网的建设。为了有效地促进农村配电网的智能化建设，有必要依靠科学技术的支持，开展相关科学技术的研究与开发活动，改善和解决配电网建设中存在的技术问题，促进配电网的智能化建设，使其与各级电网建设共同发展。

3. 逐步使电能质量达到在线监测水平

在线监测应包括电能质量检测，同时建立并改进自动控制系统，以优化各级电网中的无功电压和控制系统，这样可以很好地减少损失。为了实现在线监测电能，有必要做好输配电 GIS 系统的工作，优化和集成各种实时数据信息，最终使图形化的电能质量显示成为可能。

为了优化控制电网中的无功电压系统，有必要通过使用分布式协调的方法，有效地组合各种约束、调度和配电自动化系统来实现有效的闭环控制。由于农村配电网运行负荷不均，农村必须积极推广配电系统的自动容量调节技术，当特定配电变压器的负载或特定功耗区域发生重大变化时，电网会自动识别并自动调整电源容量，以确保容量匹配的合理化，可以安装容量调节变压器，通过自动检测和自动控制实现自动切换和容量调节，从而实现自动容量调节的功能。

4. 完善乡镇及农村配电网的信息化管理

农村配电网必须建立自己的数据管理平台，构建适合我国农村发展的集成数据网络，为构建智能化配电网奠定基础。一方面，通过项目试点对综合管理平台进行测试，提高相关的配套标准，使农村配电网可以实现综合数据的平台管理。另一方面，通过技术手段对我国的农村配电网实施监督，从农村电网的实际情况出发，积极支持我国农村电网企业的发展，建立农村电网发展的战略体系，分析农村电网电力供应商的各种营销指标，建立符合市场发展的农村电网监管模型，努力实现农村配电网的信息化管理。

六、展巧手之不凡，秀大国之匠风——信息通信岗位

现今社会，不论是企业还是个人，不论是生产亦或是生活，都对电力有着强烈的依赖感，而电力系统的稳定性发展则离不开通信信息，它在电力系统的稳定运行中发挥了关键性的作用。本章主要介绍电力信息化的发展历程，强调电力信息化对电网的重要性；讲述电力信息通信基础技术，并通过列举电力行业网络安全攻击事件来提高大家的网络安全意识；最后对电力信息通信新技术的发展进行了展望。

（一）信息化发展，电力走前沿

1. 电力信息化的定义

电力信息化是指应用计算机、网络、通信、传感、自动控制等信息技术，结合企业管理理念，驱动电力工业从传统工业向知识、技术高度密集型工业转变的过程，为电网企业生产稳定运行和提升管理水平提供强有力的支撑。电力行业的生产及经营模式与其他行业不同，其独有的方式决定了电力信息化发展的模式，建设电力行业专用信息通信网络是保障电网安全、稳定、清洁、高效运行的基础。迄今为止，电力行业专用信息通信网络是我国最大的专网之一，涵盖全国范围内的发电厂、变电站、供电所、输电线路及营业厅，是电力生产、调度、营销等电力业务数据传输的"高速公路"。

2. 电力信息化的发展

电力信息化从 1960 年开始起步，最初是应用在电力实验数字计算、发电厂自动监测及变电站监测等方面。1980—1990 年为专项业务应用阶段，也是初步发展阶段，主要是计算机系统在辅助设计、电网调度自动化、电力负荷控制预测及计算机仿真系统等方面的使用。1990—2000 年是电力信息化加速发展时期，电力信息技术的应用从业务操作层扩展至业务管理层，各级电网企业开始开展信息安全相关内容建设。2000 年至今是电

力信息化飞速发展的阶段，电力信息化建设重点为管理信息化，同时电力物联网等数字化工作也逐步展开，主要包括安全生产管理、人财物集约化、集团控制、企业资源计划、全面预算管理等内容。国家电网有限公司进行了"SG186""SG-ERP"信息化工程的建设，充分发挥信息化在促进生产自动化、管理现代化和决策科学化中的重要作用，全面推进了国家电网有限公司可持续发展。

现阶段，电力信息化已渗透到电力生产、运行、维护、检修等各个阶段，促使电网企业进行业务创新和管理创新。信息技术的发展将带动生产业务、运营维护与管理创新能力的提升，促使企业研发更多新的应用和面向用户的增值服务；同时，管理能力的创新也将对信息技术提出更高的要求。两者互相促进，形成良性螺旋式上升的状态。在电力生产运营的电能生产管理、企业资源分配、调度自动化管理、自动化办公、营销收费、需求侧管理等方面，电力信息化是各业务环节实现流程自动化、业务数字化、辅助决策智能化的有力手段，大幅度提高了电力系统的生产效率及经营管理水平。

从 1960 年至今，经过多年的发展建设，电力行业专用通信网络已经建成了以光纤通信为主，移动通信、卫星通信、微波通信及电力载波通信等为辅的多种类、功能齐全的通信网络。基于电力行业专用通信网络可打破各电网企业之间的"资源孤岛"和"信息孤岛"，实现统一高效、互联互通、安全可靠的电力工业运行、管理和指挥体系。然而，随着社会的发展，电力系统的扩张，通信业务不断扩展，业务量不断增加，传统的信息通信网络已不能满足时代发展的新要求，需要对传统信息通信网络进行新一轮的建设、扩容、优化和改造。除此之外，电力信息化在信息通信安全方面也提出了更高的要求。电力信息安全性将直接影响电力系统的安全，保证运营的平稳，以及电力自动化调度、继电保护、电力营销和电力负荷等系统的安全十分关键。但由于信息化管理意识不足、企业专业技术人员缺乏、网络与信息安全防护能力薄弱等因素，传统的信息安全管理体系仍然亟须改进。

电力信息化是促使电力系统实现智能转型变革的重要内驱力，从发电、输电、变电到用电的多个电力环节均离不开电力信息技术的广泛深入应用，尤其是电力设备的广泛互联和智能感知，从而实现电力数据的全面感知、高效传输处理及海量电力信息分析等方面。在未来发展中，电力信息化建设的脚步不但不会放慢，而会更加飞快，各电网企业为适应新的企业环境要求也将加快网络建设和互通互联进程，同时并行注重信息网络安全建设。新一轮电力信息化建设已在智能化、数字化、网络化等方面快速推进，电网企业的生产管理水平将得到进一步提升。

（二）基础稳根基，技术畅发展

1. 电力信息通信基础技术的概述

为了将可靠、经济的电力服务提供给广大电网用户，电网建设要求电网具有智能化的通信架构和信息管理系统，以实时、安全、灵活的信息流支撑电网能量流动。其中，电力信息技术指的是用于管理和处理电力信息数据所采用的各种信息技术的总称，各种信息技术的融合发展为电网提供了"即插即用"的技术保障。电力通信技术则指服务于电力系统运行、维护和管理的通信网络，由遍布电力全产业的信息传输交换系统和终端设备构成，是电网二次系统的重要支撑技术。

随着近几十年来信息通信技术的快速发展，我国电力行业的信息系统已经逐步形成，包括数字化量测系统、高速双向通信系统、高精度控制系统、实时交互系统等在内的相对完善的电力信息通信网络和平台，实现了对发电、输电、变电、配电、用电、调度六大电力环节的全覆盖。近些年来，在我国经济的快速发展以及国际市场能源改革的带动下，发展清洁能源、优化调整能源消费结构、提高能源利用率已经成为解决能源高效、环保与安全问题的重中之重。适应国家能源发展战略，提高电网的资源优化配置能力已经成为如今电网企业面临的一个重要挑战，同时也是一个重要机遇。在现今的发展背景下，现代信息通信技术（包括信息通信安全技术在内）在电力系统上的应用为解决上述问题奠定了技术基础，大力发展以先进信息通信技术为支撑的坚强智能电网和电力物联网将进一步促进电网的升级转型，保障安全、优质、可靠的电力供应，提供灵活、高效、便捷的电力服务，为社会经济发展提供助力。

2. 信息技术的应用

（1）地理信息系统。地理信息系统（geographic information system，GIS）结合了地理学、地图学以及遥感和计算机科学等学科，主要用于实现地理数据的输入、存储、查询、分析和显示。电力 GIS 是将电网企业的电力设备、输配电网络、变电站、电力用户与电力负荷等连接形成电力信息化的生产管理综合信息系统，并将电力设施信息、电力技术信息、生产管理信息、电网运行状态信息、电力市场信息与山川、河流地势、城镇、公路街道、楼群，以及水文、地质、气象、资源等自然环境信息集中于统一系统中。

从实际角度出发，电网中的各种资源信息与空间地理环境联系密切，对此类信息进行有效管理与分析，将有助于提高电力系统生产效率、管理质量和科学决策水平。电力 GIS 系统可通过高速数据采集与大数据分析实现电网的安全预警，利用图像的虚拟三维系统理论，构建全景一体化信息模型，进而建立设备间的连接关系，并支持动态潮流计算、稳态计算等功能。电力 GIS 系统与 SOA 平台架构融合后，可通过系统的网络化实现数据共享，并提供开发的虚拟三维系统平台。此外，随着电力系统的发展，面对越来越密的电网、复杂的电力设备、时刻变化的负荷信息、不断变迁的道路和建筑，以及人们对供电质量、环保状况、电力市场化体制改革等问题的日益关注，电力系统规划、运行、营业部门必须对其庞大而繁杂的信息进行采集、存储、分析和快速处理，传统的电力图形系统难以满足电网的建设和安全经济运行的要求。而 GIS 可以最大限度地将信息以最快的速度集成起来，为电力系统决策人员提供一个多元化的决策依据。

（2）人工智能技术。人工智能技术是通过计算机来模拟人的思维和行为（如学习、推理、思考、规划等）的新兴技术，使计算机实现更高层次的应用，主要分为感知智能、认知智能和计算智能三个层次。其中，感知智能指计算机通过传感器感知外界信号来模拟人的感知系统，比如图像识别和语音识别；认知智能指计算机具有类人类的理性思考能力，并在特定场景下作出正确决策判断；计算智能指计算机具有远超越人的高性能运算能力，常用于处理海量数据。

在电力系统故障分析中，人工智能技术，如专家系统、BP 神经网络、贝叶斯网络、支持向量机等机器学习算法被用于特征数据的处理环节，有利于非线性映射关系的拟合，与阈值分析和人为判断相比，大大提高了识别精度和计算性能。将人工智能技术应用于在电力及综合能源系统，可实现智能传感与物理状态相结合、数据驱动与仿真模型相结合、辅助决策与运行控制相结合，有效提升驾驭复杂电力系统的能力，提高运营的安全性和推动经营服务模式变革，改变能源传统利用模式，推动能源革命。

（3）大数据处理技术。大数据处理通常面临着信息量庞大、计算复杂度高的问题，往往无法在一定时间范围内用常规软件工具进行获取、处理、储存和传输。大数据生命周期处理的核心技术主要包括大数据采集、大数据预处理、大数据存储和大数据分析。其中，大数据采集指对各种来源的结构化和非结构化数据进行采集，如网络数据采集、文件采集、数据库采集等。大数据预处理指在进行数据分析之前，先对采集到的原始数据进行"清洗、填补、平滑、合并、规格化、一致性检验"等系列操作，旨在提高数据质量，为后期的数据分析工作奠定基础；大数据预处理主要包括四个部分，即数据清理、数据集成、数据转换、数据规约。大数据存储指的是用存储器，以数据库的形式，存储采集到的数据的过程，包含三种典型路线，即基于大规模并行处理（massively paralle processing，MPP）架构的新型数据库集群、基于 Hadoop 的技术扩展和封装、大数据一体机；大数据分析是从可视化分析、数据挖掘算法、预测性分析、语义引擎、数据质量管理等方面对杂乱无章的数据进行萃取、提炼和分析。

通过大数据技术的辅助将有助于实现电网状态运行评估与控制、设备故障监测、新能源并网等功能，向智能电网的全面发展又迈进了一步。电网数据中的设备运行数据、用电数据、安全管理数据等急剧增长，大数据技术有利于实现快速可靠性评估和实时电网控制，实现对电网运行的全天候信息监测和分析。在新能源并网方面，新能源发电量往往在时空分布上具有很强的不确定性，将大数据系统应用于新能源并网中，能够减少新能源大量接入电网带来的波动性和不稳定性，保障电网稳定运行，提高电力资源利用率，减轻环境压力。在电网设备故障监测方面，传统电网运维人力成本高、运维周期长，利用大数据技术可结合海量历史数据与实时监测数据及时发现设备运行异常状态并完成初步故障判别，通过大数据挖掘与分析，还可以对故障的发生时间及可能性进行预测，指导电力运维工作，并为运维工作提供可靠的数据支持。

（4）计算机视觉技术。计算机视觉技术是一项使计算机通过模拟人类的视觉过程以具有感受环境能力和人类视觉功能的技术，涉及神经生物学、计算机科学、心理物理学、图像处理、模式识别等诸多领域。计算机视觉技术的核心问题在于研究如何对输入的视觉信息进行系统的组织分析，实现对物体和场景的检测与识别，进而对视觉内容给予解释。计算机视觉横跨感知智能与认知智能，具有广泛的应用基础和巨大的算法潜力。

电力视觉技术是计算机视觉技术在电力行业的落地应用，可通过结合电力专业领域知识解决电力系统各环节中的场景感知问题。电力视觉技术主要面向新一代智能电力系统发展的需求，以输电线路设备的空中飞行平台巡线、发电设备移动平台检测、变电设备的固定视频监控和巡检机器人、输电线路和变电站的卫星遥感监测等所产生的海量多源图像视频大数据为数据源，基于人工智能技术，有机协调数据驱动和模型驱动，并结合逻辑与推理、先验知识，研究巡检图像视频的处理、分析及理解的方法，可实现电力设备视觉缺陷的智能检测，保障电网安全运行。

（5）云计算技术。云计算技术是虚拟化、分布式计算、网格计算、网络存储等技术融合发展的产物。云计算技术体系中的资源调度技术主要针对的是系统运行过程中各类云资源的处理工作，而传统的数据处理技术无法高效、高质量完成海量数据的处理，且成本和错误率都较高。在电力信息化建设中应用云计算技术，可提高电力信息化管理水平，满足电力业务数据的计算处理需求。通过将电力信息系统接入云计算平台，可以在资源调度技术的支持下，辅以一系列虚拟化技术和方法，高效处理海量数据，并在互联网平台的支持下及时将其传递给用户，在保证信息质量的同时提高信息传递效率，促进电网企业工作效率和工作质量的提高。目前云计算主要的云服务模式可以被分为基础架构即服务（infrastructure as a service，IaaS）、平台即服务（platform as a service，PaaS）和软件即服务（software as a service，SaaS）三种，具体如下所述。

1）基础架构即服务。云基础架构服务称为基础架构即服务，由高度可扩展和自动化的计算资源组成。IaaS是完全自助服务，用于访问和监控计算、网络、存储和其他服务等内容，它允许企业按需求购买资源，而不必购买全部硬件。IaaS通过虚拟化技术为组织提供云计算基础架构，包括服务器、网络、操作系统和存储等。这些云服务器通常通过仪表盘或应用接口提供给客户端，IaaS客户端可以完全控制整个基础架构。IaaS提供与传统数据中心相同的技术和功能，而无须对其进行物理上的维护或管理。

2）平台即服务。云平台服务或平台即服务为某些软件提供云组件，这些组件主要用于应用程序。PaaS为开发人员提供了一个框架，使他们可以基于它创建自定义应用程序。所有服务器、存储和网络都可以由电网企业或第三方提供商进行管理，而开发人员可以负责应用程序的管理。PaaS的交付模式类似于SaaS，除了通过互联网提供软件，PaaS还提供了一个软件创建平台，该平台通过Web提供，使开发人员可以自由地专注于创建软件，同时不必担心操作系统、软件更新、存储或基础架构。

3）软件即服务。SaaS代表了云市场中电网企业用户最常用的选项。SaaS利用互联网向其电网企业提供应用程序，这些应用程序由第三方供应商管理。大多数SaaS应用程序直接通过Web浏览器运行，不需要在客户端进行任何下载或安装。通过SaaS，供应商可以管理所有潜在的技术问题，例如，数据、中间件、服务器和存储。

3. 通信技术

通信技术主要包括移动通信技术、传输网通信技术、物联网通信技术及终端接入网通信技术。其中，移动通信技术包括4G技术和5G技术；传输网通信技术包括同步数字体系、光传送网技术、分组传送网技术、微波通信技术、卫星通信技术；物联网通信技术包括蓝牙技术、ZigBee技术、LoRa技术及NB-IoT技术；终端接入网通信技术包括电力线载波通信技术、LTE 230MHz无线专网、以太网无源光网络技术、千兆无源光网络技术、WDM-PON技术及工业以太网技术。

4. 信息通信安全技术

（1）电力信息通信安全总体防护需求。智能电网将先进的信息技术、通信技术、自动控制技术与电网基础设施有机融合，通过智能电网可实时获取电网的全景信息，及时发现、预见可能发生的故障，并且故障发生时，智能电网可以快速隔离故障，实现自我恢复，从而避免大面积停电的发生。但是，大数据、云计算、物联网、移动互联和软件定义网络、宽带无线等信息通信技术的应用，也使得智能电网面临着多种的网络攻击危及，如病毒、木马、系统漏洞、拒绝服务等，原先以物理防护为主的电网安全防护体系已难以支撑智能电网的安全防护危及，正面临前所未有的挑战。在信息通信融合的背景下，电力系统信息通信安全性包含更广泛的意义，包括电力信息网安全、电力通信网安全和网络边界安全等方面。

1) 电力信息网安全。电力信息网作为一种电网企业内部私有的专用信息网络，除了是企业业务系统的运行平台和协同工作的操作平台外，还具有信息共享与信息交互的服务功能。电网企业信息网的安全不但要保障运行于网络之上的业务系统的安全，而且要保护网络中数据内容的安全。

电力信息网包括电力调度自动化系统网络和电力管理综合信息网，电力调度自动化系统网络安全就是保障运行于电力调度信息网之上的电力调度控制系统的正常运行，不能有一次侵害产生。由于电力信息安全的特殊要求，基于数据保护的安全理论和安全模型与实际的安全防护要求不相适应。例如，在电网企业信息安全防护应用中，调度自动化系统是电网企业的核心系统，其安全等级最高，需要保证不受侵害、绝对安全。由传统的安全理论来看，调度自动化系统的安全保密级别最高，不得向比它密级低的网络传输数据。但是在实际应用中，由于电网企业的生产指挥和管理业务必须以从调度数据网中获取的电网运行状态的实时数据为基础，必须将调度网中的数据实时传输到管理信息网中，即要求安全级别高的网络向安全级别低的网络传输数据，这就违反了 BLP（Bell-LaPadula）模型私密性原则。

虽然目前国内外对电力信息安全进行了大量的研究并取得了一定的成果，但与达到保障电力信息系统安全的要求还有很大差距。电力信息化建设的快速推进，电力工业的生产和管理向着智能化和管控一体化的方向发展。电力工业的新应用和新要求，无疑也对电力信息系统的安全提出了更高的要求。同时，与时俱进的网络技术和黑客攻击技术飞速发展，对电力系统的安全构成了更大的威胁。

2) 电力通信网安全。电力通信网是现代电力系统的第二张实体物理网，是电力系统的重要基础设施，也是电网安全生产的重要组成部分。电力通信网的发展迅猛，其安全风险与驾驭难度也日益增加。由于电力通信网从规划、建设、运行维护到管理全生命周期各个环节都是一个复杂、长期的过程，因此在各个环节中产生的安全风险和各个环节之间综合产生的安全风险都对电力通信网整体的安全稳定问题造成了一定的潜在风险。一方面，电力通信网结构复杂，涉及通信机房、变电站内通信设备、通信运维系统等多种设备，如何实现智能化的综合管理，从整体上实现对电力通信网风险和安全性的分析与防护工作，也是电力通信网面临的一个重要问题。同时，考虑电力通信网中各组成网络的不同特点和一定的独立性，还应从传输网、业务网、接入网及支撑网几个层面应对在设备、网络及其承载业务中可能出现的物理安全风险。另一方面，从技术的角度，电力通信网中包含了光通信、电交换、微波、载波等多种通信技术，通信设备种类庞杂，各种通信接口类型众多，既能保障一种通信设备的安全稳定运行，又能保障多种设备的协同稳定运行，切实保障设备、网络及其所承载业务的安全性，是电力通信网安全防护要解决的重要问题。

综上所述，从电力通信网络整体架构上分，电力通信安全防护总体框架包括接入网安全需求、业务网安全需求、传输网络安全需求、支撑网安全需求，具体描述如下：

a. 接入网安全需求。接入网主要包括光接入通信（PON 设备与工业以太网交换机）、无线专网、无线公网、电力线载波等。接入网安全主要考虑线路物理安全、分区边界安全、传输通道安全和通信数据安全等。

b. 业务网安全需求。业务网安全主要涉及行政电话交换网（简称交换网）和数据通信网（简称数据网）的安全。

交换网主要包括调度交换网与行政交换网。交换网安全需要考虑线路的物理安全、网络安全和交换设备安全等。

数据网安全主要包括物理安全和信息安全，在物理安全方面，需要考虑线路、通信设备等；在信息安全方面，需要考虑网络安全分区、网络边界分区、网络环境安全和传输数据安全等。

c. 传输网络安全需求。在传输网中，传输通道主要以光传输网为主，电力线载波与微波通信作为补充。因此，电力通信传输网网络安全防护要求主要是以光传输网为主。为保障电力业务传输的可靠性，根据传输网网络相关风险分析，需要考虑传输光网络链路的物理安全、传输网络设备安全和传输网络安全。

d. 支撑网安全需求。支撑网安全涉及通信设备网管系统及网管网，通信设备网管系统及网管网是公司调度数据网的基础保障系统，因此通信设备网管系统及网管网的安全防护应遵循相关规定对网络分区和边界的安全要求。

3）网络边界安全。随着"互联网＋电力"、智能电网、全球能源互联网、新电改的全面实施，分布式能源、新能源、电力交易、智能用电等新型业务不断涌现，运营模式、用户群体都将发生较大变化，电力市场由相对专业向广域竞争转变，民营等各种主体也参与到电力市场，使得智能电网系统的标准、开放、互联特性进一步增强，同时也使得智能电网网络安全、业务安全和数据安全防护战线不断延伸，给安全防护带来新压力，增加了"一点突破，影响全网"的风险。为此，网络边界安全需要考虑如下因素。

a. 海量异构终端存在安全接入风险。现代电网与传统电网大有不同，现代电网具有数量庞大的异构智能化交互终端、更泛在的网络安全防护边界、更灵活多样的业务安全接入需求，用户终端存在信息泄露、非法接入、被控制的风险，这对电网异构终端自身完整性保护、攻击防御、漏洞挖掘等各方面都提出了更高的挑战，也对不同种类智能、移动终端的安全控制、安全接入提出了更高的要求。近期，在国家电网有限公司安全检查中发现，部分电力终端仍存在弱口令、远程服务防护策略不足等问题，终端安全防护难以支撑现代电网的需求，问题亟待解决。

b. 网络安全边界面临模糊化不可控风险。无线局域网、移动通信网络、卫星通信等多种通信方式、多种网络协议并存，电力通信网络更加复杂。无线通信技术和智能传感技术信息传输过程中存在被非法窃听、篡改和破坏的风险，网络边界变得模糊，由于电网企业的业务发展需要，以及一次能源导致的地理位置限制，部分电力终端采用无线网络连接上级系统，使得网络攻击途径有所增加。因此迫切需要正确梳理防护需求，提出适应性更强的网络边界安全防护架构的任务就显得十分关键。

（2）电力信息通信安全技术。电力信息通信安全技术包括用于保障网络安全、信息系统安全、内容安全的相关技术，被应用于电力系统的信息通信安全防护中。采用对称密码、非对称密码、入侵检测和防火墙等信息通信安全技术能够满足电网在物理安全、数据安全、网络安全和系统安全四个层面的需求，具体如下所述。

1）对称密码技术。对称密码技术指加密密钥和解密密钥完全相同的加密技术。对称密码技术主要包含序列密码算法、分组密码算法和数据加密标准算法。基于对称密码技术，可确保电力系统控制中心向其控制网络中的远程终端所发送的控制指令具有机密性、可鉴别性，保障会话双方的可用性，实现控制中心与远程终端之间的安全通信。

2）非对称密码技术。非对称密码技术主要是利用公钥来对数据进行加密，利用私钥进行解密，加密与解密使用两种不同的密钥，相互独立，且公钥与私钥必须存在唯一对应的数学关系。非对称密码技术主要包括 RSA（rivest shamir adleman）密码算法、Diffie-Hellman 密钥交换算法和 EIGamal 加密算法。非对称密码技术在电力生产安全和管理安全各个方面发挥着重要作用，能够提高原始数据的安全性和可靠性，有效保障电力系统安全，避免因为保护不完善遭受客户的侵入，提高电力系统的经济效益。

3）入侵检测技术。入侵检测技术是利用网络或系统上可以获得的信息发现非法入侵或攻击行为，进行主动保护的一种安全技术。主要包括误用检测、异常检测和混合型检测。利用入侵检测技术，可以对电网企业的外部以及内部数据进行分析，判断入侵企图，在电力系统遭受攻击前发出警报。

4）防火墙技术。防火墙技术是建立在现代通信网络技术和信息安全技术基础上的应用性安全技术，其工作模式主要分为路由模式、透明模式和混合模式。防火墙一般部署于内部网络与外部网络之间、专用网与公共网之间，由软件设备和硬件设备组合而成。根据电网企业有关的安全规则，利用防火墙技术可以控制企业内的信息流，保障电网企业信息化管理的安全与稳定。

（3）信息安全主动防御。主动防御新技术主要是指在网络信息系统中，要加强本地网络的安全性管理，要保证电力系统的内网不被外力恶意攻击。在有非法入侵情况产生的时候，有一个安全性较好的系统能够及时发现并检测到非法入侵行为，能够科学预测并进行高效识别未知的侵害。另外，最主要的是通过采取积极有效的措施，达到阻止攻击者入侵的目的。

1）主动防御总体防护策略。国家电网有限公司主动适应"互联网＋"、新电改等新形势业务发展以及信息化应用需求，贯彻落实国家和行业网络安全要求，推进电力关键信息基础实施安全防护提升。基于"可管、可控、可知、可信"的总体防护策略，打造下一代智能电网安全主动防御保障体系，全面提升信息安全监测预警、边界防护、系统保障和数据保护能力。

2）主动防御新技术。主动防御新技术作为一种全新的积极有效的新技术应用于现代网络信息安全管理中，主动防御新技术结合当前阶段的先进的尖端仪器，在传统防御技术的基础上，实现系统之间的相互协调融合，进而保证电力网络信息系统的安全性。主动防御技术以传统防御技术为基础，通过先进的技术手段的完善，形成先进的网络防御新技术。下面是几种主要的主动防御新技术。

a. 漏洞扫描技术。在主动防御新技术当中，漏洞扫描功能不同于传统的技术功能，可以对任何形式的技术漏洞作出全面的分析处理，在漏洞扫描的过程中会进一步识别现有的系统连接设备以及部分外网连接是否会对电力信息系统网络产生安全干扰，然后会通过系统进行精准的技术判断。技术人员可以根据漏洞扫描的结果对系统存在的问题进行逐一处理，大大提升了解决系统安全问题的针对性。

b. 基线扫描技术。在主动防御新技术的应用中，基线扫描功能的运用是系统安全技术发展的一个重要成就，可以有效保持电力网络系统的稳定性，并且实现了对整体系统的安全防护升级。基线扫描功能的主要技术应用过程中，能够实现对电力信息系统各类细节问题的处理，并且可以实现对各类漏洞的干预和应对，避免系统漏洞问题进一步扩散。

c. 防攻演练技术。虽然电力系统的安全防护功能在不断提升，但是并不意味着任何系统病毒或者漏洞都不会存在。在信息技术不断发展的现代社会当中，电力信息系统是在不断朝前发展和进步的，在这一过程中还需要处理各类电力系统问题，确保系统在更新升级中保持安全和稳定运行。在系统技术构建应用过程中，工作人员会结合以往的系统设计经验以及电力系统运行情况，发挥防攻演练功能，在功能启动后可发现系统运行问题，可进行主动防御新技术的优化创新，充分发挥技术的各类应用功能。在防御技术的应用过程中，任何安全防御技术的应用都不能完全保障系统的安全运行，因此主动防御新技术的防攻演练功能可充分发挥作用。

d. 应用安全扫描功能的应用。应用安全扫描可以对于日常电力信息系统的工作进行有效监督，对于任何运行的应用软件进行安全扫描，扫描成功后才能够进行系统应用。对于电力系统来说，系统日常防护工作的开展，能够有效确保系统运行的安全和稳定，在软件应用之前可以及时发现问题，巩固系统的安全性。

3）主动防御的全方位安全态势感知体系。开展基于大数据的信息安全事件深度分析、安全态势感知、智能预警分析、在线实时分析响应等信息安全监控预警技术研究与应用。重点从点（安全基线维度）、线（合规、预警、审计维度）、面（态势分析维度）三个功能层次，构建公司统一的网络与信息安全监控预警体系，并充分利用云计算和大数据分析技术，统筹开展信息安全情报收集、巡检、监测、预警、分析、研判与处置等工作，增强公司资产感知、脆弱性感知、安全事件感知和异常行为感知等网络与信息安全全景可视能力。

4）主动防御管理机制。依据网络安全法，健全公司网络安全管理机制。强化信息安全"三同步"，以业务全生命周期安全保障为目标，健全覆盖规划、可研、设计、开发、测试、实施、运行、下线等各个阶段的网络安全管控工作机制。建立风险报告和情报共享、研判处置和通报应急、网络安全运行、安全稽查、评价考核等网络安全工作机制。完善内控监督评价，常态开展内控达标治理工作。强化网络安全专业队伍建设，健全网络安全人才培训体系建设，完善网络安全职业认证，持续开展网络安全意识与能力建设。

5）主动防御的网络边界安全防控。实施"安全分区、网络专用、横向隔离、纵向认证"的防护策略，分区部署、运行和管理各类电力监控系统，建设专用的电力调度数据网,生产控制大区与管理信息大区采用物理级别的横向隔离措施,同一级别的安全区纵向上落实加密认证措施。管理信息大区内网和外网通过自主研发的信息网络隔离装置进行隔离。深化互联网出口统一归集管理,提升互联网边界防护水平。按照等保要求区分系统安全域,各安全域的网络设备按该域所确定的安全域的保护要求,采用访问控制、安全加固、监控审计、身份鉴别、备份恢复、资源控制等措施。

(三) 网安则国安,国安则民安

随着社会的发展,各行各业对网络的依赖程度越来越高,电力行业也不例外。而网络攻击将会对企业的安全运营造成巨大的威胁。电力行业与其他行业不同的是电力系统与现代社会生产生活紧密相连,一旦出现断电,后果将不堪设想。对电力行业的攻击类型分为勒索病毒、DDoS 攻击、APT 攻击、漏洞、恶意软件等。除普通的电力公司之外,核电厂也是网络攻击的重点目标,核电厂一旦被攻击,可能会产生员工或商业秘密信息的丢失、反应堆关闭或者实体的损坏等严重后果。为此,列举了近三年比较有代表性的十个网络攻击事件,为相关电网企业和监管部门提供参考,防患于未然。

[事件 1] 印度核电站内网感染恶意软件

2019 年 9 月,印度核电公司 (the nuclear power corporation of india Ltd,NPCIL) 证实,印度泰米尔纳德邦的 Kudankulam 核电站 (KNPP) 内网感染了恶意软件。据了解,该软件由知名朝鲜黑客组织 Lazarus 开发,属于 Dtrack 后门木马的变体。NPCIL 的声明显示,Dtrack 变体仅仅感染了核电站的管理网络,并未影响到用于控制核反应堆的关键内网。有报道指出,就在几天前,该核电站意外关闭了一座反应堆。虽然有关机构极力否认该事件和恶意软件的入侵有关,但时间上的巧合仍然让人不可避免地将两者联系在一起。

[事件 2] 委内瑞拉电力系统两年内遭遇多次网络攻击导致大规模停电事故,时间线如下

2019 年 3 月 7—9 日,连续三天,委内瑞拉电力系统遭到网络攻击出现 3 次大范围停电事件,全国大部分州都受到了影响。委政府官员指出,停电原因是古里水电站遭反对派蓄意破坏。

2019 年 7 月,委内瑞拉首都加拉加斯及 10 余个州再次发生大范围停电,地区供水和通信网络也因此受到极大影响。停电原因与 2019 年 3 月相同。

2020 年 3 月,委内瑞拉遭受严重停电,影响多个州和城市,导致互联网连接中断。

2020 年 5 月,委内瑞拉国家电网 765 干线遭攻击,造成全国大面积停电。除首都加拉加斯外,全国 11 个州均发生停电。

[事件 3] 欧洲能源巨头 EDP 公司遭勒索软件攻击

2020 年 4 月,葡萄牙跨国能源公司 (天然气和电力) EDP (energias de portugal) 遭 Ragnar Locker 勒索软件攻击,赎金高达 1090 万美金。攻击者声称已经获取了公司 10TB 的敏感数据文件,如果 EDP 不支付赎金,那么他们将公开泄露这些数据。根据 EDP 加密系统上的赎金记录,攻击者能够窃取有关账单、合同、交易、客户和合作伙伴的机密信息。目前针对 Ragnar Locker 勒索软件加密文件尚无法解密。

[事件 4] 乌克兰某核电厂发生重大网络安全事故

2019 年 7 月，位于乌克兰南部的 Yuzh-noukrainsk 市附近的核电站出现严重安全事故，数名雇员将核电厂内部网络连上了公共网络，以供其挖掘加密货币。此次事故被列为国家机密泄露事故，调查人员已经开始研究黑客是否可利用联网设备入侵核电厂内网，并窃取机密信息。

［事件 5］巴西电力公司遭 Sodinokibi 勒索软件攻击

2020 年 6 月，巴西电力公司 Light S. A 被黑客勒索 1400 万美元的赎金，AppGate 的安全研究人员分析认为是 Sodinokibi 勒索软件。Sodinokibi 可在 RaaS（勒索软件即服务）模式下使用，它可能由与 Pinchy Spider（即 GandCrab 勒索软件背后的组织）有联系的威胁者操纵。同时，研究人员还发现该软件可以通过利用 Windows Win32k 组件中 CVE-2018-8453 漏洞的 32 位和 64 位漏洞来提升特权。此外，该勒索软件系列没有全局解密器，这意味着需要攻击者的私钥才能解密文件。

［事件 6］黑客利用思科防火墙中的已知漏洞针对美国电力公司发起拒绝服务（DoS）攻击

2019 年 3 月，黑客利用思科防火墙中的已知漏洞针对美国犹他州的可再生能源电力公司发起了拒绝服务（DoS）攻击。事件影响了加利福尼亚州（克恩县和洛杉矶县）、犹他州（盐湖县）和怀俄明州（Converse County）。北美电力可靠性公司（NERC）在 9 月表示，该安全漏洞影响了受害者使用的防火墙的 Web 界面，攻击者在这些设备上触发了 DoS 条件，导致它们重新启动。这导致该组织的控制中心和其各个站点的现场设备之间的通信中断。

［事件 7］西门子设备存在严重漏洞，导致变电站易遭攻击

2018 年 3 月，研究人员发现西门子继电保护设备存在多个严重漏洞，可导致变电站和其他供电设施易遭黑客攻击。

高危漏洞 CVE-2018-4840 可导致远程未经认证的攻击者修改设备配置并覆写访问密码。

中危漏洞 CVE-2018-4839 可导致本地或网络攻击者通过拦截网络流量或从目标设备获取数据的方式恢复访问授权密码。

高危漏洞 CVE-2018-4838 可导致未经认证的攻击者把设备上的固件降级为包含已知缺陷的版本。

［事件 8］法国公司 Ingerop 遭网络攻击导致费森海姆核电站（Fessenheim）敏感数据泄露

2018 年 6 月，黑客窃取了法国公司 Ingerop 逾 65G 文件，这些文件包括核电站计划和千余名 Ingerop 工作人员的个人信息等内容。部分文件与法国最早的核电站费森海姆核电站（Fessenheim）相关，该核电站位于德国边境，将于 2022 年关闭。若此类数据落入恶人之手，将把该核电站及公司员工置于恐怖主义阴谋等诸多威胁之下。

［事件 9］南非约翰内斯堡电力公司遭勒索软件攻击

2019 年 7 月，南非最大的城市约翰内斯堡发生了一起针对 City Power 电力公司的勒索软件攻击，导致若干居民区的电力中断。该病毒加密了所有数据库、应用程序、Web Apps，以及官方网站。攻击使得预付费用户无法买电、充值、办理发票，或访问 City

Power 的官方网站。根据网络攻击的类型和严重程度，受影响的服务和网络的完全清理大概需要数周时间。

［事件 10］俄黑客对美国核电站和供水设施攻击事件

2018 年 3 月，美国计算机应急准备小组发布了一则安全通告 TA18-074A，详细描述了俄罗斯黑客针对美国某发电厂的网络攻击事件。

通告称俄黑客组织通过以下 5 步发动攻击：

（1）收集目标相关的互联网信息和使用的开源系统的源代码；

（2）盗用合法账号发送鱼叉式钓鱼电子邮件；

（3）在受信任网站插入 JavaScrip 或 PHP 代码进行水坑攻击；

（4）利用钓鱼邮件和水坑攻击收集用户登录凭证信息；

（5）构建基于操作系统和工业控制系统的攻击代码发起攻击。

本次攻击的主要目的是以收集情报为主，攻击者植入了收集信息的程序，该程序捕获屏幕截图，记录有关计算机的详细信息，并在该计算机上保存有关用户的信息。

电力行业是关键基础设施的重要组成部分，不仅关系到民众日常生活，同样对工控领域，甚至对国家安全都产生深远影响。现在是互联网的时代，电力行业也进入了全新的制度改革发展阶段。所有的电力运行环节都是由信息系统控制的，这是一个高度信息化的新型电力发展模式。因此，电力行业要想更好地发展，必须要提高电力网络信息安全的水平，做好网络安全框架建设，并定期开展网络安全实战攻防演练。只有网络信息安全做得好，电力行业才能更好、更快地发展，才能为国家和人民做贡献。

（四）信息新通信，技术新展望

1. 展望新技术

（1）大数据未来展望。大数据已广泛应用于各个行业中，尤其是电力行业，大数据的应用对智能电网的发展提供了强有力的支撑。虽然大数据在电力行业生产、经营、管理等方面带来了巨大效益，但仍然需要开展进一步研究以满足实际应用过程中的需求。大数据未来研究方向主要在数据获取、数据存储、数据分析等方面。在数据获取方面，复杂的数据来源使得电力数据在结构和形式上无法统一，因此，在融合不同形式数据的情况下，自动定义数据的结构形式并保证数据有效性，仍需大量的研究和实践。在数据存储方面，由于电力数据海量规模及匹配数据类型的多样性，为使大数据发挥出更大程度的价值，如何优化数据存储也需要进一步提升。在数据分析方面，大数据规模大、种类多，因此，继续探索数据分析方法以满足不同电力场景下的应用需求迫在眉睫。正是大数据发展过程的多样化需求，促进了大数据技术的不断创新，未来大数据将逐步突破共性关键技术，建成全国范围内数据开放共享的标准体系和交换平台，形成面向典型应用的共识性应用模式和技术方案，形成具有全球竞争优势的大数据产业集群。

（2）新一代人工智能未来展望。新一代人工智能作为全球新一轮科技和产业变革的关键驱动力，将进一步释放科技革命和产业变革积蓄的巨大能量。在前瞻性技术的持续驱动和用户需求的升级培育下，新一代人工智能将在智能金融、智能零售等重点领域开展试点应用，提升机器视觉、语音语义识别等技术的行业服务能力，实现服务智能化、个性化、定制化。随着新一代人工智能技术在电力领域的深入应用，未来的电力系统将结合多种智能技术的研究和探索实现少人化、智慧化，同时电力设备及系统将在新一代人工智能下形成有机整体，实现高度智能化的电网运营形态。

（3）网络空间安全技术未来展望。随着电力等多个行业数字化进程的加速，网络空间安全将成为数字化社会发展的重要底层架构与基石。未来，网络空间安全技术体系将涵盖信息和网络两个层面，具备信息保护、安全防护和网络防御能力。在信息保护方面，国家将持续加大对技术专利、数字版权、数字内容产品及个人隐私等数据信息的保护力度，从而有效保障国家网络空间数据信息安全。在网络防御方面，国家将移动互联网、物联网、大数据、云计算和工业互联网等新技术纳入国家网络空间安全等级保护测评系统，不断推进新兴信息技术的安全评估、咨询和整改，构建包括电力物联网在内的关键信息基础设施安全防护体系，以及全天候全方位感知的国家网络空间安全态势，设置多种检测预警和应急处置手段。

（4）区块链未来展望。尽管国内外诸多组织和机构均对区块链进行了研究，目前区块链还存在着应用实践无法落地、平台重置成本较高及统一技术标准缺乏等问题。因此，区块链仍需将云计算、大数据等新一代信息技术作为支撑，利用云计算资源弹性伸缩、快速调整、低成本、高可靠性的特质，以及大数据海量数据存储和灵活高效的数据分析优势，提升区块链性能，扩展区块链的应用范围，保证技术应用落地。同时，结合我国区块链技术研究和应用发展现状，国家需及时出台区块链技术和产业发展扶持政策，重点支持关键技术攻关、系统解决方案研发和公共服务平台建设。相关监管部门也将密切关注区块链技术的发展动向，加强研究和技术储备，及时建立并完善区块链产业监管规则和技术应用标准。

（5）天地一体化信息网络未来展望。天地一体化信息网络是当今全球科技和产业发展的热点，作为将人类活动拓展至空间、远海乃至深空，以实现未来全空间军用与民用为目的的大型网络信息基础设施，具有广阔的发展空间。在天基网络方面，天基网络作为未来信息网络基石将实现网络规模的快速增长。在工作模式方面，将实现透明转发和星上处理长期共存模式，通过在轨重构和软件定义按需为服务赋能。在卫星系统方面，将实现高低频、高低轨系统协同发展，持续提升天地一体化信息网络容量和效益。在技术融合方面，天基计算技术将重构卫星通信价值链，人工智能技术将为天地一体化信息网络的有效管理和特色服务提供新动力。有关行业和关键技术的垂直与横向整合为天地一体化信息网络提供了强大的发展支撑，将为未来天地一体化信息网络多维发展带来巨大的成本优势及商业机遇。

2. 展望通信新技术

（1）确定性网络未来展望。确定性网络发展方向涵盖以下几个方面：实现跨广域网确定性业务，避免在跨域和多条确定性业务流场景下，每条流的特性配置和节点内部针对确定性业务流的资源分配技术复杂性所导致的应用局限性；在确定性网络革新式架构和演进式部署的融合方向上不断演进，权衡现有基础架构与新基础架构之间的部署，确立一种混合应用的模型，减少兼容传统网络所造成的开销；在设计故障和容错等安全机制方面，对确定性网络架构和协议的安全性开展进一步研究，为行业和消费者市场提供可靠保证；确定性网络应确保各层技术间的高度可靠融合，实现网络资源的充分利用。

（2）卫星互联网应用展望。应用场景主要包括以下内容：

1）基础联网服务，全球互联网无缝覆盖。卫星互联网使得互联网能够覆盖乡村等偏远地区人口，地面互联网建设遇瓶颈的情况下，卫星互联网成为刚需。

2）移动网络通信业务，满足"动中通"场景。"动中通"是"移动中的卫星地面站通信系统"的简称，随着卫星互联网技术发展，船载和车载"动中通"技术发展迅猛。

3）物联网服务，2022年预计80％以上的地球面积无陆基网络覆盖，物联网应用在很多领域受限，因此，天基星座物联网应用前景将十分广阔。

（3）量子信息技术展望。量子技术能够助力信息安全，在电网中具有广阔的应用前景。在电力物联网的感知层，通过离线加密保护终端通信；在应用层，通过量子安全云服务全面覆盖电力物联网的安全通信需求；在网络层，利用在线 IP 加密和非 IP 光路加密保护网络安全；在平台层，通过数据库量子加密保护数据安全。用量子算法库中的机器学习算法来分析威胁信息，判断安全态势，可提升安全监测态势感知的效率。量子算法的高算力优势还有可能在电网潮流计算和稳态分析中发挥作用。

第四篇

结构化师带徒制创新篇

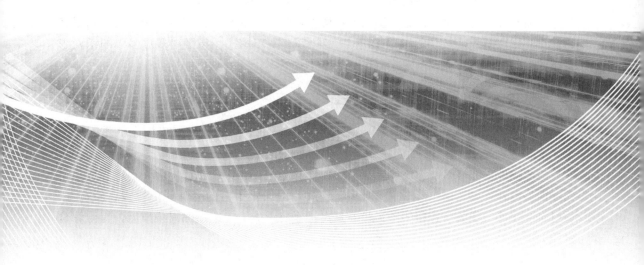

第一章 多广度拓宽师带徒角色

传统的师带徒制多用于技能操作类岗位或者技艺下有经验的师傅带领新进员工或工匠进行技术学习，掌握技术技能及相关技艺。随着劳动力的发展，劳动力市场环境发生很大的变化，师带徒的存在范畴，不仅是新员工，更有转岗人群或者技艺提升人群；师傅也不仅存在于技术技能类岗位内，管理类岗位也需要师傅的引领逐步上岗任职；也基于此，企业对于员工的思想教育也日益重视，一徒多师，岗位知识导师和思想导师共同辅导的局面也应运而生。本章就师带徒结对机制演变创新、徒弟身份多层次拓宽为主要内容进行阐述。

第一节 师带徒结对机制演变创新

师带徒一般是一对一的跟随式学习模式，随着市场经济的推进，大环境的改变，手工作坊逐渐演变为企业，岗位类型也逐步增多，师带徒的结对机制也不断演变，从最初的"一对一"师带徒教学逐渐演变为"一对多""多对一"，甚至"多对多"的结对形式。各形各类的结对形式在人才需求和培养体系下不断应用创新。

一、"一对多"师带徒结对形式

"一对多"师带徒结对形式，即一名师傅同时带领多名徒弟，是电网企业培养复合型人才的重要途径。在这种结对形式下，师傅根据徒弟的不同需求和培养方向，制定个性化的教学计划。徒弟们不仅可以学习到师傅的专业技能，还能在思想、管理等方面得到全面的提升。如某企业采用"一对多"模式，由经验丰富的老师傅带领多名新员工，通过定期授课、现场指导和项目实践等方式，帮助新员工快速掌握岗位技能，提升综合素质。

二、"多对一"师带徒结对形式

"多对一"师带徒结对形式，即多名师傅共同指导一名徒弟，适用于独特工艺传承和典型技艺学习。在这种结对形式下，徒弟可以从不同师傅那里学习到不同的技艺和经验，形成互补优势。如某企业在培养高压带电作业人才时，采用"多对一"模式，由多名具有丰富经验的带电作业师傅共同指导一名徒弟，通过模拟演练、实战操作等方式，帮助徒弟全面掌握高压带电作业技能。

三、"多对多"师带徒结对形式

"多对多"师带徒结对形式是一种开放式的人才培养模式，即多名师傅和多名徒弟自由组合，形成多个师徒对子。在这种结对形式下，师徒之间的选择更加灵活多样，可以根据个人兴趣、专业方向等因素进行匹配。同时，多个师徒对子之间还可以进行交流和互动，形成更加广泛的学习网络。如某企业在开展技术创新活动时，采用"多对多"模式，鼓励员工自由组合成多个创新小组，每个小组由一名或多名师傅带领，共同开展技术创新和研发工作。

第二节　徒弟身份多层次拓宽

在传统的师带徒制中，徒弟多为新员工。然而，在电网企业中，徒弟的身份已经得到了多层次拓宽。除了新员工外，转岗员工、有技能提升需求的老员工等也可以成为徒弟。这种多层次拓宽有助于更好地利用企业内部资源，促进人才的全面发展。如某企业在实施师带徒制度时，不仅针对新员工开展培训，还鼓励转岗员工和有技能提升需求的老员工参加培训。通过师徒结对的方式，这些员工能够在短时间内掌握新技能、新知识，提高工作效率和质量。

第二章　创新师带徒现代化仪式

师带徒的根本基点在于完善职工培训体系，根据岗位需求进行有针对性地开发培训，采取分类培训、分岗培训、择时培训相结合的方式，着力提高员工的专业素质和综合能力。因此，建立和完善电网企业人才培养机制，制定有效的人才培养模式，建立电网企业的人才梯队，就需要发挥工匠人才的传帮带作用，通过完善的"结构化师带徒"培养体系，加强创新师带徒现代化培训仪式，增强师傅和徒弟的荣誉意识的同时，促进师徒情感升温，为培训学习助力。本章从师傅选拔活动、师徒匹配活动、员工培养竞技活动、出徒仪式活动、师带徒节日活动等六个方面进行活动样例展示，电网企业可以根据实际情况参考举办。

第一节　师 傅 选 拔 活 动

一、活动类型一：师傅推举活动

师傅推举活动是通过内部推举和举荐的方式选拔优秀师傅的重要途径。在推举过程中，企业鼓励员工积极参与推荐自己或他人作为师傅候选人。同时，企业还会组织专家对候选人进行评审和考核，确保选拔出的师傅具备较高的专业技能和教学水平。如某企业在开展师傅推举活动时，通过内部宣传、员工自荐和部门推荐等方式收集候选人信息。然后组织专家对候选人进行面试、试讲等环节的考核，最终选拔出一批优秀师傅。

二、活动类型二：师傅选拔大赛

师傅选拔大赛是一种更加公开、公正的师傅选拔方式。通过比赛的形式，选拔出在教学理念、教学内容、教学模式等方面表现突出的师傅。这种选拔方式不仅能够激发员工参与师带徒活动的热情，还能够提升师傅的教学水平和专业素养。如某企业在举办师傅选拔大赛时，设置了教学设计、现场授课、学员评价等多个环节。参赛师傅需要在规定时间内完成教学设计和现场授课任务，并由专家评委和学员进行打分和评价。最终根据综合得分选拔出优胜者作为师傅。

第二节　师 徒 匹 配 活 动

一、活动类型一：师徒双选会活动策划

认真践行国家电网企业文化理念，秉持人才是企业第一资源、第一资本、第一推动力的思想，充分调动技术技能人才工作积极性和创造性，发挥各级技术技能专家和骨干人才的"传、帮、带"作用，举办师徒双选会活动，为师徒匹配提供平台。

师徒双选会是一种双向选择的师徒匹配方式。在双选会上，师傅和徒弟可以自由交流、相互了解，并根据个人兴趣和专业方向等因素进行匹配。这种匹配方式有助于增强师徒之间的默契和配合度，增强培训效果。如某企业在举办师徒双选会时，邀请了多位优秀师傅和有意向参加师带徒活动的员工参加。在会上，师傅们介绍了自己的专业特长和教学经验，徒弟们则表达了自己的学习需求和期望。通过自由交流和双向选择的方式，最终确定了多个师徒对子。

二、活动类型二：师徒拜师仪式活动策划

拜师仪式是一种传统的师徒结对方式，通过庄重的仪式增强师徒间的感情和归属感。在拜师仪式上，徒弟向师傅敬茶、鞠躬行礼等方式表达敬意和感激之情；师傅则向徒弟传授技艺和教诲等方式表达关爱和期望之情。这种仪式不仅有助于增强师徒之间的感情联系，还能够激发徒弟的学习热情和师傅的教学热情。如某企业在举办拜师仪式时，邀请了企业领导、部门负责人和全体员工参加。在仪式上，徒弟们向师傅敬茶并鞠躬行礼表达敬意；师傅们则向徒弟传授技艺和教诲表达关爱。同时企业领导还为优秀师徒颁发了荣誉证书和奖品以资鼓励。

通过"拜师"活动，发挥电网企业优秀员工的综合优势，引导新员工在工作岗位上学习，帮助新员工在岗位上成长，成才。提高员工的整体素质，培养和造就一批具有良好职业道德，娴熟职业技能并能创造出一流工作业绩的业务骨干，为电网企业的可持续发展提供强有力的人才保障，使得电网企业更加辉煌。

第三节　员工培养竞技活动

一、活动类型一：师徒素质拓展活动策划

师徒素质拓展活动是一种通过户外拓展项目增强师徒间信任和默契的活动形式。在活动中师徒共同参与各种挑战和竞赛项目如信任背摔、盲人方阵等通过合作与互助完成任务。这种活动形式不仅有助于增强师徒间的感情联系还能够提升师徒的团队协作能力和创新精神。例如某电网企业在举办师徒素质拓展活动时组织了多个拓展项目包括信任背摔、盲人方阵、攀岩等。在活动中师徒们共同面对挑战相互支持与合作最终成功完成了任务。

二、活动类型二：阶段性劳动竞赛

阶段性劳动竞赛是一种围绕公司中心工作组织各类劳动竞赛活动的形式。通过竞赛激发员工的工作积极性和创造力提高工作效率和质量。同时竞赛还能够促进员工之间的交流与合作形成比学赶超的良好氛围。如某企业在开展阶段性劳动竞赛时围绕安全生产、优质服务等方面设置了多个竞赛项目。员工们积极参与竞赛通过团队协作和创新实践不断提升工作水平和服务质量。最终根据竞赛成绩评选出优胜单位和个人并给予表彰和奖励。

三、活动类型三："师带徒"知识竞赛

师带徒知识竞赛是一种通过答题竞赛的方式提高员工对公司文化和规章制度的掌握程度的活动形式。在竞赛中员工需要回答与公司文化、规章制度等相关的问题展示自己的知识水平和理解能力。这种竞赛形式不仅有助于加强员工对公司文化的认同感和归属感还能够促进学习氛围的形成提高员工的综合素质。如某电网企业在举办师带徒知识竞赛时设置了必答题、抢答题和风险题等多个环节。员工们积极参与竞赛通过团队协作和智慧碰撞不断挑战自我突破极限。最终根据竞赛成绩评选出优胜单位和个人并给予表彰和奖励。

第四节　出师仪式活动

活动：培训结果展播暨结业仪式

出师仪式是师带徒活动的重要环节之一，标志着徒弟已经完成了培训任务并具备了独立工作的能力。在出师仪式上企业会展示师带徒培训成果总结师徒经验表彰优秀师徒等。这种仪式不仅有助于增强师徒间的感情联系还能够为企业的人才培养工作树立榜样和标杆。如某企业在举办出师仪式时邀请了企业领导、部门负责人和全体员工参加。在仪式上企业展示了师带徒培训成果包括徒弟的学习成果和进步情况、师傅的教学经验和心得等。同时企业还对优秀师徒进行了表彰和奖励以资鼓励。此外企业领导还发表了讲话对师带徒活动进行了总结和展望为企业的人才培养工作指明了方向。

第五节　师带徒节日活动

师带徒节日活动是在特定节日期间举办的庆祝和表彰师带徒活动的形式。通过节日活动营造尊师重教的良好氛围激发员工参与师带徒活动的热情和积极性。如教师节期间某电网企业举办了教师庆祝大会和十佳"金牌师徒"评比等活动。在教师庆祝大会上企业领导发表了讲话向全体员工致以节日的问候和祝福并对在师带徒活动中表现突出的师傅进行了表彰和奖励。在十佳"金牌师徒"评比活动中经过层层选拔和评审最终评选出了十对优秀师徒并颁发了荣誉证书和奖品以资鼓励。这些活动不仅增强了师徒间的感情联系还为企业树立了良好的社会形象和文化氛围。

附　　　录

附录 A　在 岗 培 训 规 范

管理要求	1. 徒弟参加在岗培训期间应按照培训计划进行各个项目训练，在日常学习与实践中需遵守有关安全操作规则，确保人身安全，遵守有关行为纪律要求，严格要求自身行为，端正学习态度，认真学习，努力提高专业技能水平。 2. 徒弟在培训期间必须严格遵守考勤制度，不得迟到或早退，需按规定出勤、退勤。 3. 遵守各项培训及劳动纪律，培训中应集中精力，不做任何与培训无关的事情。 4. 在岗培训期间徒弟应尊敬结构化导师（师傅）和管理者，严格按训练要求和培训标准执行。 5. 任何情况下未经岗上结构化导师（师傅）同意，严禁私自触动任何设备。 6. 参加考试时应遵守考试纪律，严禁作弊行为。 7. 培训期间徒弟及结构化导师（师傅）应及时认真填写本手册和其他有关训练记录，在岗培训结束后将进行备案并存入个人档案，留存班组。 8. 培训学习过程不得随意拍照，严格遵守公司保密制度。 9. 在岗培训期间已发放工服的徒弟应穿着工服进入培训地点。 10. 其他未尽事宜将按照班组管理要求执行
安全要求	1. 不得私自进入未授权区域。 2. 操作设备时，遵守安全操作要求。 3. 上下台阶、楼梯、列车注意脚下，避免扭伤。 4. 非吸烟区严禁吸烟，吸烟时应前往指定地点。 5. 培训期间须主动熟悉培训及休息地点逃生线路。 6. 未尽事宜按照安全规章和班组手册要求执行
培训日记指引	1. 徒弟培训期间，必须按时填写培训日记。 2. 培训日记需记录当天学习中应掌握的重点内容、难点、问题以及学习体会。 3. 培训日记必须在第二天开始新的培训内容前完成。 4. 结构化导师（师傅）、班组培训负责人在培训期间按时检查徒弟的培训日记，如发现徒弟未按规定填记，将计入不良记录一次
徒弟手册管理规定	1. 每位徒弟在培训期间，必须按手册之有关规定认真填记相应的内容。 2. 本手册在培训期间由徒弟自行保管备查。如有遗失，将记不良记录一次，并补齐相应记录。 3. 徒弟完成所有培训以及记录后，本手册在定岗后由所在班组存档。 4. 徒弟培训期间若考核记录（见下表）次数达 2 次（含第 2 次），视为培训不合格

序号	考核项目
1	旷工、脱岗、迟到、早退
2	行为造成严重不良后果或社会影响
3	严重违章、违制
4	直接责任造成安全事故
5	补考成绩未达到标准
6	考试作弊
7	不服从管理
8	未按标准步骤程序执行培训

上述内容及要求本人均已清楚，并按要求执行。

徒弟签名：＿＿＿＿＿＿＿　　　　日期：＿＿＿＿＿＿＿

附录 B　在岗培训计划

在岗培训时间	_____年___月___日至_____年___月___日，共___天		
培训阶段		培训项目	师傅
第一阶段	开始日期： 结束日期：	1. 2. 3. 4. 5.	
第二阶段	开始日期： 结束日期：	6. 7. 8. 9.	
第三阶段	开始日期： 结束日期：	10. 11. 12. 13.	
第四阶段	开始日期： 结束日期：	14. 15. 16. 17.	
相关人员签署			
师傅签字	徒弟签署	班组培训负责人签署	

　　本人对于此培训方案、培训考核标准、态度考核标准、徒弟培训日记指引以及手册管理规定皆已清楚了解，并同意接受专业培训，如有违规或未达标准，依上述培训方案之规定处理。

徒弟签名：_____　　　　日期：_____

附录 C 在岗培训项目及培训考核记录

第一阶段：职业安全、班组基础安全教育、班组基本技能

培训项目	重要性	理论讲解/操作及演练日期	考核分数或是否合格（合格：√；不合格：×）	徒弟/结构化师傅（师傅）签字
1. 职业安全				
1.1 危险源辨识				
识别危险源	重要			
1.2 安全隐患规避				
规避安全隐患	重要			
2. 班组基础安全教育				
十六个怎么办	十分重要			
消防四个能力、三知三会	十分重要			
各岗位区域防控	十分重要			
3. 管理架构				
3.1 班组架构				
职务划分	一般			
班组各岗位职责	一般			
3.2 班组行政				
各种假期及申请、排班表及轮值表	重要			
劳动纪律、月度绩效评估表及奖惩制度	重要			
5S 简介及标准	重要			
班组物资 *	重要			

＊表示需要进行实操培训。

第一阶段结构化师傅（师傅）考核记录

考核日期	考核成绩或是否合格	如不合格，改进建议
徒弟签字		
结构化师傅（师傅）签字		

第二阶段：×××

培训项目	重要性	理论讲解/操作及演练日期	考核分数或是否合格（合格：√；不合格：×）	徒弟/结构化师傅（师傅）签字

第二阶段结构化师傅（师傅）考核记录

考核日期	考核成绩或是否合格	如不合格，改进建议
徒弟签字		
结构化师傅（师傅）签字		

附录 D 培训完成确认书

第一部分：（由徒弟填写）

我确认已经完成以上所有的在岗培训项目。

签名_____ 日期_____

第二部分：[由结构化师傅（师傅）填写]

我证实该徒弟已经完成在岗培训项目，以上所列在岗培训项目，成绩合格/不合格。

签名_____ 日期_____

附录 E 在 岗 培 训 日 记

日期：_____

徒弟学习内容（培训内容/学习体会）	结构化师傅（师傅）评语
学习内容： 学习体会：	

注 由徒弟每天填写。

附录 F 在 岗 培 训 总 结

日期：_____

徒弟学习内容（培训内容/学习体会）	结构化师傅（师傅）评语
学习内容：	
学习体会：	

注 由徒弟填写。

附录 G 检查组抽查考核记录表

抽考日期	考核题目	徒弟答题情况	给结构化师傅（师傅）的建议

考试说明：每个大项抽取不少于1个"十分重要"或1个"重要"的项目进行考核。

结构化师傅（师傅）签字：_____

检查组抽考人签字：_____

附录 H 出徒考核记录表

徒弟姓名： 考官姓名：		考试日期：	
必考项目：（必考项目要求全部考核）		测试结果：（合格/ 不合格，或分数）	备注
岗位技能			
专业安全			
其他项目			
1.			
2.			
3.			

考核是否合格　□是　□否，视为培训不合格，另行安排补考主考官

签署：

附录 I　出徒考核记录表——补考

徒弟姓名： 考官姓名：		考试日期：
必考项目：（必考项目要求全部考核）	测试结果：（合格/不合格，或分数）	备注
岗位技能		
专业安全		
其他项目		
1.		
2.		
3.		

考核是否合格　□是　□否，视为培训不合格

主考官签署：

参 考 文 献

[1] 梅红霞，王屹，唐锡海. 中国古代学徒制的文化考察 [J]. 职教史话，2017.

[2] 谢芳. 浅析西方国家现代学徒制的产生与发展趋势 [J]. 高教论坛，2018.

[3] 关晶. 西方学徒制的历史演变及思考 [J]. 华东师范大学学报（教育科学版），2010.

[4] 孙立家. 中国古代职业教育的主要教育形式——艺徒制 [J]. 职业技术教育（理论版），2007.

[5] 陈娟莉. 论中国传统学徒制的文化蕴涵及其当代价值 [J]. 机械职业教育，2022.

[6] 杨力，陈焕章. 清代晋商学徒制职业道德教育特点初探 [J]. 青岛职业学院学报，2016.

[7] 万妮娜. 现代学徒制早期实践的个案考察与反思以民国京师第一艺徒学校为例 [J]. 国家哲学社会科学学术期刊，2015.

[8] 李卫国，任筠. "现代学徒制"人才培养模式的探索与实践 [J]. 人力资源管理，2015.

[9] 王光光. 国内外现代学徒制研究回顾、反思与展望 [J]. 环球瞭望，2022.

[10] 徐春梅. 我国现代学徒制课程体系的现状与对策 [J]. 高等职业教育（天津职业大学学报），2017.

[11] 赵伟. 学徒制发展的历史逻辑和我国的选择 [J]. 中国职业技术教育，2013.

[12] 宋娇妍，朱砂，周红利. 我国现代学徒制研究综述 [J]. 北京财贸职业学院学报，2015.

[13] 关晶，石伟平. 西方现代学徒制的特征及启示 [J]. 职业技术教育，2011.

[14] 宋歌. 英美现代学徒制运行体系的比较及对我国的启示 [J]. 工业技术与职业教育，2022.

[15] 张晓敏，张成涛. 中国特色现代学徒制研究：反思与展望 [J]. 南宁职业技术学院学报，2021.

[16] 徐丽，张敏. 从国内外学徒制的变迁看我国现代学徒制的发展 [J]. 教育与职业，2015.

[17] 唐文君. 论现代企业培训的理论基础 [J]. 职业培训，2008.

[18] 蒋文莉，逄小斐. S-OJT 理论对职业院校实施现代学徒制在岗培养的启示 [J]. 人力资源，2020.

[19] 曲歌. 某电网企业中层干部培训需求调研分析 [J]. 人才资源开发，2017.

[20] 钟琳，徐鲁强. 基于 Goldstein 模型的员工培训绩效分析 [J]. 机械，2011.

[21] 睢晓龙. 培训项目需求分析的理论与方法研究 [J]. 价值工程，2012.

[22] 袁媛，常宝明，张兵. 基于胜任力模型的项目经理岗位培训需求分析研究 [J]. 商讯，2021.

[23] 鲍文丽. 班杜拉社会学习理论对成人教育发展启示 [J]. 中国成人教育，2017.

[24] 王晔安，郑广怀，朱苗. 职业支持：社会认同理论与职业认同的新维度 [J]. 社会发展研究，2021.

[25] 郭晟豪，胡倩倩. 力学不倦：组织认同、工作繁荣下的创新绩效 [J]. 管理评论，2022.

[26] 晋铭铭，罗迅. 马斯洛需求层次理论浅析 [J]. 公共管理，2022.

[27] 陈敬. 马斯洛需求层次理论的应用 [J]. 中国水泥，2019.

[28] 马鸣悦，李珍. 职业生涯管理理论及其发展趋势 [J]. 青少年学刊，2017.

[29] 林克松. 职业院校培育学生工匠精神的机制与路径——"烙印理论"的视角 [J]. 河北师范大学学报（教育科学版），2018.

[30] 叶浩生，苏佳佳，苏得权. 身体的意义：生成论视域下的情绪理论 [J]. 心理学报，2021.

[31] 杨玫，吴成德. 供电企业新型学徒制培养模式构建及创新 [J]. 电脑采购，2021.

[32] 乔飞，任杰. 搭建"师带徒"平台，创新员工培养模式典型经验 [J]. 经营者，2015.

[33] 叶林. "两能三元四步"现代学徒制人才培养模式构建探究 [J]. 长沙航空职业技术学院学报，

2019.

[34] 傅晓兰. 新形势下师带徒培训管理的创新 [J]. 中国电力教育, 2011.

[35] 王宁宁, 张战杰, 张晨阳. 我国现代学徒制建设困境的非正式制度探究 [J]. 产业与科技论坛, 2021.

[36] 江春华. 高质量学徒制系统的开发与实施: 国际经验与本土推进 [J]. 中国职业技术教育, 2021.

[37] 谢莉花, 余小娟. 现代学徒制背景下企业培训师傅队伍的定位、问题与要求 [J]. 上海教育评估研究, 2020.

[38] 郭鹏. 助力电力企业新员工培训的"职业导师制" [J]. 中国电力教育, 2013.

[39] 金鑫. 电力企业基层单位专业导师带徒机制落地 [J]. 企业经济, 2019.

[40] 王义伟, 武敏, 吴俊英. 现代学徒制"三导师制"教学组织及课程评价 [J]. 天津职业院校联合学报, 2022.

[41] 于传, 唐毅, 吴可汗. 电网企业分专业建立优质兼职培训师师资库探索 [J]. 安徽电气工程职业技术学院学报, 2022.

[42] 段卫平. 高职院校思想导师制的实施研究 [J]. 中国电力育, 2009.

[43] 湛雷元. 在习近平新时代中国特色社会主义思想指引下推进思想导师队伍建设 [J]. 科教文汇, 2019.

[44] 王立欣, 马丽. 加快数字化转型, 创师带徒新模式 [J]. 人力资源, 2022.

[45] 谢末. 依托移动互联技术创建炼化企业培训新模式 [J]. 信息系统工程, 2022.

[46] 康丽琴, 冯海涛, 田小文. 互联网时代电网企业培训项目管理平台创新性研究 [J]. 企业改革与管理, 2020.

[47] 障思勤. 企业网络培训平台的搭建 [J]. 广东通信技术, 2011.

[48] 谈钧, 汤琼. 企业网络培训管理平台的设计与实现 [J]. 武汉工程职业技术学院学报, 2019.

[49] 黄玲, 何小龙. 供电企业基于微信公共平台的网络培训 [J]. 管理观察, 2014.

[50] 杨帆. 基于微信小程序的员工培训平台的设计与实现 [J]. 科技视界, 2018.

[51] 陈运生, 冯云龙, 卢代夫, 贾再贵. 基于现代学徒制教学运行质量评价体系研究 [J]. 职教论坛, 2017.

[52] 蒋淑英, 张赋恺. 基于大数据的现代学徒制"工匠型人才"培养评价体系研究 [J]. 科教文汇, 2018.

[53] 杨晓军, 夏常明, 王文林, 张杰. 基于胜任力模型的供电企业技术人员培训体系建设研究 [J]. 企业改革与管理, 2021.

[54] 郭海. 做好电力职教培训体系建设的探讨 [J]. 城市建设理论研究, 2011.

[55] 吕丝屏. 职业学院现代学徒制专业课程体系的构建 [J]. 黑龙江畜牧兽医, 2017.

[56] 马云风. 浅析电力企业领导干部培训课程体系的构建 [J]. 中国电力教育, 2013.

[57] 尚志鸿, 朱妍, 何森, 左鹏林, 任昊. 基于创新理念的电力企业营销人员培训课程设计研究 [J]. 管理学家, 2022.

[58] 李景文. 电力教育培训课程建设体系设计研究 [J]. 中国电力教育, 2011.

[59] 赵永彬, 郭哲强, 张莉莉, 刘馨元. 创建"多元化"人才培养体系 [J]. 中国电力教育, 2021.

[60] 周权. 电力企业专家人才"渐进式"培养体系构建 [J]. 商业观察, 2022.

[61] 尉迟亚丽. 企业实践中"师带徒"模式探讨 [J]. 中外企业家, 2014.

[62] 冯新新. 管理者情商与管理能力 [J]. 前沿, 2013.

[63] 陈城. 浅析企业中层管理者的执行能力 [J]. 企业改革与管理, 2016.

［64］ 龚渝明，庄朝晖. 美国 UCC 公司项目实施八段法［J］. 化工设计，1999.

［65］ 杨澜，李耀荣，陈嘉，沈丽丽. 山西省电力公司"培训管理者"培训项目纪实［J］. 中国电力教育，2011.

［66］ 唐翠莲，苏迪，康少华，郜阳，董璐. 培训工作者队伍建设"双重奏"［J］. 中国电力教育，2022.

［67］ 周金堂. 加强培训管理者培训的思考［J］. 中国井冈山干部学院学报，2012.

［68］ 郭小燕，李培. 如何做好一名电力培训师［J］. 国网技术学院学报，2015.

［69］ 易祖全，寇锦. 构建现代学徒制结构化师资团队的实践探索［J］. 中国培训，2021.

［70］ 魏娜. 电力企业内训师培训体系的建设与实施［J］. 黑龙江人力资源和社会保障，2021.

［71］ 陈建国，惠自洪，蔡红飞，蔚文洁. 打造培训师素质提升"一带六路"升级版［J］. 中国电力教育，2020.

［72］ 崔鸿斌，胡文丽. 输电线路状态巡视管理模式的建立及应用［J］. 中小企业管理与科技，2012.

［73］ 雍惠平. 新形势下电力企业如何有效开展"师带徒"培训活动的思考［J］. 企业管理，2018.

［74］ 韩崇俊. "师带徒"现场培训常态化模式的创新实践［J］. 低碳世界，2016.

［75］ 陈远昊. 从安全生产大检查看企业隐患排查治理存在的问题［J］. 企业经济，2019.

［76］ 胡利红，王丽娟. "师带徒"在岗培养实践经验［J］. 城市建设，2012.

［77］ 刘贵义，何建设，王全成. 咸阳供电局师带徒培训模式的实施［J］. 中国电力教育，2009.

［78］ 李曙军，张舵，吴丽娜. 河北电力公司中青年干部培训课程体系建设探索与实践——基于胜任素质的课程体系构建与应用［J］. 智库时代，2020.

［79］ 冯新庄，付花竹. 电力企业班组长培训课程设计［J］. 中国职工教育，2006.

［80］ 张宏伟. 电力线路钢管杆攀登接续梯研制［J］. 农村电气化，2020.

［81］ 张宏伟，宋燕. 35kV 构架式设备安全带专用挂架的研制［J］. 电力安全技术，2019.

［82］ 张宏伟，师进强，董欣. 电力输配电线路的运行维护与故障排除技术分析［J］. 电力系统装备，2019.

［83］ 张宏伟，师进强，董欣. 一种输变电施工多功能导线牵引器［J］. 农村电气化，2021.

［84］ 姚庆华，董林会，周磊，王建林，罗朝伟. 智能远方投退电动压板的设计与应用研究［J］. 电力系统保护与控制，2015.

［85］ 上海艾术恩投资发展有限公司. 一种电动智能压板、电动压板控制系统及控制方法：CN201010196831. 2［P］. 2010-06-10.

［86］ 刘典安. 输电线路无人机巡检作业管理系统［J］. 农村电气化，2017.

［87］ 金鑫，刘铎，褚夫飞，李伟，余思聪. 无人机技术在架空输电线路通道巡检中的应用［J］. 电工技术，2021.

［88］ 张宏伟，宋燕. 一种新型便携式接地线的研制与应用［J］. 电力与能源，2018.

［89］ 彭勤建. CIS 设备事故的预防［J］. 云南电力技术，2002.

［90］ 徐建建，王兴帅，刘子彦，朱新超，张宇，赵腾跃. 便携式环网柜操作工具箱：CN113927558 A［P］. 2022-01-14.

［91］ 周杰，杨景文，马良. 智能电网调度技术［J］. 农村经济与科技，2019.

［92］ 陈宇. 电网规划业务数字化转型构想的研究［J］. 云南电力技术，2022.

［93］ 吴英，侯芳君. 对中国智能电网未来发展的思考［J］. 科学与信息化，2017.

［94］ 冯迎春，李敏. 基于无人机搭载激光雷达的输电线路智能巡检研究［J］. 微型电脑应用，2022.

［95］ 崔颖强，王拓. 5G 移动通信技术在新一代电力通信支撑网中的应用分析［J］. 通信电源技术，2022.

[96]　庞人宁. 变电站智能机器人巡检技术研究［J］. 电气开关，2022.

[97]　褚晓辉，王建伟. 变电运维精益化管理［J］. 建筑工程技术与设计，2017.

[98]　陈兰兰，张楠. 智慧变电站的体系构架设计与设备配置原则［J］. 光源与照明，2022.

[99]　张金华. 浅谈电力客户服务［J］. 科学之友，2011.

[100]　郭悦，邓春雪. 为新农村建设提供有力的电力保障［J］. 科学发展，2017.

[101]　杨颖琦，张兴义. 供电企业"师带徒"培训模式创新应用［J］. 中国电力教育，2013.

[102]　张瑾华. 小议"师带徒"模式的回归［J］. 人力资源，2019.

[103]　袁莉萍，曹育红. 智慧云环境中的"师徒制"艺术传承教学模式研究［J］. 高教探索，2017.

[104]　郑彩华，谌俊，姚彦欣. 现代"师带徒"教学改革与实施路径分析［J］. 产业与科技论坛，2019.

[105]　单文周，李忠. 现代学徒制试点中双导师制：内涵、瓶颈及路径［J］. 社会科学家，2019.

[106]　熊珂. 事业单位政工人员的素质和能力培养［J］. 低碳世界，2016.

[107]　王静. "师带徒"培训方法的实践与思考［J］. 企业技术开发，2012.

[108]　赵熠玮. 电工实训实习中师带徒教学模式的创新［J］. 科技与创新，2020.

[109]　张渝. 企业"师徒制"培训模式的实践与探索［J］. 中国电力教育，2013.

[110]　吴少云. 安康供电局"师带徒"培训模式的创新［J］. 陕西电力，2008.

[111]　刘冰心，韩婕. 创新构建"3＋1"人才培养模式［J］. 中国电力教育，2021.

[112]　蒋翀，邢红霞，王云舟. 电力企业人才多维培养模式整合分析［J］. 黑龙江人力资源和社会保障，2022.

[113]　李晓明，周芳，刘颖，陈晓声. 国网鄂州供电公司：构建"3＋2"渐进式人才培养模式［J］. 中国电力教育，2020.

[114]　颜峰，彭博，周鑫. 国网临沂供电公司："双师带徒"加快新员工成长成才［J］. 中国电力教育，2020.

[115]　杨进，李成. 青牛逐梦自奋蹄——国网江苏淮安市洪泽区供电公司"一对一"结对助力员工成才［J］. 农电管理，2020.

[116]　刘元琦，解光宇，初永林，田婷婷. "三带三提"显效力——国网白城供电公司推动复合型人才队伍建设调查［J］. 当代电力文化，2021.

[117]　张磊波，陆建华. 优化导师制人才培养模式的创新探索［J］. 当代电力文化，2021.

[118]　叶嵩. 仪式感营销在员工入职培训中的应用［J］. 人力资源管理，2016.

[119]　王湘龙，李杰，夏常明，张翰森，王毅. 基于"一核四翼"的内部培训师能力塑造创新实践——以国网甘肃省电力公司为例［J］. 企业改革与管理，2022.

[120]　杨黎，黄黎薇. "基于选拔、培训与培养'三位一体'的供电控股企业内训师队伍体系建设"的研究与实践［J］. 区域治理，2018.

[121]　黄雪薇. 现代学徒制企业师傅专业能力标准要素研究［J］. 湖南南工业职业技术学院学学报，2018.

[122]　李璞. 用"竞技"优势筑安全生产根基［J］. 中国石油企业，2018.

[123]　孙颖，金克萍，黄小军，袁绍勇. 通过操作比武和劳动竞赛营造"比学赶超"氛围［J］. 劳动保障世界，2014.

[124]　谢祁. 大型活动组织建设与角色管理［J］. 当代经济，2011.

[125]　马畅. 素质拓展展训练与企业培训［J］. 商场现代化，2007.

[126]　薛红，刘利平. 素质拓展与职业素养培养研究［J］. 教育与职业，2014.

[127]　刘颖，李志刚. 企业竞赛管理系统的设计［J］. 华北理工大学学报（自然科学版），2016.

［128］李慎柱. "绩效评优"初探：量化赋分，民主定性［J］. 卷宗，2014.

［129］谢芳. 丰富新时代师带徒形式探索国有企业人才培养新模式［J］. 石油组织人事，2021.

［130］张晓柏. 实施"五位一体"人才培养模式打造高技能人才队伍［J］. 中国煤炭工业，2019.

［131］张旭. "双导师制"人才培养模式的实践与探索［J］. 天津职业院校联合学报，2021.

［132］王菲. 国外高技能人才培养经验对我国的启示与借鉴［J］. 北京市工会干部学院学报，2018.

［133］李娟. 新时期电力企业员工培训工作的改进［J］. 大众用电，2017.

［134］郭莹. "三项举措"构建在岗人才开发体系［J］. 中国电力企业管理，2014.

［135］杨颖琦，郑南章. "大数据画像"构建人才培养体系［J］. 中国电力企业管理，2019.

［136］汪海涛. 班组岗位技能培训的实践与思考［J］. 中国电力教育，2010.

［137］张吉. 电力企业人才开发与管理体系创新研究［J］. 中国集体经济，2021.

［138］曾玲玲，马琳薇，蔡奉宁，宁静，郭太平. 电力企业电力管理模式的发展与创新研究［J］. 中文信息，2021.

［139］王晓蔚，马丽. 创新电力企业人力资源管理［J］. 人力资源，2020.

［140］马原. 电力企业班组管理创新的有效对策解析［J］. 中国新通信，2020.

［141］王琳. 结构性思维［M］. 北京：中信出版集团，2016.

［142］樊登. 可复制领导力［M］. 北京：中信出版集团，2017.